未名社科

美国公共政策经典译丛

主　　编　张国庆
副 主 编　刘新胜
学术顾问　布赖恩 · 琼斯（Byran D. Jones）

丛书策划　耿协峰

理解公共政策

（第十一版）

UNDERSTANDING PUBLIC POLICY

[美] 托马斯·戴伊（Thomas R. Dye）/著
孙彩红 /译
刘新胜 张国庆 /校

北京大学出版社
PEKING UNIVERSITY PRESS

著作权合同登记　图字 01-2006-0449 号
图书在版编目(CIP)数据

理解公共政策(第 11 版)/(美)戴伊著;孙彩红译.—北京:北京大学出版社,2008.5
(美国公共政策经典译丛)
ISBN 978-7-301-13716-1

Ⅰ. 理…　Ⅱ. ①戴… ②孙…　Ⅲ. 公共政策—研究—美国　Ⅳ. D771.222

中国版本图书馆 CIP 数据核字(2008)第 058501 号

书　　名: 理解公共政策(第 11 版)
著作责任者:〔美〕托马斯·R. 戴伊(Thomas R. Dye)　著　孙彩红　译
责 任 编 辑: 高桂芳(pkuggf@126.com)
封 面 设 计: 春天书装工作室
标 准 书 号: ISBN 978-7-301-13716-1/D·2045
出 版 发 行: 北京大学出版社
地　　址: 北京市海淀区成府路 205 号　100871
网　　址: http://www.pup.cn　　电子信箱: ss@pup.pku.edu.cn
电　　话: 邮购部 62752015　发行部 62750672　出版部 62754962
编辑部 62753121
印　刷　者: 北京宏伟双华印刷有限公司
经　销　者: 新华书店
730 毫米×980 毫米　16 开本　25.25 印张　420 千字
2008 年 5 月第 1 版　2010 年 8 月第 2 次印刷
定　　价: 48.00 元

目录

美国公共政策研究的历史回顾[1]

(代译丛总序)

公共政策是与公共权力主体和公共权威相伴随的现象,无论何种宪政和国家政体,公共政策作为政治系统的产出,都强烈地对社会其他子系统产生深刻的影响。公共政策的存在和人们对公共政策问题的研究和思考与人类社会的存在同样久远。无论是古希腊时代关于政体形式的争论,还是中国古代的诸子百家争鸣,抑或是近代重商主义与古典自由主义对政府经济政策的争论,都可以看作当时社会的人们试图通过影响社会舆论和公共权威而进行的政策问题的研究和思考。对政策的观察、解释、描述、影响和研究等等一系列交织着理性和感性的人类智力努力,已经在人类历史上留下了深厚的知识积淀。在此意义上,公共政策研究的历史可谓悠远绵长。

公共政策科学诞生以来,得到了革命性的迅猛发展,以至于德罗尔(Yehezkel Dror)将其看作社会科学界当中的范式革命和根本性转向。可以认为,公共政策是第二次世界大战结束后西方社会科学领域发展最迅速、影响最大、应用领域最广泛、实验性最强、社会效用最明显的学科之一。公共政策科学之所以会在较短的时间内迅速地兴起和发展,既与现代社会的

---

① 本文部分内容发表于白钢、史为民主编的《中国公共政策分析·2007》,北京:中国社会科学出版社2007年版。

特征相联系，也与公共政策的学科特征相联系。现代政府所面临的已不再是个别的、单一的、简单的和基本稳定或一再重复出现的社会矛盾和问题，而是大量的相互关联、相互制约并且愈来愈具有复杂性、尖锐性、普遍性、专业性、变化性和发展性的各种社会矛盾和问题。与此同时，社会公众所关注的问题和兴趣的焦点，也不再是抽象的理念或原则问题，而是那些与现实切身利益密切相关的特殊的公共政策问题，比如，犯罪与社会安全，公平与经济发展，种族与社会和谐，战争与外交方针，污染与环境保护，以及住房、卫生、社会保障、公共交通等一系列的实际问题。

一般认为，现代公共政策科学端启于第二次世界大战前后的美国。美国公共政策科学的兴起和发展伴随着二战后美国的强势发展，在塑造美国大国地位，推动美国政治、经济、社会、军事、外交、科技、教育和文化等领域的发展上都做出了直接而颇有成效的贡献。甚至可以认为，美国政策科学的发展见证和反映了美国战后的强盛与实现强盛的智力努力。这一持续的智力努力过程充分地展现了继文艺复兴和启蒙运动以来人类智力当中的理性维度、价值维度的璀璨力量，也充分地展现了这两个维度之间的冲突、交叠、紧张和交融。这一持续的智力努力也同时伴随着承载和配置智力资源的公共政策研究社会建制的形成、成熟和发展；这一智力努力更成为一种具有深刻哲学和科学意涵的范式流变，影响了社会科学的走向和世界知识的潮流。以下我们从美国政策科学（公共政策分析研究）的缘起，简要回顾一下这段璀璨的知识星空和思想觞流。

一、美国公共政策分析研究的缘起

（一）拉斯维尔的奠基

美国乃至世界现代政策科学理论的产生和发展首先归功于美国学者哈罗德·拉斯维尔（Harold Lasswell）。

1951 年，美国学者拉斯维尔和丹尼尔·勒纳（Daniel Lerner）合作发表了《政策科学：范围与方法之最近发展》（*The Policy Sciences: Recent Development in Scope and Method*）一书。一般认为，该书标志着现代政策科学系统理论的诞生。在该书中，作者提出了政策科学应当具有的几个基本特征：(1)政策科学是关于民主主义的学问，它涉及个人的选择，必须以民主体制作为前提；(2)政策科学的目标是追求政策的“合理性”，它必须使用数学公式和实证数据建立起可检验的经验理论；(3)政策科学是一门对于时间和空间都非常敏感的学问，即它所选择的政策分析模型必须在时间和空间上加以明确地记录；(4)政策科学具有跨学科的特性，它要依靠政治学、社会学、心理学等学科的知识来确立自己崭新的学术体系；(5)政策科学是一门需要学者和政府官员共同研究的学问，后者的实践经验对于政策科学的发展具有重大意义；(6)政策科学必须具有“发展建构”的概念，它以社会的变化为研究对象，所以必须建立起动态模型。①

1956 年，拉斯维尔在《决策过程》(*The Decision Process*)一书中，提出了情报、提议、规定、合法化、运用、终止和评价的政策过程七阶段理论。②

1963 年，拉斯维尔在《政治科学的未来》(*The Future of Political Science*)一书中，进一步提出：“政策科学要面向未来，就必须持有这样一种明确的立场，即以知识、高层次的政策思想与组织的创造力整合作为重要的出发点。必须认识到各种不同研究途径的有效协调业已为政治科学家提供了一种机会，即取得一种一致的看法——建立一门以社会中人的生活的更大问题为导向的、解决问题的学科，要知道过去这种机会仅仅局部地被加以利用而已。”③

1971 年，拉斯维尔在《政策科学展望》(*A Pre-view of Policy Sciences*)一书中，区分了“政策过程的知识”(knowledge of the policy process)和“政策过程中的知识”(knowledge in the policy process)，并将政策科学家定义为那些意在掌控公共秩序的人和那些拥有明智的决策技巧的人。④

作为那个时代深深服膺于实证主义、实用主义和行为主义的时代巨擘，拉斯维尔用自己笃信的哲学信仰及相应的方法论，将公共政策的研究推到了一个新的水准。拉斯维尔的主要贡献之一，在于他阐述了政策科学区别于以往其他学科的三个特点：

(1)跨学科的观察视角和情景设定。这使得公共政策的研究建立在宽泛的多学科基础上，进而与公共政策自身的复杂性、相关性、动态性、时效性等特征相一致。(2)明确的问题导向。这使得公共政策的研究具有现实倾向，进而围绕着问题的解决而产生了公共政策科学研究对特有的社会问题的解释力、应对力和内在的学术张力。(3)清晰的价值规范表述。价值标准、价值组合、价值对抗、价值假定、价值分析、价值判断、价值取向等等

---

① Daniel Lerner and Harold Lasswell, *The Policy Sciences: Recent Development in Scope and Method* (Stanford, CA: Stanford University Press, 1951), pp. 3—15.

② Harold Lasswel, *The Decision Process.* (Collegee Park: University of Maryland Press, 1956).

③ Harold Lasswell, *The Future of Political Science* (New York: Atherton, 1963), pp. 38—39.

④ Harold Lasswell, *A Pre-view of Policy Sciences* (New York: Elsevier Inc.), p. 13.

价值问题被引入公共政策分析的过程,而寻求价值、确认价值、实现价值、创造价值、分配价值构成了公共政策的价值追求。

(二) 德罗尔的发展

叶海卡·德罗尔在1968—1971年间,出版了政策科学的"三部曲":1968年的《公共政策制定再审查》(*Public Policymaking Reexamined*)、1971的《政策科学纲要》(*Design for Policy Sciences*)和《政策科学进展》(*Ventures in Policy Sciences*)。1986年,德罗尔又出版了《逆境中的政策制定》(*Policy-making Under Adversity*)一书,大大拓展了公共政策的研究视角和研究领域,系统性地提出了许多新的公共政策理论,包括对政策科学的学科基础和发展方向的反思和前瞻,进而将政策科学的研究推到了一个新的阶段。

德罗尔在《政策科学纲要》一书中认同托马斯·库恩(Thomas Kuhn)的范式理论,他将政策科学看作一场科学革命,概括了政策科学的以下重要特征:

(1) 政策科学并不直接探讨各种政策的实际内容,而是探讨怎样更好地制定政策以及改进相关的方法、知识和体制。其关心的重点是国家或社会的指挥系统,特别是公共政策的制定系统。

(2) 政策科学关注的是宏观公共政策的制定系统及其产品,但也从制定公共政策的角度考察单个群体和组织的决策过程。

(3) 政策科学在传统学科特别是行为科学和管理科学之间架起桥梁,整合了来自各学科的知识,以跨学科的方式集中研究政策的制定。

(4) 政策科学在纯粹的学术研究和纯粹的应用研究之间架起了桥梁。

(5) 政策科学除了使用常规的研究方法外,还将不证自明的知识和个人的经验当作重要的知识来源,这是政策科学区别于当代常规科学(包括行为科学和管理科学)的一个重要的特征。

(6) 政策科学突破了当代科学与伦理学、价值哲学的严格界限,并将建立一种可操作的价值理论作为政策科学的一部分。

(7) 鼓励和刺激有组织的创造性是政策科学的一个主题和重要的方法论。

(8) 政策科学既强调历史,又强调未来。

(9) 政策科学对于变化的过程和动态的情境十分敏感。

(10) 政策科学在理性的基础上,明显地认识到超理性过程(如创造性、直觉、魅力和价值判断)和非理性过程(如深层动机)的重要作用。

(11) 政策科学鼓励社会试验。

(12) 政策科学强调认真核实和检查数据、配备专业人员从事政策制定工作以及认真坚持科学标准的重要性。

(13) 自觉地、不断地监控和重新设计政策科学是政策科学不断发展的必要条件。

(14) 政策科学尽管有种种创新,但它承启和发扬科学的传统(如证实和有效性),仍旧属于科学。①

德罗尔认同库恩的"范式"概念的历史主义特征,进而不但从内在逻辑的角度看待政策科学,而且从政策科学的外在社会功能和社会建制的角度看待政策科学,因而大大丰富和深化了政策科学的学科内涵。

德罗尔在《逆境中的政策制定》中进一步反思了政策科学的发展,试图找到走出政策困境、重建政策科学的途径。德罗尔认为,政策制定与政策执行的无能、两难选择与悲剧性选择构成了当今公共政策的普遍的境况,因而"困境"是现今政府公共政策的主要特征之一。尽管这种困境不一定会造成灾难性的后果,但由此提出的挑战已经超出了现有政策制定系统的能力,由此产生的政策损失是显而易见的。② 在此书中,德罗尔认为政策科学需要突破与创新,并明确提出了公共政策研究中存在的一些问题和新的研究视角。

(三) 关于公共政策和政策科学性质的探讨

关于公共政策和政策科学性质的探讨,大体上围绕着政策科学的工具理性和价值理性两个维度展开。

1966 年,利维·塞尔多(Lowi Theodore)在《分配、管制与再分配》一文中将政策划分为分配、管制与再分配三种类型,深化了人们对政策的认识。③ 美国政策学家斯图亚特·那格尔(Stuart Nagel)在《政治科学和公共政策》一文中详尽地分析了政治科学的各个分支对政策科学所产生的影响和作用。④赖特·米尔斯(Wright Mills)在 1956 年出版的《权力精英》一书则

---

① Yehezkel Dror, *Design for Policy Sciences* (New York: Elsevier Inc., 1971), pp. 50—53.

② 〔以〕叶海卡·德罗尔:《逆境中的政策制定》(王满传等译),上海远东出版社 1996 年版,第 242 页。

③ J. Lowi Theodore, "Distribution, Regulation and Redistribution: The Functions of Government," in Randall B. Ripley ed., *Public Policies and Their Politics* (New York: W. W. Norton & Company Inc.)

④ Stuart S. Nagel, "Political Science and Public Policy," in Georg J. Mc-eall and Georg H. Weber (eds.), *Social Science and Public Policy: The Roles of Ace demic Disciplines in Policy Analysis* (N. Y., Port Washington: Associated Faculty Press, 1984).

对权力精英对公共政策的影响和控制进行了深入的研究。[1] 诸如此类的研究非常多,这是由政策科学以及公共政策的综合性所决定的。

政策科学诞生后,与经济、政治和社会发展的需要相适应,美国公共政策的研究层次、研究领域、研究方法和研究工具的多样化和多元化成了美国公共政策研究的重要特征。与此相一致,整个人类文明的结晶、科学技术知识和人类的实践经验共同构成了政策科学的知识基础。比如,比较公共政策(comparative public policy)和发展公共政策(development policy)研究领域的兴起,大大拓展了政策科学的研究范围和研究视野;政策分析(policy analysis)、政策科学民主化(democratization of the policy sciences)研究则从工具理性和价值理性两个维度深化了政策科学的学科内容;政策过程(policy process)的研究形成了政策科学的基本框架;新政治经济学(new political economy)增加了政策科学的研究途径;政策工具(policy tools)、政策网络(policy network)和政策范式(policy paradigm)的研究使得政策科学迈向了更加微观和工具化的层面。近期,政策科学则出现了多元化和综合化共存的局面。以下将分别展开陈述。

二、政策科学研究领域的多样化与知识基础

(一) 研究领域的多样化

政策科学诞生之前,分门别类的政策研究已经较为普遍。自从罗斯福新政强化了政府职能和政府干预之后,政策科学继承了以往政策研究的成果,在领域、内容和方法上将传统的政策研究推向了一个崭新的水平。从研究层次来说,公共政策的研究层次逐渐分化为元政策、基本政策和方面政策的研究。从研究的对象(或者研究的实质性内容)来说,不但公共政策的基础理论和宏观公共政策得到长足的发展,具体部门的(比如环境、交通、军事、健康、老龄化、社团、种族等等)公共政策研究也变得空前繁盛。从研究的方法来说,实证主义、后实证主义、制度主义、公共选择、系统论、信息论、控制论、协同论、非平衡自组织理论、混沌学、决策理论、宏观和微观经济分析、计量、统计、心理和人类行为等理论和方法都综合地运用到公共政策的研究当中。可以说,政策科学为自然科学、社会科学和人文科学的融合提供了一个自由驰骋的无限疆场。

---

① Wright Mills, *The Power Elite* (New York: Oxford University Press, 1956).

我们具体看看经济、社会和人类事务方面的公共政策分析的发展。①

首先,随着政府经济职能的膨胀,以罗斯福“新政”为标志,西方国家放弃了强烈放任自由的自由资本主义政策,改变了政府传统的“守夜人”的地位,转而通过各种形式广泛地介入社会经济活动。譬如,政府通过中央(国家)银行制度控制货币投入量、利率和汇率,通过税率、税种、关税调整产业结构,通过国家投资引导企业行为取向,如此等等,成为强大的、主动的行为主体。各个领域的经济政策研究空前繁盛。

其次,随着政府社会职能的扩展,政府大大强化了其社会公共权力主体的地位和作用。政府在诸如社会公平、社会保障、社会安全、国民教育、公共交通、环境保护、自然资源保护等方面广泛制定了大量的公共政策。这一类的政府公共政策涉及的领域之广泛、程度之深刻、规定之细致,使得每一个公民从生到死都不可避免地生活在政府的影响之下。

再次,在人类事务等方面,政府公共政策的内容亦随着人类事务的日益增加而在日益丰富。新出现的人类事务包括诸如外层空间的开发和利用问题、公海的共同开发和利用问题、人类遗传和人体研究问题、核能的和平利用问题,以及防止和克服种种自然和人为危机问题。这类问题的出现是不会完结的,关于这类问题的政府公共政策亦相应不会终止。

按照拉斯维尔的说法,问题导向是公共政策研究的一大特征,无论是针对具体问题的理论建构,还是问题的分析和案例研究,公共政策研究都紧紧围绕某一个具体的领域和问题展开。政策研究机构的专家往往都是某一具体领域的专家,或者是跨学科的专家,他们不会停留在泛泛而论的政策科学形式逻辑和学科概论的层次。总体而言,美国的政策研究机构往往也有所专长和特定的倾向。比如:哈佛大学肯尼迪政府学院就将其公共政策案例研究和教学划分为诸多子领域,分门别类地进行专门研究。即,基础理论和方法论、公民权利与种族关系、社团关系、竞争与私有化、国防与军事、开发、国家安全、经济学、教育、选举政治家和官员、环境、伦理、评估与计划、性别问题、健康、历史、住房、人力资源、执行、创新、利益集团和游说、国际、法律的强制执行、领导、谈判、非营利管理、组织与组织变革、出版和媒体、通货膨胀与紧缩、公共财政、管制、社会福利与社会服务、技术、交通等等。②

---

① 关于“经济、社会和人类事务方面的公共政策分析的发展”的内容引自张国庆:《现代公共政策导论》,北京大学出版社 1997 年版,第 15—16 页。

② 资料来源:http://www.ksgcase.harvard.edu/search.asp。

（二）政策科学研究的知识基础

政策科学研究问题的多样性、复杂性和多重性决定了政策科学知识基础的广泛性、专业性和综合性。可以说，人类所有的智慧结晶和经验结晶都可以作为政策科学的知识基础。政策科学通过一定的程序和形式将这些知识整合起来，以解决特定的社会问题。因此科学技术的新观念、新思潮、新理论都会不同程度地影响政策科学智性结构和思考方式；社会科学当中的新概念、新范式和新理论也会直接地体现在政策分析的过程当中；哲学与人文科学关于人的价值、理性和本性的探讨也是政策科学进行政策研究和政策建议必须参考的基础。举例而言，自然科学当中的系统理论、生态理论、间断—均衡理论（Punctuated Equilibrium Theory）、混沌理论等都曾经是人们建构政策理论、进行政策分析的借鉴基础。社会科学当中的民主模式、经济分析、管理心理等领域的理论和方法就广泛地应用到政策分析当中。哲学人文科学当中的范式理论、后实证主义、语言哲学等等也被政策科学广泛借鉴和使用。

我们可以简要地分析一下公共政策与社会科学、专业和政治之间的关系：①

首先，政策科学与社会科学之间的关系。政策科学以政策的全过程为研究对象，其直接目的在于更好地理解公共政策的过程并使之趋向于科学化。公共政策的这一研究目的增加了公众和政府对于公共政策的认识，增加了公众对政府运作过程的了解和政府对社会发展过程的了解，因而拓展了社会科学的研究领域，推进了社会科学理论和方法的发展。

其次，公共政策与专业。公共政策作为一门学科是现代社会科学的一部分，与此同时公共政策又是一门专业。科学的目的在于寻求真理、获取知识，专业的目的则在于将科学寻获的真理和知识运用于解决实际的人类问题。② 作为学科的公共政策，其任务既在于进行科学的探究，以发掘公共政策的规律性，积累关于公共政策的科学知识，又在于进行实证性的分析，以帮助政府正确确立政策目标以及实现政策目标的手段，有效解决实际政策问题。

最后，公共政策与政治。公共政策的基本功用在于帮助政府确定合理

---

① 关于“公共政策与社会科学、专业和政治之间的关系”引自张国庆：《现代公共政策导论》，北京大学出版社 1997 年版，第 19—20 页。

② J. E. 安德森：《公共决策》（唐亮译），北京：华夏出版社 1990 年版，第 10 页。

的目标，采取正确的政策。但对于什么是“合理的目标”、什么是“正确的政策”，不同的个人和群体有不同的观点。这就不可避免地会涉及公共政策从业者的政治态度或价值标准的问题。公共政策可以通过人们希望的方式去提高公共政策的质量，借以实现公共政策的科学目的和专业目的，进而实现社会的政治目的。

三、在比较中拓宽：比较公共政策和发展公共政策

比较公共政策研究是20世纪60年代兴起的一个研究领域，它主要研究专业领域和国家间政策过程以及实质性的政策内容。比较公共政策在专业政策领域和国别两个方面拓展了政策科学的基础。比较公共政策研究有两大焦点：一是政治经济，二是民主理论。前者在于寻求对某个政策领域中能够显示与权力运作相关的各种原因的阐释，即寻求一个有关政策为何及如何随时空改变的全面而具体的模式。后者主要研究政党、政策、选举行为与政策之间的关系。①

发展公共政策侧重研究社会发展和公共政策问题，特别是发展中国家走向现代化的模式问题，主要关注政策在发展或走向现代化之途上的作用。事实上，比较公共政策和发展公共政策是两个相互伴生的研究领域。学者们总是在比较中来提出和检验研究假设；研究的内容亦主要是围绕相似的政策为何在不同的国家会产生不同的结果，以及政策为何会出现多样性等问题展开。②“进入70年代以后，一些学者试图证明不同历史经验和文化积淀所形成的不同文化价值对公共政策制定和执行的影响。也有学者重新从历史—制度的角度研究不同国家的政策过程，把人的行为或组织的行为放在特定历史环境和特定制度安排中进行考察。”③

比较公共政策和发展公共政策研究具有两大特点：

首先，在研究内容上拓展了政策科学的研究范围和视野。一个国家的政治经济变量对公共政策的影响、政治和经济变量在政策过程中的交互影响、政策实际效果等方面，都被纳入了比较公共政策和发展公共政策的研究。比如，20世纪60年代瓦尔的摩·凯伊(Valdimer Jr. Key)对公共舆论

---

① 〔美〕罗伯特·古丁、汉斯-迪特尔·克林格曼：《政治科学新手册》(钟开斌、王洛忠、任丙强等译)，北京：生活·读书·新知三联书店2006年版，第854页。

② Gedeon M. Mudacumura and M. Shamsul Haque, *Handbook of Development Policy Studies*, New York Basel: Marcel Dekker. Inc. ,2004.

③ 徐湘林：《公共政策研究基本问题和方法探讨》，载《新视野》2003年第6期。

与美国民主的研究，菲利普斯·卡特瑞特(Philips Cutright)对政治结构、经济发展与社会保障计划的研究，托马斯·戴伊(Thomas Dye)对公共政策与政治、经济之间关系的研究都体现了比较公共政策研究内容的扩展。70 年代和 80 年代诸如此类的研究也相当的繁荣。①

其次，在研究方法上促进了政策研究的科学化和本土化。比较公共政策运用适当的案例研究和量化研究的方法，在进行大量国别和政策比较分析的基础上，形成假设、检验假设、构建理论、进行预测，这些有助于推动公共政策的科学化和本土化发展进程。

90 年代，一批关于比较公共政策方面的教材和专著相继出版。1990 年阿诺德·海登赫姆(Arnold Heidenhemer)等人出版了《比较公共政策》一书。② 1992 年道格拉斯·艾士福德(Douglas Ashford)出版了《比较公共政策的历史和脉络》一书。③ 1998 年弗朗西斯·凯斯特(Francis Castles)出版了《比较公共政策：战后的转型模式》一书。④ 诸如此类的文献大量地涌现出来，繁荣了比较公共政策领域的研究。

四、工具理性的张扬及其批判和超越

(一) 系统分析、政策分析与理性的极致

理性即人类在实现自己目的的时候，对人类本性所要求的规则的遵循，以及运用概念、推理和判断等逻辑形式和数学方法把握外在世界，实现人类目的的能力。人类的目的和本性要求的规则属于价值理性范畴；运用概念、推理和判断等逻辑形式和数学方法把握外在世界属于“工具理性”的范畴。事实上，理性精神、理性主义在人类历史上有悠久的传统，只是到了近代，理性精神作为对抗宗教蒙昧的力量而成为近代思想的主旋律。这一精神推动了西方社会工业化和现代化的进程，推动了科学技术的迅猛发展。

---

① 〔美〕罗伯特·古丁、汉斯-迪特尔·克林格曼：《政治科学新手册》(钟开斌、王洛忠、任丙强等译)北京：生活·读书·新知三联书店 2006 年版，第 852—869 页。

② A. Heidenhemer, H. Heclo & C. Adams, *Comparative Public Policy* (N. Y.: St. Martin Press, 1990).

③ Douglas Elliott Ashford, *History and Context in Comparative Public Policy* (Pittsburgh: University of Pittsburgh Press, 1992).

④ Francis G. Castles, *Comparative Public Policy: Patterns of Post-war Transformation* (Cheltenham, U. K.: Edward Elger, 1998).

马克斯·韦伯(Max Weber)对“合理性”概念的阐释,使得理性精神变为了具体和可操作化的概念。韦伯将数学形式等自然科学范畴所具有的量化与预测等理性计算的手段,用于检测人们自身的行为及后果是否合理的过程,叫做“工具理性”。即通过实践的途径确认工具(手段)的有用性,从而追求最大价值的功效,为人的某种功利的实现服务。① 政策科学自诞生起就秉承了理性精神,并且政策科学本身就蕴含着对价值理性和工具理性的双重关注。

就政策科学的工具理性这一纬度而论,政策分析其实可以理解为对公共政策实质性内容的系统分析。正如德罗尔所言:“政策分析”这个术语对其似乎是适合的,因为它在一个较宽的政治意义上将各类系统分析与政策概念结合起来。②

早期的政策分析与系统分析是重合的,主要运用于二战期间军事作战研究。1944 年“兰德计划”的签署和 1948 年兰德公司的成立③,以及兰德公司在 50 年代政策分析研究上获得的成功④,进一步使系统分析和政策分析的思想和方法成为当时政策科学研究的主流。

政策分析的黄金时代还体现在政策分析在美国政府管理实践当中的广泛运用以及出现了“政策分析员”这一职业称谓。60 年代初,罗伯特·麦克纳马拉(Robert McNamala)出任美国国防部部长,采用系统分析的方法,

---

① 〔英〕尼格尔·多德:《社会理论与现代性》(陶传进译),北京:社会科学文献出版社 2000 年版。

② 〔以〕叶海卡·德罗尔:《政策分析员:政府机构中的一种新的职业角色》,载彭和平等:《国外公共行政理论精选》,北京:中共中央党校出版社 1997 年版。

③ 1944 年 11 月,当时陆军航空队司令亨利·阿诺德上将提出一项关于《战后和下次大战时美国研究与发展计划》的备忘录,要求利用这批人员,成立一个“独立的、介于官民之间进行客观分析的研究机构”,“以避免未来的国家灾祸,并赢得下次大战的胜利”。根据这项建议,1945 年底美国陆军航空队与道格拉斯飞机公司签订一项 1000 万美元的“研究与发展”计划的合同,这就是有名的“兰德计划”。“兰德”(Rand)的名称是英文“研究与发展”(research and development)两词的缩写。不久,美国陆军航空队独立成为空军。1948 年 5 月,阿诺德在福特基金会捐赠 100 万美元的赞助下,“兰德计划”脱离道格拉斯飞机公司,正式成立独立的兰德公司。

④ 朝鲜战争前夕,兰德公司组织大批专家对朝鲜战争进行评估,并对“中国是否出兵朝鲜”进行预测,得出的结论只有一句话:“中国将出兵朝鲜。”当时,兰德公司欲以 200 万美元将研究报告转让给五角大楼。但美国军界高层对兰德的报告并不感兴趣。在他们看来,当时的新中国无论人力财力都不具备出兵的可能性。然而,战争的发展和结局却被兰德公司准确言中。这一事件让美国政界、军界乃至全世界都对兰德公司刮目相看。二战结束后,美苏称雄世界。美国一直想了解苏联的卫星发展状况。1957 年,兰德公司在预测报告中详细地推断出苏联发射第一颗人造卫星的时间,结果与实际发射时间仅差两周,这令五角大楼震惊不已。兰德公司也从此真正确立了自己在美国的地位。此后,兰德公司又对中美建交、古巴导弹危机、美国经济大萧条和德国统一等重大事件进行了成功预测,这些预测使兰德公司的名声如日中天,成为美国政界、军界的首席智囊机构。

设计了“计划、规划和预算系统”(Planning, Programming and Budgeting System, PPBS),大大提高了国防项目建设的经济、效率和效益。国防部的成功使PPBS进一步扩展到联邦政府的大部分行政机构。而进行PPBS工作的人员被称为系统分析员或政策分析员。“政策分析必须成为政府机构内一个重要的新的职业角色,政策分析人员的位置一般以最高行政长官和直线高级官员的顾问的身份正式行使职责,并实际上与他们建立一种共生的合作关系。无疑,联邦‘计划、规划和预算系统’单位的专业人员该接受政策分析训练。”①

长期以来关于政策分析的文献和著作可谓汗牛充栋,其中既有技术性较强的学院式研究,也有学术性和现实性紧密融合的研究咨询报告,还有政府实施的政策和管理法律规章。其中,罗伯特·克朗(Robert Krone)在1980年出版的《系统分析与政策科学:理论与实践》(*Systems Analysis and Policy Sciences: Theory and Practice*)一书中较为全面地阐释了系统分析与政策分析之间的关系,也对系统分析运用于政策分析的局限作了较为全面的归纳。②

(二)工具理性的批判和超越

随着政策研究与实践的进一步丰富化,人们亦愈来愈感觉到,在公共政策分析的领域里,尤其在宏观公共政策的关键性抉择方面,现行的理性主义分析方法不仅常常无济于事,在某些情况下还可能将人们导入误区。其中,PPBS受到的批评和责难就是一个显著的例子。1964年艾伦·威尔达夫斯基(Aaron Wildavsky)出版了《预算过程的政治学》(*The Politics of Budgetary Process*),又于1969年,在《公共行政评论》(*Public Administration Review*)上发表了《将政策分析从PPBS中拯救出来》(*Rescuing Policy Analysis from PPBS*)等文,强调预算的政治属性,指出政策分析中理性崇拜的偏颇。与学者的批评相一致,PPBS因为其内在无法克服的问题而在60年代末期被其他的制度安排所代替。

概括来说,对理性主义公共政策分析的批评主要集中于它对主、客观条件的理想化的要求上。批评者认为,理性主义公共政策分析所要求的诸如知识的广博性、动机的纯正性、价值标准的中立性、数据(资料)的完整

① 〔以〕叶海卡·德罗尔:《政策分析员:政府机构中的一种新的职业角色》,载彭和平等:《国外公共行政理论精选》,北京:中共中央党校出版社1997年版。

② 〔美〕罗伯特·克朗:《系统分析与政策科学》(陈东威译),北京:商务印书馆1985年版。

性、分析模型的真实性、政策方案的周全性、未来预测的准确性等等,都不是现实人类的知识和能力所能实现的。因此,理性主义公共政策分析的理念和分析方法不应当亦不可能是实际公共政策分析的唯一理念和唯一工具。尽管如此,批评者认为,如果进行适当的改进,那么理性主义的公共政策分析就可以成为基本的、重要的、现实可行的政策理念和政策研究方法。于是,人们开始研究如何弥补理性主义公共政策分析的某些不足,使之尽可能地克服局限性,以进一步适应实际政策的需要。研究的重点,则在于使理性主义的公共政策分析建立在"合理性"的基础之上。在对理性主义公共政策分析的所有批评中,查尔斯·林德布洛姆(Charles Lindblom)的渐进主义政策理论和赫伯特·西蒙(Herbert Simon)的有限理性政策理论最具代表性。

在对理性主义公共政策分析批判的同时,也有学者强调公共政策分析当中应当纳入诸如判断、直觉、灵感、意志、隐含的知识、超感觉交流等等因素,这当中政策意志是一个非常重要的因素。①

总之,理性主义政策分析将政策科学的理性崇拜推向了极致,这势必引起人们对政策科学当中非理性以及作为理性对立面的价值理性、合法性、主体性和民主问题的关注。

(三)政策科学民主化研究

按照韦伯的阐释,价值合乎理性是人"通过有意识地对一个特定的举止的伦理的、美学的、宗教的或作其他阐释的无条件的固有价值的纯粹信仰"。"向自己提出某种'戒律'或'要求'。""行为服务于他内在的某种'对义务、尊严、美、宗教、训示、孝顺,或者某一种'事'的重要性的信念。""不管"采取"什么形式","不管是否取得成就","甚至无视可以预见的后果,"而"他必须这么做"。②

韦伯所讲的价值理性,与马克思所讲的"人的交往形式",现象学者所说的"主体间性",尤尔根·哈贝马斯(Jürgen Habermas)所言的"合法性"、"交互理性"等范畴都是相通的。他们强调人的目的、自由和人与人之间的共识和规则。恰巧这一维度也是政策科学本身所倡导的一个方面,即政策科学倡导的民主、共识和发展的维度。对价值理性的强调是对仅仅强调工

---

① 参见张国庆:《公共政策分析》,上海:复旦大学出版社2004年版,第39—44页。

② 〔德〕马克斯·韦伯:《经济与社会》(上卷)(林荣远译),北京:商务印书馆1997年版,第56页。

具理性的纠偏,如果说工具理性的政策分析主要是运用实证主义的研究方法,那么对价值理性的强调则属于后实证主义的研究方法。

政策科学民主化研究又称作民主的政策科学(policy sciences of democracy)或者参与型政策分析(participatory policy analysis)研究,旨在探讨政策科学的民主价值理性基础。

1988 年,皮特·德利恩(Peter deLeon)出版了《建议和赞成》一书,1992 年又撰写了《政策科学的民主化》一文,1995 年发表《民主的政策科学》一文,1997 年出版了《民主与政策科学》一书。[①] 与此相应,1988 年黛博拉·斯通(Deborah Stone)出版了《政策悖论和政治理性》一书。[②] 1991 年,利恩·凯瑟琳(Lyn Kathleen) 与约翰·马丁 (John Martin)发表了《强化公民参与》一文。[③] 1993 年,弗兰克·费希尔(Frank Fischer)发表了《公民参与专家的民主化》一文。[④] 1993 年,丹·杜宁(Dan Durning)发表了《参与式政策分析:对一个社会公益服务机构的案例研究》一文[⑤]。1994 年,路易斯·怀特(Louise White)发表了《作为话语的政策分析》一文[⑥]。1997 年,圣安妮·斯切希德(Anne Larason Schncider)和海伦·英格让(Helen Ingran)出版了《针对民主的政策设计》一书。[⑦] 2000 年,迪亚·维格尔(Udaya Wagle)发表了《民主的政策科学:公民参与的理论和方法问题》一文。[⑧] 这些论著紧紧围绕政策与民主化之间的关系展开,在以往对实证主义和后实证主义探讨的基础上,讨论了民主化和公民参与在政策科学中的角色,探

---

① Peter deLeon, *Advice and Consent* (New York: Russell Sage Foundation, 1988). Peter deLeon, "The Democratization of the Policy Sciences," *Public Administration Review*, 1992(52), pp. 125—129. Peter deLeon, "The Policy Sciences of Democracy," *American Journal of Political Science*, Austin: Nov 1995, Vol. 39, Iss. 4; Peter deleon, *Democracy and the Policy Sciences* (Alhany: State University of New York Press, 1997).

② Deborah A. Stone, *Policy Paradox and Political Reason* (Chicago: Scott, Foreman, 1988).

③ Lyn Kathleen and John A. Martin, "Enhancing Citizen Participation: Panel Designs, Perspectives, and Policy Formation," *Journal of Policy Analysis and Management*, 1991(10), pp. 46—63.

④ Frank Fischer, "Citizen Participation and the Democratization of Policy Expertise: From Theoretic Inquiry to Practical Cases," *Policy Sciences*, 1993(26), pp. 165—188.

⑤ Dan Durning, "Participatory Policy Analysis in a Social Service Agency: A Case Study," *Journal of Policy Analysis & Management*, 1993(12), pp. 231—257.

⑥ Louise G. White, "Policy Analysis as Discourse," *Journal of Policy Analysis and Management*, 1994(13), pp. 506—525.

⑦ Anne Larason Schncider and Helen Ingran, *Policy Design for Democracy*, Lawrence: University Press of Kansas, 1997.

⑧ Udaya Wagle, "The policy science of democracy: The issues of methodology and citizen participation," *Policy Sciences*, Amsterdam: Jun 2000, Vol. 33, Iss. 2, p. 207.

讨了政策科学中的价值、道德和民主化的制度安排问题，主张通过公民参与、对话和民主制度安排保证公共政策价值的实现。总之，政策科学民主化研究构建了政策科学的民主价值理性，主张必须在更为广泛的参与基础之上重建政策科学的理论和方法。

五、政策过程研究的展开

对于政策过程的研究由来已久，19 世纪末期和 20 世纪初期威尔逊（Woodrow Wilson）和古德诺（Frank Goodnow）关于政治与行政、政策与行政的探讨就蕴含着对政策过程（功能）的关注。随着行为主义在社会科学诸领域的兴起，考察实际的行为、心理、过程和功能成为社会科学研究当中的主流，政治学和政策科学也不例外。可以认为，政策过程的研究与政治过程的研究具有共同的方法论基础和研究旨趣，只是两者的分析层面、重点和焦点有所区别。

20 世纪 40—50 年代，决策科学和政策科学当中的政策过程研究逐渐形成。西蒙的《行政行为》（*Administrative Behavior*）和《管理决策新科学》（*New Science of Management Decision*）以及拉斯维尔的《决策过程》都对政策阶段性的过程（功能）进行了区分和探讨。尤为值得一提的是，1956 年拉斯维尔在《决策过程》一书中将决策（政策）区分为七个阶段，成为政策过程研究流派的雏形，后来关于政策过程的划分，基本上都建立在这一划分的基础之上。以下，我们按照政策议程、决策、执行和评估四个大环节，回顾一下美国公共政策过程研究的重要成果。

（一）政策议程

1984 年约翰·金登（John Kingdon）出版了《议程、备选方案与公共政策》（*Agendas, Alternatives and Public Policies*）一书，系统地阐述了政策溪流理论。该书“考察的不是问题怎样被总统、国会或其他的决策者权威性地决定，而是这些问题如何首先成为问题的”。金登教授就推动议程建立过程的明显力量提出了多源流的互动模型，模型回答了三个重要的问题：政策制定者的注意力是如何分配的、具体问题是如何形成的、对问题及其解决方法的发现是怎样和在哪里进行的。本书对公共政策领域的教学、研究和实践都曾产生深刻的影响。金登教授因此书而获得 1994 年度的“艾伦·威尔达夫斯基奖”。①

1993年,弗兰克·鲍姆加特纳(Frank Baumgartner)和布赖恩·琼斯(Bryan Jones)出版了《美国政治中的议程和不稳定性》(*Agendas and Instability in American Politics*)一书,提出了政策议程的间断—均衡理论。间断—均衡理论发源于古生物学领域,由耐尔斯·埃尔德瑞杰(Niles Eldridge)和斯蒂芬·古德(Stephen Gould)在1972年提出,用以解释生物进化过程中的发展差异,作为对查尔斯·达尔文(Charles Darwin)的平稳进化论的挑战。鲍姆加特纳和琼斯注意到了政策议程领域发生的现象与生物进化现象的相似性,根据大量的实证和案例研究,提出了政策议程的间断—均衡理论。间断—均衡理论致力于解释公共政策过程中的一个简单的现象——在政策过程中,我们通常看到的是稳定性和渐进性,但是偶尔也会出现不同于过去的重大变革。大多数政策领域的特点是停滞、稳定而非危机和重大变革;但是,政策危机和重大变迁也时而发生。②“观察表明,稳定性和变迁都是政策过程中的重要因素,已经有政策模型来解释,或者至少对变迁和稳定性两者之一进行更加成功的解释。而间断—均衡理论则可以同时解释两者”③间断—均衡理论以大量的数据和比较研究的方法关注公共政策的长期变化,并用注意力、信息、政策形象、机构变迁等概念对政策的长期变化提出了合理的理论解释。④ 正是由于间断—均衡理论可以同时解释政策和决策过程中的稳定性和变革性,一般认为这一理论是对西蒙有限理性决策理论的重要拓展和对林德布洛姆渐进主义理论的重大超越。鲍姆加特纳和琼斯教授因此书而获得2001年度美国政治学会的“艾伦·威尔达夫斯基奖”。2005年,琼斯和鲍姆加特纳又发表了《注意力的政治》(*The Politics of Attention*)一书,用大量的数据和分析对他们近年的研究加以总结并对其间断—均衡理论作了进一步阐释。

---

① 〔美〕约翰·金登:《议程、备选方案与公共政策》(第二版)(丁煌、方兴译),北京:中国人民大学出版社2004年版。

② Frank R. Baumgartner, Bryan D. Jones, *Agendas and Instability in American Politics* (Chicago: The University of Chicago Press, 1993).

③ 〔美〕詹姆斯·L. 特鲁、布莱恩·D. 琼斯、弗兰克·R. 鲍姆加特纳:《间断—平衡理论:解读美国政策制定中的变迁和稳定性》,载〔美〕保罗·A. 萨巴蒂尔:《政策过程理论》(彭宗超、钟开斌等译),北京:生活·读书·新知三联书店2004年版,第125页。

④ Frank R. Baumgartner, Bryan D. Jones, *Agendas and Instability in American Politics* (Chicago: The University of Chicago Press, 1993).

（二）决策

1947年，西蒙发表了《管理行为》一书。西蒙运用逻辑实证主义的方法，严格区分价值和手段，认为理性就是在一定的价值之下对工具的选择，由于人们的注意力资源是稀缺的，所以理性是有限的，人们的决策（选择）行为最后只能遵循“满意标准”。① 后来西蒙在《管理决策新科学》一书当中详尽地研究了决策的情报、设计、抉择与反馈模型。②

虽然强调人的理性有限，但西蒙仍然是一个实证主义者，在有限的理性当中，决策的方案和抉择活动仍旧是按照理性原则来进行的。1959年，林德布洛姆一反政策分析的主流，在《公共行政评论》上发表了《“竭力对付”的科学》（*The Science of Muddling Through*）一文，彻底地批判了理性主义政策分析的弊端，提出了渐进主义的决策模型。林德布洛姆否定了决策信息和抉择过程当中的理性。他将政策过程视作一个与实际政治过程紧密相关的过程，认为决策是一个连续比较和渐进的过程。③ 然而，林德布洛姆的渐进主义决策模型不能解释公共政策过程中重大变革和所谓的“突变”。

1994年和2001年，布赖恩·琼斯教授分别出版了《重构民主政治中的决策：注意力、选择与公共政策》（*Reconceiving Decision-Making in Democratic Politics: Attention, Choice and Public Policy*）和《政治与选择的架构：有限理性和政治管理》（*Politics and the Architecture of Choice: Bounded Rationality and Governance*）两书，书中继承了西蒙的有限理性理论并以稀缺的注意力为基础概念，详细地探讨了决策者个人和各种决策组织的有限的注意力与政策决策、政策变化、机构设计、机构变迁的关系。琼斯认为，有限的注意力和注意力的转移，是导致政策稳定和政策突变的基本原因。事实上，这一观点也是他和鲍姆加特纳的间断—均衡理论的基石之一。由于琼斯从有限理性和稀缺注意力的角度对政策决策过程进行分析并做出特有的贡献，这两本书分别获得1995年度和2002年度美国政治学会政治心理学的“罗伯特·莱恩奖”（Robert Lane Award）。2006年，刘新胜博士出版了《建模双边国际关系：中国—美国互动关系的研究》（*Modeling Bilateral Internat-*

---

① 〔美〕赫伯特·西蒙：《管理行为：管理组织决策过程的研究》（杨砾、韩春立、徐立译），北京经济学院出版社1988年版。

② 〔美〕赫伯特·西蒙：《管理决策新科学》（李柱流、汤俊澄等译），北京：中国社会科学出版社1982年版。

③ 〔美〕查尔斯·E.林德布洛姆：《“竭力对付”的科学》，载彭和平等：《国外公共行政理论精选》，北京：中共中央党校出版社1997年版。

nional Relations: the Case of U. S. -China Interactions),书中运用琼斯教授的政策决策和注意力转移理论并结合博弈论和政治空间选择理论,定量分析了外交政策决策中的多维博弈的动态过程以及注意力分布与转移所引起的中美双边关系的稳定性和变化性。至今,关于政策决策的研究已经积累了大量的文献,成为一个繁荣的政策研究领域。

(三) 政策执行研究[①]

大致从20世纪30年代开始,以"罗斯福新政"为标志,美国开始推行国家干预主义,直至"里根革命"之前,公共投资、政府管制和福利国家构成了政府管理的基本特征。其间,美国历届政府陆续制定了许多政府规划项目。按照古典执行模型,这些目的正当、公共财政投入巨大的工程理应达到预期的目的,但是结果却多事与愿违。从20世纪70年代开始,一批学者通过对约翰逊政府的"城区新镇"(New Towns in Town)、"伟大社会"(Great Society)和"初等和中等教育规划"(Program of Elementary and Secondary Education)等多项政府项目的系统研究,逐渐开拓了"政策制定和行政执行结果之间的差异"这一"Implementation"所指称的研究领域。以1973年杰弗里·佩尔兹曼(Jeffrey Pressman)和艾伦·威尔达夫斯基发表的《执行》(*Implementation*)一书为标志,政策执行成为一个特定的研究领域。至今政策执行的研究已经经历了三代的发展。

自上而下的研究途径(top-bottom approach 或者 top-down approach)是苏珊·巴雷特(Susan Barrett)和科林·佛杰(Colin Fudge)对70年代初期到70年代末这一阶段政策执行研究主导途径的概括。自上而下途径的最早代表人物是佩尔兹曼和威尔达夫斯基,随后托马斯·史密斯(Thomas Smith)提出的政策过程模型(1973)、卡尔·范霍恩(Carl van Horn)和唐纳德·范米特(Donald van Meter)提出的系统模型(1975)、丹尼尔·马兹马尼安(Daniel Mazmanian)和保罗·萨巴蒂尔(Paul Sabatier)提出的执行综合模型(1979),都采用了自上而下的研究途径。[②]

自下而上的研究途径(bottom-top approach 或 bottom-up approach)是70年代末以来政策执行研究的主导途径。迈克尔·李普斯基(Michael Lipsky)对街头官僚(Street-level Bureaucracy)的研究,理查德·埃尔默

---

① 参见张国庆:《公共行政学》(第三版),北京大学出版社,2007年版,第261—285页。

② 景跃进:《政策执行的研究取向及其争论》,载《中国社会科学季刊》(香港),1996年春季卷(第14期)。

(Richard Elmore)对追溯性筹划(backward mapping)的研究,本尼·贺恩(Benny Hjern)和大卫·波特(David Poeter)对执行结构(implementation structures)的研究是这一代的主要代表。

20世纪90年代至今是政策执行研究的第三代。第三代研究试图综合和超越第一代和第二代的理论,具有研究方法和理论工具的多样性的特征。"就执行研究而言,自上而下和自下而上的争论已经结束,取而代之的众识是两种途径各有优势。有一些理论研究已经试图将两者综合起来。"①第三代研究扩大了研究的范围,将执行扩展到府际关系的范围和分析层面。第三代研究涌现出了众多的、有代表性的执行理论、途径和模型。比如:唐纳德·门泽尔(Donald Menzel)的组织间模型(1987),马尔科姆·郭锦(Malcolm Goggin)等人的府际关系模型(1990),保罗·萨巴蒂尔(Paul Sabatier)的政策变迁和学习模型(1993),理查德·麦特兰德(Richard Matland)的不明确冲突模型(ambiguity-conflict)(1995),文森特·奥斯特罗姆(Vincent Ostrom)的制度分析途径等等。执行研究现在已经进入了一个综合和多元的时代。

(四) 政策评估

测量和评估政策是管理学的重要领域,弗雷德里克·泰罗(Frederick Taylor)的科学管理思想就蕴含着对绩效进行测量和评估的内容。作为一个研究领域,政策评估到20世纪中叶以后才引起足够的重视。政策评估研究与政策执行研究既有交叉同源的地方也有自己独特的发展轨迹。两者共同来源于对政策目标与政策实际效果之间差距的认识,但是执行研究比较注重对政策执行过程中的相关因素研究,而评估研究则偏重对执行结果和过程的评价。90年代以来,政策评估进一步深化为对政府生产力和绩效的评估。

爱德华·萨齐曼(Edward Suchman)于1967年出版了《评估研究》(*Evaluative Research*)一书,倡导将评估作为一个独立的研究领域来看待。1970年,约瑟夫·豪利(Joseph Wholey)出版了《联邦评估政策》(*Federal Evaluation Policy*),1972年卡洛尔·韦斯(Carol Weiss)出版了《评估研究:项目有效性的评估方法》(*Evaluation Research: Methods of Assessing Program Effectiveness*),这些都促进了评估研究领域的独立发展。1995年,弗兰克·

---

① Laurence J. O'Tool Jr., "Research on Policy Implementation: Assessment and Prospects," *Journal of Public Administration Research and Theory*, 2000(2), 10, p. 283.

费希尔出版了《评估公共政策》一书，提出了后实证主义的公共政策评估范式，将政策科学当中的工具理性维度和价值理性维度进行了整合，提出了新的评估框架。[①] 2002 年斯图亚特·那格尔出版了《公共政策评估手册》，标志着公共政策评估进一步走向成熟。[②]

进入 90 年代以后，伴随着新公共管理和重塑政府运动的持续影响，美国政府绩效评估(公共政策的结果、公共项目、公共行为和官员行为)走向了法制化和常规化管理的阶段。法制化表现在 1993 年国会颁布了《政府绩效和结果法案》(Government Performance and Results Act)，该法案推动和保障了政府绩效评估改革的迅速发展。常规化管理表现在以下两个方面：第一，为了执行《政府绩效和结果法案》，克林顿总统于 1993 年 3 月任命副总统艾伯特·戈尔(Albert Gore)主持新成立的国家绩效评价委员会(National Performance Review，NPR)的工作；第二，1993 年 9 月，戈尔发布了《从繁文缛节到结果导向：创造一个运转更好、花钱更少的政府》(*From Red Tape to Result*：*Creating a Government that Work Better and Cost Less*)。在报告中，戈尔提出了很多具体的改进政府绩效评估的方法、原则、程序和操作指南，使其绩效和政策评估成为政府常规化管理的重要组成部分。

此外，在其他富有影响力的政策分析理论中，例如埃莉诺·奥斯特罗姆(Elinor Ostrom)的制度性理性选择(Institutional Rational Choice)，保罗·萨巴蒂尔等人的倡导联盟框架 (The Advocacy Coalition Framework)，弗朗希斯·贝里(Frances Stokes Berry)和威廉·贝里(William Berry)的政策扩散框架 (Policy Diffusion Framework)[③]等等，也对政策过程的研究做出了拓展和贡献。

六、政策工具、政策网络与政策范式研究

政策工具、政策网络和政策范式是近些年来政策科学研究当中兴起的新研究领域。它们进一步体现了政策科学研究的综合性、复杂性和学科交叉性。

---

① Frank Fishler, *Evaluating Public Policy* (Chicago: Nelson Hall, 1995).

② Stuart Nagel, *Handbook of Public Policy Evaluation* (Thousand Oaks, Calif.: Sage Publications, 2002).

③ 参见〔美〕保罗·A. 萨巴蒂尔：《政策过程理论》(彭宗超、钟开斌等译)，北京：生活·读书·新知三联书店 2004 年版，第 125 页。

(一)政策工具

政策工具早已存在并得到广泛的运用,比如经济政策中的财政政策工具和货币政策工具,管理学中的管理工具等等。单是作为专门研究领域的政策工具研究的兴起就与政策执行研究的深化和细化有关,因为政策工具本质上就是连接政策目标与政策结果的桥梁。

20世纪80年代,政策科学、公共行政和公共管理之间的融合和交叉成为政策科学发展的重要趋势,政策工具的研究就体现了这一趋势。1983年,克里斯托夫·胡德(Christopher Hood)出版了《政府工具》,对政府工具进行了较为全面的阐述和分析。① 1998年,盖伊·彼得斯(Guy Peters)和弗兰·尼斯潘(Frans Nispen)主编的《公共政策工具》一书,较为全面地列举了一系列政策工具。② 2000年,伊曼纽尔·萨瓦斯(Emanuel Savas)在《民营化与公私部门的伙伴关系》(*Privatization and Public-private Partnerships*)一书中,将政府工具分为政府服务、政府间协议、契约、特许经营、补助、凭单制、市场、自我服务、用户付费、志愿服务等。③ 2002年,莱斯特·萨拉蒙(Lester Salamon)主编了《政府工具——新的治理指南》并将政府常用的治理工具划分为直接行政、社会管制、经济管制、合同、拨款、直接贷款、贷款担保、保险、收费、用户付费、债务法、政府公司、凭单制等。④

政策工具的研究方兴未艾,对于公共政策研究更加贴近实务提供了广阔的空间。

(二)政策网络

网络的概念是20世纪80年代兴起的,来源于生物学、计算机科学、经济学和社会学等多种学科。政策网络研究侧重于分析政策参与过程中团体与政府的关系。政策网络(Policy Network)是指一群互赖行动者为了促成某种政策问题或方案的形成和发展而建立的具有一定稳定程度的社会

---

① C. Hood, *The Tools of Government* (The Macmillan Press Ltd, 1983).

② B. Guy Peters and Frans K. M. van Nispen, *Public Policy Instruments* (Northampton: Edward Elgar Publishing. Inc., 1998).

③ 〔美〕E. S. 萨瓦斯:《民营化与公私部门的伙伴关系》(周志忍等译),北京:中国人民大学出版社2002年版。

④ Lester M. Salamon: *The Tools of Government: An Introduction to the New Governance* (New York: Oxford University Press, 2002).

关系形态。①

90年代以来,在汉斯·胡弗恩(Hans Hufen)、伯尔尼·麦恩(Bernd Marin)、诺兰特·梅恩茨(Renate Mayntz)、格瑞特·约登(Grant Jordan)、弗瑞茨·夏普夫(Fritz W. Scharpf)、劳伦斯·图尔(Laurence J. O'Tool Jr.)、梅丽莎·理查逊(Melissa Richardson)、伊瑞克汉·克里因(Erik-Hans Klijn)、华特·柯切尔特(WalterJ Kichert)、皮特·伯加逊(Peter Bogason)等为代表的学者们的持续努力下,政策网络已经成为超越官僚和市场机制的第三种治理机制;成为公共政策执行的要素,且有取代政策分析、新公共管理、新制度主义的趋势。政策网络具有多元、分割、相互依赖、相互调整、建立共识、合作与互动的特性。②

(三)政策范式

自从1962年库恩发表《科学革命的结构》提出了范式(paradigm)概念之后,科学哲学转向了历史主义。虽然库恩的范式概念本身并不是确定如一③,但是范式概念却因为其内涵的丰富性和解释科学发展的革命性观念而受到自然科学界和社会科学界的广泛关注。德罗尔早在70年代就提出了政策科学范式的思想,但是将政策范式作为一种操作化的定义对公共政策实践进行研究的当属彼得·霍尔(Peter Hall)。霍尔认为,政策范式就是"政策背后的大致目标,决策者为了实现该目标必须解决政策背后的广泛的目标以及相关问题和难点,此外,在很大程度上将会用到各类手段以达到这些目标。这个理论框架就像一个格式塔(gestalt)一样日益强大。"④政策范式由政策目标、政策工具和政策问题三个基本要素组成。常规变化模式与间断—均衡模式是政策范式变化的两种模式。"政策范式"变化通常会经历以下几个阶段:(1)范式稳定性;(2)反常的积累;(3)实验;(4)权

① 林玉华:《政策网络理论之研究》,台北市:瑞兴图书公司2002年版,第61页。

② 同上书,第32—98页。

③ 英国学者玛格丽特·玛斯特曼(Margaret Masterman)在《范式的本质》(*The Nature of Paradigm*)一文中对库恩的范式观作了系统的考察,她从《科学革命的结构》中列举了库恩使用的21种不同含义的范式,并将其概括为三种类型或三个方面:一是作为一种信念、一种形而上学思辨,它是哲学范式或元范式;二是作为一种科学习惯、一种学术传统、一个具体的科学成就,它是社会学范式;三是作为一种依靠本身成功示范的工具、一个解疑难的方法、一个用来类比的图像,它是人工范式或构造范式。参见〔英〕玛格丽特·玛斯特曼:《范式的本质》,载〔美〕拉卡托斯、马斯格雷夫:《批判与知识的增长》(周寄中译),台北:桂冠图书股份有限公司1994年版。

④ Peter A. Hall, "Policy Paradigms, Experts and the State: The Case of Macro-economic Policy-Making in Britain," in Stephen Brooks and A.-G. Agonon, eds., *Social Scientists, Policy and the State* (New York: Praeger, 1990), p.59.

威的破灭;(5)争议;(6)新范式的制度化。与政策范式相关的研究是关于政策风格(policy styles)的研究。政策风格由杰里米·理查德森(Jeremy Richardson)等人在1982年提出。政策风格就是“政府解决问题的方式以及政策过程中与其他行为主体之间的关系,及其互动”。①

政策范式和政策风格的研究是政策科学研究细化和贴近实际的重要表现。

八、公共政策的理论重构

政策科学经历了半个多世纪的发展,已经将初创时期的内涵的各个要素和内在张力充分表现了出来。人们至少可以清楚地认识到,政策科学已经并不是由单一的维度构成,其间存在工具理性和价值理性的内在紧张。为此,德罗尔就曾呼唤通过综合哲学基础与构建本体理论,引入现实主义研究方法与开创宏观公共政策分析,改进元政策与政策制定系统对公共政策进行理论重构。②

(一) 综合哲学基础与构建本体理论

哲学的贫困是造成公共政策质量不足的根本性原因之一。现代公共政策因其对象的广泛性和复杂性而要求为自身建立起具有综合特征的哲学基础。面向21世纪的公共政策要求:(1) 在价值观方面构建一种能够作为各种政策途径、政策方法和政策技术基础的哲学;(2) 在认识论方面构建一种非实用主义的科学哲学,并广为吸收已有的认识论的方法,包括在系统条件下认识现实的先验图式、类比图式,重视客观依据的思想方法,寻求因果关系的论证方法等;(3) 在相关哲学的选择上继承和发展行动哲学的研究成果,包括对行动理论和决策逻辑的探讨,对实践理性、存在理性、合理性的探讨等。③

其实近期学者们已经在这方面做出了诸多的努力,最为突出地表现在综合哲学基础和构建本体理论这一高难度的任务上。可以认为,随着西方

① Jeremy Richardson, Gunnel Gustafsson and Grant Iordan, “The Concept of Policy Style,” in Jeremy J. Richardson, ed., *Policy Styles in Western Europe* (London: George Allen and Unwin, 1982), p.13.

② 〔以〕叶海卡·德罗尔:《逆境中的政策制定》(王满传等译),上海远东出版社1996年版,第139—280页。

③ 参见张国庆:《现代公共政策导论》,北京大学出版社1997年版,第362—363页。

社会科学研究从实证主义走向后实证主义，以及后现代社会现实和后现代思潮的兴起，政策科学哲学亦发生了根本性的革新。这一革新的步伐是与整个西方哲学的转向和革新同步的。世纪之交，西方哲学发生了诸如语言学转向、经验主义转向、中立主义转向等革命性的变革，这些转向在政策科学领域也或多或少地体现出来。在哲学思维方面它们的共同点在于：对现代性思维的超越和否定，转而倡导主体间性、价值理性和工具理性的融合、现象学的认识论、解释学的方法论等等。比如，公共行政行动理论、全面质量管理、建构主义的公共政策评估、治理理论、学习型组织、对话民主理论、公共行政的话语理论、公共政策民主化理论、参与型政策分析，等等。①

（二）现实主义研究方法与开创宏观公共政策分析②

现实主义的价值取向及其相应的研究态度和研究方法是公共政策重构的重要任务。现实主义的公共政策研究主要集中在两个方面：其一，现实主义的价值取向，表现为对政策实践的极大关注，包括对政策实践进行经验性总结的浓厚兴趣，对在政策实践中检验政策理论的认同等；其二，现实主义的研究方法，表现为对实际政策过程的描述，对政策实践的经验性概括等。

强调现实主义的公共政策理念和思想将推动公共政策研究形成一次质的飞跃，德罗尔提出的宏观公共政策分析也许是这场革命性进步的第一个里程碑。所谓宏观政策分析是基于这样一种判断而提出的一种新的政策分析的创意：由于过分地强调规范性，强调理性（科学），强调技术分析（数量化）的可靠性，政府的公共政策正在丧失现实性，以至于在政府的关键性政策抉择方面，现有的政策分析方法基本上无能为力，从而需要一种以历史和理论假设为框架思考重大政策问题的分析方法，即宏观政策分析的方法。为了明确界定宏观政策分析的政策本质，德罗尔罗列了同时构成其特征的宏观政策分析的22条原则。这些原则包括了关于公共政策哲学基础的行动定位、超理性的应用、集中注意关键性抉择、历史的高度长期预测与动态预测、政策制定系统的构建、注重协调与沟通、创新与创造，

① 参见曹堂哲、张再林：《话语理论视角中的公共政策质量问题——提升公共政策质量的第三条道路及其对当代中国的借鉴》，载《武汉大学学报》（哲社版）2005年第6期。

② 关于“现实主义研究方法与开创宏观公共政策分析”，转引自张国庆：《现代公共政策导论》，北京大学出版社1997年版，第364—365页。

等等。①

（三）元政策与政策制定系统的改进②

元政策是关于“政策的政策”。因此，政策质量的提升首先取决于元政策质量的提升。从这个意义上说，关于元政策的正确、自觉、有效的改进，是提升公共政策质量的先决性条件。元政策是政策制定系统的系统运作的产物，因此，提高元政策质量的基本问题在于改进政策制定系统。

政策制定系统的改进存在着一种循环的逻辑矛盾：公共政策质量低下说明政策制定系统需要改进，而政策制定系统的改进又需要高品质的公共政策。解决这一矛盾的现实出路在于寻求和建立一种新的逻辑起点。其中，通过制度的安排（譬如选举制、任期制）引进新的力量对政策制定系统进行革新性改进是必要也是可行的。

政策科学的学科整合、创新和理论重构是一件值得探讨而引人入胜的领域。

九、美国政策科学的社会建制和社会功能

政策科学在美国被普遍接受且得到迅速发展，是在20世纪70年代。期间，不仅许多高校开设了政策科学的研究方向，社会上也涌现出了大量有关政策科学的专业性研究咨询组织和学术刊物。著名的政策科学杂志有《政策科学》（*Policy Sciences*）、《政策分析和管理杂志》（*Journal of Policy Analysis and Management*）、《政策研究杂志》（*Policy Studies Journal*）、《政策研究评论》（*Policy Studies Review*）、《政策与管理评论》（*Policy & Management Review*），等等。

以美国为例，仅在1975年，各主要刊物就发表了有关文章800篇以上；同年，全美计划联合会出版的实用分析研究论文集，则开列了4 000份以上的社会计划的分析案例。③ 在整个70年代，政策科学的理论和技术不但在许多国家的各级政府得到了广泛应用，而且由于其潜力和普遍的适用性，

---

① 〔以〕叶海卡·德罗尔：《逆境中的政策制定》（王满传等译），上海远东出版社1996年版，第314—340页。

② 关于“元政策与政策制定系统的改进”，转引自张国庆：《现代公共政策导论》，北京大学出版社1997年版，第365—367页。

③ Arnol Katz and Julia G. Lear, *The Policy Analysis Sourcebook for Social Program* (Washington, D.C.: Hill Book Co., 1963), p. 70.

同时也在私营部门得到了推广。可以认为,政策科学是第二次世界大战以后,尤其是60年代之后最受注意的学科之一。进入80年代以来,政策科学的理论和方法已经成为工业发达国家政府乃至实业团体管理决策的基本方式,以至于形成了这样的现象:未作政策分析,不作政策决定。

政策科学诞生以来的发展还有一个趋势就是与政策咨询业紧密结合,一部分政策研究机构成为美国智库,影响社会舆论和政策走向。美国的智库相当发达,目前全美大约有两千多个从事政策分析的组织,仅华盛顿特区就有一百多个。智库与利益集团、公民和政府有广泛而直接的联系,影响着美国政治、经济、军事、外交等一系列重大决策。兰德公司(Research and Development Corporation)、布鲁金斯学会(The Brookings Institution)、战略与国际问题研究中心(The Center for Strategic & International Studies)、斯坦福大学胡佛中心(Hoover Institution)、遗产基金会(The Heritage Foundation)、美国企业公共政策研究所(American Enterprise Institute for Public Policy Research)等等就是美国著名的智库。

政府的重大决策经过智库的政策研究和分析,发布相关的研究报告引起舆论的广泛讨论,然后进入正式政治议程得到通过和实施。这一机制充分保证了政策的科学性和民主性。

美国的公共政策研究从兴起、发展到逐渐成熟,经历了数十年的过程。今后如何发展,值得关注。

张国庆　刘新胜　曹堂哲

2007年5月25日

序　言

公共政策分析是关于在政治生活中“谁得到什么”的问题，而更重要的还有，“为什么”得到以及“产生什么影响”的问题。我们不仅要关注政府追求什么样的政策，更要关注政府为什么实施这样的政策，以及这些政策会产生什么样的后果。

政治学，就像其他的学科分支一样，形成了一系列用来描述和解释政治生活的概念和模型。这些模型并不是相互竞争或排斥的，正是在这种意义上，不能简单地评论说哪一种模型是“最好”的。每一种模型都分别关注政治生活中的不同部分，都分别解释政治生活中的不同事物。

我们首先对政治学中的八种分析模型给予简明的描述，并说明每一模型对公共政策研究的潜在价值和意义。这八个模型分别是：

制度主义模型；利益集团模型；过程模型；精英模型；
理性主义模型；公共选择模型；渐进主义模型；博弈论模型。

大多数公共政策是合力作用的结果，或者说是理性规划、渐进主义、集团竞争、精英偏好、公共选择、政治过程和制度影响等因素共同作用的产物。本书是通过单独运用某个模型或综合运用某几个模型，来描述和解释公共政策的。而具体的某些章节又是以某一种模型为主进行分析的。

我们试图运用各种分析模型来描述和阐释公共政策。读者不仅能够得知（美国）国内公共政策的关键领域，而且还鼓励运用政治学的这些概念模型来解释这些领域中所实施公共政策的原因和产生的结果。本书研究的政策领域包括：

刑事司法；环境保护；
公共卫生和福利；公民权利；
教育；州政府和地方政府的支出和公共服务；
经济政策；国防；
税收政策；国家安全；
国际贸易和外来移民。

上述任何一个政策领域都可以运用一种以上的政策模型来展开研究。通常情况下，我们选择一种特定的分析模型来研究特定的政策领域时，对教学的考虑丝毫不亚于对其他因素的考虑。这样做只是想阐明政治学家是如何运用这些分析模型的。一旦读者熟悉政治学中的这些模型的特点及运用，他们就会觉得运用另外的模型而不是作者在书中解释特定政策结果时选择的那些模型，是很有趣的事情。例如，我们运用精英模型来探讨公民权利的政策，而读者可能更愿意从集团理论的视角去看待它。我们运用公共选择理论来讨论环境政策，而读者可能更倾向于用理性主义模型来研究这个问题。

总之，这本书不仅仅是公共政策研究的导论，而且还将介绍政治学家用来描述和解释政治生活的这些模型。

本书已经是第十一版，把政策研究推进到了"9·11"之后的世界。我们对"国防政策：严肃博弈的战略"一章作了修改，增加了反对恐怖主义斗争中使用军事力量的问题，还包括阿富汗和伊拉克战争。新加的一章是"国家安全：恐怖主义和无法阻止的威胁"，描述了恐怖分子的目的及其所使用的方法，美国对"9·11"事件的反应，情报部门在反恐斗争中的作用，以及《爱国者法案》(Patriot Act)及其对个人自由提出的问题。

第十一版还广泛讨论了教育政策，包括对《不让一个孩子掉队法案》(No Child Left Behind Act)的争论以及对学生测验的强调，描述了高等教育"多样性"这一热点问题，以及最高法院涉及这一问题的个案和为达到这些目标所采取的手段。在反对犯罪活动中，《反勒索和行贿受贿组织法案》(RICO)的没收财产的条款得以解释并受到批判，接下来的比较是引自《爱国者法案》中的类似条款。对布什政府在2001—2003年实施的减税政策与克林顿政府及老布什政府所实施的税收政策进行了比较。美联储的政策与减税政策被认为是经济复苏的工具。布什政府的财政赤字也经受了严峻的考验。

第十一版还对如下内容进行了广泛探讨：全球经济、国家的移民政策、犯罪与枪支政策、禁毒斗争、替代所得税、对全球变暖的争论、公共政策和拉美裔美国人，以及导弹防御问题等。

我要感谢下列评论家提出的有益建议：金伯利·杰龙（Kimberly Geron），加利福尼亚州立大学海沃德分校；尼古拉斯·艾尔邹伊（Nicholas Alzoie），亚利桑那州立大学；艾拉·里德（Ira Reed），特里尼蒂学院；劳森·维齐（Lawson Veasey），杰克逊维尔州立大学。

托马斯·R. 戴伊

第一章

政策分析：政府行为、原因与结果

公共政策是什么

本书的内容是讨论公共政策的。它关注的是政府做什么，为什么要这么做，以及政府行为产生的影响和结果。它也关注政治学以及这门学科描述、分析与解释公共政策的能力。

公共政策的概念　公共政策就是政府选择做哪些事情而不做哪些事情。政府要处理许多事务：调节社会内部的冲突；组织内部社会与其他社会进行斗争；向社会成员分配多种多样的象征性奖励和物质性服务；主要以税收的形式，从社会中汲取资金。因此可以说，公共政策调节社会行为、组织官僚机构、分配利益、征税，或者同时完成这些任务。

政策范围的扩展与政府规模的扩大　当今社会的人们期望政府为之做许多的事情。的确，几乎所有的个人问题或社会问题都要求政府来解决，换句话说，制定公共政策的目的就是为减轻个人的痛苦或减少社会的不稳定因素。这些年来，随着越来越多的美国人求助于政府来解决各种社会问题，政府的规模在不断扩大，与之相应，公共政策的范围也扩展到了几乎包括美国社会生活的各个领域。

在20世纪的大部分时间里，政府不仅在绝对规模上增大了，而且相对于国民经济而言的相对规模也在不断扩大。国民经济的规模通常是由国内生产总值（GDP）来衡量的，也就是美国一年中生产的所有产品和服务的

总和(见图 1-1)。在 20 世纪初期,政府支出只占到 GDP 的 8%,并且大多
1 数事情都是由州政府和地方政府来做的。两次世界大战、20 世纪 30 年代“大萧条”期间实行的“新政”,以及 60—70 年代“大社会”的发展,都使政府规模,尤其是联邦政府的规模大大地扩张了。里根总统执政期间(1981—1989 年),政府规模的增大相对于经济而言,处于平稳状态。进入 90 年代,美国经济增长的速度超过了政府支出的增长速度,使得政府规模**相对于经济增长而言**有所减小。2000—2001 年的经济滑坡,以及政府在加强国防和本土安全方面的支出增加,导致近几年来政府规模相对于 GDP 而言又有所增大。当前,政府总支出(包括联邦政府、州政府和地方政府的支出),达到了 GDP 的 30%。其中,仅联邦政府的支出就超过了政府总支出的三分之二,大约占 GDP 的 20%。全国的 50 个州政府和 87 000 个地方政府(包括城市、县、城镇、学区和特殊地区)共同花费了不到全部支出的三分之一,大约占 GDP 的 10%。

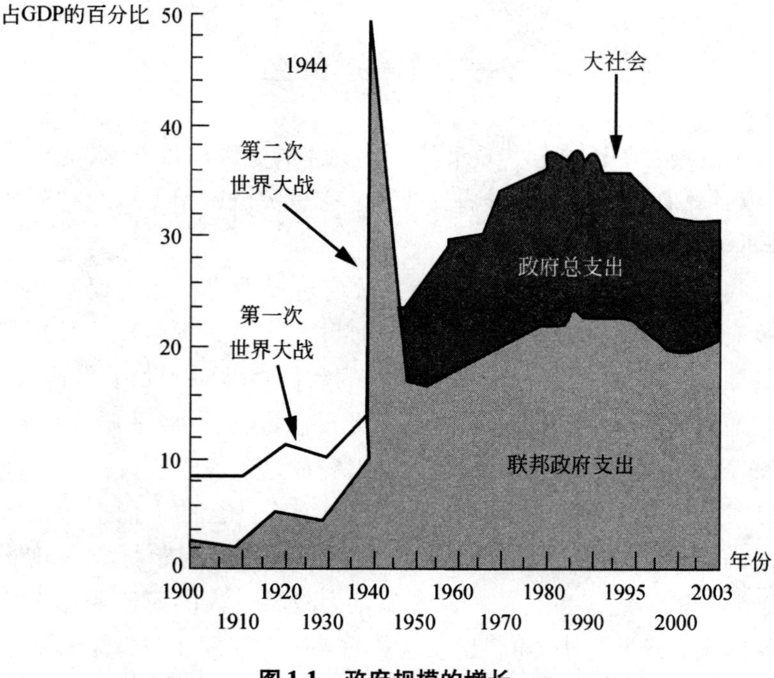

图 1-1　政府规模的增长

公共政策的范围　并不是政府所做的每一件事情都能在政府支出中反映出来。例如,政府的管制行为,特别是对环境的管制,就让个人和企业承担了相当大的成本,这些成本并没有体现在政府的预算中。即便这样,

政府支出仍是一个反映政府职能与优先顺序的常用指标。例如，图 1-2 表明，联邦政府用于老年人的支出（包括社会保障与医疗费用）大大超过了用于履行其他政府职能的部分，包括国防支出在内。联邦政府在社会福利和 2
医疗卫生方面的支出在总预算支出中占了相当大的比例，而对教育的财政支持却是相当薄弱的。**州政府和地方政府**承担了公共教育的绝大多数支出。在政府预算中，福利和医疗卫生方面的支出所占比例也高于修建高速公路和执行法律的支出所占的比例。

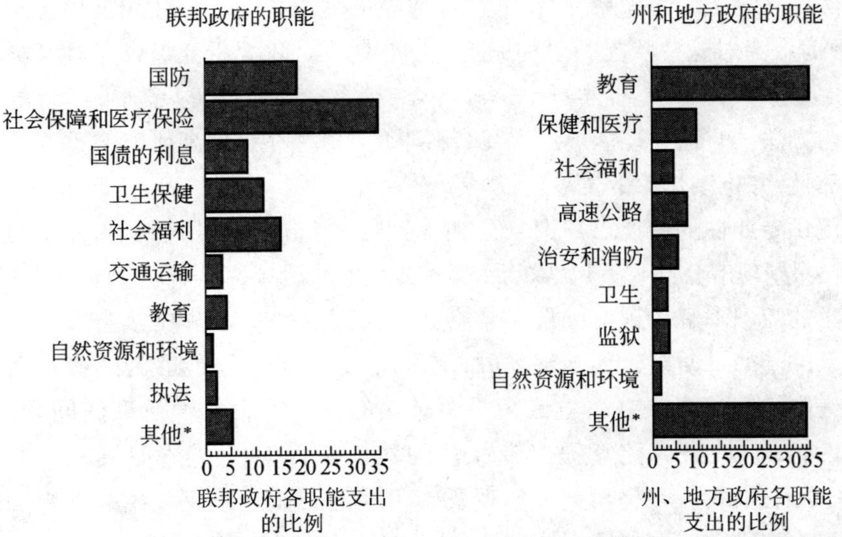

*包括科学、能源、农业、住房、退伍军人、国际事务和政府日常支出

*包括住房和社区发展，公园和娱乐，政府管理和利息

图 1-2　公共政策：政府做什么事情

资料来源：*Budget of the United States Government*, 2004；*Statistical Abstract of the United States*, 2002.

为什么要研究公共政策

政治学是一门研究政治的学问，它研究的是“谁在何时得到什么，是如何得到的”。这就不仅仅限于对政府制度的研究，例如，联邦制度，权力分立，权力制衡，司法审查，国会、总统以及法院的权力与职责等。“传统”的政治学主要关注这些制度安排以及对政府正当性的哲学论证。政治学也 3
不仅仅是对政治过程的研究，即选举与竞选运动、投票、游说、立法和宣判（判决）。现代“行为主义”政治学主要关注这些政治过程。

政治学还是对公共政策的研究，**即描述并解释说明政府所作所为的原因及后果**。这些关注点包括：描述公共政策内容；分析社会、经济和政治力量对公共政策产生的影响；探寻各种制度安排与政治过程对公共政策的作用；评估公共政策实施对社会产生的预期的与非预期的结果。

总起来说，研究公共政策有如下几点原因：

加强对公共政策的科学理解　全面理解公共政策决策的原因及其产生的后果可以拓展我们对社会的认知。公共政策研究有助于我们弄懂社会与经济状况之间的联系，政治体系对这些状况的回应，以及（如果存在的话）政府行为对这些状况产生的影响（见图1-2）。政策研究综合了对经济学、社会学、人类学、心理学、历史学、法学、公共行政以及政治学等学科的思想与方法。它通常还能够扩展社会科学的研究范围，提高研究的重要性与可靠性，并推动理论的发展。

提供专业性的建议或咨询　公共政策的研究有这样几个专业方面的理由：深刻理解公共政策形成的原因及其产生的后果，可以使我们运用社会科学的知识来解决现实问题。紧密联系实际的知识是解决社会弊病的前提条件。如果期望达到既定目的，那么，什么样的政策能够为这些社会弊病提供最好的解决办法就成为一个现实的需要一番科学研究的问题。换句话说，政策研究能够提供专业性的建议或咨询，根据"如果……那么……"的逻辑判断，提出如何实现既定目标的专业性建议。政府机构及私人的政策研究机构（"智囊团"）通常更加关注有关政策知识的实际应用而不是政策科学的理论发展。

提供制定政策的建议　公共政策的研究还有其政治目的，就是要确保国家实施"正确的"政策以实现"正确的"目标。通常认为，在面对重大的社会和政治危机时，政治学不应该保持沉默或软弱无力，而且政治学家有道德上的义务提出有针对性的公共政策来应对这些危机。如果把注意的焦点全部放在制度、过程或行为方面，这将被视为"枯燥的"、"不相关的"以及"非道德的"，因为这并不直接关注美国社会真正面临的极其重要的政策问题。公共政策的研究，不仅有科学的、专业方面的目的，而且还要为政治争论提供建议，提升政治意识，提高公共政策的质量。当然，这些是非常主观性的目的，美国人并不总是能够对"如何形成正确的政策或确立正确的目标"这一问题取得一致的意见。但是我们认为，掌握知识总比无知要好，这一点在政治学中尤其明显。

从政策分析中我们能学到什么

政策分析就是要寻求政府在做什么，为什么这么做，这些行为会产生什么结果。那么，我们能够从政策分析中学到哪些东西呢？

第一，学会描述政策。通过政策分析，我们能够描述公共政策——可以得知政府在社会福利、国防、教育、公民权利、健康、环境、税收等领域里正在做的事情（或者不做哪些事情）。了解国家政策的实际信息，的确是每个人的教育中必不可少的组成部分。例如，1964 年《民权法》（The Civil Rights Act）对于就业中的歧视是如何规定的？在巴基（Bakke）的诉讼案中，最高法院对于"肯定性行动"计划是如何判决的？国家的社会保障计划处于什么状况？医疗补助和医疗保险制度对穷人和老年人是怎样承诺的？美国与俄罗斯两国就核武器问题达成了什么样的协议？目前国内外的反恐怖斗争进展如何？我们交纳的税收是多少？联邦政府每年的支出是多少，这些支出都用到了哪些领域？这一系列的问题都是描述性的问题。

第二，学会探究原因。通过政策分析，我们能够探究公共政策形成的原因或决定性因素。为什么公共政策是现在的样子？为什么政府做这些事情？为此，我们可以寻求政治制度、政治过程和政治行为对公共政策产生的影响（图 1-3 中，B 所指的关系）。例如，由民主党人或共和党人控制总统职位与国会，是否会对税收和政府支出水平产生影响？特殊利益集团的游说会对改革联邦政府的税收制度产生哪些影响与后果？通过政策分析，我们还能够探求社会、经济、文化因素对于公共政策的形成所产生的影响（图 1-3 中，C 所指的关系）。这方面的例子有：公众对种族态度的改变会对公民权利政策产生什么影响？经济的不景气对政府支出有什么影响？老龄人口的不断增加会对社会保障和医疗保险制度产生什么影响？用学术性的语言表达就是，当我们研究公共政策形成的原因时，公共政策就成为**因变量**，而决定公共政策的各种政治、社会、经济及文化因素等则成为**自变量**。

第三，学会追寻结果。通过政策分析，我们能够追寻公共政策的结果或产生的影响。了解公共政策的结果通常称为**政策评估**。公共政策给人们的生活带来什么结果？我们可以分析公共政策对政治制度和过程所产生的影响（图 1-3 中，F 所指的关系）。例如，社会保障政策的改革对共和党在国会中的地位会产生什么影响？政府努力减少财政赤字的行为对总统的声望会有什么影响？我们还想要检验公共政策给社会状况带来的变化和影响(图 1-3 中,D 所指的关系)。比如,死刑是否有助于遏制犯罪？福利计划是否伤害了人们的工作热情？增加教育支出是否能提高学生的成绩？用学术语言表述就是,当我们分析公共政策的结果时,公共政策就成为**自变量**,而政策对社会产生的政治、社会、经济和文化影响则变成了**因变量**。

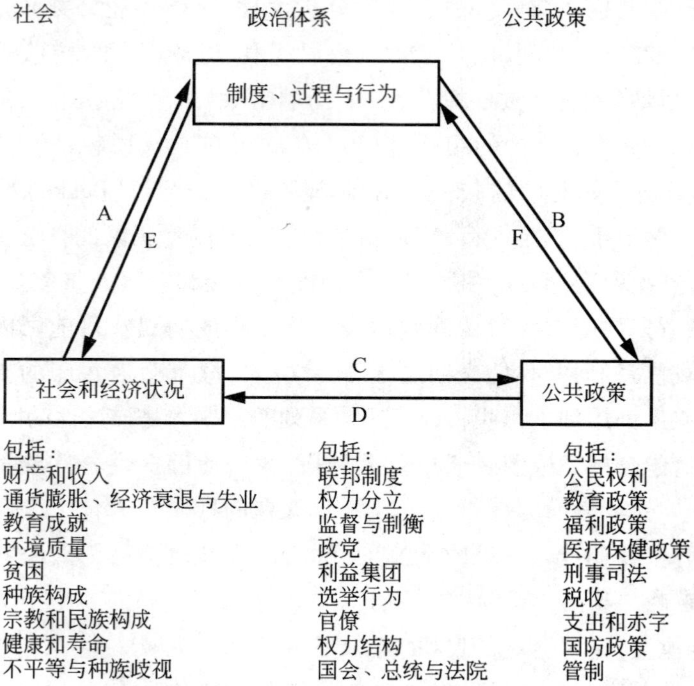

图 1-3　分析公共政策及其原因与结果

箭头 A：社会和经济形势状况对政治和政府制度、过程和行为有什么影响？

箭头 B：政治和政府制度、过程和行为对公共政策产生什么影响？

箭头 C：社会和经济状况对公共政策有什么影响？

箭头 D：公共政策对社会和经济状况有什么作用(反作用)？

箭头 E：政治和政府制度、过程与行为对社会、经济状况有什么作用(反作用)？

箭头 F：公共政策对政治和政府的制度、过程与行为有什么作用(反作用)？

政策分析和政策倡导

政策分析不同于政策倡导,把二者区分开来是很重要的。解释和说明各种公共政策的原因和结果并不等同于建议政府应该实行什么样的政策。了解政府为什么做这些事情及其行为产生的结果,与提出政府应该做什么，或者改变其行为，这两者并不是一回事。政策的倡导需要有言辞、劝服、组织与积极行动的技巧。而政策分析则鼓励学者和学生运用系统研究的工具来检讨重要的政策问题。政策分析中隐含着这样一个判断：形成关
于影响公共政策的各种力量以及公共政策实施结果的科学知识，这本身就 6
是一种与社会相关的活动，而且这种政策分析也是提出政策建议、进行政策倡导和积极行动的前提条件。

具体而言，政策分析包括如下内容：

1. **政策分析主要关注的是政策的解释说明而不是提出政策建议**

   政策建议从属于政策的描述与阐释。一个暗含的观点是：理解政策是提出政策建议的前提条件，而真正的理解又是通过细致全面的分析而不是通过修辞技巧或辩论来获得的。

2. **政策分析是严肃的探索公共政策的原因与结果**

   这种研究和探索意味着需要运用科学的推论。复杂的量化技术可能有助于进行政策原因与结果之间的有效推理，不过，这些技术并不是必不可少的。

3. **政策分析还试图提出并检验关于公共政策因果的一般性命题，以及把具有普遍相关性的可靠研究结果集中起来**

   这样做的目的是形成关于公共政策的具有概括性和可靠性的理论，从而能够应用到不同政府部门或不同政策领域。政策分析者明显倾向于提出适合多种政策决定或案例的政策阐释，这样的阐释能够在不同的环境中经得起时间的考验。

然而，必须记住的是，政策问题是由政治行为主体——选举或任命的政府官员、利益集团，有时甚至是有权投票者决定的，而不是由政策分析者决定的。社会科学研究在政治领域里通常不是很顺利的，它经常被演绎、被误解、被忽视，甚至被当作政治斗争的武器来使用。政策分析的结果有时会出乎意料，甚至在政治上令人尴尬。公共政策并不总是按照人们的意愿来运作。政治利益主体为了实现自己的目的会有选择性地接受、抵制或利用这些政策分析的结果。

政策分析与寻求解决美国问题的办法

政策分析是否能够“解决”美国的问题，对这一点还是存在疑问的。愚昧无知、犯罪、贫困、种族冲突、不平等、住房问题、疾病、环境污染、交通拥

挤，以及不幸福的生活等等，这些问题长期困扰着美国的社会和人民。当然，这不能成为一个借口，来为无法建立一个摆脱这些问题的社会进行辩解。但是，我们在努力建设一个更加美好的社会时，也应该认识到要找到这些社会问题的解决方法是很困难的。有许多理由使我们对政策分析的激情冷静下来，有些理由将会在关于教育政策的斗争中给予解释。

第一，政府权力的限度。不管出于何种目的，政府政策的重要性很容易被夸大。而且，也不能确切地得知，政府的政策（即便具有创新性）是否
7 能够治愈全部或者大多数社会弊病。政府受到家庭生活模式、阶级结构、养育习惯、宗教信仰等多种具有影响力的社会力量的限制。政府要管理这些社会力量是很不容易的，而且，即便政府想这样做也是难以控制这些社会力量的。有些社会问题是非常难以处理和解决的。

第二，对社会问题存在的分歧。如果对于“社会问题是什么”这一点都不能达成共识，那么政策分析是不能够提供解决问题的方案的。例如，在教育政策领域里，一些研究者认为，提高成绩的标准（对口头表达和计算能力的测试）应该是需要努力解决的问题。但是教育界人士却认为，掌握口头表达和计算的技能不是公立学校唯一的或最重要的目标。他们主张，学校还应该使不同种族和社会背景的学生形成积极的自我认知意识，鼓励学生对社会的认知和对多元文化的鉴赏能力，教育学生相互尊重并和平地解决相互之间的分歧，教育学生认识毒品的危害以及关于性和性传染疾病的知识，等等。换句话说，许多教育者认为，学校面临的问题绝不仅仅是提高学生的学习成绩。

政策分析在解决价值冲突问题上是无能为力的。如果对教育政策应该持有何种价值观这一问题不能达成多少共识，那么政策研究对政策制定就没有什么作用。它最多只能建议如何达到特定的结果，但是并不能够决定什么是真正对社会有价值的。

第三，政策解释中存在的主观性。政策分析在处理一些带有主观性的课题时，必须依赖于对结果的解释。专业研究人员通常对分析结果有不同的解释。社会科学研究不可能是价值中立的，甚至在研究课题的选择上都受到个人价值观的影响。每个人对社会中哪些问题重要并值得关注，都有不同的看法和价值判断。

第四，人类研究设计的局限性。在系统性的政策分析中还有一些问题是与社会科学研究的设计所具有的内在局限性相关的。有一些类型的可控性实验根本不可能对人类进行。例如，研究者不可能命令把孩子送到条件极差的学校，而仅仅为了观察这种学校是否对他们的学习成绩产生了负

面的影响作用。相反,从事社会研究的人员必须找到一些条件,它们“自然而然”地导致教育权利的剥夺,以期对导致剥夺的原因进行必要的考察。因为我们不能控制现实世界中的所有因素,因此很难准确地查明是什么原因导致了教学成绩的提高。另外,即使条件允许做某些实验,人们也会经常改变自己的行为,因为他们知道自己是在实验的情形下被观察的。例如,在教育研究中一个经常发生的现象是,在实行任何新的教学方法或课程的创新时,孩子们都表现得很好。这就很难判断,所观察到的这种改善是因为采用新的教学方法或课程创新而产生的结果呢,还是仅仅是一种实验情形的产物。

第五,人们行为的复杂性。也许关于政策分析持最大的保守态度出于这样的现实,即社会问题是如此复杂,使得社会科学家不能够对他们建议 8
的政策所产生的后果作出准确预测。而且,社会科学家对个人和群体的行为认识不够,这也使得他们不能够对政策制定者提出可靠的建议。有时候,政策制定者通过向社会科学家咨询以求得解决问题的“方法”,而社会科学家却不能提供。绝大多数社会问题都是由许多变量导致而成的,因此只用一种简单的解释或者一种救治方案是不可能成功解决的。社会科学家给出这么多相互矛盾的建议,也表明了他们缺乏对社会问题的可靠的科学知识。虽然有些学者认为“不提出建议要比给出矛盾的或不正确的建议要好”,但是政策制定者仍然要作出决策,而且他们认为,根据社会科学所提供的知识(即使是很少的知识)来作出判断,也比在无知的情况下作出决策要好。就算社会科学家不能够预测未来政策的影响和结果,但他们至少能够评估现在和过去实行的公共政策的影响,并把这些知识提供给决策者。

政策分析既是艺术又是技术

公共政策分析既是一门艺术,也是一种技术。说它是一门艺术,是因为在确认和描述社会问题、设计公共政策来解决这些社会问题以及考察这些政策的效果时,需要洞察力、创造力和想象力。说它是一种技术,是因为完成上述这些任务需要掌握经济学、政治学、公共行政学、社会学、法学和统计学等学科的知识,政策分析实际上是所有这些传统学科的应用型分支领域。

我们怀疑政策分析有“可供选择的模型”,即是说,存在一种优于其他一切分析模型或方法的模型或方法，它能够永久地提供解决公共问题的最佳方案。相反，我们同意政治学家艾伦·威尔达夫斯基（Aaron Wildavsky）所说的：

> 政策分析是这样一种活动，它没有既定的程序或模型，政策分析与创造力是同义的，它是通过理论来激发、通过实践来磨炼的，它是只可意会不可言传的。①

艾伦·威尔达夫斯基还提醒学生，解决重大公共问题的方案不是可以期待而来的：

> 在很大程度上，必须承认，知识是具有否定性的。它告诉我们不能够做什么事情，不能够去什么地方，我们在哪里犯了错误，但是，这些对于我们改正错误是不够的。毕竟，如果我们现在的努力完全令人满意，那就不再需要政策分析，更不要说什么政策分析人员了。

在本书中找不到一种可供选择的最佳的分析模型，但是，如果想要讨
9 论理解公共政策的不同方式和途径，本书是一本很好的入门读物。

① Aaron Wildavsky, *Speaking Truth to Power* (New York: John Wiley, 1979), p. 3.

第二章

政治模型：思考公共政策的工具

政策分析的模型

模型是对现实世界某个方面的简化表现。这种模型可能是一种真实的物质表现形式,例如,飞机模型或者桌面上的建筑模型,这些是设计者或建筑师用来展示当这些物体建成之后看上去是什么样子的。模型也可能是一个图形,例如,一幅道路交通图或者政治学家用来解释一项议案是如何变成法律的流程图。

模型的运用 我们在政策研究中运用的模型是概念性的模型。这些模型的运用包括:

- 简要概括并阐明我们对政治和公共政策的思考;
- 确认政策问题的重要方面;
- 通过集中关注政治生活的主要特征,帮助我们相互交流;
- 指导我们更好地理解公共政策,建议什么是重要的,什么是不重要的;
- 解释公共政策并预测其结果。

可供选择的政策模型 如同其他学科一样,政治学经过多年的发展,形成了一些模型来帮助我们理解政治生活。在这本书中,我们试图了解这些模型对于公共政策的研究是否有效。具体而言,我们将从以下这些模型的视角来检验公共政策：

- 制度主义模型
11 - 过程模型
- 理性主义模型
- 渐进主义模型
- 利益集团模型
- 精英模型
- 公共选择模型
- 博弈论模型

上述每个术语都代表着一种主要的概念性模型，这在政治学著作中都能够找到。没有哪一种模型是为专门研究公共政策而形成的，然而每个模型又都提供了各自不同的思考公共政策的方式，甚至还解释了公共政策的一些原因和结果。

这些模型并不是竞争性的，人们不能判断哪种“最好” 每一模型都有各自关注的政治生活的焦点，并帮助我们理解公共政策的不同方面。虽然有些政策初看上去好像只能用一种特定模型来解释，但是大多数政策是理性设计、渐进主义、利益集团行为、精英偏好、博弈斗争、公共选择、政治过程和制度影响等多种因素混合作用的产物。在本书接下来的章节中，我们将单独或综合运用这些模型，来描述和阐释特定领域的公共政策。下面是对每一模型的简要描述，我将特别关注这些模型审视公共政策的不同方式。

制度主义：政策是制度性的输出

政府制度一直是政治学关注的核心问题。传统上，政治学被界定为是对政府制度的研究。政治活动通常是以特定的政府机构为中心的，如国会、总统、法院、官僚机构、州政府及市政府等等。公共政策就是由这些机构来决定、完成并执行的。

公共政策与政府机构之间的关系非常紧密。严格地说，一项政策只有被政府机构采纳、实施和执行之后才能成为公共政策。政府机构赋予公共政策三个与众不同的特征：第一，政府给予公共政策**合法性**。政府的政策通常被认为是法律义务，并命令公民服从。人们可能会认为公司、教堂、专业组织、公民团体等社会中其他集团或团体的政策重要，甚至具有约束力。但是唯独政府的政策涉及法定义务。第二，政府的政策具有**普遍性**。只有政府的政策才能影响到社会中的所有人，而其他团体或组织的政策仅仅涉及社会中的一部分人。第三，政府垄断着社会中的**强制力量**——只有政府能够合法地监禁违背其政策的人，其他组织或团体运用这种制裁时受到更多的限制。正是政府具有的这种要求全体公民对其忠诚的能力，使得政府能够实施统治全社会的政策，并且垄断着对暴力的合法运用权，促使社会中的个人和团体把政府的偏好体现在政策中。 12

制度主义：模型的应用

在第十二章“美国的联邦主义：制度安排及公共政策”当中，我们将考察美国联邦主义制度的某些问题——财政与权力在联邦、州、地方政府之间的分配。

美国的宪法确立了政策制定的基本制度架构，这是“国家的最高法律”（宪法第六条）。它的关键性结构要素是：在政府的立法、行政和司法机关之间实行权力分立、监督与制衡；实行联邦制度，即在中央政府和州政府之间实行分权。国家的创始人设计这些制度是为了“形成一个更加完美的合众国”。二百多年来，虽然这些制度安排发生了重大变化，但世界上没有其他任何成文宪法能够存在这么长时间。在这本书中，我们将关注这些制度安排对公共政策的影响。接着还要从细节上探讨联邦主义制度对公共政策的影响与作用。

联邦主义承认，中央政府和州政府都分别从他们自己的公民那里获得独立的合法权力（见图 2-1）：两者都能够制定法律，征税，保留各自的法院。州政府还在中央政府官员的选举方面扮演着重要的角色——分配国会议席，在各州分配两议院议员的名额，分配总统选举的投票。或许最重要的是，宪法本身的任何变化必须得到国会和四分之三的州的同意。

过程模型：政策是一种政治行为

当前，政治过程和行为成为政治学研究的中心和焦点问题。自从第二次世界大战以来，现代“行为主义”政治学就一直在研究投票人、利益集团、立法者、总统、官僚、法官和其他政治主体的行为活动。这种研究的主要目的之一就是揭示行为或者“过程”的模式。对政策感兴趣的政治学家，根据各种行为与公共政策的关系，对这些行为进行了分类，划分为一系列的政策过程，通常包括如下内容：

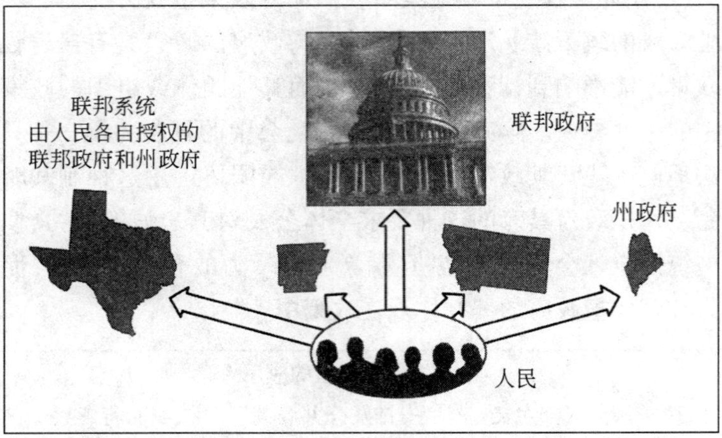

13 **图 2-1　制度模型：美国的联邦主义**

- **问题确认**　通过政府行为的要求来确认政策问题。
- **议程设定**　根据大众传媒与公共官员对特定公共问题的关注，来决定什么问题应该提上政策议程。
- **政策形成**　由利益集团、白宫的官员、国会议员和智囊团提出政策建议。
- **政策合法化**　通过国会、总统和法院的政治活动，选择并制定政策。
- **政策执行**　通过官僚组织、公共支出、行政部门的活动来具体实施政策。
- **政策评估**　由政府机构本身，政府外部的顾问、咨询人员，媒体和公众等来评价政策实施的结果。

简而言之，我们可以把政策过程看做是一系列的政治活动——确认问题、设定议程、形成政策、使政策合法化、执行政策以及评估政策。表 2-1 是过程模型分析的一个常见的例子。

过程模型对于我们理解政策制定过程中的各种活动是很有帮助的。我们需要记住**政策制定过程**包括：设定议程（抓住政策制定者所关注的问题）；形成政策建议（设计各种政策并作出抉择）；使政策合法化（寻求政治支持，获得国会、总统或法院的批准）；执行政策（建立官僚机构、财政支出、施行法律）；评估政策（探寻政策是否有效，是否受到人们欢迎）。

政策过程：模型的应用

在本书研究的每一个政策领域里都会考虑到政治过程和行为。对于政治活动对公共政策产生的影响的评论将在第三章“政策制定过程：决策行为”中给予详细的分析。 14

表 2-1　政策过程：一个分析框架

功能性活动	在政府中的归类	作为体系的部分	结果
理解 界定 整合 组织 表达	政府面临问题	问题确认	问题需求
形成 合法化 拨款	政府的行动	政策发展	预算项目提议
组织 解释 运用	政府解决问题	政策执行	随情况而定 （服务、支付、设施、控制等等）
具体化 测评 分析	政府的方案	政策评估	随情况而定 （论证、建议，等等）
解决/ 终结	问题解决或变化	政策终结	解决或变化

资料来源：*An Introduction to the Study of Public Policy*, 2nd ed., by Charles O. Jones. Copyright © 1977 by Harcourt, Inc. Reprinted by permission of the publisher.

理性主义：政策是使社会收益最大化的手段

一项理性的政策是获得“社会收益最大化”的政策；或者说，政府应该选择那些使得社会收益最大程度地超过社会成本的政策，同时避免实施那些成本高于收益的政策。

需要注意的是，在社会收益最大化的界定上有两个重要原则：第一，任何成本超过收益的政策，都不应该被采纳。第二，在所有可供选择的政策中，决策者应该选择那个收益超过成本最多的政策。换句话说，只有当一项政策获得的收益和其代价相比是正值，并且大于实施其他政策的收益与损失之比时，才可以说所选择的政策是理性的。我们不应该从狭隘的金钱视角来审视理性主义，因为只用金钱来衡量，一些基本的社会价值就会为了节省金钱而丢掉。理性主义包括对实施一项公共政策带来的**所有**社会、政治、经济价值损益的计算,而不仅仅是可以用金钱来衡量的那些。

要选择一个符合理性的政策,政策制定者必须做到:(1)知道所有的社会价值偏好及其相对权重;(2)知道可以获得的所有备选政策方案;(3)知道每一备选方案的所有结果;(4)计算每一个备选政策方案的收益与成本的比例;(5)选择其中最有效率的政策方案。① 这种理性主义假定,**作为整体的社会**的价值偏好是可以获知并衡量的。单单了解和衡量一些
15 团体的价值偏好而没有了解与权衡其他社会团体的价值偏好,这对作出理性决策是不够的。因此,必须对社会价值偏好有一个全面的理解。理性的政策制定还要求知道备选政策方案的**基本情况**,具备准确预见备选方案结果的**预测能力**,以及正确计算成本收益之比的**能力**。最后,理性的政策制定还需要有一个利于形成理性决策的**决策制定系统**。这一决策系统见图 2-2。

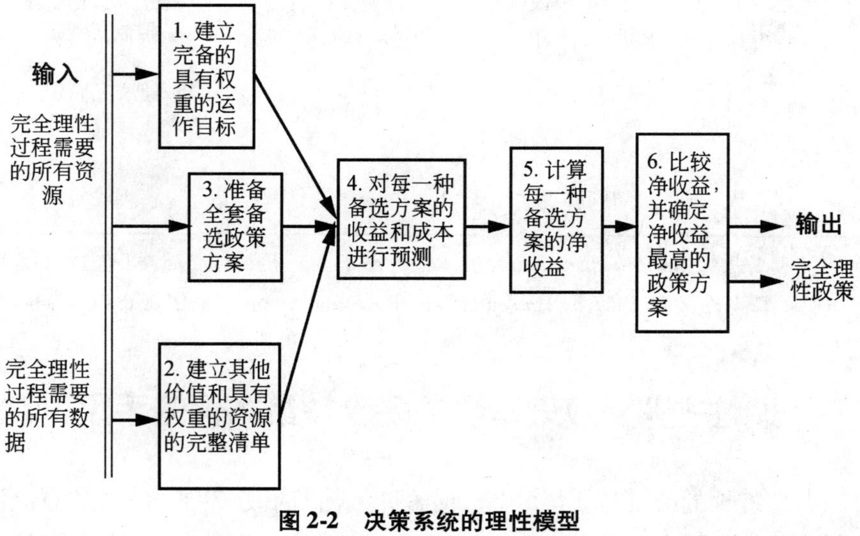

17 **图 2-2 决策系统的理性模型**

---

① 参见:Yehezdel Dror, *Public Policy-Making Re-examined.* Part IV. An Optional Model of Public Policy Making (San Francisco: Chandler, 1968).

理性主义：模型的应用

本书第四章“刑事司法：公共政策中的理性与非理性因素”表明，阻止犯罪的理性政策，即确保惩罚的确定性、及时性和严厉性的政策几乎很少得以执行，国家的高犯罪率在很大程度上是这种非理性的产物。解决公共政策中的理性问题在第五章“医疗保健与社会福利：寻求理性的策略”中也有所探讨，我们将考察解决贫困、健康和社会福利问题的选择策略的一般设计。我们还将观察这些策略是如何在公共政策中得以实现的，并分析制定理性的公共政策还存在的阻碍因素。

然而，要实现理性的决策还存在许多障碍①。实际上，要制定完全理性的政策存在如此之多的障碍，以至于在政府中几乎不能制定出这样的政策。但是，这一理性主义模型对于公共政策分析还是很重要的，因为它有助于确认达到完全理性需要克服的障碍。它还有助于提出问题，如为什么政策制定**不是**一个更加理性的过程？完全理性的政策制定面临如下几个重要障碍：

- 社会的利益通常不能达成一致，只有特定的团体或个人的利益才能一致，并且团体或个人的许多利益存在冲突。
- 这些冲突的成本和收益是不可能比较和衡量的。例如，我们无法在个人尊严与税收增长之间进行比较或衡量。
- 政策制定者的动机并不是以实现社会目标为基础作出决策，而是力图使他们自己在权力、地位、连选连任、金钱等方面的收益最大化。
- 政策制定者的动机也不是使社会净收益最大化，而是仅仅满足于成绩的需要；他们并不是寻求“最佳的决策”，而是制定出一个能够实施的政策就停止了最佳政策的探索。
- 在现行项目和政策上的大量投资（沉淀成本），也阻碍了政策制定者重新考虑以往的决策中排除掉的备选政策方案。
- 为了了解所有可能的政策备选方案及其后果，需要收集所有的相关信息，但存在无数的限制性因素，如收集信息的成本、信息本身的可获得性、收集信息的时间等。 16
- 不管社会学和行为学，还是物理学与生物科学，其预测能力都还没有发展到这种程度，即能够使政策制定者完全知晓每一个可供选择的政策方案的收益或成本。
- 政策制定者即使具有最先进的计算机分析技术，在面对大量的各种

① 参见：Charles E. Lindblom, “The Science of Muddling Through,” *Public Administration Review*, 19 (Spring 1959), pp. 79—88; Aaron Wildavsky, *The Politics of the Budgetary Process* (Boston: Little, Brown, 1964).

各样的具有风险性的政治、社会、经济、文化价值时,也没有足够的智力来准确计算其成本和收益。

- 各种政策备选方案结果的不确定性,也迫使政策制定者尽可能地坚持以前的政策,从而降低出现混乱、不可预期后果的可能性。
- 在一些大型的官僚机构中,政策的制定需要多个部门参与,这种分散性使得决策协调变得困难,导致各方面专家的所有建议都呈现在决策者面前。

渐进主义:政策是在过去政策基础上的修正

渐进主义把公共政策视作政府过去行为活动的延续,其中伴随着逐步的调整与修正。政治学家查尔斯·E. 林德布洛姆,在批判完全理性决策模型的过程中,首次提出了渐进主义模型。[①] 根据林德布洛姆的说法,决策制定者**不需要**每年都做如下的事情:检查所有现行的政策和提出的政策建议,确定社会目标,研究其他可供选择的政策方案实现社会目标的收益和成本,根据净收益的最大化程度,排列每个可供选择的政策方案的优先次序,在获得所有相关信息的基础上作出政策抉择。相反,由于时间、信息和成本的限制,政策制定者无法确认所有可供选择的政策方案及其后果。政治本身的局限性也妨碍了清晰鲜明的社会目标的确立,以及对成本和收益的准确计算。这种渐进主义的模型指出了"完全理性"的政策制定模型是不切实际的,因此描述了一个更加保守的决策制定过程。

渐进主义政策制定是保守的,因为它以现行的项目规划、政策和支出为基础,只把注意力集中于新的程序和政策以及对现行项目规划的增加、减少或修正。(例如,1996 年政府行为活动或项目的预算政策,都是从渐进主义的视角来考察的,如图 2-3 所示。)政策制定者通常承认已经确立的项目规划的合法性,并默许继续执行原来的政策。

渐进主义:模型的应用

在政府预算的讨论中,对渐进主义模型给予了特别的关注,见第七章"经济政策:渐进主义在实践中的应用。"

① Lindblom, "The Science of Muddling Through," *Public Administration Review*, 19 (Spring 1959).

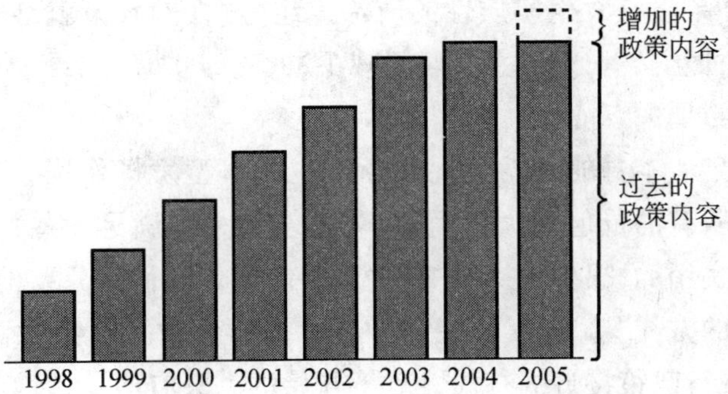

图 2-3　渐进主义模型

政府之所以采用渐进主义的做法，有如下几个方面的原因：

第一，因为政府没有时间、信息和金钱来调查能够替代现行政策的所有政策方案。收集这些所有的信息，其成本是极其巨大的。即使是在计算机的时代，政策制定者也没有充分的预测能力，来预测所有替代性政策方案的结果如何。他们也不能够计算替代性政策方案的成本—收益比例，尤其是许多政治、社会、经济和文化价值具有不确定性的时候。这样，完全“理性的”政策，如果其所需要的时间和成本过多，就可能变成“无效的”了。

第二，政策制定者承认以往政策的合法化，因为全新的或完全不同的政策其结果存在着不确定性。当新政策的后果不可能预测的时候，坚持已有的政策更加安全。在不确定的状态下，政策制定者都会继续原来的政策或规划，而不管这些政策或规划是否有效。

第三，在现行的政策项目上可能有巨大的投入（沉淀成本），这也排除或阻碍任何彻底的变革。这些投资可能是以资金、建筑或其他硬性项目存在的，或者用于心理部署、行政活动或组织机构方面。因此，像如下做法就被认为是明智的：坚持原来的政策而不管它们是否有效，继续维持那些难以改变的常规程序，个人也会在延续组织的基础上发展自己的事业，所有这些行为都使得彻底的变革极为困难。所以，并不是所有可供选择的政策方案都会被严肃认真地给予考虑，而只有那些导致很小的物质、经济、组织和行政变动结果的政策才会被认真考虑。

第四，渐进主义在政治上也是权宜之计。在政策制定过程中，当分歧与争论仅仅围绕着预算的增加或减少，以及对现行政策项目进行微调时，更容易达成一致意见。当政策制定集中于涉及重大收益或损失的重大政策转变，以及面临“要么全有要么全无”或“是与非”的政策决定时，冲突就加剧了。因为每年通过新的规划或政策，所引起的政治上的紧张与冲突太

19 大了，所以如果没有发生实质性的政治重组，过去的政策就会在未来延续下去。在这种意义上，渐进主义对于减少冲突、维护稳定、维持政治体系自身都是特别重要的。

政策制定者本身的特性也促使渐进主义模型发挥作用。人们很少为了能够使其所有的价值最大化而行事，更多的是为满足一些特定的需要。人们是讲求实用的，很少去探寻“一种最好的方式”，而是只要他们找到“一种还能奏效的方式”就结束了探索。这种探索通常是从熟悉的政策开始的，即从与现行政策接近的替代性政策开始的。只有当这些政策方案看上去不能令人满意，政策制定者才会冒险去尝试更激进的政策创新。在大多数情况下，对现行政策的微调是能够满足某些特定需要的，从而使那些寻求价值最大化的政策变革就被忽视了。

最后，在对社会目标或价值没有达成共识的情况下，处于多元化社会中的政府更容易延续现行的政策，而不是为了实现特定社会目标而彻底变革政策规划。

集团理论：政策是集团之间利益平衡的结果

集团理论始于这样的命题，即不同集团之间的相互影响与作用是政治的核心问题。[①] 具有共同利益的个人，会以正式或非正式的形式联合起来，向政府提出他们的要求。根据政治学家大卫·杜鲁门(David Truman)的说法，利益集团就是“社会中具有共同态度、向其他团体提出特定主张和要求的团体”；“如果这一集团通过政府机构提出一定的主张和要求”，[②]该集团就变成了政治性的集团。个人在政治中的重要性，只有当他作为集团的一分子或者代表集团利益而做出行为时，才显示出来。这种集团成为个人与政府之间必不可少的桥梁。政治的确是不同集团力求影响公共政策而展开的斗争。政治体系的任务是通过如下方式**管理集团之间的冲突**：(1) 确立集团斗争的游戏规则；(2) 制定折中策略，平衡各方利益；(3) 以公共政策的形式制定妥协政策；(4) 实施这些妥协性的政策。

根据集团理论研究者的观点，任一特定时间的公共政策，都是经过集团的竞争而达成的一种平衡的结果(见图 2-4)。这种平衡是由利益集团的

---

① 集团理论的经典阐述是 David B. Truman, *The Government Process* (New York: Konpf, 1951).

② 同上书，第 37 页。

相对影响力决定的。任何利益集团所具有的相对影响力的变化，都有可能导致公共政策的变化；政策会朝着产生影响力的集团期望的方向发展，而背离失去影响力的集团的愿望。政治学家厄尔·莱瑟姆（Earl Latham）从集团理论的视角把公共政策描述如下：

> 所谓公共政策，实际上就是集团竞争在既定的时间达成的一种均衡的结果，它代表的是一种竞争的派别或集团坚持不懈地努力争取他们的利益而达到的平衡……立法机关裁决集团之间的斗争，认可取得胜利的集团，并用法令或条例的形式把放弃、妥协和征服等记录下来。①

集团的影响力是由他们的成员数量、财产、组织力量、领导、与决策者的接触、内部凝聚力等因素决定的。 20

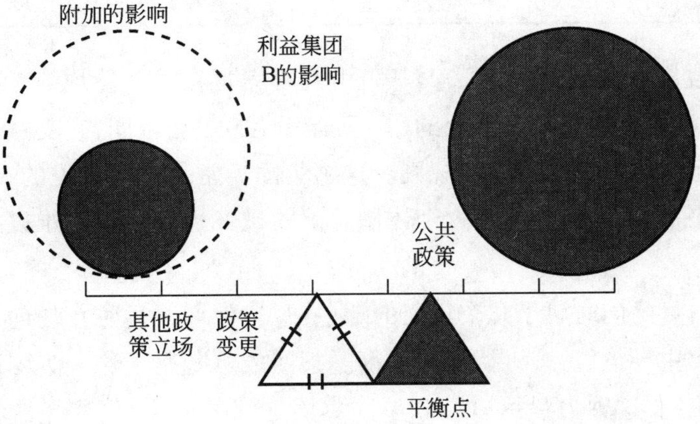

图 2-4　集团模型

集团理论主张用集团斗争来描述一切有意义的政治活动。政策制定者应坚持不懈地回应集团的压力——在各种有影响力的集团提出的竞争性要求之间进行讨价还价、谈判协商、达成妥协。政治家试图形成一个多数集团的联盟，在这样做的过程中，他们有权力决定哪些集团可以进入这个多数联盟。政治家的支持者越多，各种不同利益的数量也就越多，政治家选择哪些集团组成这个联盟的自由度也就越大。这样，众议院的成员没有参议员那么大的灵活性，因为参议员有数量更大、种类更多的支持集团；总统比国会成员和参议员都有更大的灵活性。该理论也通常从集体选民

---

① Earl Latham, "The Group Basis of Politics," in *Political Behavior*, ed. Heinz Eulau, Samuel J. Eldersveld, and Morris Janowitz (New York: Free Press, 1956), p. 239.

的角度来理解行政机构。

党派被视为集团的联盟。自从罗斯福时代以来，民主党联盟都是由劳工、中心城市的居民、种族团体、天主教徒、穷人、自由知识分子、非洲裔美国人和南方人组成的。今天，民主党的困难在很大程度上可以追溯到这个集团联盟的脆弱性——南方人的不满，以及白人劳工、种族团体和非洲裔美国人之间的集团冲突。而共和党联盟则是由农村和小市镇的居民、中产阶级、白人、新教徒、白领工人和郊区居民组成。

集团理论：模型的应用

在本书中，我们要描述和分析围绕着公共政策而进行的斗争。在第六章“教育政策：集团斗争的结果”中，在探讨教育和学校问题的时候，将会考察围绕着公共政策产生的集团冲突。在第八章“税收政策：特殊利益集团的斗争”中，我们将会观察到利益
21 集团的影响力，他们为了在免税中获得特殊待遇，还阻止国家税收法的改革工作。

整个利益集团系统（政治系统本身）由几种力量在维持着均衡。第一种力量，在美国社会中有一个巨大的、几乎全民性的**潜在集团**，它支撑着整个宪政体制和占主导地位的游戏规则。这个集团通常是不能看见的，但是可以动员起来，去控制那些攻击这个体制并威胁破坏这种平衡的难以抵制的非难。

第二种力量是同时属于几个集团的那些成员，他们通过防止任何一个集团过分远离主导价值，来维持这种平衡。某些成员既属于这个集团同时又属于其他集团，这种力量可以缓和不同集团之间的冲突，以避免冒犯他们集团中的那些与其他集团也有联系的成员。

还有一种力量，集团竞争形成的制约与均衡，也有助于维持这个体系的均衡。任何一个集团都不会构成美国社会的主要部分。每一个集团的权力都受到竞争集团的制约。“相互制衡”的权力中心能够制约任何单一集团的影响，并保护个体不受剥夺。

精英理论：政策是精英的偏好

公共政策还可以被视为统治精英的价值偏好。[①] 虽然人们常说公共政策反映了“人民”的需求，但这也许表达了一种神话而不是美国民主的现

---

① 关于精英理论的详细阐述，参见：Thomas R. Dye and Harmon Zeigler, *The Irony of Democracy*, 12th ed.（Ft. Worth, TX：Harcourt Brace, 2003）.

实。精英理论认为,人民对于公共政策不感兴趣,而且缺乏了解,精英集团通常能够在政策问题上塑造大众舆论,而不是大众来塑造精英对政策的看法和观点。因此,公共政策实际上就成为精英集团的偏好。政府官员和行政管理人员仅仅是执行由政治精英决定的政策。政策是从精英流向大众的,它们从来不会来源于大众的需求(见图 2-5)。

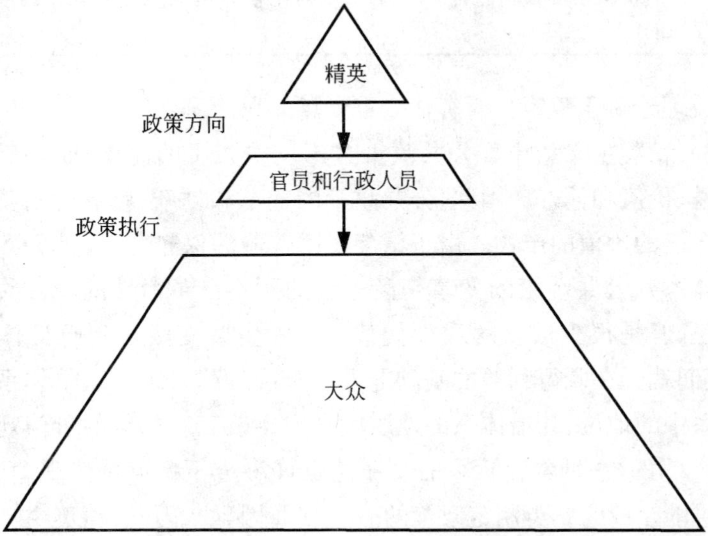

图 2-5　精英模型

精英理论可以简要地概括如下：

- 社会被分成掌握权力的少数人和没有权力的多数人。只有这一小部分人能够分配社会价值;大众不能决定公共政策。
- 这些居于统治地位的少数人并不是处于被统治地位的大众的典型代表。精英是从经济社会阶层的上层中不按比例地抽取的。
- 从非精英上升到精英地位的过程是缓慢的,要继续维持稳定并避免革命。只有那些能够接受精英基本观点的非精英人士才能被允许进入这个统治集团的圈子。
- 精英们在代表社会系统的基本价值和维护这个系统上是具有共识的。在美国,精英们这种共识的基础是：私有财产是神圣不可侵犯的、有限政府、个人自由。
- 公共政策并不反映大众的需求,而是反映精英的主导价值观念。公共政策的变革是渐进性的,而不是革命性的。
- 积极的精英受到态度冷漠的大众的直接影响相对较小。而精英对

22 大众的影响要远远大于大众对精英的影响。

精英理论：模型的应用

在第九章"国际贸易与移民：精英与大众之间的冲突"中，讨论了当精英的偏好与大众的偏好不同的时候，精英的偏好会占据主导地位，这就是对精英理论模型的扩展应用。在第十一章"公民权利：精英与大众的互动"中，把民权运动描绘成国家精英集团向黑人扩展机会平等权利的努力。不过，反对民权政策的观点在各州的白人大众中还是存在的。

精英理论对于政策分析有什么重要意义呢？

第一，精英主义意味着公共政策并不反映人民的需求，而是反映精英们的利益、价值和偏好。因此，公共政策的变革和创新，就成为精英重新界定他们自己的价值的产物。由于精英集团普遍的保守主义（他们致力于维持现行体系），公共政策的变革是渐进性的而不是革命性的。公共政策经常被修正，但是很少被新的政策代替。当发生事变威胁到政治体系的时候，精英们就会在既得利益的基础上进行机构改革来维持这个体系以及他们在体系中的地位，政治体系的性质就会发生改变。精英的价值观也许是"关心公众"的，一种贵族阶级的使命感也许渗透于精英价值观念中，大众的福利可能会成为精英制定政策的一个重要因素。因此，精英主义并不必
23 然意味着公共政策与大众福利是敌对的，只不过是把承担大众社会福利的责任放在了精英的肩上，而不是大众的肩上。

第二，很大程度上，精英把大众视作消极的、态度冷漠的、消息不灵通的，因此，大众的情感更多地受到精英的操纵，而精英的价值观念却很少受到大众情感的影响；就绝大多数情况而言，精英与大众之间的交流是自上而下的。因此，大众是不能够有力控制普遍选举和党派竞争的。政党也很少通过选举投票或者把可供选择的政策展示出来，让人民来决定政策问题。在很大程度上，这些"民主"的制度——选举或多党制——只是在它们象征性的价值上才是重要的。这些制度，通过在大选的日子里让大众扮演投票者的角色，有利于把大众与政治体系联系起来，也使政党得到大众的认同。精英主义认为，大众最多只能对精英的决策行为产生一种间接影响。

精英主义还坚称，精英们在社会系统的根本规范方面具有共识，认同基本的游戏规则以及社会系统本身的延续。社会系统的稳定性，甚至延续，依赖于精英对社会系统的基本价值达成共识，只有符合这些共识的政策方案才会得到严肃认真的考虑。当然，精英主义并不意味着精英集团的

成员在追求卓越上从未有过不一致的意见或相互竞争。精英之间没有竞争的社会也不可能存在。但是精英主义暗含着他们之间的竞争只集中在较少的问题上，而且他们之间的共识要大于分歧。

公共选择理论：政策是追求自我利益的个人进行的集体决策

公共选择是用经济学的方法研究非市场决策，尤其是把经济分析应用于公共政策制定。传统上，经济学研究市场行为并假定个人追求其私有利益；而政治学则是研究公共领域的行为，并假定个人是为了实现公共利益。因此，对于人类动机，在经济学和政治学中有着不同的解释：**“经济人”**的思想是假设自私自利的行为主体追求个人利益的最大化；而**“政治人”**的思想则是假设具有公益精神的行为主体追求社会福利的最大化。

公共选择：模型的应用

公共选择理论的模型在第十章“环境政策：外部性与利益”中将得到应用，是为了帮助说明，环境污染是人类活动产生的外部性问题，应该得到控制。公共选择理论还可以帮助理解，保护环境的利益集团夸大和宣扬他们事业的行为。 24

然而，公共选择理论也面临这一观点的挑战，即个体在政治中的行为表现不同于在市场中的行为表现。这个理论假定所有的政治行为主体——投票人、纳税人、候选人、立法者、官僚人员、利益集团、党派、管理机构和政府——都像在市场中那样寻求他们个人利益的最大化。诺贝尔经济学奖获得者、现代公共选择理论的创始人詹姆斯·布坎南（James Buchanan）认为，个人在政治生活中联合在一起是为了实现他们各自的利益，就像他们在市场中结合在一起一样；在政治中通过协议（契约）来增进他们自己的福利，就如在市场中通过交易增加他们的利益一样。[①] 简而言之，不论是在政治生活中还是在市场中，人们都是追求自我利益的，即使有自私的动机，他们也能够通过集体决策来实现相互利益。

政府源于个人之间的社会契约，为了相互之间的利益，人们同意遵守法律并支持政府，以换取政府对他们的生命、自由和财产的保护。因此，公共选择理论家声称他们是英国政治哲学家约翰·洛克（John Locke）的学术

---

① James M. Buchanan and Gordon Tullock, *The Calculus of Consent* (Ann Arbor: University of Michigan Press, 1962).

继承者,也是托马斯·杰斐逊(Thomas Jefferson)的继承者,他把这种社会契约理念吸收进了美国《独立宣言》中。在自我利益引导下,个人达成宪政契约,并建立政府来保护其生命、自由和财产。

公共选择理论认为,政府必须履行特定的职能,处理市场不能解决的问题;也就是说,政府必须弥补“市场失灵”。首先,政府必须提供**公共产品**——也就是一旦向某些人提供,就必须向其他所有人提供的物品或服务。市场不能够提供公共产品,因为对于单个的购买者来说,这种物品的成本超过了其价值收益,而单个的购买者也不能够阻止其他非购买者也享用这种物品。国防是最典型的例子:抵御外国的侵略,这种服务对于个人来说成本是极其高昂而无法购买的;但是,一旦提供了这种服务,又没有人能够被排除在外,不享受这种服务。因此,人们必须集体行动,通过政府来提供这种公共的国防。第二,**外部性**是另一种市场失灵,也要由政府来干预。当个人、企业或地方政府的行为给其他主体带来无法补偿的成本时,外部性就发生了。最常见的关于外部性的例子是空气和水污染:空气和水的污染物的排放,就把成本强加给了其他人。政府作出回应的方式是,要么管制那些产生外部性的行为,要么对这些行为给予处罚(交纳罚金),以此补偿对社会造成的损失。

公共选择理论有助于解释,为什么政党和候选人在选举运动中通常不能够提出明晰的政策备选方案。政党和候选人对提出方针政策不感兴趣而只对赢得大选感兴趣。他们提出其政策立场是为了赢得选举,而赢得选举并不是为了形成公共政策。每个党派和候选人都寻求自己的政策立场,以吸引更多的选民。[①] 假设在某一政策问题上的观点是呈单峰分布的(见图2-6),政党和候选人将会向中间运动以实现得票数的最大化。只有“空想理论家”(失去理性的、怀有意识形态动机的人们)才会不理睬这种求得最大得票数的中间派策略。

公共选择理论还对理解利益集团及其对公共政策产生的影响具有一
25 定的作用。为了吸纳成员和捐助,利益集团就会夸大宣传他们的事业。利益集团的领导为了在争取成员和金钱的竞争中获得利益,将会夸大社会忽视他们的需求而带来的危险。甚至在政府满足了他们最初的要求之后,利益集团还会提出新的要求,并警告说,如果他们的需求得不到满足将会给社会带来危险。总之,和其他的政治行为主体一样,利益集团在政治市场

① Anthony Downs, *An Economic Theory of Democracy* (New York: Harper & Row, 1957).

上追求他们自身的利益。

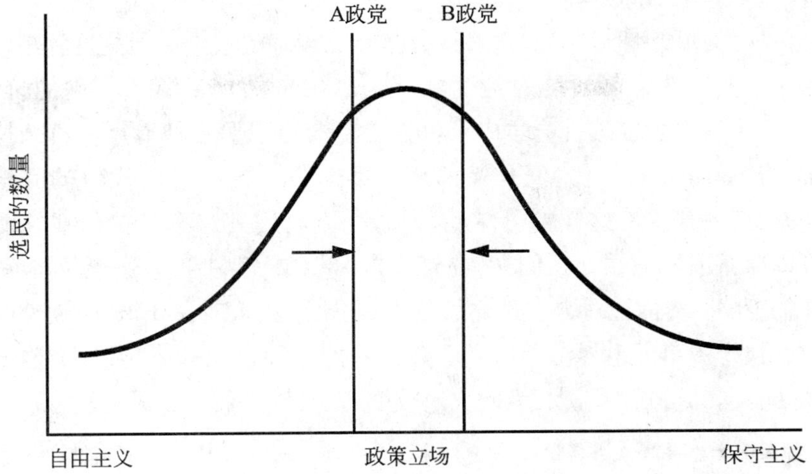

图 2-6　公共选择：政党得票数最大化的竞争模型

博弈论模型：政策是竞争情形下的理性选择

博弈论是对特定情形下理性选择的研究，即两个或两个以上的理性参与者进行选择，而且选择的结果取决于每个人所作出的决策。博弈论应用于政策制定中，人们不可能作出相对独立的"最佳"选择——这种"最佳"结果依赖于其他人所作出的选择。

"博弈"的概念就是，理性的决策者陷于相互依赖的选择当中。"博弈者"必须调整其行为，不仅要反映自己的愿望和能力，而且还要反映对其他人行为的期望。也许"博弈"的内涵在此是不合适的，因为博弈论并不真正适合于严重冲突的情形。相反，博弈论可以应用于关于战争与和平、核武器的使用、外交、国会或联合国的谈判与结盟等方面的决策，以及许多其他重要的政治情形。"博弈者"可以是个人、集团，当然也可以是一个国家的政府，可以是具有明确目标的、能够作出理性行为的任何人。 26

可以分析一下"小鸡"博弈的例子。两个青年驾驶汽车迎面高速而行，每个汽车一侧的轮子都行驶在高速公路的中心线上。如果两个青年都不调整方向，两辆汽车就会相撞。谁改变行驶方向，谁就会被看做是"小鸡"。两个驾驶者都想免于死难，但是又都不想成为"小鸡"而"失去尊严"。最终结果依赖于两个青年究竟如何做，每个青年还必须预测对方如何行为。这种“边缘政策”的形式在国际关系中是很常见的(见图 2-7)。我们观察这个矩阵可以看出,两个驾驶汽车的青年都改变一下行驶方向,使最大损失(−10 分)的可能性最小化,这对双方都是比较好的选择。但是这种矩阵太简单了。每个博弈者可能对这个数字表示出来的结果赋予不同的价值。例如,一个博弈者在这种竞争中宁可失去生命也不愿丢掉尊严。每个博弈者都要计算对方的代价,但是又都相互不知道对方所付出代价的完全信息。并且,还存在着这样的可能性,即某一方利用其占有的价值或资源给对方以欺骗或故意误导。例如,在这个“小鸡”博弈中,其中一方可能利用这样的策略:赛前让对方发现你酒后大醉,踉踉跄跄地去开车,还喃喃私语地说在这个堕落的世界上活够了。对方受到这种表现的影响,认为你坚持不改变方向的可能性增大,为此决定改变行驶方向,而让你成为赢家。

博弈论者为得到收益提供了一些数量化的信息。如果驾驶者 A 选择不改变行驶方向,而 B 也选择不改变方向,对于双方的结果就是 −10 分,即两车相撞。如果驾驶者 A 选择留在中线,而 B 改变方向,结果就是 A 得到 +5 分(“有勇气”),而 B 得到 −5 分(“丢面子”)。如果 A 改变方向,而 B 坚持留在中线,结果就会相反。如果 A 和 B 都改变方向,每个人都稍微丢点面子(−1 分),但是失去尊严的程度不如任何一方坚持留在中线时那么严重。

		驾驶者 A 的选择	
		留在中线	改变方向
驾驶者 B 的选择	留在中线	A: −10 B: −10	A: −5 B: +5
	改变方向	A: +5 B: −5	A: −1 B: −1

图 2-7 “小鸡”博弈的博弈论矩阵

博弈论的一个重要的因素是**威慑**的概念。威慑就是通过警告对方,如果做出某种行为就会产生恐惧的结果,从而努力阻止对方做出这种行为。当博弈者用报复性的行为威胁对方,并断言这种行为给对方造成的成本负担远远大于对方获得的收益时,一方博弈者就使用了威慑。威慑实际上是一种心理上的防御:就是通过使对方害怕巨大的报复,而试图阻止对方采取与自己想法一样的那种行为。

威慑法的成功运用还有赖于报复性威胁的可信性以及对方的理性判
27 断。对方必须确实相信他的行为会得到报复,并且给自己、给人民、给国家带来无法承受的代价。但是,那些不相信报复性攻击的对手是不会被威胁吓倒的。而且,对手一定是理性的——他肯定会权衡自己所采取行为的成本与收益,然后选择一种所付出的代价不会超过收益的行动路线。但是那些不理性的对手——他们不考虑自己的行为给自己、给人民、给国家带来的损失——就不会被威胁吓倒。

博弈论：模型的应用

博弈论通常被应用于国际冲突当中。在第十三章“国防政策：严肃博弈的战略”中,我们将考察博弈论的应用,尤其是威慑的概念。在第十四章“国家安全：恐怖主义和无法阻止的威胁”中,我们将考察威慑力量在反对恐怖主义斗争中的脆弱性。

政策模型：如何判断其是否有用

一种模型只是现实政治生活的抽象概括或表现。当我们想到政治体系、精英、集团、理性决策、渐进主义或博弈的时候,我们是在努力从现实世界中进行抽象概括,以简化、澄清并理解政治生活中的重要内容。在我们开始研究公共政策之前,给出评估这些概念或模型是否有用的几个一般标准。

能够对现实简化与排序 当然,一种模型的有用性在于它对政治生活进行简化与排序的能力,以便使我们能够更清楚地思考政治生活,并理解现实世界中的一些关系。不过,过分简化会导致我们不能准确地理解现实。一方面,如果一个概念太狭隘,或者只界定了表面现象,我们可能无法运用它去解释公共政策。另一方面,如果一个概念太宽泛,并且包含了所有复杂的关系,它就会变得过于复杂或不可驾驭,从而也不利于理解公共政策。换句话说,有些政治理论有可能太复杂而不能给予帮助,而另外一些又过分简单了。

能够确认公共政策的重要内容 一个模型应该明确公共政策的重要方面。这样的模型应该避开不相关的变量或现象,而只关注公共政策的真正原因和特别重要的结果。当然,至于什么是“真正的”、“相关的”、“重要的”,这在某种程度上还是随着个人的价值观而变化的。但是,我们认为一个概念的有用性,与其“确认什么是政治中的重要内容”的能力相关。

能够与现实相符合 通常情况下,一个模型应该是与现实相符合的,即它应该有经验性的指示。如果某一概念所描述的过程并没有真正发生,或者它表示的现象在现实世界上是不存在的,那么我们理解这样的概念就 28
存在很大困难。然而,如果这些概念能够引导我们注意,为什么它们是不切实际的,我们就不能操之过急地放弃这些不切实际的概念。例如,没有人会同意政府的决策是完全理性的——政府官员在决策时并不一定是为了使社会利益最大化和社会成本最小化。但是,理性决策的概念即使不切实际,但它使我们意识到非理性的政府决策是什么样的,并且促使我们去探寻原因,这也说明理性决策的概念还是有用的。

提供有意义的交流与沟通 一个概念或模型应该传递一些有意义的信息。如果太多的人们不认同某个概念的含义,那么它在沟通和交流中的有用性就降低了。例如,如果没有人同意精英是如何构成的,那么精英的概念对于每个人也就意味着不同的内容。有人把精英定义为通过民主选举的、代表全体公众的公共官员,还有人把精英定义为不具有代表性的、以自身利益为基础作出社会决策的少数人,这样他们两者在运用精英这一概念时就表达了不同的意思。

指导调查和研究 一个模型应该对公共政策的调查和研究提供指导。概念应该是可操作性的,即它应该直接指向现实世界中能够观察、测量与证实的现象。一个概念或者一系列相互联系的概念(这里指的是一个模型),应该提出现实世界中一些能够被检验和证实的关系。如果无法证实或证伪某一概念提出的思想,那么这一概念对政治学的发展就没有帮助。

提供对公共政策的解释 模型还应该能够对公共政策给出解释。它应该提出关于公共政策原因和结果的假设——这些假设能够用现实世界中的数据得到检验。如果一个概念只能描述公共政策,那就不如那些能够
29 解释公共政策,或者至少能够为公共政策提供可能性解释的概念有用。

第三章

政策制定过程：决策行为

政策过程：政策是如何制定的

政策研究通常集中于**政策是如何制定出来的**，而不是特别关注政策的内容及其形成的原因和产生的结果。研究政策是如何制定出来的，通常要考虑在政治体系内发生的一系列行为活动或**过程**。这些过程以及与之相关的活动和参与者，如表3-1所示。

虽然把政策制定视作一系列的过程或许有用，但在现实世界中，这些活动很少是按照整齐划一的、一步一步的顺序发生的。相反，这些行为过程经常是同时发生的，甚至相互交织在一起。不同的政治行为主体与机构——政治家、利益集团、游说者和立法者、行政人员与官僚、报告人与评论家、智囊团、律师与法官等，可能同一时间置身于不同的政治过程中，甚至有时候是同一政策领域。政策制定过程很少像过程模型描述的那样顺利进行。不过，对于政策分析的目的而言，把政策制定过程分解为几个构成部分，有利于帮助我们更好地理解政策是如何制定的。

确认问题和设定议程

由谁来决定对什么问题进行决策？有观点认为，在民主体制中，不论何时只要个人或群体向政府提出要求，政策问题的确认也就开始了。政治学家詹姆士·E. 安德森曾说过:"对于我们的目的而言,**政策问题**可以被界定为,使某些人产生需要或不满意的状态或情形,并要求政府给予缓解或补偿。"①但是,对政策问题的确认并非如此简单。在社会生活中有大量的需求和不满意的地方,从来没有被确认为政策问题,也从未被列入政策制定者的"议程"。结果就是政府没有做什么事情,那种情形也依旧没有改变。对政府提出"做什么"的要求可以说是贪得无厌的,而政府制定政策的
31 日程表上的空间却是稀缺的。这就提出了一个关键问题:为什么社会中的一些情形被界定为政策问题并提上政府的议事日程,又是怎样确认的,而为什么另一些情形却不能认定为政策问题并提上政策议程。②

表 3-1　作为过程的政策制定

过程	行为	参与者
问题确认	公布社会问题,表达对政府行为的要求	大众媒体,利益集团,公民组织,公共舆论
⇩	⇩	⇩
议程设定	决定对哪些问题作出决策,政府要解决哪些问题	精英,包括总统和国会,选举的候选人,媒体
⇩	⇩	⇩
政策形成	提出解决问题和改善困境的政策建议	智囊团,总统和行政官员,国会议员,利益集团
⇩	⇩	⇩
政策合法化	对政策方案作出抉择,寻求政治支持,使之成为法律,决定其合宪性	利益集团,总统,国会,法院
⇩	⇩	⇩
政策执行	组织有关的部门和机构,提供相关费用与服务,征税	总统和白宫成员,行政部门和机构
⇩	⇩	⇩
政策评估	报告政府项目的结果,评估政策对目标群体和非目标群体的影响,建议政策变更或"改革"	行政部门和机构,国会监督委员会,媒体,智囊团

决定哪些社会问题成为政策问题的权力,对于政策制定过程来说是关键性的。决定哪些问题成为政策问题,甚至比决定这些问题的解决办法更

① James E. Anderson, *Public Policymaking: An Introduction* (Boston: Houghton Mifflin, 1970), p. 78.

② 对于更加复杂的界定问题和设定议程的处理方法,参见 John Kingdon, *Agendas, Alternativies, and Public Policies* (Boston: Little, Brown, 1984).

为重要。许多普通的教科书认为,议程设定是“偶然发生的”。有观点认为,在我们这样一个多元化的、开放的社会里,与政府接触和交流沟通的渠道总是开放的,因此,任何问题都能得到讨论并提上国家政策制定的日程。而且,个人和集团还能够组织起来,承担起界定问题与提出解决方案的任 32
务。人们能够确定自己的利益,并组织起来,说服其他的个人或团体来支持自己的事业,想方设法与政府官员取得联系,从而影响决策制定,并注视着政府政策与规划的执行。的确,也有观点认为,没有上述类似的政治行为活动,就成为满意度的一个指示器。

但实际上,政策问题并不只是“发生”的。制造出问题,给以戏剧性的夸大,引起人们的注意,给政府施加压力解决此问题,这些都是重要的政治策略。这些政治策略会在如下的政治行为主体中得到运用：有影响力的个人、有组织的利益集团、设计政策的组织、政治候选人、占有一定职位的人,还有更重要的是大众媒体。这些被运用的策略也是“设定议程”的策略。

自下而上的议程设定

在美国政治学中,一个占主要地位的政策制定模型是“自下而上”驱动的政策制定模型。这种“民主—多元主义”的政策模型认为,在一个开放的社会里,任何问题都可以由下列行为主体给以确认：个人或集团,试图获选的候选人,谋求提高声望并希望再次当选的政治领导人,试图制定政党原则并树立受大众欢迎的良好形象的政治党派,“制造”新闻的大众传媒,甚至还有故意引起他人注意的反对派。当然,各种各样的危机和灾难——从飓风和干旱这样的自然灾害到学校枪击和飞机坠毁这样的人为悲剧,都会引起公众的注意并迫使政府官员作出回应。最后,为了达到在公众面前发泄不满的特定目的,恐怖分子蓄意以无辜平民为攻击目标(详见第十四章“国家安全”)。

公共舆论与议程设定 公共舆论对政府政策产生的影响,长期以来一直是传统民主理论中哲学上争论的主题。18 世纪的政治哲学家埃德蒙·伯克(Edmund Burke)认为,民主选举的代表在决定公共政策问题的时候,应该服务于人民的利益,而不必遵守他们自己的意志。相反,一些民主理论家在评价民主制度是否成功的时候,通常看这种制度是否利于对公共政策的驾驭和控制。因此,公共舆论是否应该决定公共政策的哲学问题一直没有得到解决。而且进一步说,甚至就连公共舆论是否在实际上影响了公共政策的经验性问题,实践证明都是很难回答的。

舆论—政策的关系 要评价或判断大众舆论对政策制定者的行为产生的独立性影响,其中问题在于政策制定者的行为是否塑造了大众舆论。甚至当公共政策符合大众舆论的时候,我们也根本不能确定是大众舆论造就了公共政策还是公共政策塑造了大众舆论。美国著名政治学家 V. O. 凯伊(V. O. Key, Jr.)曾经说过:"政府,正如我们所看到的那样,试图塑造大
33 众舆论,来争取民众对其倡导的政策和项目的支持。在这种努力的影响下,公共政策与大众舆论之间完全相符合的结果,只能说明公共舆论为政府所掌握,而不可能是公共舆论影响政府。"①

政策影响 通常是公共政策塑造了大众舆论,而不是大众舆论造就了公共政策,有这样几个原因:第一,很少有人对摆在国家决策者面前的这些政策问题的重要性提出意见或看法。第二,公共舆论是非常不稳定的,它可能在几个星期的时间就发生变化,而去关注由领导突然带来的新闻事件。第三,领导者缺乏对公共舆论清晰的洞察与理解。与决策者所进行的大多数交流与沟通都来自其他的精英,包括新闻人物、利益集团的领导者及其他有影响力的人物,而不是来自普通的民众。

媒体影响 我们不能凭空假定在新闻媒体上发表出来的观点就是大众舆论的观点。这一点通常是产生混淆的来源。新闻人物认为他们自己是公众,就经常把他们自己的观点与公众的观点相混淆。他们甚至还把自己的观点告知公众,以利于塑造这些观点并使之符合他们的信念。而政策制定者也会认为新闻人物的观点反映了公共舆论,从而对那些新闻事件或者有影响的新闻人物的观点作出回应。

民意测验 通过提出一些回答者在接受测验之前从未考虑过的问题,民意测验可以制造出一些观点。几乎没有回答者愿意承认自己毫无见解;即使他们的观点是微弱的,甚至在问题提出之前根本就不存在,他们也认为应该提供一些类型的答案。这样民意测验专家就产生出了一些观点。

公共舆论是不稳定的。在某一特定问题上的大众观点是不能够被牢固地坚持下来的。隔一段时间之后,提问同样的问题,许多回答者不能够记起他们原来的回答,还可能给出测验人员相反的回答。这并不说明在观点上发生了真正的变化,然而他们却是如此填写。

公共舆论还随着测验问题的表达与措辞的变化而变化。对于任何公

---

① V. O. Key, Jr., *Public Opinion and American Democracy* (New York: Knopf, 1967), pp. 422—423.

共政策问题来说,利用引导大众回答同意或不同意的方式要相对容易一些。而在同一个问题上,使用难度较大的措辞表达,就可能得出相互矛盾的回答结果。

与政策制定者的交流和沟通 决策者很容易误解大众舆论观点,因为他们得到的沟通信息存在一种精英的偏见。公民大众很少给议员或代表写信或打电话,在宴会、鸡尾酒会或其他社交场合与这些官员谈话和交往的机会就更少了。因此,决策者获得的信息绝大多数来自精英内部——新闻人物、集团组织的领导、有影响的选民、富有的政治捐助者,或私人朋友。在相当大的程度上,这些人都与决策者拥有共同的观点。所以,国会的成员说他们收到的大多数邮件与他们自己的立场一致,并且他们的公共舆论的世界是自我强化的,这些就不足为怪了。进一步说,那些通过写信、打电话或访问的方式与决策者取得联系的人,肯定要比普通民众受过更好的教育,也更加富有。 34

如果在政策问题上进行全民投票,将会产生什么结果 国家的创始人对直接民主是深表怀疑的。美国的宪法中也没有规定全民投票的条款。但是,如果美国人能够对国家的问题进行投票,那将会怎样呢? 1996 年的盖洛普(Gallup)民意测验,把 27 个问题在全国选出的一些有代表性的选民(样本)中进行了测验(见表 3-2),其中有 13 个公共政策问题与大众舆论是不一致的。

表 3-2 在关键政策问题上的公共舆论

“假设在今年的大选中,您会像对候选人投票那样对一些关键性的问题进行投票。请回答您对下列提议是支持还是反对?”(27 个问题随机排列)

	支持所占百分比	反对所占百分比	不知道所占百分比
1. 平衡预算的修正*	83%	14%	3%
2. 提高最低工资水平	83	15	2
3. 把英语作为官方语言*	82	16	2
4. 对毒品交易者判刑	80	17	3
5. 对杀人犯判死刑	79	18	3
6. 修改国会的条件限制*	74	23	3
7. 改正公立学校中的祈祷*	75	25	2
8. 精简所有的政府机构*	71	23	6
9. 无业者两年不能享受福利	71	24	5
10. 强制性的工作再培训	69	25	6
11. 医生协助的自杀(安乐死)*	68	29	3
12. 自由择校*	59	37	4

续表

“假设在今年的大选中,您会像对候选人投票那样对一些关键性的问题进行投票。请回答您对下列提议是支持还是反对?”(27 个问题随机排列)			
	支持所占百分比	反对所占百分比	不知道所占百分比
13. 公立学校中的教学创新*	58	36	6
14. 禁止部分生育堕胎*	57	39	3
15. 禁止持有攻击性来复枪	57	42	1
16. 五年内终止合法移民*	50	46	4
17. 联邦统一税收体系*	49	39	12
18. 减少社会性支出	44	53	3
19. 减少国防支出	42	54	4
20. 禁止堕胎(除非挽救母亲的生命)	42	56	2
21. 重建与古巴的关系	40	49	11
22. 为种族平衡而提供校车*	34	62	4
23. 把同性恋的婚姻合法化	28	67	5
24. 变卖公共土地	24	70	6
25. 种植大麻合法化	24	73	3
26. 美国退出联合国	17	77	6
27. 就业和学校中的种族优待*	14	83	4

资料来源: *The Gallup Poll Monthly*, May 1996.

注: 带星号的问题表示,当前的公共政策与公众的偏好不同。

自上而下的议程设定

当政治学家 V. O. 凯伊争论摆在我们面前的同一个问题,即大众偏好
35 对公共政策的影响是否具有决定性的时候,他得出结论说,“这个难题缺少的那部分”就是“由部分人组成的社会阶层,包括政治精英、政治活动家、领导集团或有影响力的人士。”

> 一个人对于民主体制如何发挥职能这个难题感到烦恼和困惑的时间越长,下面的这种解释就越显得似是而非,即对此解释的实质性部分在于,驱使领导集团行为的动机,他们所坚持的价值观,以及坚持的政治游戏规则,期望自己的社会地位能够被接受。也许在一些客观的环境中,包括物质的和制度环境中,民主体制就能够发挥其作用。①

① V. O. Key, Jr., *Public Opinion and American Democracy* (New York: Knopf, 1967), p. 537.

表 3-3　大众对政府制定政策的态度　（%）

这些年来，你认为政府在决定做什么事情的时候，在多大程度上关注民众的所思所想：非常关注，一定程度的关注，还是不关注？	
非常关注	7
有些关注	36
基本上不关注	54
不知道	3
一般来说，你认为政府工作人员能够很好地理解民众所思考的事情吗？（测试了抽样人数中一半的人）	
理解得很好	2
理解得有些好	27
理解得不那么好	33
理解得根本不好	35
不知道	3
你认为政府是由追求自身利益的少数大利益集团掌握，还是由为全体人民谋利益的那些人掌握？	
少数的利益集团	75
为了全体人民的利益	19
不知道	7
如果国家的领导者更加紧密地遵循民众的观点，你认为今天的国家会变得怎样？（测试了抽样人数中一半的人）	
变得更好	81
变得更糟	10
不知道	10
我为您阅读下面两段话，请您说出最同意哪一段话。 （A）当国会的成员在考虑如何对一个问题进行投票的时候，他们应该对这个问题进行民意测验，这样有助于使他们得到民众对于此问题的观点。 （B）当国会的成员在考虑如何对一个问题进行投票的时候，他们不应该对这个问题进行民意测验，这样将转移他们的注意力，不能很好地思考他们认为是正确的事情。	
进行民意测验，来获得公众的观点	67
不进行民意测验，做那些自己认为是正确的事情	26
不知道	7

资料来源：Center on Policy Attitude, as Reported in *The Polling Report*, 15 February 1999.

大众对政策制定的认知　我们注意到，大多数美国人认为政府很少关注他们对公共政策的观点，政府中的人员也很少理解人们在考虑什么事情。这是很有意思的现象（见表 3-3）。占压倒多数的美国人认为，政府是

“被少数寻求自身利益的大利益集团掌控着”,而不是“为了全体人民的利益”。同样,压倒多数的美国人认为,如果公共政策更加密切地遵循公众的观点,整个国家会发展得更好。然而,政策制定者通常公开表达他们对民意测验的蔑视,大多数美国人认为政府应该更多地关注民意测验。总之,大多数美国人认为公共政策是自上而下制定的。

精英的议程设定 精英模型在政策议程的设定上,关注商业、财政、媒体以及政府领导的角色与作用。这些领导人可能会把他们所察觉到的社会发展视为对自己价值观和利益的威胁,或者视作推动他们价值观和利益以及事业发展的机会。

根据社会学家G. 威廉·多姆霍夫(G. William Domhoff)的看法,议程设定是“从公司的会议室、社会的俱乐部、讨论小组这些类似的地方非正式地开始的,在这些地方,问题被确认为要由新的政策来解决的‘政策问题’。而议程设定结束于政府,在这里政策获得通过并加以执行。”①这种模型认为,政策变革的原初动力以及国家政策的研究、规划与形成的资源都来自集体的或个人的财富。这种财富以捐赠、批准或契约的形式分布在基金会、大学和公共政策导向的“智囊团”。而且,集团的领导、指导者、上层的财富持有者也会坐在这些机构的管理位置上,来监督他们工作的总体方向。

政治企业家 所有层次的公共职位的候选人都要把他们的姓名与面孔置于投票人的面前——在公共场合露面、交谈、演讲或发布新闻。为了做好这些事情,他们必须讲些什么,即发布一个消息或演讲一个主题,以塑造自身的良好形象。这些选举运动中的大多数信息、主题或形象,除了在非常宏观的原则上,大都与任何具体的政策内容不相关,例如,“反对特殊的利益”,“为纳税人而斗争”,或者“关心劳工”。但是,偶尔有些时候,候选人会在选举运动中关注于他们认为应成为政策问题的那些问题,以此诱
36 导投票人。政治挑战者和寻求再次获选的官员,可能会抓住特定的问题,并进行宣传,甚至还提出解决方案。如果他们在选举中获胜了,他们甚至会声称按照人民提出的“要求”,追求他们在选举中强调的政策方向。不论他们选举获胜是否是他们政策立场的结果,他们都会认为自己有责任提出与他们在选举运动中发布的信息与主题相一致的政策建议和方案。

总统与白宫职员 总统和行政部门通常被认为是政策建议的“发起

---

① G. William Domhoff, *Who Rules America? Power and Politics in the Year 2000*(mountain view, CA: Mayfield, 1998), p. 127.

者”，国会的成员则是政策抉择的“仲裁者”。（这种劳动分工通常还存在于州和地方政府之间，省长、市长甚至城市管理者都期望提出政策建议，而州的立法机构和城市委员会来批准、修正或否决提出的政策建议。）美国宪法第二条第三款就规定了这种制度，“（总统）应随时向国会报告联邦的国情，并将他认为必要而适当的议案提请国会审议。”每年，总统的主要政策陈述都来自于各州的信息，更重要的是来自于美国政府的行政管理和预算局所做的预算（见第七章）。许多其他的政策建议是由行政部门在他们特定的领域里形成的；这些政策建议在提交国会之前，都要先报送白宫由总统批准。

总统有很多方面的动机来抓住政策制定的提议权。第一个方面的原因就是，总统必须建立一个成功的记录，以便在他们的再次选举活动中用到。他们还要显示“能够在华盛顿做成大事情”，要建立并维持选举联盟，更要表明自己有能力遵守他们在选举中许下的诺言。第二个方面的原因是，总统很关心他们自己“在历史上的地位”。他们追求政策成就，以塑造历史上总统的“伟大”形象。①

国会和立法人员 虽然国会通常被描述为其他政治主体提出的政策建议的“仲裁者”，国会的领导有时候也试图提出他们自己的议程。也许国会试图抓住这种政策提议权的最公开的做法是1994年由众议院发言人纽特·金格里奇（Newt Gingrich）领导的“与美国签约”。共和党众议院在全国的候选人为了提出一套全面的政策建议而联合起来，包括平衡预算的宪法修正案、国会的条件限制、福利改革等等。不过，虽然在1994年的国会选举中共和党获得了惊人的胜利，但是这种“与美国签约”的热情很快就消失了，比尔·克林顿总统很快就夺回了政策领导权。

然而，国会的成员有时候会成为议程的设定者。他们这样做是为了对竞争党的总统提出挑战，获得权力掮客的声望，或者把他们认为需要给予关注的问题提上国家的政策议程。委员会主席在国会的议程设定上具有特殊的优势，他们控制着委员会的听证安排。这些听证为国会参与议程设定过程提供了绝好的机会。国会的成员——委员会的成员、立法领导机构的成员、个体立法者的助手，通常在使某些问题引起他们上司的注意方面，扮演着重要的角色。

利益集团 利益集团可能会主动提出政策建议，或者与和他们具有共

---

① 参见：Paul Light, *The President's Agenda* (Baltimore: Johns Hopkins University Press, 1982).

 同利益的国会成员联合在一起提出政策建议。利益集团的成员经常为政策的形成提供非常有价值的技术知识,以及与本集团在政策问题上的立场相关的政治信息。因为国会成员与全体职员都重视上述这两种信息,利益集团就能在提议的法案和修正案中提供准确的表述。这样,利益集团的成员就夸大了国会成员的重要性。利益集团还向国会提供听证的陈述,以及国会职员所运用的技术报告和分析。

“不决策”:确定哪些问题是不需要做决策的

把社会中的一些特定问题排除在政策问题之外,也是一种重要的政治策略。当有影响力的个人、集团或政治体系本身把一些问题排除在政治领域之外的时候,“不决策”的情况就出现了。根据政治学家彼得·巴克拉克(Peter Bachrach)和莫顿·巴拉茨(Morton Baratz)所说:

> 不决策,如我们所定义的,是这样一种决策,它使得对决策者价值观和利益的潜在或明显的挑战受到压制和制止。更为明确的表达是,不决策是这样一种方式,用这种方式对付社会中存在的改变现行权力和利益分配的要求,在这些要求还没有表达出来就被压制了,或者保持隐蔽的状态,或者还没有被列入相关的政策制定领域就被消灭了,或者在政策过程的执行阶段使之遭到破坏或毁灭。①

当占据主导地位的精英们公开或隐蔽地压制某个问题的时候,不决策就发生了,因为精英们担心如果这样的问题引起公众的注意,政府就必须做些事情给予回应,而做这些事情又是不符合精英利益的。

当政治候选人、行政官员或官僚预计精英不会支持某一特定的观点时,不决策也会发生。这些官员抛弃某种观点,是因为他们不想“出乱子”。精英们不需要做任何事情,官员们为他们预测**可能**做的事情。

最后一种情况,也许是最重要的情况,因为政治体系本身是按照有利于解决某些类型的政策问题并抵制其他问题的解决的方式建立起来的,所以也会发生不决策的情况。在政治体系内部存在着一种“偏好的动员”,也即是说,“存在一套占主导地位的价值观、信念、仪式和制度程序……为了

---

① Peter Bachrach and Morton S. Baratz, *Power and Poverty* (New York: Oxford University Press, 1979), p. 7.

其他人的利益而系统、持久地运作着。”①例如，许多学者认为，在理解政策问题是如何确定的、解决方案是如何提出的、政策是如何实施的等一系列问题时，利益集团体系是关键。然而，我们知道，政治体系对于那些大规模的、组织良好的、有财富的、积极的、能够很好地接近政府官员的利益集团，是给予很好回应的；而对于那些无组织、较贫穷、不积极、几乎没有渠道与政府官员进行沟通的利益集团来说，政治体系的回应性是比较差的。在政党体系中也可以观察到同样的情况——政党对于那些组织良好、有财富、有技术、有知识、积极的个人和集团回应较好，而对于那些组织混乱、贫穷、没有技术、无知的、不积极的个人和集团的回应就比较差。实际上，所有的政府机构——不论是选举产生的还是任命的，不论是立法机构、行政机构还是司法机构，不论是联邦政府、州政府还是地方政府——都存在着这种
偏见。 39

议程设定与舆论动员：大众传媒

对于绝大多数美国人来说，电视是主要的信息来源。他们所接收到的超过三分之二的报道或者绝大部分新闻都是来自电视。电视的确是大众传媒的首要形式，也即是说，这种信息传递方式几乎传达到每个人，包括孩子。电视观众必须收看新闻，除非关掉电视；而读报纸的人能够很快地转到体育或喜剧版，而不关注政治新闻。更重要的是，电视还呈现出图像，而不仅仅是印刷的文字。电视的可视性——通过图像传达情感的这种冲击力，使得电视网络在传递信息的同时也传递了感情。

传媒的权力 巨大的权力来自于对社会传媒的控制。他们既是政治游戏中的运动员，又是裁判员。他们不仅报道社会中为追逐权力而斗争的人们，而且他们本身也参与争夺权力的斗争。他们是一个精英集团，与企业、劳工、政府和其他社会领域的更加传统的领导人进行权力的竞争。正如政治新闻记者西奥多·怀特(Theodore White)曾经观察到的，“美国媒体的权力是原始的权力。它设定公众讨论的议程；这种广泛的权力不受任何法律的制约。它还决定人们将要讨论和思考的问题——就是在其他国家里由暴君、牧师、政治党派和官吏所掌握的权力。”②

---

① Peter Bachrach and Morton S. Baratz, *Power and Poverty* (New York: Oxford University Press, 1979), p.43.

② Theodore White, *The Making of the President, 1972* (New York: Bantam, 1973), p.7.

大众传媒的权力集中在相对少数人的手中：编辑，制作者，主播，记者，主要电视网络(ABC、CBS、NBC、FOX 及 CNN)以及重要报刊(纽约时报、华盛顿邮报、华尔街杂志、新闻周刊、时代周刊、美国新闻和世界报道)的有声望的专栏作家手中。制作者和编辑通常是在幕后工作的，许多有影响的文字记者也只有通过他们的署名才能得知。但是，绝大多数美国人都熟悉电视网络主播和知名记者的面孔：丹·拉瑟(Dan Rather)，汤姆·布罗考(Tom Brokaw)，彼得·詹宁斯(Peter Jennings)，埃德·布拉德利(Ed Bradley)，萨姆·唐纳森(Sam Donaldson)，迈克·华莱士(Mike Wallace)，黛安娜·索耶(Dianne Sawyer)等等。这些媒体人物受到政治家的支持，被当作社会名流来对待，他们的电视形象被数百万的美国人认识，学者们也对他们进行研究。

新闻制作　新闻制作包括所有重要的决策：什么是“新闻”和谁是具有“新闻价值”的人物等。电视的主管和制作者、报纸和杂志的编辑必须决定对什么样的人物、组织和事件给予关注，这种关注将会使这些主题引起公众的关心和政治行为。没有传媒的报道，一般公众无法知道这些人物、组织或事件。他们也就不会成为政治讨论的对象，也不可能被政府官员认为是重要的问题。

大众传媒的关注还能够制造出问题和人物。如果媒体不关注，这些问题和人物就注定会变得含糊。电视摄像机不可能是“一幅世界的图景”，因为整个的世界是无法压缩到画面里的。新闻的主管人员必须在庞杂的信
40 息里进行分类筛选，然后决定哪些是“新闻”。

除了决定哪些是新闻，哪些不是新闻，新闻主管人员还要向观众提供有关这些问题、人物和事件的重要线索。有些问题是被媒体突出报道的，在新闻广播中给予几分钟的头条报道，或者在报纸的第一版上报道，包括报纸的头条和图画。报道的数量告诉我们什么是重要的，什么是不重要的。

当然，政治家、专业的公关人员，利益集团的发言人、各种各样的热心名流都知道媒体的决策对他们的问题、他们的组织、他们自身的成功是很重要的。因此，他们通过特意的行为或制造某种情形来引起媒体的关注并获得重要的报道。这样做的结果就是“媒体事件”——通过特意安排的行为来赢得版面，从而吸引公众对某一问题或个人的关注。通常情况下，这种行为越是离奇、富有戏剧性、轰动性，就越能吸引媒体关注。媒体事件可能是新闻发布会，电视台或报纸的记者被公众人物邀请出席，有时甚至没

什么可供宣传的新闻。媒体事件还可能是一场辩论、对质,或不公平的辩解。政治候选人可能会调查煤矿、犹太人的居民区、火灾或其他灾难的现场。有些时候,抗议、示威、暴力被当做媒体事件搬上舞台,以表现并传递冤情或悲痛。

媒体的偏见 媒体的主管人员在决定什么事情可以占用电视时间或在报纸上登载的时候,他们会依赖于自己的政治价值观和经济利益作为指导原则。一般而言,这些媒体的主管人员在他们的观点上比国家其他部门的领导更加自由。提前几个星期就选择出来的版面主题,反映了当前的一些关于自由的问题：关注那些影响穷人和少数族裔的问题,妇女的问题,抵制国防的开支,环境问题等等。但是,自由主义并不是新闻中偏见的主要来源。

歪曲新闻现象的主要原因是追求戏剧性的效果以及要抓住观众的注意力而面临的挑战。电视必须具有娱乐性,为了抓住已经厌倦了的观众的注意力,在新闻的选择上必须是具有情感的感染力、令人震惊的事件、戏剧性的冲突、超越陈规旧俗等。种族、性别、暴力,以及政府中的腐败都是受欢迎的主题,因为大众对它们感兴趣。像通货膨胀、政府支出、外交政策等这些更为复杂的问题,有的被简化,有的赋予戏剧性,有的则被忽视了。为了使一个问题具有戏剧性,新闻主管人员必须发现或制造一个戏剧性的事件,录制下来,通过传输、加工处理、编辑和录音,编写一个介绍的手稿,或者“画外音”,还有“摘要的重述”。所有这些行为都意味着在电视节目播出之前,大多数“新闻”必须制造出来。

媒体的影响 媒体的影响可以分为三种情况：(1) 为政策制定者确定问题并设定议程;(2) 影响观众对政策问题的态度及价值观;(3) 改变投票人和决策者的行为。这些影响是按照媒体对观众的影响程度来排列的。电视的影响力并不在于说服观众支持或反对一个问题,相反,**电视的力量** 41
在于为政策制定设置议程——决定什么样的问题需要给予关注,什么样的问题应该忽略。

媒体制造出新的观点比他们改变现行的观点要容易得多。媒体经常建议我们应该如何看待新的事件与问题——我们没有预先感受与经历的事情和问题。媒体还能够强化我们已有的价值观与态度。但是,几乎没有迹象表明媒体能够改变现行的价值观。

观众“**选择性理解**”的心理机制,有助于抵制新闻和娱乐节目中的偏见。选择性的感知意味着在心理上把某人不同意的信息或形象筛选掉。

它使得人们倾向于看到他们所期望看到的东西,听到那些期望听到的内容。这也减弱了电视节目存在的偏见对观众态度和行为的影响。

政策的形成

政策的形成,是为解决提上公众议程的问题而作出的备选政策方案的进一步发展。政策的形成发生在:政府的官僚机构,利益集团的办公室,立法委员会的会议室,特别委员会的会议,负责政策规划的组织,以及其他类似"智囊团"的组织。政策建议的细节通常是由组织成员提出来的,而不是由他们的领导提出,不过,这些成员提出政策建议时,要根据领导的需要为指导。

智囊团 政策规划的组织是政策制定过程中的核心协调机构。特定的政策规划组织,例如,外交关系委员会(Council on Foreign Relations, CFR),美国企业研究所(American Enterprise Institute, AEI),遗产基金会(Heritage Foundation),布鲁金斯研究所(Brookings Institution),在广泛的关键政策领域都是很有影响力的。其他的政策规划组织——城市研究协会(the Urban Institute)、未来能源研究机构(Resources for the Future)、人口委员会都是专门研究某个特定的政策领域。

这些组织把企业和金融机构的领导、基金会、大众媒体、一流的知识分子以及政府中有影响力的人物聚集在一起。他们考察相关大学和基金会支持的有关利益主题的研究,更重要的是,他们对正在研究的这些国家问题应该采取什么行动上,试图达成共识。他们的目标是提出行动的对策——提出明确的政策或设计出一套程序来解决国家的问题。这些重要的政策规划组织提出的政策建议分布在大众媒体、联邦行政机构和国会,这样做的目的是为使政策成为法律奠定基础。

下面是一些较有影响力的智囊团:

布鲁金斯研究所 尽管有其他具有竞争力的智囊团在发挥作用,布鲁金斯研究所一直是美国国内政策的主要政策规划组织。这个组织的成员不喜欢把他们看做是自由的智囊团,他们也否认试图确立在国家的优先地位。不过,在
42 规划反贫困斗争、福利改革、国防、税收和支出等方面的政策过程中,这个组织一直是非常有影响力的。**纽约时报**的专栏作家和哈佛历史作家,伦纳德·西尔克(Leonard Silk)和马克·西尔克(Mark Silk)就把布鲁金斯研究所描述为华盛顿"政策网络"的中心,他们在这里交流,"在午餐的时间,有时候是在非正式的喝咖啡的时间,或者正式的星期五的午餐时间,他们围绕圆桌而坐,集中讨论一

周内发生的事件,如古希腊的悲剧性事件;还在会议上为政府或企业提供有偿的或免费的咨询和研究的前沿成果;随着时间发展,还为政府解决就业问题。”①

美国企业研究所　多少年来,共和党人一直梦想着有类似布鲁金斯研究所这样的组织来为共和党服务,来帮助抵消布鲁金斯的自由的偏见。在20世纪70年代末期,由美国企业研究所(AEI)扮演了这种角色。该研究所对于民主党人和共和党人都有吸引力,因为他们对大政府持有怀疑态度。研究所负责人小威廉·巴鲁迪(William Baroody, Jr.)对美国企业研究所与布鲁金斯研究所作了区分,“在面临社会问题时,那些向美国企业研究所求助的人,倾向于首先寻求市场的方式来解决问题,而向另一个组织求助的人们则倾向于用政府的办法来解决问题。”②

遗产基金会　保守主义的思想家从来没有受到华盛顿政府的欢迎。但是,那些有影响的保守主义企业人士却逐渐理解了,在华盛顿如果没有制度基础,他们就不会在政策的网络中确立强大的、持续性的影响力。因此,他们确定了“建立一个牢固的制度基础”,以及“确立值得信赖的学者与创造性地解决问题的声望”的任务。③ 他们努力的结果是促成了遗产基金会的建立。

外交关系委员会　政治学家莱斯特·米尔布雷思(Lester Milbraith)观察到,外交关系委员会(CFR)在政府中的影响是如此具有说服力,以致要把此委员会与政府的项目区分开来都是很困难的:“外交关系委员会虽然不是由政府财政支持的,却与政府的工作关系特别密切,很难区分委员会的主动行为与其在政府推动下做出的行为。”④当然,这个委员会本身否认他们对美国外交政策的控制。实际上,委员会的规章制度声明,“委员会不对外交政策问题表达任何立场,任何人都无权讲话或声称在这些问题上为委员会说话。”⑤但是,政策的提议权和共识的达成并不要求委员会采取官方的政策立场。⑥

---

① Leonard Silk and Mark Silk, *The American Establishment* (New York: Basic Books, 1980), p. 160.

② 同上书,第179页。

③ *Heritage Foundation Annual Report 1985* (Washington, DC: Heritage Foundation, 1985).

④ Lester Milbraith, "Interest Groups in Foreign Policy," in *Domestic Sources of Foreign Policy*, ed. James Rosenau (New York: Free Press, 1967), p. 247.

⑤ Council on Foreign Relations, *Annual Report*, 1988, p. 160.

⑥ 建议认真研究公共政策的学生阅读由这些主要的政策规划组织出版的书目或杂志,特别是:*The Brookings Review* (published quarterly by the Brookings Institution, 1775 Massachusetts Avenue NW, Washington, DC 20036); *The American Enterprise* (published bimonthly by the American Enterprise Institute, 1150 17th Street NW, Washington, DC 20036); *Policy Review* (published quarterly by the Heritage Foundation, 214 Massachusetts Avenue NE, Washington, DC 20002); *Foreign Affairs* (published five times annually by the Council on Foreign Relations, 58 East 68th Street, New York, NY 10021).

利益集团与政策制定

华盛顿处于特殊利益集团、律师与法律事务所、游说者、有影响力的传媒的包围之中。利益集团在政策的形成与政策合法化方面都是积极行动的。有组织的利益集团总是提出自己的政策建议,并把这些政策建议送到白宫、国会成员或大众媒体那里,以便把这些问题提上政策制定的议程。
43 他们在政策合法化中的行为更加积极。事实上,华盛顿的政治生活被这一系列的力量搅得一塌糊涂,包括“游说”、“资金捐助”、“公开秘密”、“动员草根支持”、“与人交际”、“闲谈”等。

利益集团是通过各种方式影响政府政策的,可以把利益集团影响政府政策的行为分为如下几类:

1. 直接的游说,包括:在委员会的听证会上提出证据,直接与政府官员接触,提供研究结果,协助立法的起草。
2. 通过政治行动委员会(political action committees, PACs)在竞选运动中提供捐助。
3. 个人的接触,包括:旅游、消遣、娱乐、平常的“闲聊”,以及政府部门和代表他们的工业组织之间的人员的“旋转门”的调动等。
4. 通过法院系统,运用诉讼来施加压力进行变革,利益集团和他们的律师代表当事人提出阶层行为的诉讼,并要求法院的朋友在他们感兴趣的案件中进行辩论。
5. 动员草根组织,利用激励性的信件、电话或以个体选民和选举运动捐助者的身份进行拜访等方式,来影响国会和白宫的政策。

游说 华盛顿有影响的产业是资产数十亿美元的商业企业。每年游说者要花费超过15亿美元来试图影响政府政策,用于游说国会每一个成员超过200万美元! 由于1995年《游说信息披露法》(Lobbying Disclosure Act of 1995)的实施,现在可以查出每年到底有多少钱转手用于影响联邦的政策。

在工业组织的层次上,药品和医疗产品的生产商在游说方面的花费是最多的。保险业在直接游说上的支出排在第二位,电信业排列第三,下面依次是石油和天然气行业、电力行业(见表3-4)。在游说方面支出位居前二十五位的行业中,只有三个行业可以被认作非经济组织,即政府和公共雇员联盟,包括全国教育联合会(National Education Association, NEA)在内的教育组织，以及各种各样的主要解决某一类问题的组织，例如，美国退休人员联合会（American Association of Retired Persons，AARP）、国家枪支联盟（National Rifle Association，NRA）、基督教联盟（Christian Coalition）。

表 3-4　华盛顿游说支出最高的组织排名　（单位：美元）

排名	行业	直接游说支出（1999—2000 年）
1	医药品和保健品行业	90 675 603
2	保险业	85 593 234
3	电力业	70 806 595
4	石油和天然气工业	60 564 428
5	电话业	56 288 238
6	计算机设备和软件公司	50 383 236
7	健康专家	49 171 902
8	商业企业联盟	44 672 425
9	航空运输企业	42 456 407
10	音乐制作/发行业	40 732 670
11	音乐发行业	39 148 353
12	教育行业	38 187 688
13	医院和家庭护理	35 691 351
14	证券和投资业	34 377 668
15	自动电影	32 896 943
16	政府机构	32 388 548
17	不动产行业	31 688 551
18	化学和相关制造业	31 067 300
19	电信设备行业	29 518 446
20	电视、电影、音乐产业	28 022 928
21	商业银行	26 478 863
22	国防航空	24 685 953
23	烟草行业	23 665 094
24	农业服务与产品行业	19 710 694
25	医疗服务与卫生维护组织	17 458 088

资料来源：Center for Responsive Politics，February 16，2003.

应该注意到，直接游说的支出只是这些工业或企业在华盛顿产生影响的一个因素。有影响力的游说还需要有竞选运动的捐助、贷款服务、选举的批准以及民众的政治支持。例如，华盛顿的业内人士和《财富》（*Fortune*）杂志进行的一项调查表明，美国退休人员联合会、美国以色列公共事务委员会（American Isreal Public Affairs Committee）、美国劳工联合会与产业工会联合会(AFL-CIO),是国会中最强有力的游说组织。① 实际上,被该杂志列为"前二十五强"的游说组织中,只有大约一半是工业组织;其他组织则包括国家枪支联盟、基督教联盟、国家生命权利委员会(National Right to Life Committee)、独立的联盟(全国教育联合会、空军系统司令部(AFSC-
44 ME)、驾驶员集团),以及退伍军人的组织。

政治行动委员会 任何利益集团成功游说的关键可能在于对竞选运动的捐助。这种资金捐助可以确保利益集团与政府决策者的直接接触。国会成员不接见资助他选举的利益集团的代表,这是不大可能的。白宫的高级官员与内阁的官员,如果不是总统,几乎总是乐意接见对总统的选举给予巨大资助的利益集团。这些捐助不一定保证作出受人欢迎的决策,但它们却能够对听证产生影响。

政治行动委员会向下列这些组织的成员提出要求并接受捐助——联盟,企业,专业的贸易联合会,以及思想方面的、环境方面的、以问题为导向的组织,然后把这些资金捐助给政治候选人。政治行动委员会受联邦选举委员会(Federal Elections Commission)的指导,联邦选举委员会要求他们登记所接受的经济和政治资助,并限制他们每次选举中捐助给任何候选人的资金不超过5 000美元。

政治行动委员会的捐助大部分都是为了当前任职者的再次当选。通
45 常情况下,政治行动委员会捐助的三分之二都给予了现任职者;公司、联盟和其他政治行动委员会也是这种情况。政治行动委员会很清楚,超过90%的国会现职成员都在追求再次当选。劳工联合会就在大量利用政治行动委员会的捐助;政治行动委员会的捐资大部分给了民主党人(见表3-5)。

评估利益集团的影响 绝大多数美国人认为,像政治行动委员会这样的利益集团,以及大型企业、新闻媒体、游说者,"都有超大的权力,并对华盛顿产生巨大影响。"②但是,要准确评估利益集团到底有多大权力来操纵国家的资产,这是相当困难的。第一,国会成员的观点可能与那些直接游说和资助竞选运动的独立利益集团的立场是一致的。第二,利益集团的努力所产生的最重要的影响,不会在登记表中的投票数中找到,而是在立法过程的较早阶段,包括在特定条款上的幕后谈判、修正案的起草、委员会和分支委员会对议案的审定等。第三,利益集团的游说可能在立法细节上产生最重大的影响,而不是在总体的政策方向上产生影响。第四,政党的领

① *Fortune*, December 1997.

② *Polling Report*, March 1999.

导、选民的影响、国会成员的个人观点结合起来，也会改变利益集团行为的独立性影响。 46

表 3-5 政治行动委员会中支出最高的组织的排名 （单位：美元）

排名	政治行动委员会(PAC)	总数	民主党	共和党
1	全国房地产经纪人协会	3 648 526	47%	53%
2	劳工联合会	2 814 200	88%	12%
3	美国审判律师协会	2 813 753	89%	11%
4	全国汽车经销商协会	2 578 750	34%	66%
5	美国医药协会	2 480 972	39%	61%
6	美国州、县、市雇员联盟	2 423 500	96%	3%
7	驾驶员协会	2 390 003	86%	14%
8	汽车工人联合会	2 339 000	99%	1%
9	国际电力工人兄弟协会	2 249 300	96%	4%
10	木匠和工匠联盟	2 243 000	77%	22%
11	机械师与航空工人联盟	2 200 350	99%	1%
12	全国啤酒批发商协会	2 065 250	21%	79%
13	全国信贷业联盟	1 951 933	44%	56%
14	全国家庭制造业者联盟	1 924 600	38%	62%
15	服务业雇员国际联盟	1 886 662	89%	10%
16	全国教育协会	1 833 000	91%	8%
17	美国食品商业工人联盟	1 726 474	98%	2%
18	美国通信工人联盟	1 722 300	100%	0%
19	钢铁工人联盟	1 656 000	88%	12%
20	美国银行家协会	1 630 019	35%	65%

资料来源：Center for Responsive Politics，August 2003.

注：表中数字为 2000 年总统和国会大选时的数字。

政策的合法化：最直接的政策制定者

“最直接的政策制定者”的角色是什么？总统、国会、法院、联邦机构、国会委员会、白宫的官员、利益集团等这些政策制定者的行为活动一直是传统政治学关注的核心问题，并被描述为政策制定过程的全部。但是，直接的政策制定者的行为只是更为复杂的政策制定过程的最后阶段。这个最后阶段是政策制定过程中透明的、开放的阶段，并引起大众媒体和多数政治学家的关注。对这些直接的政策制定者行为的研究，要比对那些企业、基金会、大众媒体和政策规划组织的私人行为的研究简单得多。

正式的法律制定过程　在美国的宪法中，国会的职责被规定为政策合法化的主要机构。宪法第一条就描述了联邦政府的权力（例如，“设置并征收进口货物关税和消费税”）视为**国会**的权力。然而，需要注意，国会并不是政策合法化的唯一机构。法院在维持政府权威的合法化中也承担着重大的责任；在次要的层面上，行政机构也承担着一定的责任。在政策合法化的过程中，我们把注意力放在国会那里，并不意味着否定其他政府机构在政策合法化中的重要性。

国会形成了高度制度化的规则与程序，以使自己的行为合法化。实际上，国会制定的规则和程序如此精细，以致提议政策变革是相当困难的。报送到国会的议案很少有通过的；在常规的两年一次的会议期间，提出的议案超过 10 000 条，而只有不到 800 多个议案（还不足十分之一）会以各种形式制定为法律。因此，更准确地说，与其说国会是政策变革的推动者，倒不如说国会是政策变革的阻碍者。

制定法律的正式程序如图 3-1 所示。制定法律的常规性程序，在美国的每一所中学和大学的政治课上都讲授过。但是对正式的法律制定过程的概括，没有述及众议院和参议院中的政党及其领导在指导立法过程中的作用，没有述及选民和利益集团的影响以及总统和白宫成员的影响，也没有提及国会成员为了再次选举成功而筹集资金的持续而紧迫的需要。

政党的影响　国会成员以及其他政治主体对政党的忠诚度要比投票者对政党的忠诚度高。政党的投票人数——在众议院和参议院中多数民主党人反对多数共和党人的点名投票人数——占国会点名投票人数的一半以上。实际上，政党的得票数在近年来一直是上升的，这表明华盛顿的党派性在提升。国会中的政党统一性——一个政党对其立场表示支持，从而成为政党投票人数的平均百分比——也是相当高的。平均情况下，民主党和共和党在政党的选举中，都能够得到超过 80% 政党成员的支持。
47

当然，政党的忠诚和国会中的党派选举，并不一定是政党忠诚或纪律的产物。它们有可能起因于政党成员对某一问题的一致的思想与意见。

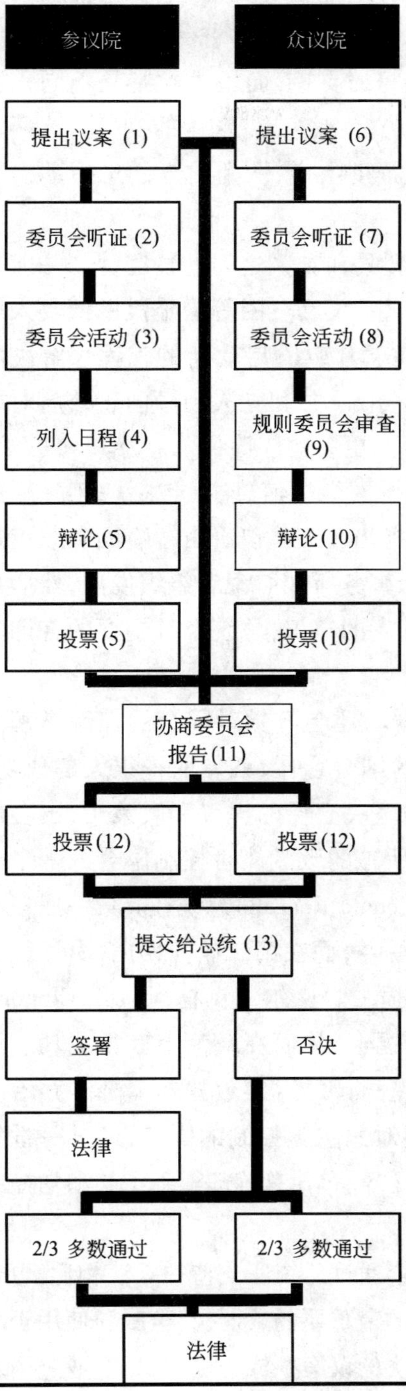

1．提出议案。多数议案都可以向众议院和参议院提出。（在这个例子中，议案就是首先向参议院提出的）这个议案被编了号，并提交给相应的委员会。

2．听证。委员会对此议案举行公共听证。

3．委员会活动。委员会闭会期间举行全体会议或者否决议案，或者批准议案，或者通过修正后批准议案，或者重新起草新的议案。

4．提上日程。如果委员会通过了该议案，就会把它提上立法日程。

5．辩论、修正、投票。这个议案被广泛征求意见，有可能给予修正，然后投票。

6．提交给众议院。如果该议案获得通过，它将被提交给众议院，并交给相应的委员会。

7．听证。众议院举行听证。

8．委员会的活动。委员会可能会抛弃该议案，或者准备一个新议案，或者接受这个议案，但是给予修正。

9．规则委员会的审查。如果委员会接受这个议案，它就会被提上议事日程并被提交给规则委员会。这个委员会在众议院的全体会议之前能够阻止该议案或者进行修改。

10．辩论、修正、投票。这个议案被拿到全体会议上，并在讨论之后接受投票。

11．协商委员会。如果在二审的众议院通过的议案有重大的修改，那么任何一个议院都可以请求协商委员会。这个委员会——每个议院各出五个人组成，代表着两个政党——力求满足两个议院的要求并试图缓解两个议院之间的分歧。

12．对协商报告的投票。当这个协商委员会的成员达成协议后，他们分别向各自代表的议院汇报。由此来决定他们的报告被接受或者被否决。

13．提交给总统。如果这个报告被两个议院接受，这个议案就会由众议院的发言人和参议院的主席签署，最后提交给美国总统。

14．总统的行为。总统在十天之内可能签署该议案，也可能否决该议案。如果总统不签署该议案，国会继续召开会议；这个议案就自动地成为法律。如果国会在这十天之内中止了该议案，它就不会成为法律。（这被称为"搁置否决权"。）如果总统否决后又恢复该议案，并且在每个议院中都以三分之二的多数通过，那么该议案还是可以成为法律的。

图 3-1　议案是如何成为法律的

民主党和共和党选举的社会基础稍微有所不同。两个政党都从所有的社会组织中寻求支持,只不过民主党不同程度地寻求劳工、大城市的居民、少数民族、黑人、犹太人和天主教徒等的支持,而民主党则是不同程度地争取得到乡村、小城镇和郊区的新教徒、企业家、专家等的支持。这两大社会组织的政策导向是不同的,从这种程度上说,两个政党的思想动机也就不同。

那么,是什么问题导致了民主党人和共和党人之间的冲突呢?一般来说,对于联邦政府采取的通过公共救助、住房、反贫困等措施援助低收入群体的行动,民主党人都是支持的,而且在联邦政府启动新的工程来解决国内问题的过程中起到更为重要的作用。相反,共和党人则倾向于政府对国内事务进行更少的干预、较低的税负,以及更多地依赖私人行为。

总统的影响 总统通过讲话,在给予国会的信息中(包括一年一度的国会咨情),在美国政府的年度预算中,提出政策建议。由智囊团和政策规划组织提出的政策,经由利益集团、律师事务所和游说者组织发展,然后得到那些为白宫的立法日程提供重要资助者的建议,总统及其主要的咨询顾问就是对这些政策进行最后的筛选。

不过,总统要把立法的建议变成法律,还与政党对国会的控制紧密相关。如果总统能够与自己的政党控制的国会合作,就能取得很大的成功。总统的"得票成绩",也即总统持有明确坚决立场的提议和政策中,国会使之成为法律的比例,基本上取决于总统所在的政党能否控制国会的一个或两个议院(见图3-2)。罗纳德·里根(Ronald Reagan)总统在其第一届任期内,由于参议院中共和党占多数而从中受益;而在第二届任期内,由于民主党人拥有了对参议院的控制权,而遭受损失。比尔·克林顿(Bill Clinton)在其任期的前两年,由于民主党人控制国会,从而在政治上获得成功。但是在1994年国会由共和党人控制时,克林顿的得票数骤然下降。乔治·H. W. 布什(George H. W. Bush)总统面对民主党控制的国会,经过一番努力仅能使其议案通过一半。相反,乔治·W. 布什总统却得到了共和党控制下的国会的大力支持。

总统要阻止他所反对的立法,与国会通过总统所支持的立法相比,更容易成功。总统的否决权是总统对付国会的最重要的武器,甚至威胁使用否决权也能大大提高总统的立法权。总统否决的议案要成为法律,只有通过国会两院三分之二的投票同意才能实现。不过,这种情况是很少出现的,总统几乎不会软弱到无法得到众议院或参议院至少三分之一人员的支持与拥护。

从乔治·华盛顿到乔治·布什，超过96%的总统否决案都得到了支持。 49

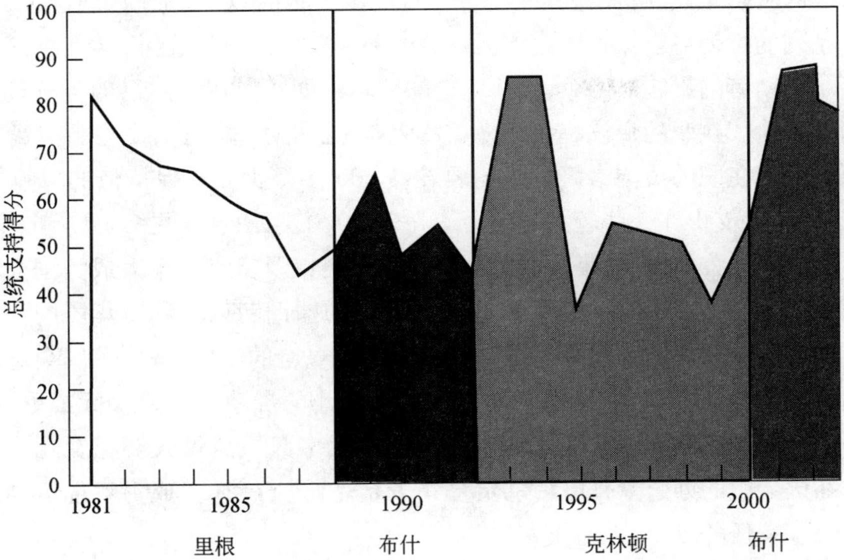

图3-2　国会对总统的支持

资料来源：*Congressional Quarterly*, December 14, 2002.

选民的影响　国会成员倾向于把自己看作思想独立的、有公共精神的"代理人"，而不仅仅是由选民选出来去华盛顿传递信息的"代表"。对这一观点的哲学判断是由英国的国会议员埃德蒙·伯克在两百多年前对其选民的讲话中提出的，"你们的代表要奉献给你们的，不仅仅是他们的勤奋，还有他们的判断力；这就是为你们服务，否则就是背叛。"①

不过，国会成员独立于选民影响的理论并不像埃德蒙·伯克所分析的那样高尚。国会成员都知道，选民们在很大程度上并没有意识到他们在国会中的投票记录。只是偶尔的情况下，在一次高度公开的选举中，全国上下与各行政区的选民情绪都很高涨，这时国会成员才会把选民的观点置于他们的政党领导和为选举运动提供资助的利益集团的观点之上。在大多数的问题上，国会成员会很随便地忽视他们的选民："他们（选民）不是很了解我的投票，他们所知道的绝大部分都是我告诉他们的情况。他们更多地了解我的为人。正如信中所出现的，'你们关注这个小家伙'。"②"家庭式"

① "Speech to the Electors of Bristol," November 3, 1774.

② Richard F. Fenno, *Home Style* (Boston: Little, Brown, 1978); also quoted in Roger H. Davidson and Walter T. Oleszek, *Congress and Its Members* (Washington: DC: CQ Press, 2000), p. 149.

(home-style)的政治行为——为选民做些典型的工作,为其提供恩惠,为本行政区获得建设项目的政治拨款,经常回家乡访问以"汲取新鲜血液",这
50 一系列的行为可以保护国会成员避免由于其选举记录而遭到反对。

资助者的影响 当今,国会竞选的成本说明了其成员对巨额竞选资金的依赖性。在职的众议院议员为了**每两年**一次的职位竞选,平均要花费80万美元。在职的美国参议员平均要花费500多万美元来保持他的(她的)议席,这些支出在一些较大的州会达到2 500万美元,甚至更多。

大企业公司、利益集团的政治行动委员会以及富有的个人成为国会真正的选民(见表3-6)。大型公司、数额巨大的捐助者以及利益集团的政治行动委员会和通过政党渠道得到的那些不合规定的钞票,构成了国会竞选运动现金流的三分之二还要多。捐资数额较小的资助者(500美元或更少)提供了不到三分之一的竞选资金。国会的大多数成员每天要花费几个小时在国会山的办公室打电话动员募集资金。"进行动员"成为竞选运动的一个基本任务。

在整个法律制定过程中,那些巨额的资助者期望能够以电话或访问的方式把自己的观点直接提供给他们所支持的掌握职位的官员。在总统选举的层次上,这些主要的资助者期望会见总统,或者至少能够会见白宫的高层官员和内阁成员。在国会选举的层次上,这些主要的资助者期望能够直接与众议员或参议员会面。国会的成员经常以回复选民的信件、电话或访问而自诩。但是,巨额的资助者特别期望争取与他们所支持的保住职位的政治领导人有面谈的时间。

这些竞选资助很少是以直接的交易为基础的——也即是说,直接通过美元的支付以换取国会提出一项议案,或者支持或反对委员会的议案和提议。这种直接的交易面临被揭露为贿赂或受到法律起诉的危险。如果发生贿赂,也会限制在范围狭窄的具体政策行为上:提供资金的目的是,干预一个特定的还没提交给行政当局的案件,或者在税法或特定的贸易免税方面留下漏洞,或者获得与政府之间的特定协议。在重大问题上的贿赂是不大可能的,因为存在太多的公开性和面临太多被揭露的风险。但是,国会成员极为聪明,能够知道什么问题与资助者相关,采取什么方式投票,才能够保持未来的资助持续不断。

表 3-6　对国会选举的巨额捐助者　　　　（单位：美元）

排名	捐助者	总数	给民主党	给共和党
1	萨班投资集团	10 853 000	100%	0%
2	美国州、县、市雇员联盟	8 851 705	99%	1%
3	新闻网络公司	6 927 000	100%	0%
4	香格里拉娱乐公司	6 580 000	100%	0%
5	木匠和工匠联盟	6 016 409	91%	9%
6	服务业雇员国际联盟	5 908 406	96%	4%
7	美国通信工人联盟	5 228 041	100%	0%
8	美国教师联盟	4 486 815	99%	1%
9	美国房地产经纪人协会	4 126 913	46%	54%
10	劳工联合会	4 006 450	91%	8%
11	微软公司	3 765 105	39%	61%
12	美国审判律师协会	3 747 188	92%	8%
13	菲利普·莫里斯	3 617 003	21%	79%
14	推进公司	3 366 036	100%	0%
15	弗雷迪·麦克	3 274 724	40%	60%
16	美国食品商业工人联盟	3 262 474	99%	1%
17	国际电力工人兄弟协会	3 202 437	97%	3%
18	汽车工人联合会	3 156 010	99%	1%
19	戈德曼·萨克斯	3 143 485	68%	32%
20	美国药物研究与制造公司	3 044 487	5%	95%
21	全国教育协会	3 032 590	92%	7%
22	SBC 通信公司	2 988 066	41%	59%
23	AT & T 公司	2 938 769	47%	53%
24	城市群落公司	2 900 499	46%	54%
25	梅锐通信公司	2 725 251	32%	68%
26	贝尔南方公司	2 635 995	44%	56%
27	全国汽车经销商协会	2 612 680	34%	66%
28	美国医药协会	2 558 461	38%	61%
29	机械师与航空工人联盟	2 550 600	99%	1%
30	全国啤酒批发商协会	2 512 398	20%	80%

资料来源：Center for Responsive Politics.

注：这是对 2002 年国会选举的资助。

政策实施:官僚机构

“政策的实施是政治以其他方式的继续。”①国会通过法律并经总统签署之后,政策的制定并没有结束,而是从国会和白宫转到了行政官僚机构——政府部门、各局和委员会等(见图 3-3)。宪法没有赋予行政机构决定政策问题的权力,然而,它却这样做了,正如它履行实施政策的任务一样。

政策实施与政策制定 政策实施涉及为了执行立法机关合法化的政策而设计的所有行为活动。这些活动包括设立新的组织机构——部门、局、处等,或者给现有的机构分配新的职责。这些机构必须把法律转化为可操作的规则和制度。他们还必须雇佣人员,制定协议,支出资金,并执行任务。所有这些活动都包含着官僚的决策,即决定着政策的那些决策。

随着社会规模的扩大以及复杂性的增加,官僚机构也提升了其在政策制定过程中的作用。对官僚权力扩张的标准解释是,国会和总统没有时间、精力和技术专长来仔细考虑环境保护、职业安全、均等就业机会、交通安全,以及政府在现代社会治理中所面临的其他许多方面的细节问题。官僚机构接收的只是国会法律中宽泛的、原则性的政策导向,他们必须自己来决定政策的重要细节。这也意味着实际的政策制定过程发生在环境保护署(Enviromental Protection Agency,EPA),职业安全与卫生管理局(Occupational Safety and Health Administration,OSHA),均等就业机会委员会(E-
52 qual Employment Opporunity Commission,EEOC),全国运输安全委员会(National Transportation Safety Board,NTSB),以及其他上百个行政机构。

行政官僚在政策制定中的权力,还可以通过国会和白宫中的政治决策得到解释,他们把许多政策责任授予行政机构。国会和总统在法律中承诺“安全和有效”的药品,“均等机会”的就业,消除“不公平”的劳动条件,以及其他一些追求平等的、虽模棱两可却高尚的目标等,他们也因此而得到政治上的好评。这些目标也就成为官僚机构的职责,例如,食品及药品管理局(Food and Drug Administration,FDA),均等就业机会委员会,全国劳工关系委员会(National Labor Relations Board,NLRB),这些行政机构需要对国会和总统的上述象征性的举措赋予实际的含义。事实上,如果由这些行政机构制定的政
53 策被证明是不受欢迎的,那么国会和总统就会谴责这些官僚。

① Donald S. Van Meter and Carl E. Vanltorn, “The Policy Implementation Process,” *Administration and Society*, 6 (February 1975), 447.

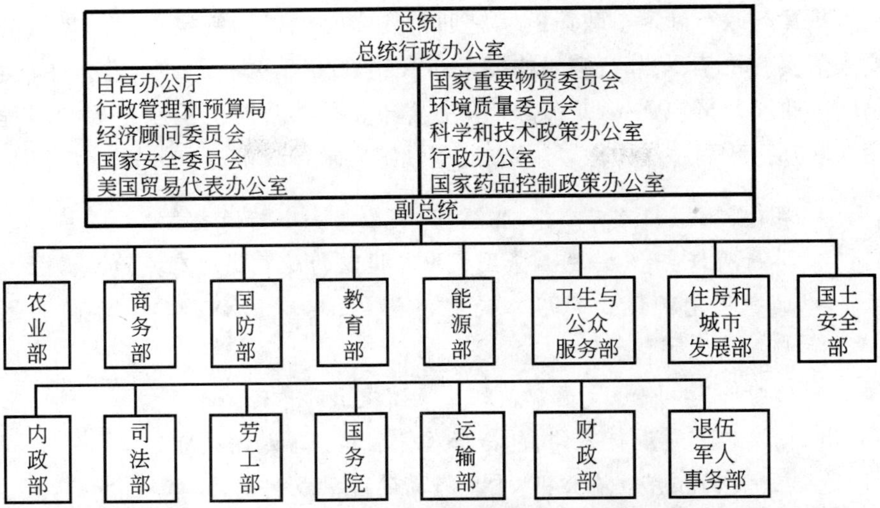

独立部门和政府公司

行为

美国行政会议	联邦储蓄保险公司	国家档案局	年金保障公司
非洲发展基金会	联邦选举委员会	国家首都规划委员会	邮资委员会
中央情报局	联邦紧急措施委员会	国家信贷联盟管理局	铁路退休职工委员会
人权委员会	联邦住房财务委员会	国家劳工关系委员会	决议信托公司
国家与社区服务委员会	联邦劳工关系部门	国家仲裁委员会	证券交易委员会
商品期货贸易委员会	联邦海事委员会	全国铁路乘客公司	征兵局
消费品安全委员会	联邦仲裁与调解局	国家科学基金会	小企业管理局
国防核设施安全委员会	联邦矿井安全与健康检查委员会	全国运输安全委员会	田纳西河领域管理局
环境保护署	联邦储备系统	核监管委员会	节俭存款保护与监管局
均等就业机会委员会	联邦退休节俭投资委员会	职业安全与健康检查委员会	贸易和开发署
美国进出口银行	联邦贸易委员会	政府伦理办公室	美国军备控制和裁军署
农业信贷委员会	总务管理局	人事管理局	美国信息署
联邦通信委员会	美洲国家基金会	特别顾问局	美国国际开发合作署
国家航空与航天局	州际贸易委员会	巴拿马运河委员会	美国国际贸易委员会
宾夕法尼亚街道发展公司	保护荣誉体系委员会	和平社团	美国邮政管理局

图 3-3　联邦政府机构

规章与政策制定　政策的实施通常要求官僚机构制定正式的规章制度来落实。每年,联邦行政机构要发布大约60 000页的规章制度并在《美国联邦政府公报》(*Federal Register*)中公布。联邦政府机构制定规则的程序在联邦行政程序法中做了规定,这些规定要求行政机构:

- 在《美国联邦政府公报》中宣布,提出了一个新的规章或制度;
- 举行听证会,允许利益集团提出与提议的规章制度有关的证据;
- 调查研究所提议的规章的经济影响、环境影响和其他方面的影响等;
- 呼吁"公共评论"(通常是利益集团提出的争论);
- 向高级官员进行咨询,包括行政管理和预算局的高官;
- 在《美国联邦政府公报》中发布新的规章或制度。

行政机构制定规则是政策制定过程的核心。在《美国联邦政府公报》中发布的正式规章具有法律效力。行政机构可以对侵犯这些规章制度的人给予罚款和处罚,而且这些罚金和处罚措施能够由法院强制执行。国会要想修正或废除一项正式的规章制度,必须要通过一部新的法律并获得总统的签署。那些存在争议的行政规章(和政策)也可能生效,不过需要如下的条件:国会行动迟缓,立法受到了国会委员会关键成员的阻止,总统支持该行政机构而拒绝签署推翻这些规章的法案。法院在通常情况下不能够推翻行政规章,除非行政机构超越了法律授予他们的权力,或者行政机构在制定规章制度时没有遵守规定的程序。

判决与政策制定　官僚机构的政策实施通常会涉及个别案例的判决。(如果说规则的制定类似于立法程序,那么判决就类似于司法程序。)在判决中,官僚机构必须判断个人、公司、企业等是否遵守了法律和规章,如果没有遵守,就要给予处罚或纠正违法行为。联邦规制机构,例如,环境保护署,均等就业机会委员会,美国国税局(Internal Revenue Service,IRS),联邦贸易委员会(Federal Trade Commission,FTC),证券交易委员会(Securities and Exchange Commission,SEC),都深深地介入判决中。他们制定了调查、告知、听证、决定、上诉等程序;上述程序所涉及的个人或公司经常会雇用精通规章的律师。行政听证没有法院的审判那么正式,而且"法官"也是行政机构的雇员。败诉者可以向联邦法院提起上诉,但行政机构在法院审判中胜诉的历史使许多上诉者失去信心。在个案审判中,行政机构的判决记录就是公共政策的一种形式。正如先前的法院判决反映了司法政策一样,先前的行政判决反映了行政官僚的政策。

行政裁量权与政策制定 实际上，行政人员的大部分工作是例行性的行政工作——进行社会安全的检查，征收所得税并归档，寄发邮件。不过，官僚人员在执行日常性的任务时，总有一些自由裁量权。经常的情况是，个别案件并不完全适用于已经制定的规则；更多的情况是，不至一项规则可应用于同一案件，从而得出不同的结果。例如，美国国税局管理着美国的税收法规，但是每个审计局在决定哪些规则适用于纳税者的收入、减除额、企业支出等的时候，都有相当程度的裁量权。实际上，同样的税收信息传递给美国国税局的不同部门，几乎总会导致对税收责任的不同估价。但是，在更多例行性的任务中，从处理医疗保险的申请到转寄信件，官僚人员有时是友好的、给予帮助的，有时是敌对的、起阻碍作用的。[①]

官僚的政策偏见 一般情况下，官僚强烈地相信他们自己规划的价值和任务的重要性。环境保护署的官员坚定地支持环保运动；中央情报局（Central Intelligence Agency，CIA）的官员坚信有益的情报对于国家安全的重要性；社会保障管理局（Social Security Administration，SSA）的官员尽力保障退休体系。但是，除了这些职业性的动机外，像其他个人一样，官僚人员还追求更高的报酬、更大的工作安全、额外的权力和他们自身的声望。

职业的以及个人的动机共同促使官僚人员来扩展他们的权力、职能以及本部门的预算。（同样地，官僚也极力保护他们的“势力范围”，以避免在职能、权力和预算方面的损失。）“预算最大化”，即尽可能地扩大本部门的预算，是政府官僚机构中的一个驱动力。[②] 这种情况在行政机构自由决定预算时容易出现——也即官僚在决定这些资金如何支出方面有灵活性，而不是由法律规定必须用于特定目的。官僚对于新的职能、扩大的权威、增加人员和预算的偏好，有助于解释为什么政府规模随着时间的发展而扩大。

政策评估：印象性的评估与系统性的评估

政策过程模型暗含着评估是政策制定过程的最后一步。它意味着政策制定者——国会、总统、利益集团、官僚、媒体、智囊团等等，都在力求了解所制定的政策是否能够实现他们既定的目标；需要多大的成本；对社会

① 参见：James Q. Wilson, *Bureaucracy: What Governments Do and Why They Do It* (New York: Basic Books, 1989).

② William Niskanen, *Bureaucracy and Representative Government* (Chicago: Aldine, 1971).

将产生什么样的后果,包括预期的和非预期的后果。这一模型的复杂形式描述了一个"反馈"的关系——通过对当前政策的评估来确认新的政策问题,并再次进行新的政策制定过程。

然而,在华盛顿、州议会和城市议会中进行的大多数政策评估都是不系统的和表象性的。这些政策评估经常是以如下形式出现的:利益集团会
55 抱怨法律和预算在保护或促进他们利益方面的缺陷;新闻媒体会揭露政府项目中的浪费、欺诈或管理不善,或者谴责政府政策在处理危机时的欠缺;在立法听证中,行政官员会受到质询,或者受到委员会成员或他们职员关于政策或规则的质问;有时候公民还会对国会、白宫或媒体提出抱怨。然而,这些"评估"通常在刺激改革方面会奏效——设计政策变革来纠正觉察到的错误、缺陷、浪费的开支以及现行政策的其他瑕疵。

但是,正如我们在第十五章("政策评估:寻求政策实施后的结果")中将会观察到的,在政府中进行的系统的政策评估相对很少。我们把系统的政策评估界定为:仔细、客观、科学地评价政策对目标和非目标情形或群体所产生的当前与长期的影响,同时,对当前和长期费用与任何能确定的收益之比进行评价。

本章小结

政策过程模型关注的是,政策是**如何**制定的,而不是政策的实质或内容。这个模型确认了发生在政治系统内部的一系列活动,包括问题的确认、议程的设定、政策建议的提出和形成、政策的合法化、政策的实施,以及对政策效果的评估。下面就政治过程对政策**内容**的影响提出一般性的几点看法。

1. 要评估公共舆论对公共政策形成所产生的独立性影响是很困难的。公共政策经常与全国性的民意测验不一致,宪法里也没有规定全民对政策问题投票的条款。公众对许许多多的政策问题没有什么看法,公共舆论也是不稳定的,而且政策制定者很容易误解并控制公共舆论。公共政策更可能与精英观点一致,而不是大众的看法。
2. 决定要解决什么问题——也即议程设定,是政策过程的关键阶段。政策问题并不仅仅"发生"。要阻止社会中的某种情形不成为政策问题——"不决策",是占主导地位的利益集团的重要政治策略。
3. 大众传媒,尤其是电视网络,在政策议程的设定中起着重要作用。

通过决定什么样的内容成为新闻，媒体设定了政治探讨的议题。对于美国社会生活中具有戏剧性、暴力性、负面影响的事情的持续关注，可以不经意地导致冷漠与疏远——电视不适应症。

4. 大量的政策形成发生在正式的政府过程之外。富有声望的、私人的政策规划组织，如外交关系委员会，考察可替代性的政策，给政府提出建议，达成政策的共识，甚至还提供给政府的高级领导者。政策规划组织通常把公司或金融组织的领导、大众媒体、基金会、一流的 56
知识分子以及高级政府官员等组织在一起。
5. 最直接的政策制定者——总统、国会、行政机构等的行为活动，会吸引多数评论者和政治学家的注意力。但是，公司和金融组织、基金会、政策规划组织、大众媒体以及其他利益集团等非政府组织的领导，也会设定政策议程并选择出主要的政策目标。这些直接的政策制定者的行为活动是以公共政策手段而不是以政策目的为中心的。
6. 在宪法中，国会的职责被规定为政策合法化的主要工具。国会的制度规则与程序使得政策变革的难度很大。
7. 现金资助者的观点对国会成员的影响，远远超过了投票人的观点对国会成员的影响。那些为竞选运动提供巨额资助的个人或组织通常能够在法律制定过程中与国会的成员直接接触。
8. 国会中的党派性一直在增大。政党的得票数现在占到了国会登记投票数的一半多。近年来，国会在许多关键的投票中经常出现政党的分野。
9. 总统的职责是为国会的法律制定提出议案。总统的提议通常是在联邦政府年度的国情咨文中概括提出，并提出联邦政府总统的预算。当总统所在的政党控制着国会的时候，总统的立法提议在国会获得通过的机会更多。
10. 政策的实施是政策制定过程的一个重要内容。官僚在执行政策的任务中也制定着政策——制定规章制度、判决案件、行使他们的裁量权。职业性的以及个人的动机共同促成了官僚追逐他们所在部门的权力与职能，以及增加机构的预算，尤其追求能够自由支配的
资金。 57

第四章

刑事司法：公共政策中的理性与非理性因素

美国的犯罪问题

犯罪是任何社会所面临的一个核心问题。与犯罪作斗争的理性策略被认为是**威慑**。威慑的目标是，使得犯罪行为的成本远远大于犯罪分子试图从其行为中得到的任何潜在的收益。由于对这些高价成本的预先认知，具有理性的个体受到威慑而不再进行犯罪。不过，在描述这种威慑模型以及评估其有效性之前，让我们先考察一下美国社会中犯罪的性质和程度。

对犯罪的估量　要想确切地知道美国社会中有多少犯罪发生，是不容易的。官方的犯罪率是以联邦调查局的犯罪统计报告为基础的，而联邦调查局的报告又是根据各州和地方警察局提供的数字作出的（见表4-1）。联邦调查局对每十万人中报给警察部门的严重犯罪的数字进行了统一分类，其中分为**暴力犯罪**（对人身侵害的犯罪）和**财产犯罪**（仅仅对财产的侵犯）。前者有谋杀和过失杀人、强奸、抢劫、恶性攻击；后者有入室行窃、盗窃、纵火、偷盗，包括汽车偷盗等。但是，在解释官方的犯罪率时需要谨慎。犯罪率受到以下几种因素的影响：（1）人们向警察报告犯罪的意愿；（2）统计犯罪报告的充分性；（3）犯罪本身的数量。

犯罪率的发展趋势　犯罪问题不再被列于国家政策议程的首位。自从20世纪90年代早期达到顶峰以后，犯罪率逐年下降（见图4-1）。执法官员把与犯罪作斗争的成果归功于警察部门的“镇压”，更加勇敢的“社区治安”，以及对屡犯者更长的刑期，包括“三次犯罪出局”（Three strikes you are out）这样的法律。（这些措施都将在本章给以讨论。）为了支持这一观点，他们观察了在美国最大的城市里犯罪率最大程度的减少的情况，尤其是像纽约这样严格执法的城市。 60

表4-1　美国的犯罪率

	每100 000人报案的犯罪数量							
	1960	1970	1980	1985	1990	1995	2000	2002
暴力犯罪	160	360	597	557	730	685	506	495
谋杀	5	8	10	8	9	8	6	6
强奸	9	18	37	37	41	37	32	33
抢劫	60	172	251	209	256	221	145	146
伤害	85	162	298	303	423	418	324	310
财产犯罪	1 716	3 599	5 353	4 666	5 073	4 591	3 618	3 624

资料来源：Federal Bureau of Investigation, *Crime in the United States* (annual); reported in *Statistical Abstract of the United States*, 2003, p. 189.

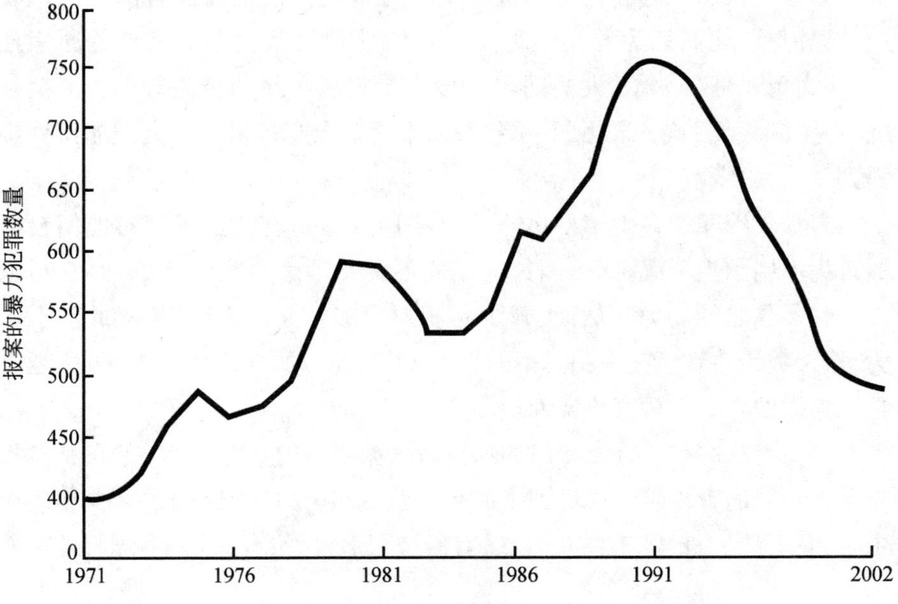

图4-1　暴力犯罪率

资料来源：U. S. Department of Justice, Bureau of Justice Statistics, *Sourcebook of Criminal Justice Statistics*, 1999; Federal Bureau of Investigation, *Crime in the United States*, 2003 (October 2003). 61

导致恐怖主义的暴力犯罪现在由联邦调查局单独报告。(这样,联邦调查局所作的2001年犯罪统计报告中,谋杀罪的犯罪率就没有包括美国在2001年9月11日遭受恐怖袭击时的死亡人数。)在对纽约世贸中心、华盛顿的五角大楼、宾夕法尼亚州萨默塞特县(Somerset County)的"9·11"恐怖袭击中,一共有3 047人死亡(参见第十四章)。

遭受侵害 联邦调查局的官方犯罪率有意识地低估了犯罪的实际数量。有许多犯罪没有报告给警察部门,因此也就不能够被官方统计在内。为了想方设法获知国家的真实犯罪数量,美国司法部定期进行全国性的抽样调查,询问人们在过去的一年里是否有过受害的经历。[①] 这些调查显示,受害的比率远远高于官方统计的犯罪率。强奸、盗窃、攻击、抢劫等犯罪的数量是报告给警察部门的犯罪数量的两倍,在财产犯罪的数量方面达到了三倍之多。只有汽车偷盗和谋杀罪的统计是相当准确的,这表明大多数的人们在他们的轿车被盗或者某人被谋杀后,都会报警。

由于暴力犯罪行为而导致受害的比率虽然是报告的犯罪率的两倍之多,但近些年来,通常也是与犯罪率同样有升有降。换句话说,受害的比率也是在20世纪90年代早期达到高峰,然后到90年代末,出现了大幅度下降。为什么人们不能够把犯罪报告给警察部门?接受访谈者给出的最普遍的原因是,他们认为警察不可能有效地处理这些犯罪。其他的原因还有,认为犯罪是"一个私人的问题",或者受害者不想伤害犯罪的人。提到"担心受到报复"这一理由的人更少,通常是在人身攻击和家庭犯罪案件中提到。

青少年犯罪 青少年群体不适合采用威慑措施。孩子们对他们自己的行为不用承担个人责任,因为他们还不具备理解自身行为的性质、后果以及判断是非的能力。然而,青少年犯罪大多数是由15—17岁的孩子所为,这个数量占到了全国犯罪率的大约20%。18岁以下的犯罪嫌疑人通常是在独立的青少年法庭给予处理。

青少年法庭很少处以严厉的惩罚。根据获得的数据显示,有13%被控有暴力犯罪的青少年被移送到了成年人法院;16%的被送到了青少年拘留中心;剩下的71%中,有的被释放,有的被留下察看,有的给予缓刑,还有的

① U.S. Department of Justice, *Criminal Victimization in the United States*, published annually (Washington, DC: Bureau of Justice Statistics).

送回家由父母监护。[1] 被拘留的青少年几乎没有在拘押机构待很长时间的。甚至那些被宣判犯有谋杀罪的青少年在超过 21 岁时也不可能被拘留在那里。而且，这些被逮捕、受到控诉和宣判有罪的青少年的姓名也不会被公开或广播，以消除任何与他们犯罪有关的社会耻辱。这些青少年的犯罪记录到他们成年后都会被消除掉，从而使他们能够以“清白”的记录开始他们的成年人生活。不管处理青少年的这些制度有何好处，但有一点是很明确的，就是这种威慑的缺位导致了年龄大一些的 15—17 岁的少年犯罪行为的增多。的确，这个年龄段是最可能发生犯罪行为的年龄段之一。 62

只是在最近几年里，州政府开始改革处置青少年的体制，其中包括了威慑的概念。现在 50 个州都开始对 14 岁以上的严重犯罪的青少年犯罪嫌疑人按照处理成年人的方式进行审问。在大多数的州，法官或检察官可以做出决定，把青少年犯罪者转交给成年人法院。然而，很少有青少年被当作成年人来审讯和处置。

非严重犯罪 联邦调查局的犯罪统计报告中没有把那些所谓的“非严重”犯罪计算在内，包括毒品犯罪、卖淫和性犯罪、赌博、欺诈和伪造的犯罪、醉酒驾车、违禁液剂等。这些犯罪都在联邦调查局所列的“严重犯罪”之外。因为非严重犯罪而被逮捕的人数是严重犯罪的五倍之多。然而，这些所谓的“非严重”犯罪行为对其受害者造成的伤害都是极具破坏性的。

犯罪与威慑策略

刑事司法政策中的威慑策略关注的焦点是惩罚的必然性、迅速性和严厉性。威慑的有效性依赖于：

- 惩罚的必然性。这是说，每一种犯罪都将以受到惩罚作为代价。这种惩罚是具有确定性的。
- 惩罚的迅速性。这是指犯罪后马上会受到惩治。在犯罪行为与给予惩罚之间的长期拖延会使犯罪分子头脑中的犯罪行为与其后果之间的联系削弱。而且，潜在的干坏事者还会认为犯罪的代价会在一定的时间范围内发生，而不是遥远的不可预知的未来。因此惩罚必须是迅速的。

---

① U. S. General Accounting Office, *Juvenile Justice* (Washington, DC: Government Printing Office, 1995), p. 2.

- 惩罚的严厉性。惩罚就像大街上发生的生活中的普通风险那样，潜在的犯罪分子总会面对而不能够逃掉。惩罚一定要超过犯罪分子所认为的其犯罪行为带来的收益。所以惩罚必须是严厉的。

上述这些威慑性政策有效性的标准，是按照它们的重要性排列的。也就是说，必须对犯罪行为进行惩罚，这一点是最重要的。惩罚的严厉性或许没有惩罚的迅速性与必然性那样重要。

社会的异质性 当然，美国还有许多其他有关犯罪的冲突性理论。例如，有人认为，美国犯罪率高是由于社会的异质性——美国人口的多人种、多种族的特性造成的。欧洲国家、日本和中国的犯罪率低归因于这些国家单一种族的人口和共同的文化。美国的非洲裔美国人发生犯罪行为的频率远远多于美国的白人，他们同时又是受害者。虽然非洲裔美国人仅占美国人口的 12.3%，但是在因严重犯罪而被逮捕的人中，他们却占到了
63 28%。[①] 非洲裔美国人更可能成为犯罪行为的受害者；在男性非洲裔美国人中，成为谋杀受害者的比率是白人男性的七倍还多。（见表 4-2）

社会化与控制 对犯罪的另一种解释侧重于社会组织机构——家庭、学校、教堂和社区的作用，这些机构有助于控制行为。这些组织机构向孩子传播有益价值观，并对成年人所做的社会不允许的行为给予责难。当与家庭、教堂和社区的联系松散或不存在了的时候，个体受到社会道德的限制就会更少。年龄较大的青少年就会为了社会地位或取得认同而投靠包括帮派在内的同辈群体。对权威的蔑视，包括被逮捕或受拘留，以及其他“有男子气”的行为，成为男性青少年骄傲的来源。刑事司法体系的威慑效果被减弱了。与此形成对照的是，当家庭对这些行为给以严密的监控，或者当年轻人在学校的活动、体育运动或娱乐活动，以及教堂的事务中找到其位置并产生认同的时候，社会道德规范就会得到强化。[②]

非理性犯罪 还有观点认为，犯罪是非理性的——犯罪分子在实施犯罪行为之前并没有权衡犯罪的成本与收益。许多暴力行为是人们在盲目的、情绪错乱的情况下做出的，例如，家庭成员之间的谋杀与恶性攻击。许多强奸都是暴力行为，源起于对女人的仇恨，而不是想获得性快感。相比其他各种严重犯罪，许多谋杀发生于激烈的争论（见表 4-2）。这些都是激烈情绪下的犯罪而不是理性计算得失之后的故意行为。因此，我们认为，

---

① *Statistical Abstract of the United States*, 2002, p.186.

② James Q. Wilson and Richard J. Herrnstein, *Crime and Human Nature* (New York: Simon & Schuster, 1985).

设计不出理性的政策来阻止这些非理性的行为。

表 4-2 谋杀：受害者、动机、凶器（2000 年）

	受害者（谋杀率）	动机（百分比）		凶器（百分比）	
总数	5.5	重罪，总数	21.6	枪支，总数	84.9
		抢劫	10.5	手枪	66.9
		毒品	5.7	刀具	17.4
白人					
男性	5.6	性侵犯	0.7	钝物	6.0
女性	2.2	其他	4.6	勒杀	2.6
黑人		争吵	40.8	攻击	9.0
男性	37.5			纵火	1.3
女性	7.6			其他	8.2

资料来源：*Statistical Abstract of the United States*, 2002, p. 186.

威慑和自由 最后一点，我们不得不承认，减少犯罪并不是美国社会高于一切的价值观。美国人期望个人自由。保证不受下列行为的侵犯——非法逮捕，强行逼供，行动的限制，宵禁令、警察的武断行为、无限制 64
的搜家或对财产的掠夺、没有审判的惩罚、没有陪审员的审判、不公平的程序、残忍的惩罚，等等。这些对于美国人来说，比不受犯罪的侵害更为重要。许多独裁主义的政府都鼓吹维持较低的犯罪率以及确保必然、迅速和严厉惩罚的刑事司法体制，但是这些政府不能够保证公民的个人自由。实际上，有两种情况：一是惩罚所有的犯罪者，即便让一些无辜者也受到错误的惩罚；二是保护无辜者不受惩罚，即便让一些犯罪分子逃脱惩罚。如果要在两者之间作出选择，大多数美国人会选择后者——保护无辜者。

犯罪需要付出代价吗

虽然我们承认，对于犯罪有各种各样的解释，但我们仍然认为在美国，犯罪的频率受到理性的刑事司法政策的影响：当威慑松弛时，犯罪就发生得更加频繁；而当实施更加严厉的威慑政策时，犯罪率就下降。

惩罚缺少必然性 对惩罚严重犯罪行为的必然性最有效的估计表明，只有很少的罪犯会被判处监禁。每年大约有 1 200 万件严重犯罪案件报警，但只有 150 万人因此被逮捕（见图 4-2）。那些被逮捕的人都不止一次 65
被指控为犯罪，但警察通过逮捕这些罪犯只“清除”了不到 20% 的报警案件。有大约一半的严重犯罪嫌疑人没有被检察官起诉。有一些人被当作青少年处置;有一些被允许对自己的犯罪行为进行辩护并给予较轻的惩罚;还有一些人被释放了,因为目击者没有出来作证,或者证据不足难以得到法院的承认。那些被检察官指控有严重犯罪的人,只有不到30%受到监禁的刑罚。在那些被判有重罪的人当中,处以缓刑的是受到监禁人数的三倍还多。因此,即使惩罚能够制止犯罪,但目前的刑事司法体制还不能确保对所有犯罪的惩罚。

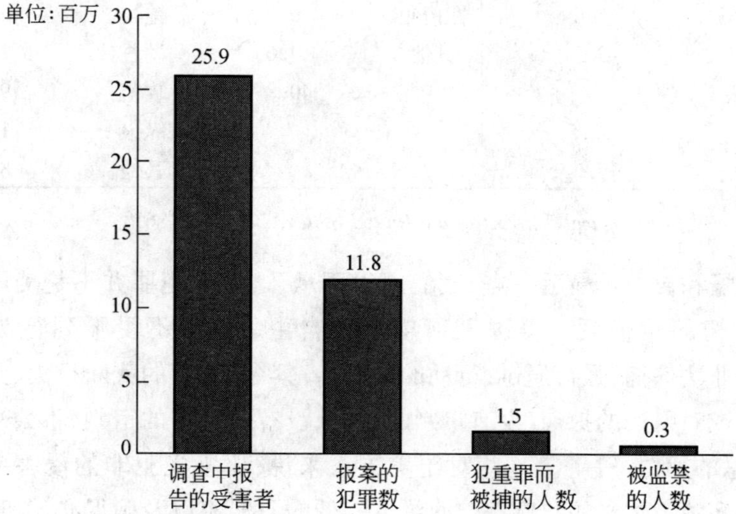

图 4-2　犯罪与惩罚

数据来源:*Statistical Abstract of the United States*, 2003.

惩罚缺乏迅速性　当对犯罪的惩罚拖延时间太长,导致惩罚与犯罪行为几乎失去联系的情况下,刑事司法体制的威慑性也就不存在了。保释制度以及审判的推迟,使得刑事被告因长期、无限的拖延而逃脱了对他们的行为所应承担的责任。大多数刑事被告被捕之后不久就获得保释了;只有那些被指控有严重犯罪并且在审判之前可能逃跑的人,不能获得保释。在被捕之后不久举行的初步听证中,法官释放了大多数被告而不作判决;甚至在作出判决和有罪的结论之后,许多被告也会通过繁琐的上诉而获得保释。宪法有条款保证,被宣告为有罪的人享有免遭"过分监禁"的自由(第八条修正案),法官认为在保释期间的被告犯了其他罪行而给予监禁。

法院系统的工作效率极低,而这种拖延对刑事被告却是有利的。被告要求法院在处理程序上拖延,这样他们就尽可能长时间地保持自由。而且,他们知道,只要案件处理拖延的时间足够长,那些与他们不利的目击者就会失去兴趣、离开、厌倦了争辩，甚至忘记关键的事实。

刑罚的拖延破坏了威慑的效果，尤其是在青少年犯罪者心目中产生的影响，他们更倾向于“现在”，而不是“着眼于未来”。他们或许认为自己犯罪行为的收益是即期的，而为此付出的成本则会是遥远的未来才发生的，没有实际意义；或者把付出的代价仅仅估计成被捕和被监禁一个晚上后就获保释。为了使威慑真正起到作用，在这些**潜在的犯罪行为人**头脑中，可预见的犯罪成本一定要远远大于为此得到的收益。

惩罚严厉性的问题　在美国，与以往任何时期相比，有更多的人被监禁。不仅在国家的监狱有更多的在押犯人，而且被监禁的人口比例也是近来历史上最高的。（在 1970 年，每 10 万人中有 87 人被关进联邦或州政府的监狱；到 2000 年，这个数字就上升到 699 人。）①近些年来，被判监禁的时间也大大加长了。20 世纪 80 年代，州政府开始了建造监狱的工程，扩大了国家监狱的容量，使更少的罪犯有机会获得提前释放。许多州的立法机构还制定了对累犯的最低刑期的强制性法令（包括最常见的“三次犯罪出局”的法令，对于第三次犯有暴力罪行的人处以死刑）。还有许多州通过了最终判决制度或判决的指导原则（对特定的犯罪，判以特定的刑期），来限制判决中的刑事裁量权。 66

司法政策的变革引起的结果是，极大地增加了暴力犯罪的服刑时间。这类犯罪的平均服刑时间自从 1990 年以来增加了一倍，服刑判决的比例也从低于 50% 提高到了 80% 以上（见表 4-3）。

表 4-3　服刑时间

暴力犯罪者被判决的平均服刑时间在 2000 年超过了一年

	平均服刑时间（月数）	被判刑人数（百分比）
所有暴力侵犯	57.1	85.8
杀人	64.9	85.3
性虐待	38.8	87.8
绑架	91.7	78.8
抢劫	61.8	85.6
攻击	33.9	88.1

资料来源：Bureau of Justice Statistics, April 2001.

威慑还是使无能为力　究竟上述这些严厉的判决政策是否导致近年来全国犯罪率的降低，这一点还不是很明确。犯罪率的降低也有可能是 20

① *Statistical Abstract of the United States*, 2002, p. 203.

世纪90年代国家经济繁荣以及较低的失业率带来的结果。即使严厉的刑事司法政策主要地或部分地促成了犯罪率的降低，也还是不能够很确切地判明：这些严厉的政策是否产生了威慑效果，还是仅仅使得做坏事的人无能为力，从而阻止他们犯罪。

不过，在20世纪90年代，在监禁率的升高与暴力犯罪率的降低之间存在一种密切的联系（见图4-3）。也许国家成功地把更多的暴力犯罪分子监禁起来；也许更加严厉的惩罚产生了威慑性效果。

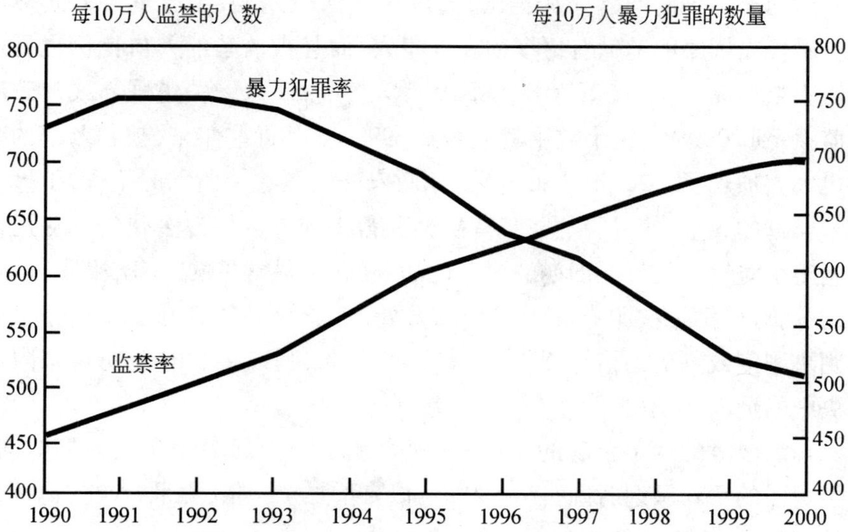

图4-3　监禁与犯罪

资料来源：Bureau of Justice Statistics，2001

治安与执法

在美国，州政府和地方政府承担执行法律的主要职责。**联邦政府**的主要执法机构——联邦调查局和司法部的禁药取缔机构（Drug Enforcement Administration，DEA），财政部的酒、烟和火器局（Bureau of Alcohol，Tobacco，and Firearms，ATF），负责执行和实施联邦政府的法律。虽然联邦政府在执行法律中的作用越来越大，但州政府和地方政府仍然承担着维护治安、司法体系、监禁和假释的主要责任。联邦政府雇用了大约88 000人来执行法律，与此相比，州和地方政府却雇用了100万的人力来执行法律。[1]联邦政府的监狱里大约容纳10万个罪犯，与此相比，州政府的监狱里却容纳了120万。 67

警察的职能　警察在社会中至少履行三方面的职能：执行法律，维护和平，提供服务。实际上，执行法律的职能只占了警察日常活动的一小部分。服务职能是更为普遍的——处理意外事故，指挥交通，保护群众，协助乘坐汽车有困难的人，等等。维护和平的职能也是经常性的——制止打架斗殴，平息争吵的各方，处理家庭或邻里纠纷，等等。正是在履行这种职能的时候，警察实施法律并行使着最大限度的裁量权。在大多数事件中，很难判定是非，因此警察在处理每一个案件时必须运用自由裁量权。

警察处在解决社会冲突的第一线。实际上，警察扮演的与其说是执行法律的角色，还不如说是发挥维护和平的作用。他们在逮捕人的时候常常是仁慈的；也就是说，他们行使逮捕权的概率比法律规定的更少。与逮捕嫌疑人相比，警察更倾向于首先恢复秩序。当然，在执行法律过程中给予较多还是较少的宽容和仁慈，给警察留下了行使大量裁量权的空间——他们在大街上行使着决策的权力。

警察的裁量权　什么样的因素影响着警察的决策？可能第一个因素就是肇事者的态度。与那些表现无礼并辱骂警察的人相比，如果某人以默认的态度，表示对警察的服从和尊重，并且符合警察的要求，那么他被逮捕的可能性就更小。[2] 这种做法并不只是警察的一种武断的反应。警察通过 68
接受培训和积累经验，认识到了在街道上建立自身权威的重要性。

社区警察　警察的大多数活动是“反应性的”：最典型的就是两个警察坐在巡逻车里，对无线电发报机发送的事故报告做出回应。警察部门通常从下述几方面评估自己的工作：巡逻的次数与频度，对报警电话回应的数量，在接警电话与警察到达现场之间耗费的时间。但是几乎没有迹象能够表明，采取上述措施会影响犯罪率、公民对犯罪的畏惧以及对警察的满意度。[3]

警察的另一个策略是“主动出击”：典型的做法是，在犯罪高发区的人行道上步行或骑自行车进行巡逻；学会认识马路上的人并赢得他们的信任

---

① *Statistical Abstract of the United States*, 2002, p. 199.

② Stuart A. Sheingold, "Culture Cleavage and Criminal Justice," *Journal of Politics*, 40 (November 1978), pp. 865—897.

③ 参见：Stuart Sheingold, *The Politics of Law and Order* (New York: Layman, 1984).

与尊敬;阻止或驱逐毒品贩子、妓女及其顾客等等。但是这种维持社会治安的成本是高昂的。

警察实行的镇压 警察的镇压与打击——加强警力来抵制青少年帮派、妓女和毒品贸易商;搜寻街道上持有枪支和毒品的嫌疑人;逮捕公开酗酒者、乱涂乱画、故意破坏艺术的人——这些行为只有得到社区、检察官以及法官的支持才能减少犯罪。主要城市的犯罪率甚至谋杀率,在警察实施镇压与打击的时期,都是明显下降的。[1] 但是警察的努力是零零散散的,当监狱里的犯人越来越多以及检察官和法院的工作量成倍增加的时候,警察镇压工作的热情就会减退。

“破窗理论”(*Broken Windows*) 纽约的经验表明了哪些任务需要依靠警察活动的加强来完成。1993 年选举出的新一届市长鲁道夫·朱利亚尼(Rudolph Giuliani)在执行法律过程中,开始实施被称作“破窗理论”的策略。这一战略基于这样的观点:一座建筑物上有一个窗户被不小心打碎,很快就会导致许多其他窗户被打碎。在与犯罪作斗争的时候,这一理论被解释为:逮捕更多的有较轻违法行为的人(例如,地铁中的翻越转盘者、乱涂乱画者、故意破坏艺术者、恶意乞讨者及强迫清洗汽车玻璃者),不仅是为了提高城市的生活质量,还为了抓获那些妄想进行严重犯罪的嫌疑分子。这种战略的实施得到了最新的电脑绘图技术的支持,以此统计犯罪并明确指出特定社区里的怪异行为。每个警区通常是用发生在这个区域的犯罪数量与类型来给予评估的。

这些强硬策略的实施导致了许多争论。坚持公民行为自由论者以及许多少数派集团的领导者抱怨说,这些治安策略对少数人和穷人是不公平的。他们认为,朱利亚尼市长对犯罪的强硬态度产生了一种氛围,使得警察更加残忍。

但是,“破窗理论”的策略使得纽约这个一度是全国犯罪率最高的城市之一,现在成为美国最安全的大城市。在朱利亚尼市长实施严厉政策五年后,纽约市的所有犯罪率下降了 50%,谋杀罪减少了 70%,这是前所未
69 有的。[2]

---

① 对此总结参见:John J. DiIulio, Jr., “Arresting Ideas: Tougher Law Enforcement Is Driving Down Crime,” *Policy Review* (Fall 1995), pp. 12—16.

② William S. Bratlon, “The New City Police Department's Civil Enforcement of Quality of Life Crimes,” *Journal of Law and Policy* 1995, pp. 447—464; also cited by William J. Bennett, John J. DiIuLio, Jr., and John P. Walters, *Body Count* (New York: Simon & Schuster, 1996).

"与犯罪作斗争"的联邦政策

华盛顿的政治家在不断地受到压力下，把社会中的每一种犯罪当作所谓的"联邦范围内的犯罪"。不论是民主党人还是共和党人，自由人士还是保守人士，都倾向于冒着政治前途的风险告诉他们的选民，与犯罪作斗争是州政府和地方政府的职责。因此，华盛顿的法律制定者不断将普通的犯罪纳入到已经很长的联邦犯罪的名单上。

联邦政府在执法中的角色　传统上，联邦政府的职责被限定在执行范围相对较小的联邦刑事法律，涉及的犯罪包括制造和贩卖假钞；逃避税收，包含烟、酒、枪支的税收；欺诈和挪用；抢劫或盗窃联邦保险资金，包括抢劫银行在内；跨州的刑事案件；谋杀或袭击联邦官员；违犯联邦毒品管理法律等。虽然联邦政府的一些刑事法律与州政府的法律是重叠的，但大多数的刑事犯罪活动——谋杀、强奸、抢劫、袭击、入室行窃、盗窃、汽车偷盗、赌博、性犯罪等等，都属于州政府的管辖范围。实际上，**警察的权力**属于州政府在第十修正案中所指的"保留权力"之一。

但是，随着时间的推移，国会把越来越多的犯罪行为纳入联邦管辖的范围。现在，联邦管辖的犯罪范围已经扩大到从枪击到阻止门诊的堕胎。任何由于种族的或宗教的嫉恨而引起的暴力犯罪都属于联邦调查与检举的"憎恨犯罪"。"诈骗钱财"和"共谋犯罪"（组织并与他人串通起来共同犯罪）属于联邦管辖范围内的犯罪。联邦政府介入法律执行的最大影响表现在处理与毒品有关的犯罪上。毒品犯罪行为人可以在联邦法院或州法院或者同时在两级法院受到审判。联邦政府的毒品管理法律，包括禁止拥有毒品的法律，都规定了比大多数州政府的法律更严厉的惩罚。

宪法的约束　美国最高法院最近才认识到，把一些犯罪行为纳入联邦政府的管辖范围内冲击了州政府的保留权力。1994 年，国会通过了一部受人欢迎的法律，即《禁止对妇女施加暴力法》（Violence Against Women Act），允许那些遭受性暴力（包括被强奸）的受害者，可以向联邦法院提出让施暴者给予金钱赔偿的请求。国会声称，宪法中规定的国会权力包括通过援引商业条例来处理侵犯妇女的犯罪。他们认为侵犯妇女的犯罪妨碍了州政府之间的商业活动，因此在宪法第一条中把处理这种犯罪的权力规定为联邦政府的权力。但是，最高法院在 2000 年却说，"如果承认联邦政府的上述权力，其推论就是，允许国会来处置任何犯罪，即只要这些犯罪的全国性、扩大化的影响对于就业、生产、运输、消费产生实质性后果，就由联邦政府处理。而且，这一推论不会把国会的权力局限在处理暴力犯罪上，还会延伸应用于有关家庭的法律以及州政府法规的其他领域，因为结婚、离婚、生育对国民经济产生不容置疑的重大影响。宪法要求区分哪些属于国家的、哪些属于地方的管辖范围，没有比镇压暴力犯罪保护受害者的警察权力划分更好的例子了，国父们不可否认地把已经建立的权力留给州政
70 府而拒绝给予中央政府。”[1]以斯卡利亚(Scalia)法官的观点来看，如果允许国会认为侵犯妇女的暴力犯罪妨碍了各州之间的商业，那么将会打开把所有犯罪联邦化的方便之门，“将承认一般的联邦刑事法律，因为所有的犯罪都影响到州际商业。”

多样化的联邦机构　美国的司法部，由司法部长领导，处理所有的侵犯联邦法律的刑事诉讼。2000 年，司法部把联邦法院中审判的近 7 万人宣告有罪；这些罪犯中大约三分之一是毒品犯罪。联邦政府的主要调查机构是联邦调查局和禁药取缔机构，这两个都是司法部的部门；还有一个是酒、烟和火器局，隶属于财政部。

把联邦政府的这些执法机构联合起来的努力，不断受到官僚机构相互扯皮与斗争的破坏。（中央情报局是一个独立机构，在通过《2001 年爱国者法案》(Patriot Act in 2001)之前，它被限制与国内其他执法机构共享信息。）新设立的国家安全部，包括运输安全局(Transportation Security Administration, TSA)、移民和规划局(Immigration and Naturalization Service, INS)、海关总署(Customs Service)、国境巡逻(Border Patrol)、海岸警卫队(Coast Guard)等，都履行一些执法责任(见第十四章)。但是，联邦执法机构的增多，对打击犯罪作用不大。

犯罪与枪支

控制枪支的立法是一个普通的政策提议，这与高度公开的对显要人物的谋杀或暗杀事件是紧密联系的。《1968 年联邦控制枪支法案》(Federal Gun Control Act of 1968)就是对暗杀参议员罗伯特·F. 肯尼迪(Robert F. Kennedy)和马丁·路德·金(Martin Luther King, Jr.)的一个回应。就在同一年里，暗杀总统杰拉尔德·福特(Gerald Ford)和罗纳德·里根(Ronald

① United States v. Morrison (2000).

Reagan)的企图之后，又力求制定其他限制性立法。限制枪支买卖、对枪支所有者的许可以及取缔枪支的基本原理在于，如果更少地持有枪支，那么使用枪支的犯罪就会更少。谋杀，尤其是家庭成员及邻里因情感而杀人的犯罪，就会减少，如果不凭借其他工具，仅仅用一把小刀、一个木棍或徒手杀死某人的难度是更大的。大多数谋杀都是利用枪支作案的(见表4-2)。

联邦法律　联邦的各种控制枪支的法律[①]包括如下：

- 禁止各州之间出售手枪或邮购手枪；
- 禁止向被判为重罪者、逃亡者、非法外侨、吸毒者和被判定为精神病的人销售任何枪支弹药；
- 要求所有的枪支经销商必须经过联邦烟、酒和火器局的许可； 71
- 要求所有的枪支生产者都要按照枪支的序列号进行记录，经销商要记录所有的买卖。(经销商必须要求购买者提供身份及居住证明，购买者必须签署声明来证明自己的购买资格。)
- 继续禁止私人拥有自动武器、军事武器和其他重型武器。

联邦法规还取缔了“攻击性武器”的进口，这些武器被界定为自动武器。

布雷迪法案　联邦的《1993年布雷迪法案》(Brady Law of 1993)规定了购买手枪需要五天的等待期限。这部国家法律是以里根总统的前任新闻秘书詹姆士·S. 布雷迪(James S. Brady)命名的，他在1981年总统遭到暗杀的时候受了重伤。布雷迪和他的妻子莎拉(Sarah)，在这部法律通过之前的许多年就支持这部法律。根据这部法律规定，手枪的经销商必须向警察部门提交一份由购买者填写好的表格(大多数州都有这种要求)；警察部门用五天的时间来确定这一购买者不是重罪犯、逃亡者、吸毒者或精神病人。支持者认为，这部法律是禁止危险的人持有枪支的谨慎的一步。反对者，包括国家步枪协会的游说议员却认为，这一法律只是打击犯罪的政治形式，并且侵犯了第二修正案中规定的公民持有枪支的权利。

枪支所有权　枪支所有权在美国是很普遍的。虽然估计数字不同，但是可能有2亿支枪支在全国2.85亿人手中。在对公众的调查中，一半美国家庭承认拥有枪支。多数拥有枪支的人说，他们的枪支用于狩猎和体育运动；大约有三分之一的人拥有枪支的目的是自我防卫。有趣的是，那些支

---

① 这些法律包括：Gun Control Act of 1968；Firearms Owners' Protection Act of 1986；Brady Handgun Violence Protection Act of 1993；Omnibus Crime Control Act of 1994.

持取缔枪支的人和那些反对禁止枪支的人都把犯罪作为支持其立场的理由。那些想要取缔枪支的人说,持有枪支导致了犯罪和暴力;那些对禁止枪支表示反对的人则认为,他们需要用枪支来保护自己避免受到犯罪和暴力的侵害。

在美国,每年大约有 3 万起与枪支有关的死亡事件。其中的大多数(58%)是自杀;超过三分之一(38%)是杀人者;其余的部分(4%)是意外事故导致的死亡。虽然能够比较容易地计算出与枪支有关的死亡事件,但是很难估算出公民利用枪支来避免的死亡、受害或犯罪的数量。保护性地运用枪支,即运用枪支来抵制谋杀、行窃、攻击和盗窃的数量,每年估计高达 200 万起。[①] 如果这个估算是正确的,那么运用枪支进行自我保护的情况要多于利用枪支犯罪的数量。

州政府的法律 州政府的法律与许多地方性的条例,也规定了对枪支所有权的管制。管制手枪的法律是一般性的。大多数的州要求把销售枪支的记录提交给州或地方政府的有关机构;一些州要求购买手枪之前必须申请并有一定的等待期限;一些州要求持有执照或购买许可,多数州规定携带"隐形武器"(隐性手枪)要经过许可,而一些州却禁止任何人拥有手
72 枪,那些经过执法官员许可的个人除外。私人的枪支销售很大程度上是没有被管制的。直到最近,多数州一直允许在枪支的展览会上,进行不受管制的私人枪支交易。私人的枪支交易没有在布雷迪法案中给予规定。

有关枪支的法律与犯罪 目前还没有系统性的证据表明,控制枪支的法律减少了暴力犯罪。如果我们把实施严格的枪支管理法律的地区(例如,纽约、曼彻斯特、新泽西、伊利诺伊州和哥伦比亚特区)与放松枪支控制的地区相比,就会发现两类地区的暴力犯罪率没有什么区别,暴力犯罪率也不能简单地归因于社会状况的影响。关于枪支的法律,包括购买的许可、等待的期限、携带许可证,甚至完全的禁止,好像对暴力犯罪没有什么影响,甚至对利用枪支的犯罪也没有什么作用。[②] 事实上,限制枪支的法律好像对枪支所有权也没有什么影响。曼彻斯特甚至是完全取缔枪支,对未经许可的公民携带枪支给予强制性的监狱判刑,即使这样,也没有减少与

---

① 参见:Gary Kleck and Marc Gertz, "Armed Resistance to Crime: The Prevalence and Nature of Self-Defense with Guns," *Journal of Criminal Law and Criminology*, 86 (Fall 1996), pp. 150—187; Gary Kleck, *Targeting Guns* (New York: Aldine de Gruyter, 1997).

② Douglas R. Murray, "Handguns, Gun Control Laws and Firearm Violence," *Social Problems*, 23(1975); James D. Wright and Peter H. Rossi, *Weapons, Crime, and Violence in America* (Washington, DC: U. S. Department of Justice, National Institute of Justice, 1981).

枪支有关的犯罪。[1] 那些由于枪支犯罪而被监禁的人的总数基本没变；但是，更多没有犯罪记录的人被逮捕并被指控侵犯了有关枪支的法律。当然，可以认为，州和地方的法律是不充分的，只有严格执行联邦法律才能够有效禁止枪支。不过直到今天，我们只能得出结论，“几乎没有证据表明，美国人作为一个整体拥有枪支，是刑事暴力犯罪的一个重要原因。”[2]

实际上，刑事学家认为，人们按法律允许而持有枪支，是可以减少暴力犯罪的。[3] 很难获得“没有发生的事件”的证据，来证明持有枪支的公民阻止了犯罪，或者潜在的罪犯害怕面对持有枪支的公民而没有得逞。枪支管控的支持者已拿到用手枪犯下的谋杀罪数目的数据。但是也有一些证据说明，有同样多的甚至更多的侵犯人身或财产的犯罪，被枪支所有者挫败或阻止。[4]

持有枪支的权利　关于控制枪支的争论也涉及宪法的问题。美国宪法第二修正案中规定，“训练有素的民兵既为自由国家的安全所必需，人民持有和携带武器的权利不得受到侵犯。”反对控制枪支的人把持有和携带枪支的权利视为**个人**的宪法权利，就如同宪法第一修正案的言论与表达自由一样。支持对枪支施加控制的人则认为，第二修正案保护的仅仅是民众组成国家军事力量的**集体**权利，也就是说，这是国家维持国民警卫队的权利。两种解释各有其道理。

反对控制枪支的人认为，在《权利法案》中提出的所有权利都可以解释为个人权利。实施第二修正案的历史背景揭示了人们对专制政府的担心，这种政府试图没收人们的武器使之处于无力抵制暴政的状态。詹姆士·麦迪逊(James Madison)在《联邦党人文集》(*The Federalist*)的第46篇中写道，“美国人民比其他国家的人民更拥有全民武装的优势……形成了抵制暴政野心的屏障。”早期的美国政治术语也充满了对公民武装的赞扬，公民武装起来能够在必要的时候用武力保护本身的自由。而且，“民兵”被界定为每一个成年男性都能够携带武器。甚至早期的英国普通法中也承认个 73

① David Rossman, *The Impact of the Mandatory Gun Law in Massachusetts* (Boston: Boston University School of Law, 1979).

② Wright and Rossi, *Weapons, Crime, and Violence*, p. 540.

③ Gary Kleck, *Point Blank: Guns and Violence in America* (New York: Aldine de Gruyter, 1991); Gary Kleck, “The Impact of Gun Control and Gun Ownership Levels on Violence Rates,” *Journal of Quantitative Criminology* (1993), pp. 249—287.

④ Gary Kleck and Mark Gertz, “Carrying Guns for Protection,” *Journal of Research on Crime and Delinquency*, 35 (May 1998), pp. 190—198.

人“拥有和利用武器进行自我保护和防卫”①的权利。

控制枪支的支持者，则引用最高法院在1939年的**合众国诉米勒案**（United States v. Miller）的判决来辩护。② 在这个案件中，最高法院认为，联邦政府的《1934年全国枪支法》（National Firearms Act of 1934）合乎宪法，这也是在州际商业中限制运输短枪的事情之一。被告认为国会不能侵犯其拥有和携带枪支的权利。但是法院则回应，短枪“与维持管理良好的民兵队伍及其效率没有关系。”这种判决清晰地表明了，拥有武器的权利只是一个州拥有的维持民兵组织的权利。

然而，2001年美国上诉法院判决：“所有证据表明，第二修正案，就像《权利法案》的其他部分，适用于并且保护作为个体的美国人。我们发现第二修正案的历史强化了这一条文的普通涵义，即保护美国个人拥有和携带枪支的权利，不论他们是否被选出来当民兵，还是积极提供军事服务或接受培训。”③

禁毒战争

美国人很长时间以来对于毒品使用就抱有模棱两可的态度。酒精和烟草是合法的产品，而生产、销售和拥有海洛因与可卡因却是违反联邦和州法律的犯罪行为。大麻在几个州已经被“非刑事化”了，使用和占有大麻只是一种类似于交通肇事行为的轻罪；大多数的州仍然保留着对拥有大麻者的刑事制裁，大麻的生产和销售也仍然受到联邦法律的禁止。然而，从几个州，包括加利福尼亚州的公众投票表明，投票者同意为了治疗的目的而使用大麻。

服用毒品　现在，美国服用毒品的总数量明显低于二、三十年之前的水平。这个结论是联邦政府对全国使用毒品的常规性调查而得出的（见图4-4）。

大麻是美国最常用的毒品。在12岁以上的人口中，大约有11%—12%的人声称他们在过去的一年里吸食过大麻；大约三分之一的人声称他们“曾经”吸食过大麻。这里就有一个相互冲突的证据，到底与酒精和烟草相比，大麻对健康是否更有害。白宫的国家麻醉品控制政策办公室认为，大麻的危害包括经常性的呼吸道感染、损害记忆力和学习能力、提高心脏

① William Blackstone, *Commentaries of the Laws of England*, Vol. 1, p. 144.
② United States v. Miller, 307 U.S. 174 (1939).
③ United States v. Emerson (5th Cir. Oct. 2001).

的发病率。他们把大麻界定为一种上瘾的毒品，因为它会导致身体对其产生依赖性，有些人报告停止吸食大麻后出现了病症。相反，负责大麻法律改革的国家组织却认为，大麻是非毒性的，过量服用不会导致死亡；而且“适量服用”比“酒精和烟草的危害性还小”。他们认为，真正的问题在于， 74
禁止大麻不仅制造了刑事犯罪的环境，浪费了刑事司法的资源，还引起政府干涉他们的私人生活。

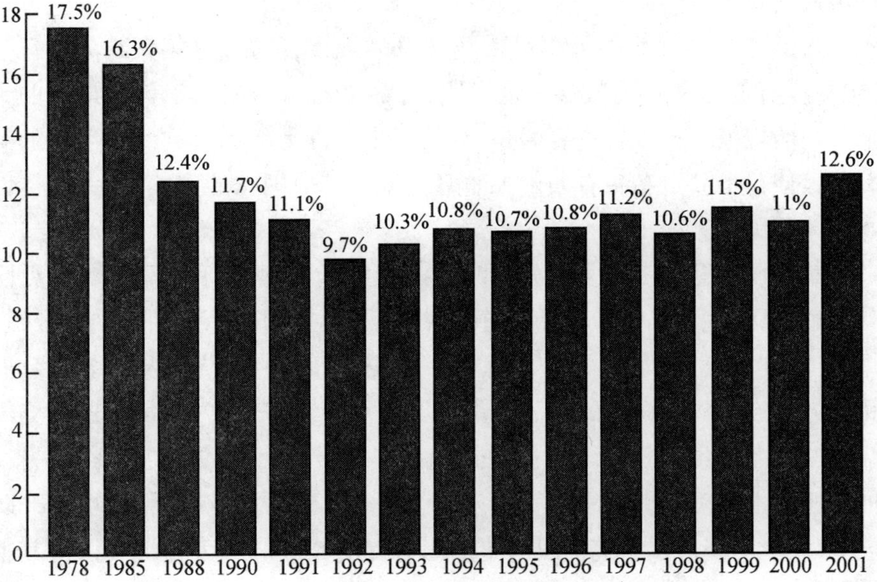

图 4-4　美国的毒品使用情况

资料来源："2000 National Household Survey on Drug Abuse," September 2001. Substance Abuse and Mental Health Services Administration, Washington, DC.

服用可卡因比服用大麻受到更多的限制。12 岁以上的美国人口中，不到 1% 的人被认为是“当前的服用者”。可卡因被认定在物理性上不具有成瘾性，但是继续服用的心理冲动是强烈的。可卡因是用可可树的叶子制成并进口到美国的。起初，它的高成本和名声使得它在上层社会很受欢迎。但是，随着 20 世纪 80 年代“价格便宜的强效纯可卡因”的引进，可卡因在美国迅速扩散。可卡因能够像香烟那样吸食，并且几美元就能够买一支。正如国家毒品研究所的报告指出的，使用可卡因带来的健康问题是相当严重的。虽然少见，但一次摄入可卡因就可能导致死亡。可可叶子的能量在几百年前已为人所知；可口可乐起初就含有可卡因，但 1903 年这种毒品就从流行的饮料中去掉了。

海洛因的使用相对较少。《1916 年哈里森麻醉剂法案》(Harrison Narcotic Act of 1916)规定,在美国生产、销售和拥有海洛因是触犯联邦法律的犯罪。海洛因被设计成各种各样的形式,例如"出神入迷",偶尔会出现在俱乐部或马路上。有一些海洛因还会出现在地下实验室,在这里迷幻剂、
75 兴奋剂和镇静剂被混合制成各种化合物。直接通过静脉注射的毒品,会导致意外的生命健康危险。用感染了的针头通过静脉注射毒品,是艾滋病病毒传播的一个重要途径。

毒品走私 很难估计毒品市场的总体规模,但是,每年大约 200 亿—250 亿美元是很普通的数字。这说明,毒品交易市场相当于美国最大的十个公司的规模。也许更重要的是,毒品产生出巨大的利润空间。巨大的利润回报使得毒品走私犯有条件去贿赂美国和其他国家的警察、政府官员以及个体公民。

禁止毒品 禁毒斗争可分为四类:禁止、教育、强制和戒毒治疗。严防美国边境,禁止毒品进口的做法,由于出现了大量的走私毒品而受到挫败。每年被美国的禁药取缔机构、美国海关总署、海岸警卫队以及其他州政府和地方政府机构等截获的毒品数量都不断增多。即使这样,每年进入美国境内的毒品数量还是在增长。贩运毒品失败被认为是毒品走私犯的另一种商业成本。美国使用军事力量支持其他联邦机构也不可能成功地严防边界,而且美国对拉丁美洲政府施加压力促使其破坏可可种植或协助其禁止毒品的行为,已经导致了他们之间的紧张关系。我们的一些邻国疑惑,为什么美国把禁止毒品的矛头直接指向供应者,而美国国内对毒品的需求却在增长。在美国的大街上,可以很轻易地以较低的价格得到纯度很高的毒品,这表明禁止毒品在很大程度上是失败的。

教育运动 近年来,对公众进行关于毒品危险性的教育,已经激发了许多公共的或私人的禁毒运动。从前第一夫人南希·里根(Nacy Reagan)的"对毒品说不"运动、耶西·杰克逊(Jesse Jackson)的"有信心而进步,没有希望而堕落"的运动,到广告委员会的电视广告"这是你生长在毒品上的大脑",以及地方警察举办的抵抗滥用毒品的教育行动。

几十年来使用毒品的总量在下降,但这一结果通常被关于毒品政策的政治争论所忽视。从文化上讲,吸毒从一种时尚和解放,变成了非时尚的、非明智的、非健康的行为。也许教育运动有利于减少吸毒,还有其他一些因素也起了作用,包括艾滋病毒的传播、对体育明星和演员因吸毒致死的广泛报道等。近来,十几岁的青少年吸毒数量的增多,说明了禁止毒品的

教育运动随着时间的流逝而变得过时了。

加强执法 联邦调查局和州与地方政府的执法机构已经把主要精力用在与毒品作斗争上。每年超过150万人由于侵犯与毒品有关的法律而被逮捕(见图4-5)。联邦和州政府的监狱里关押了更多的罪犯，占美国人口的比例更大了。对毒品走私的判刑期限也延长了。由政府和私人雇员进行的毒品检验也增多了。 76

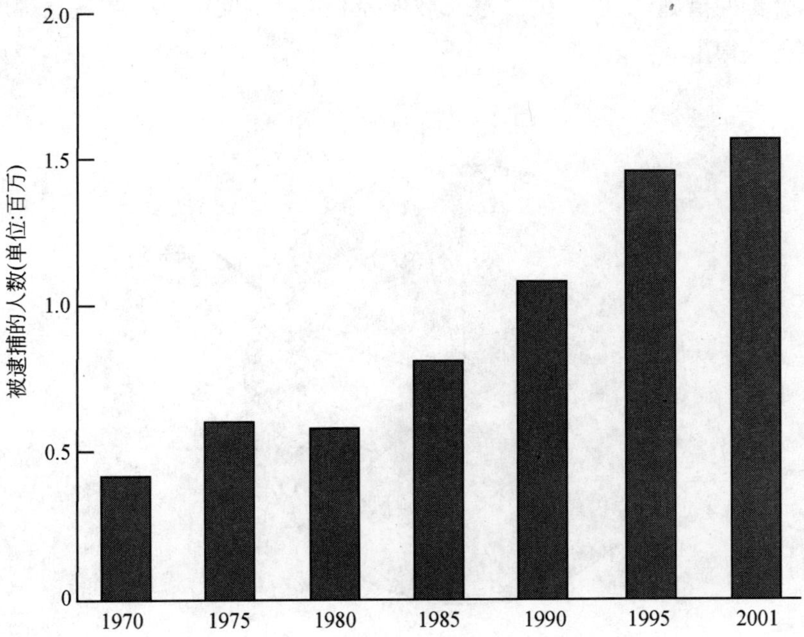

图4-5 因毒品犯罪而被逮捕的人数

资料来源：Federal Bureau of Investigation, *Uniform Crime Reports*, 2001.

美国司法部内设立的禁药取缔机构是1973年由国会创立的。因为禁药取缔机构有权在美国及国外执行联邦的有关毒品的法律，所以它的官员可以到国外收集国际情报并与国外的相关机构合作。美国海关总署的职责是在美国边境阻止麻醉品的进口。美国的海岸警卫队负责中途截获毒品。联邦调查局负责监控可能会侵犯其他联邦法律的毒品走私行为。对于低层次的毒品买卖行为的监视通常留给州和地方政府的有关机构负责。

国会在1988年设立了一个“拥有禁毒大权的职位”(正式称为“国家麻醉品控制政策主任”)来制定并协调美国的禁毒政策。美国的“禁毒战争”包括联邦对建立监狱给予资金支持，州和地方政府执行禁毒法律的行动以及毒品处理行动。

戒毒治疗 在各州发展起来的特殊"禁毒法庭"与转移程序通常给非暴力的毒品使用者一个选择的机会：接受戒毒处理或进入监狱。一些吸毒者在接受处理的过程中得到好处，但戒毒工作的总体成效是极差的；多数的严重吸毒者接受了不止一次的处理程序。据估计，60%—80%严重吸食可卡因的人在戒毒后又回到严重吸毒的状态。①

在联邦政府资助的"禁毒斗争"中，执法措施明显优于治疗（戒毒）、教育和禁毒的措施（见图4-6）。联邦政府控制毒品的支出有一半多直接用在
77 了执行法律上。

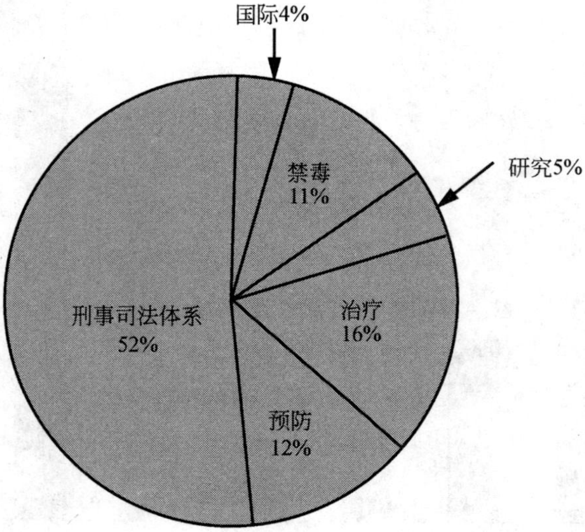

图4-6 联邦政府禁毒资金的分布

资料来源："National Drug Control Strategy FY 2003 Budget," February 2002. Office of National Drug Control Policy.

合法化是解决问题之道吗 禁毒政策在力求大幅度减少毒品供应与需求方面遭到了失败，禁毒执法的成本是高昂的，而且侵犯了公民的自由权利。因此，有些观察家提出建议，把毒品合法化，并在政府的监管下进行毒品的生产和交易。在20世纪早期，采取禁止性的政策来阻止酒类消费遭到了失败，大量的犯罪、官员腐败、阻止个人饮酒的无效努力付出的巨大成本，最终迫使国家停止了这项禁令。同样地，毒品的合法化将会结束有组织的犯罪在毒品贸易上的利润垄断；可以通过合法地对毒品征税而增加数十亿税收；可以缓和由于禁毒运动而导致的与拉丁美洲国家之间的紧张

① 有关的各种研究引自：William J. Bennett, et al., *Body Count*, pp. 172—180.

关系；可以节省数十亿的执法费用，而把这些开支用于禁毒的教育和戒毒治疗。[1] 如果能够在政府监控之下合法地得到毒品，那么当前社会中的许多问题将会得到缓解，其中包括：与毒品贸易有关的暴力与犯罪行为、政府官员的腐败、与吸毒有关的疾病的传播，以及与禁毒斗争相联系的对人身自由的侵犯。

但是，这种使毒品合法化的建议引起了美国人的不满，他们认为那将会导致毒品滥用在全国的扩散。廉价的、容易得到的毒品会极大增加吸毒上瘾者的人数，形成一个“生性麻木的社会”，从而破坏整个国家的社会结构。海洛因和可卡因比酒精更容易上瘾成恶习，毒品的合法化将会导致更多新的和潜在的使人上瘾的毒品。不说当今滥用毒品而付出的健康代价是多少，单单毒品的合法化就会导致大量的公共健康问题。[2] 可卡因的生 78
产成本极为低廉，5 到 10 美元的可卡因对于贩卖商就会产生很大的利润；毒品的合法化，即便加上税收成本，也会产生 50 美分一支的低廉价格。不论有关毒品的犯罪和禁止毒品的努力给社会带来什么样的破坏，都不如廉价的、容易获得的毒品对社会造成的破坏大。

犯罪与法院

刑事司法领域的理性政策的发展，由于相互冲突的价值而变得复杂化——因为遵守法律正当程序的义务和与犯罪作斗争的决心之间的冲突。公众舆论一直认为法院系统过多地考虑了被控犯罪分子的权利。大多数美国人认为，最高法院在保护刑事案件中的被告人权利方面走得太远了，法院对这些人权利的关注超过了对受害者权利的关注。[3]

虽然社会需要警察的保护，但是保护社会免遭警察的侵犯也同样重要。武断的搜查、没收与逮捕，没有经过听证和审判就给以监禁，强制口供，严刑拷打，污蔑性的作证，过分的惩罚，以及其他各种对人权的侵犯等等，在全世界都是再平常不过了。法院的职责应该是对犯罪行为给以惩罚，同时也要保护被控告有罪的公民的应有权利。

证据不足与驳回 大约有一半由于重罪而实施的逮捕，都有对被告指

---

① Ethan A. Nadelmann, “The Case for Legalization,” *The Public Interest* (Summer 1988), pp. 3—31.

② John Kaplan, “Taking Drugs Seriously,” *The Public Interest* (Summer 1988), pp. 32—50.

③ Public Aguda Online, September 2002.

控撤销的结果。这种决定通常是由检察官作出的(州的律师、政区的代理人、县的公诉人,这是由于各州办公室的指定是不同的,还有联邦刑事案件中,美国司法部的辩护律师)。这些检察官作出决定认为,这种犯罪不是很严重,或者犯罪嫌疑人对社会不构成威胁,或者把资源用在追踪处理其他案件上更好。不过,撤诉的最普遍的原因是证据不充分。

不合理的搜查与扣押 个人权利受到宪法第四修正案的保护,属于个人的“人身、住所、文件和财产”免遭“不合理的搜查与扣押”。这条修正案还列出了搜查和扣押的具体规定:“不得颁发搜查证或扣押证,但依据经宣誓或郑重声明提出确实理由并且指定了被搜查的地点和被扣押的人或物的除外。”法官不可颁发搜查证,去让警察判断某个人是否有犯罪行为;并且颁发搜查证也必须有“可能的原因”。对整个邻居社区和群体不加选择的或不分青红皂白的搜查是违反宪法的,而且第四修正案也禁止如此做,因为有规定:对于要搜查的地方一定要在搜查证中给予具体的描述。宪法的这一要求意味着,不能仅仅因为不明确的非法活动的一些证据有可能存在,就**非法搜查**私人的家庭与财产。唯一的例外就是,警察在对某一特定物体进行合法搜查时,发现对另一件物品的占有是一种犯罪,例如非法
79 毒品。

然而,法院允许警察在**没有**搜查证的条件下开展其他的一些“合理的”搜查,包括:与正当逮捕相关的搜查,为保护警察的安全而进行的搜查,为了在邻近地区和嫌疑犯被控制的地区获取证据而进行的搜查,为保护证据免遭立即破坏而展开的搜查,在嫌疑犯的同意之下进行的搜查。实际上,目前大多数警察进行的没有搜查证的搜查都属于上述的一种或几种情况。最高法院在许多个案中也允许没有搜查证而对机动车和公开的地方进行搜查。搜查需要“可能的原因”,这种要求界定的很不严密;甚至是“部分得到证实的来自匿名告密者的消息”就被当作一种可能的原因而进行搜查、扣押或逮捕。[①] 如果警察在进行有搜查证的搜查或者其他有合法根据的搜查时,发现“非常明显”的犯罪证据,他们可以在没有进一步得到授权的情况下抓获这些证据。[②]

不得自证其罪与辩护的权利 不得自证其罪起源于英国的普通法;它起初的目的是为了保护个人免遭行刑逼供。它也是下面这一观点的逻辑延伸,即个人不得被强制对自己进行起诉,举证的责任应该由州政府承担。

---

① Illinois v. Gates, 462 U.S. 213 (1983).

② Arizona v. Hicks, 480 U.S. 321 (1987).

宪法第五修正案就是保护人们不受身体和心理的压迫与强制。① 它不仅保护接受审判的被控告人，而且保护审判中、民事诉讼中、国会听证等场合中的目击证人。这样，“依据第五修正案”就成为一个标准化的习惯用语：“我拒绝回答任何控告我有罪的问题。”这种保护也意味着，法官、检察官和陪审团不能利用人们的拒绝作为审判他们自身的证据。事实上，不允许法官或律师把这些证据传递给陪审团，法官也有义务指导陪审团不要从被告的拒绝作证来推断罪行。

在20世纪60年代，以厄尔·沃伦（Earl Warren）法官为首的最高法院在一系列的判决中，大大加强了第五修正案对不得自证其罪和辩护权利的保护：

> 吉迪恩诉温赖特案（Gideon v. Wainwright，1963）——依据第十四修正案的平等保护权利，对一切刑事案件中所有贫穷的被告指派免费的辩护律师。
>
> 埃斯科韦多诉伊利诺伊州案（Escobedo v. Illinois，1964）——一旦警察在调查他们，或者“由调查程序转入控诉程序”，犯罪嫌疑人有权与律师商议。
>
> 米兰达诉亚利桑那州案（Miranda v. Arizona，1966）——在质问嫌疑犯的时候，警官务必要告知他们应有的宪法权利，包括同律师商议的权利（如果必要的话，可指派免费律师）和保持沉默的权利。即使嫌疑犯会有意地放弃这些权利，警察也不能在他们请求律师帮助时或“以任何方式”拒绝回答时，再继续质问。最高法院在2000年重申“米兰达一案已经深深植根于警察的例行工作中，对嫌疑犯的警告已成为我们国家文化的一部分。”②

例外规则　非法获得的证据或招供不能用于刑事审判。如果警察是在非法的搜查中发现证据的，或者警察从犯罪嫌疑人那里得到陈述，而没 80
有告知他们拥有保持沉默或辩护的权利，那么，这些证据或陈述是不能够在审判中得到承认的。这种例外规则是最高法院扩展到刑事被告的许多具有争议的程序性权利之一。这种规则也是美国独有的；在大不列颠，非法获得的证据可以用来指控被告，尽管被指控有罪的人也可以由于受到损失向警察提出反诉。

---

① Spano v. New York, 360 U.S. 315 (1959).

② Dickerson v. U.S., June 26, 2000.

这一规则执行了宪法第四修正案中禁止不合理搜查和扣押的有关条款，还利于第五修正案的实施，即禁止强制性的自证其罪，并保护其与律师商议的权利。起初，这一规则只是运用于联邦的案件中，如马普诉俄亥俄州案（Mapp v. Ohio，1961）①，现在最高法院把这一例外规则扩展到美国所有的刑事案件。“当执法官员出于良好的忠实的目的或者他们的违法行为是可以忽略的时候”，“良好的、忠实的例外”就发生作用了。②

这一例外规则还是一个具有冲突性的法院政策。现在，许多案件的审判并不关注被指控者有罪还是无辜，而是把重点放在警察或检察官可能的程序错误。如果被告的律师能够证明审判程序出现了错误，被告就可以获得自由了，而不管他是有罪还是无辜的。

辩护与交易　大多数的有罪宣判都是根据对罪行的抗辩而得出的。实际情况是，大约90%刑事案件的审判，都是根据对罪行的抗辩由法官处理，而不是由陪审团判决。宪法保证被告接受陪审团的判决（第六修正案中的规定），但是有罪抗辩的案件已经达到了陪审团判决案件的十倍
81 之多。③

避重就轻的认罪交易是很常见的，其中检举降低了控诉的严重性、减少了一些罪名，或者由于被告对罪行的承认而减轻刑罚。有些批评家认为，允许对罪行的辩护是刑事司法中一种宽大仁慈的形式，它削弱了刑事威慑的效果。另有一些批评家则认为，认罪侵犯了宪法对个人不得自证其罪的权利和陪审团的公平审判。他们认为，检察官用严重的指控和严厉的刑罚威胁被告，从而形成有罪的抗辩。甚至还有一些批评者认为认罪交易是不能摆上桌面的秘密交易程序，从而破坏了刑事司法系统的威信。

被告在对罪行进行抗辩还是接受有罪判决的时候，其决策受到检举机构政策的强烈影响。被告可能会因为检察官减少了控告或者保证从轻处罚，而承认罪行和接受宣判有罪的结果。也有可能是，被告面对严重的控告和较重的刑罚，抱着无罪释放的希望去接受审判。然而，在陪审团的判决中，这种无罪判决的可能性仅有六分之一。出现这种结果的原因是，检察官认为案件的证据不足或者证据是非法获取的，从而撤回了控告。这样，面对着强大的指控，大多数被告决定选择“避重就轻的认罪”。

---

① Mapp v. Ohio, 367 U.S. 643 (1961).

② United States v. Leon, 468 U.S. 897 (1984).

③ U.S. Department of Justice, Bureau of Justice Statistics, The Prevalence of Guilty Pleas, December 1984.

大城市警察部门	弃权证书
对你的权利预先告知 你已经被捕。在我们向你讯问任何问题之前，你要懂得你的权利是什么。 你有保持沉默的权利。不会要求你在任意时间对我们讲所有事情或回答一切问题。你所说的一切都可能成为法庭上对你不利的证词。 在我们审问之前，你有权利同律师商量，或者在审问当中请求律师给出建议。 如果你无钱雇用律师而又想请律师帮助，可以为你指派律师。 如果你想现在回答问题而没有律师在场，你仍然有权利随时停止回答。你也有权利与律师商议之后再回答问题。	1. 你已经阅读或者给你阅读过关于你的权利了吗？________ 2. 你理解这些权利吗？________ 3. 你愿意回答任何问题吗？________ 4. 在没有律师（代理人）在场的时候，你愿意回答问题吗？________ 5. 被告签名________ 6. 时间________日期________ 7. 官员签名________ 8. 证人签名________

图 4-7　米兰达告知

大多数被告承认有罪，这对于一个国家的司法体系来说是很有利的。否则，如果有相当一部分的被告坚持由陪审团审判，司法体系很快就会被超负荷的工作拖垮了。

《反勒索和行贿受贿组织法案》与自由

世界上许多有权威的政府都自诩有较低的犯罪率，以及刑事司法系统能够给犯罪以迅速而又严厉的惩罚。通过限制个人自由来与犯罪作斗争，我们打算在这条路上走多远？

国会在 1970 年通过了《反勒索和行贿受贿组织法案》（Racketeer Influenced and Corrupt Practices，RICO），这是 1968 年总统选举运动的结果。当时，理查德·尼克松（Richard Nixon）总统和独立候选人乔治·C. 华莱士（George C. Wallace），将"严厉打击犯罪"作为一个重要问题。RICO 立法的目的是打击有组织的犯罪与毒品贩卖。在另外的条款中，它允许美国的司法部没收犯罪嫌疑人的金钱与财产，有一个出名的标语是"没收犯罪所得！"

刑事没收　在 RICO 这一法律下，联邦机构可以查封现金、银行账目、家产、汽车、船只、企业和其他财产，只要他们认为这些财物是用于犯罪活动的或者是从犯罪活动中获取的收益。执法机构可能以贩毒嫌疑为由，在飞机场、公共汽车站或大街上拦截任何人，并没收他们的现金和汽车。

联邦执法部门——联邦调查局、禁药取缔机构、海关总署、财政部和司法部，没收的财产（或者拍卖这些财产所得利润），通常会被这些机构保留
82 起来，并与在调查行动中合作的州和地方政府执法部门分享。这样会使执法的官僚产生一种很强的动机，使得这些机构追求没收更多的“犯罪所得”，并关注可能导致没收财产的案件——基本上是毒品案件。越来越多的证据表明，这种利润刺激使得联邦、州和地方政府的机构把执行毒品方面的法律置于其他法律之上。

没收的原因和举证责任　RICO 允许政府在任何有罪判决之前没收财产。实际上，刑事审判中有罪判决的结果，并不能保证政府有理由保留没收的财产。起初，唯一的要求是执法机构能够根据“可能的原因”，来认定犯罪行为发生了，而且没收的财产用于犯罪行为或者是用犯罪所得购买的。但是，“可能的原因”是一种不严谨的标准；它包括匿名的小道消息，“具有嫌疑”的行为，或者某人符合对犯罪分子的描述（面部特征）。在 2000 年，国会把没收财物的标准从“可能的原因”提高到“具备充足的证据”。

那些按照 RICO 被没收财产的人们，可以向司法部提出诉求，证明他们是无罪的，更重要的是，证明这些工作人员没有理由没收他们的财产。这种诉讼的成本，包括雇用律师通过一定的程序索回财产，都落到了公民的肩上，而不是由政府承担的。这种程序被认为是公民个人对政府的民事诉讼，而不是政府起诉个人的刑事案件。因此，政府不需要证明，某人参与了犯罪活动或者这些财产用于犯罪是“超出合理的怀疑”。相反，个人却必须证明他们自身是无罪的，以及政府没有“具备充足的证据”就没收了他们的财产。

没收财产的法律触及的范围远远超过了犯罪所获得的各种收益。RICO允许政府没收银行存款、家产、企业及财产，不论这些财产是否是合法获得的，只要这些财产被指控为“犯罪行为的物质来源”。所以，银行存款与合法的企业也可能被政府没收，如果政府确认这些财产涉及非法活动。

作为国家“反对恐怖主义斗争”的一项关键内容（见第十四章），《2001 年爱国者法案》规定了同样类型的没收恐怖主义嫌疑分子财产的条款。

法律的修改　国会修改 RICO 这一法律有关没收和查封条款的努力，遭到美国司法部、全国律师总会、地区律师协会以及许多州和地方执法官员的反对。近几年来，由于不断发生无罪群体反对不公正的没收财产的恐怖事件，2000 年国会终于通过了《民事财产没收改革法案》（Civil Asset Forfeiture Reform Act)，对上述条款做了适当修改。除了把没收财产的标准提高到“依靠充足的证据”之外，该法案还要求政府证明，在该民事案件中，这些财产与犯罪行为具有“实质的联系”，禁止政府没收“无辜者”的财产——那些不知道其财产用于犯罪活动的人。但是，在刑事判决之前，甚至是没有刑事审判的时候，仍旧可以没收财产。

最高法院一直不愿意干涉，坚持认为政府没收财产的案件是民事案件，因此被告不享有第五修正案规定的正当法律程序的保护，而刑事案件 83
中的被告却能得到这样的保护。[①]

监狱与劳改政策

在指导劳改政策方面，至少有四个独立的理论构成了占主要地位的原则。**公平**：这是古老的犹太教和基督教信奉的理念，即让个人对其犯罪行为负责，并迫使他们向社会还债。报应是对社会道德污辱的一种惩罚，它缓解了受害者及其家庭寻求报仇机会的冲动。**威慑**：这种哲学理念认为惩罚应该是必然的、迅速的、与犯罪相对应的，具有充分的警戒作用，阻止其他人再进行犯罪。**监禁**：这一劳改理念是，为了保护公众免遭违法者或者刑事惯犯的伤害，把犯罪人关进监狱隔离起来。**改造(恢复)**：这一理论认为，在一定程度上，犯罪分子也是他们无法控制的社会环境的受害者，社会应该帮助改造他们。

监禁人数不断上升　每年，超过1 100万美国人被带到监狱、警察局、青少年教养院等。绝大多数人在几个小时或几天内就被释放了。然而，还有超过140万人被关在美国的州或联邦政府监狱里。这些囚犯要为他们恶劣的犯罪行为服刑；几乎所有的罪犯在他们最后一次犯罪并被监禁到当前的监狱之前，都有犯罪记录。这些人至少要服一年的刑期；另外的60万人被送进地方的监狱里，要服少于一年的刑期。总之，当前有200万美国人被关在监狱里或被监禁。

改造罪犯的失败　如果劳改政策能够有效发挥作用，也就是说，把罪犯重新改造为对社会有用的、遵守法律的公民，这对国家的利益将是巨大的。这些重罪犯中80%都是累犯或惯犯——这些人以前都受到过刑事处罚，但是没有被改造好。通常对劳改政策改革提出的建议是：更多的教育

---

① Toledo v. Pearson Yacht Leasing, 416 U.S. 663 (1974); Caplin & Drysdale v. U.S., 491 U.S. 617(1989).

和工作培训,更多更好的设施,小型监狱,中途探家使罪犯在被释放之前适应正常的生活,使犯罪分子与他们的家庭和朋友有更多的接触。但是仍然没有具备说服力的证据表明,这些改革措施减少了刑事学家所说的“累犯”,这些犯罪分子被释放后仍然去犯罪。① 总之,还没有证据说明罪犯能够被改造,无论做出什么样的努力。但是,这些监狱政策包含了相互冲突的哲学价值观,没有实现任何社会目标,也不能够有效地惩罚或威慑犯罪分子。这些政策在改造犯罪分子方面没有取得成功,甚至连维持监狱里的秩序、对看守和囚犯的生命保护都成了严重的社会问题。

监狱生活没有鼓励罪犯养成良好的行为习惯,正如政策分析家小约翰·迪里欧所说:“在很大程度上,全国的成年和青少年囚犯在懒惰和闲散
84 中度日,除了吃喝、打架斗殴和不断增加体重之外,无所事事。监狱中几乎没有教育意义的、职业性的、咨询性的项目。强壮的囚犯还可以为了满足性欲、吸毒和金钱而压迫弱小的囚犯。以种族组织起来的帮派通常是真正的‘一组囚犯的主宰’。”②

察看罪犯的失败 除了140多万囚犯外,全国还有大约400万人由于严重的犯罪而接受察看(见表4-4)。但是,就像监禁一样,察看对减少犯罪是无效的。虽然认为,被察看的人比被监禁的人对社会产生的危害较小,但是研究表明,接近三分之二的接受察看者受到逮捕,超过一半的人会在接受察看的过程中由于犯罪而被判刑。

表4-4 入狱、监禁、察看和假释的人数(2000年)

总数	6 437 500
监禁	1 391 261
入狱	613 534
察看	3 826 209
假释	731 147

资料来源:*Statistical Abstract of the United States*, 2003, p.219.

假释的失败 超过三分之二的罪犯是以假释的形式获得释放的。现代监狱管理学关注于改造罪犯,倾向于支持假释而不是无条件的释放。假释和释放后的监管,其职能是获取被假释者出狱后的行为信息,并帮助犯

① Daniel Glaser, *Effectiveness of a Prison and Parole System* (New York: Bobbs-Merill, 1969), p.4.

② John J. DiIulio, Jr., “Punishing Smarter,” *Brookings Review* (Summer 1989), p.8.

罪分子逐渐实现从监狱生活到获得完全自由之间的转变。这些功能是以保护公众和改造犯罪分子为目标的。然而,对累犯的研究表明,被释放的罪犯中有四分之三的人由于严重的犯罪而再次被捕。这一很高的累犯比例,在获得假释并受监管的罪犯与无条件释放的罪犯之间,并没有什么区别。因此,假释在实现其目标上是不成功的。

死　刑

死刑一直是在全国范围内长期激烈争论的话题。反对死刑的人认为,它违犯了宪法第八修正案“不得施加酷刑和非刑”的规定。他们还认为死刑的施行是不平等的。被判为死刑的人中有很大一部分是贫穷的、没有受过教育的、非白色人种。与之相反,许多美国人的公平意识要求对极恶的犯罪给以报复——一命抵一命。与那些对社会和受害者造成损害的犯罪所受到的惩罚相比,对那些杀了很多人的谋杀犯和强奸杀人犯,仅仅给予监狱判刑,是不公平的。在大多数情况下,无期徒刑之判决,在许多州现行 85
的假释和察看政策下,仅仅意味着不到十年的监禁。被判为谋杀犯的人,有的获得释放,有一些又继续杀人。

禁止不公平的施行死刑　1972 年以前,死刑是由联邦法律和大约一半的州的法律正式批准的。然而,自从 1967 年以来,实际上没有人被判为死刑,因为法律存在混乱,而且对死刑的合宪法性提出了直接挑战。

在**弗曼诉佐治亚州**(Furman v. Georgia,1972 年)的案件中,最高法院认为施加的死刑违反了宪法第八和第十四修正案所禁止的残酷和不正当的惩罚,以及所规定的正当法律程序。[1] 这个案件的推理是极其复杂的。只有两个审判官——布伦南和马歇尔(Brennan and Marshall),宣称死刑本身是残酷的、不同寻常的。其他大多数审判官认为,死刑的施行是不公平的：只有很少的人由于犯罪而被判处死刑,而许多人受到的是较轻的刑罚。这些审判官对于施行死刑的可能性悬而未决,即对于特定类型的犯罪并得到一致的施行,那么死刑将是符合宪法的。

在这个案件的判决之后,大多数的州都修改了关于死刑的法律,并力求保证死刑实施的公平性和一致性。一般情况下,这些法律对下列犯罪施以死刑：在强奸、盗窃、劫机和绑架中的杀人犯;杀害监狱看守者;通过拷打

---

① Furman v. Georgia, 408 U.S. 238 (1972).

而杀人者；多次杀人者。并将进行两次审判——一次审判决定有罪或无罪，另一次审判决定是否施以死刑。在第二次审判中，需要提供“可加重罪行的情节”和“可减轻罪行的情节”这样的证据；如果只有加重罪行的因素而没有减轻罪行的因素，那么死刑将会强制执行。

死刑的恢复　在1976年的一系列案件之中，包括**格雷格诉佐治亚州、普罗菲特诉佛罗里达州、尤雷克诉得克萨斯州等**（Gregg v. Georgia, Profitt v. Florida, Jurek v. Texas），①最高法院最后坚持认为“死刑并不总是违反宪法的。”最高法院运用以下基本原理支持死刑的实施：起草《权利法案》的人把死刑作为对犯罪的一种普通的制裁。第八修正案中禁止残酷的、不正当的刑罚一定要给以动态的解释，要反映不断变化的道德价值观，这是确定无疑的。但是，自从1972年美国超过一半的州的立法机关重新对死刑进行立法的决定，以及陪审团根据这些新法律对上百人施加死刑的决定，都表明“美国社会中相当部分的人继续把死刑视作是一种适当的、必要的刑事制裁。”而且，最高法院还说，报复和威慑的社会目的也证明了死刑的适用性。这一最严厉的制裁是“社会道德对特别的暴力犯罪行为的一种表达”。最高法院在**弗曼诉佐治亚州案**的判决中认为，只有以“一种武断的和反复无常的方式”处理时，才会禁止死刑的判决。最高法院支持死刑的条件是，审判包括两步程序，并且在第二步的审判中，向法官或陪审团提供了相关的信息和标准。为此，最高法院赞成提供“可加重罪行的情节和可减轻罪行的情节。”它还支持各州的最高法院对所有的死刑进行自动审查，以
86 确保：死刑不是在激烈的情绪或偏见影响下施行的，可加重罪行的因素必须有证据支持，死刑与犯罪行为是相称的。然而，最高法院反对州的法律对一级谋杀罪判以死刑，认为这样的法律是“不正当的、苛刻的，僵化而不可操作的。”最高法院也推翻了那些把死刑作为强制性刑罚的法律。②

种族的歧视　因为在死刑的实施中存在种族歧视，死刑被认为违反了宪法第十四修正案的平等保护条款。只要是谋杀犯，白人应该与黑人同样受到死刑的惩罚。然而，有些统计表明，如果**受害者**是白人，那么杀人犯被判死刑的可能性比受害者是黑人时的可能性要大得多。不过，最高法院认为，不能因为统计案件中人种的不同，而禁止所有案件中的死刑。必须有充足的证据证明对被告的处罚存在种族歧视，最高法院才能推翻死刑

① 428 U.S. 153 (1976).

② Summer v. Schman, 107 S. Ct. 2716 (1987).

判决。[①]

死刑的执行 今天，全国已有超过3 500个囚犯被判为死刑。但是，每年只有大约50—75例的死刑得以实际执行。囚犯和他们的律师对付死刑的策略就是通过无限的拖延和上诉来延缓对死刑的执行。迄今为止，除了少数不走运的杀人犯之外，这种策略对于几乎所有的罪犯都是成功的。当审判的法官和陪审团继续要施以死刑，以及受理上诉的法院维持原判的时候，被判处死刑的罪犯就会增多。少数被执行死刑的罪犯，在被判处死刑和执行死刑之间的拖延时间平均为十年。

美国宪法对人身保护令给以保障，但是，一个被宣告有罪的罪犯能有多少次被允许提出人身保护权的诉状？当然，死刑是不能取消的，但只要存在对被告罪行的任何怀疑，都不能执行死刑。然而，被判为死刑的监禁者能有多少机会来拖延给以他们的宣判与判决呢？近几年来，最高法院限制罪犯在联邦法院中提出人身保护权的请求，这些罪犯包括已经提出请求而又丢失了的，以及没有遵守诉讼规则的那些人。如果在所有法院的上诉都失败之后，又有新的证据被揭露出来，最高法院就会作出指示，指出上诉属于地方长官的宽恕的权力范围。

延期执行 对死刑的不正当执行的潜在可能性使美国人有些担心。近几年DNA证据的发展使得对一些死刑判决的审查和上诉成为可能。而且，实际上，DNA证据还使得被判为死刑的罪犯获得释放。还有一些罪犯也因审判错误、代理人无资格、证据被保留在检察官手中以及其他程序性错误等理由，而被免除死刑。一些州长还宣告了对死刑的拖延，认为审判错误以及现代DNA证据都可能免除一些囚犯的罪行。

威慑的价值 今天所适用的死刑——对极少数的人施加死刑，并且在
犯罪多年之后才执行，因此几乎起不到威慑的作用。不过它还有其他几个 87
目的。它使检察官在与被控谋杀的被告进行认罪交易时，获得强大的力量。当检察官可能在宣判中获胜，陪审团对被告作出死刑判决的时候，被告可能会承认有罪从而被判为无期徒刑。更为重要的是，死刑也许是社会对无辜受害者的生命赋予价值的一种象征。它极其鲜明地强调了社会不会放纵或饶恕对无辜生命的剥夺；而且，它还象征着社会对极恶犯罪给予报复的可能。

---

① McCluskey v. Kemp, 481 U.S. 279 (1987).

本章小结

犯罪是美国社会的一个主要问题。在保护个人自由与保证人民安全的愿望之间,我们面临着冲突。

1. 犯罪率在经过多年惊人的增长之后,从 1993 年开始下降。执法官员通常把犯罪率的下降归因于实施威慑犯罪和惩罚罪犯的公共政策的结果。
2. 对于犯罪的理性政策是,力求使犯罪的成本远远超过犯罪行为带来的收益,并且理论上能够威慑潜在的犯罪分子。有效的威慑政策要求对犯罪的惩罚是必然的、迅速的、严厉的。然而,必然性和迅速性对于威慑来说,可能比惩罚的严厉性更为重要。
3. 但是,在今天的美国,对犯罪的惩罚既不具有必然性,也没有那么迅速。对于任何犯罪,被监禁的可能性小于百分之一。快速的审判和惩罚是很少见的;刑事被告通常能够在被捕和做出审判之间实现拖延,大多数在审判之前就获得了保释。
4. 然而,使犯罪分子变得无能为力(使更多的刑事犯罪分子在监狱里被囚禁更长的时间)好像与较低的犯罪率有关。20 世纪 80 年代,监狱的建造,以及各州对于强制性判刑的法律和指导原则,造成了更高的监禁率(以 10 万人中的监禁囚犯的人数计算)。
5. 警察除了执行法律,还为社会提供了很多服务。事实上,他们工作时间中只有一小部分花费在与犯罪作斗争上。因此,对于增加了警察的保护是否减少了实际的犯罪数量,很难给以证明。
6. 枪支被用于大量的暴力犯罪中。控制枪支的公共政策在全国各地是不一样的。然而,那些对于枪支施行严格法律控制的州,与没有这些法律的州相比,也没有出现较低的暴力犯罪率,甚至与枪支有关的犯罪率也没有降低。
7. 关于酒精和毒品使用的公共政策是模棱两可的。虽然香烟、酒精、大麻、可卡因和海洛因对健康的威胁是广为人知的,但这些物质的
88 生产、销售和使用在执法中却得到不同的处理。
8. 法庭的拥挤、增多的诉讼、过度的拖延、无休止的上诉、判决的变化、无限的认罪交易等共同减弱了威慑的作用。例外性的规则,即禁止在法庭上运用非法获取的证据,自从最高法院在 1961 年的**马普诉**

俄亥俄州案中第一次宣布之后，就引起了争论。

9. 大约有一半严厉的指控在审判之前被检察官撤回了。但是，大多数宣判是在没有陪审团的情况下根据有罪的辩护作出的。认罪交易是处理刑事案件的最常用的方式。如果没有认罪交易，法院系统将会由于工作量超载而垮掉。

10. 监禁与假释政策在改造犯罪分子方面是失败的。监狱只能在一段时间内通过监禁罪犯而减少社会上的犯罪数量。大多数囚犯都是累犯——这些人在被判决之前都有过被监禁的经历。假释——罪犯由于表现良好而被释放，和那些服满刑期被释放的人一样，他们也可能再次进行新的犯罪。

11. 当前，只有极少数的人被判处死刑，而且经过长时间的拖延之后才被执行，因此死刑并不是一种有效的威慑。 90

第五章

医疗保健与社会福利：寻求理性的策略

福利国家的理性与非理性问题

当大多数美国人想到社会福利项目的时候，他们就想到了穷人——有3 000万到3 500万的人还生活在贫困线以下。但是，如果联邦政府每年在社会福利方面的支出用到穷人身上，每个贫穷的人(男人、女人或孩子)每年将会得到35 000美元！换句话说，如果国家的社会福利支出直接用于穷人的话，美国就不存在贫困问题了。

为什么在这样一个国家里，所有的社会福利支出超过了消除贫困所需资金的四倍之多，还持续存在贫困人口呢？答案在于穷人**并不是**社会福利支出的主要受益者。大多数社会福利支出，包括最大的福利项目——社会保障和医疗保险，都用在了不贫困的那些人身上。联邦的社会福利支出中只有六分之一是以"家计调查"(means-tested)为基础的(见图5-1)，也就是说，是根据低收入或者贫困状况来分配社会福利的。中间阶层不属于贫困人群，却是国家社会福利支出的主要受益者。

"应得的权利" 这种权利是按照国会设定的资格标准(包括年龄、收入、退休、残疾、失业等等)而享受的政府提供的福利。任何符合这些标准的人都能按照法律规定享受到福利。

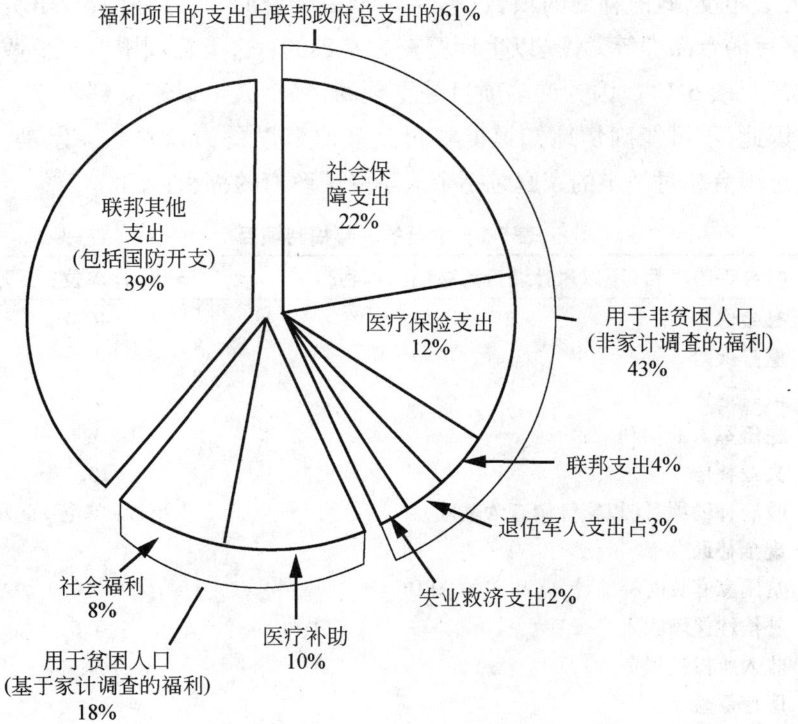

图 5-1　联邦政府对穷人和非贫困人口的福利支出

资料来源：*Budget of the United States Government*, 2004.

美国主要的福利项目多数是在20世纪30年代罗斯福新政的时候开始启动的，包括社会保障(Social Security)，失业补偿(Unemployment Compensation)，对有子女家庭的补助计划(Aid to Families with Dependent Children, AFDC)，对老年人、盲人、残疾人的补助计划(Aid to Aged, Blind, and Disabled，现在称为补充性的保障收入即 Supplemental Security Income, SSI)；还有的是在20世纪60年代林登·B. 约翰逊(Lyndon B. Johnson)总统实行“大社会”政策的时候启动的，包括发给失业者或贫民的食品券(food stamps)，医疗保险，医疗补助。

今天，接近三分之一的美国人口能够享受到政府给予的某种形式的福利。任何人都可以申请**社会保险**的福利，而不管他们的收入或财产是多少。社会保障和医疗保险的福利是根据**年龄**来决定的，而不是收入或贫困状况。失业补偿方面的福利是由就业状况决定的。联邦雇员与退伍军人 92
获得的福利是以他们以前在政府或军队中的服务为基础的。这些不以家计调查(non-means-tested)为基础的项目支出给予了享受政府福利的大部分人。相反,**政府补助**的项目(包括现金福利资助、医疗补助、发给失业者或贫民的食品券等)才是以生计调查为基础的:这类福利限制在低收入的人群(见表5-1)。因为许多项目是重叠的,每个人可以享受到不止一种福利,因此,不可能确切地知道能够得到政府资助的人口总数。但是,据估计,全国有超过一半的家庭包括个人享受了政府的福利补助。

表5-1　主要的联邦福利项目

社会保险项目(不以家计调查为基础的福利)	支出额(单位:百万)
社会保障	46.4
医疗保险	38.0
政府退休人员	3.5
退伍军人的福利	3.4
失业补偿	10.1
政府补助项目(以家计调查为基础)	支出额(单位:百万)
现金补助	
贫困家庭临时补助计划(正式的AFDC)	6.0
补偿性保障收入	6.6
收入所得税抵免	19.8
医疗保险	
医疗补助	42.0
食品福利	
食品券	18.2
学校午餐	15.4
妇女、婴儿和孩子	7.2
住房福利	
总数	3.2
教育补助	
斯坦福贷款(Stafford Loans)	5.4
佩尔基金(Pell Grants)	3.8
启蒙计划	0.8
工作培训	
总数	1.0
能源补助	
总数	4.1

资料来源:*Statistical Abstract of the United States*, 2003, pp.114, 360, 362, 368.

福利的支出　福利的支出在联邦政府的所有支出中占了60%还多。大部分福利支出没有直接给予穷人。福利支出的最大部分——社会保障、

医疗保险、退伍军人和联邦雇员的退休金，都给予了退休人员。 93

理性的策略，非理性的结果　在本章中，不可能描述美国贫困人口的所有问题，或者解释在形成理性的社会福利政策过程中的所有难题。不过，能做到的是，关于美国处理社会福利和健康问题，描述其可供选择的策略的一般设计，观察这些策略是如何在公共政策中得以实施的，并归纳出解决社会福利问题的理性途径所存在的障碍。 94

问题的界定：美国的贫困

政策制定的理性模型要求，对问题给以清晰明确的界定。但是，在美国贫困问题的性质和范围方面存在的政治冲突，成为制定理性的社会福利政策的一个主要障碍。

济贫项目的支持者通常是对贫困人口作出过高的估计。他们认为贫困问题是永久性的，甚至是在一个富裕的社会里也是这样；他们认为数百万的人们经受着饥饿、露宿和疾病的痛苦。他们对贫困问题的界定，实际上就是要求直接的、大规模的公共福利计划。

与之形成鲜明对照的是，另一些人却有意低估了美国贫困人口的数量。他们认为，现在贫困人口的生活要比50年前的中产阶级的生活状况好很多，用世界上其他多数国家的标准来判断，这些人甚至可以说是富有的。他们认为福利计划导致了贫困，破坏了家庭生活，剥夺了穷人工作、节约以及对消费自己所有财富负责的积极性。他们还否认这种说法，即如果要享受公共服务与基础设施，人们就要经受饥饿、露宿和疾病的痛苦。

美国有多少贫困人口　美国到底存在多大程度的贫困？根据美国人口普查局（Bureau of the Census）的资料，近年来美国有3 000万到3 500万的贫困人口（见表5-2），或者说贫困人口大概占美国总人口的11%—12%。[①] 这种对贫困人口的官方估算包括那些每年现金收入达不到维持最低生活标准的人。（“贫困线”的货币标准是灵活的，因为要考虑到通货膨胀的影响；这一底线每年随着通货膨胀率的提高而上升。在2002年，一个四口家庭的贫困线大约为每年18 500美元。）

---

① U. S. Bureau of the Census, *Statistical Abstract of the United States*, 2002, p. 441.

表 5-2　美国的贫困状况

对四口之家的贫困线的界定	**18 844 美元**
贫困的人数	3 400 万
贫困人口占总人口的比例	12.1%
按照种族看贫困的分布(%)	
白人	10.2
黑人	23.9
拉美裔美国人	21.8
按照年龄看贫困的分布(%)	
18 岁以下的贫困人口	16.7
65 岁以上的贫困人口	10.4
按照家庭看贫困的分布(%)	
已婚夫妇	5.3
女性单亲家庭(没有丈夫)	26.5
女性单亲家庭(没有丈夫,抚养 18 岁以下的孩子)	45.4

资料来源: U. S. Bureau of the Census, *Current Population survey*, 2004.

自由主义者的批评　官方对贫困的界定受到很多批评。一些自由主
95 义的批评家认为,贫困被低估了,因为:(1) 官方的界定包括来自福利和社会保障的现金收入,如果没有这笔政府补助,贫困人口的数量将会更多,大约占全国人口的 20%;(2) 官方的界定没有把许多“接近贫困”的人口计算在内;美国有 4 300 万或者大约 16% 的人口,生活水平不到贫困线标准的 1.25倍;(3) 官方的界定没有考虑生活消费、气候以及可接受的生活方式等方面的地区差异;(4) 官方的界定没有考虑人们要求过上富裕生活时需要什么。

保守主义者的批评　一些保守主义的批评家也向政府对贫困的界定提出了挑战:(1) 它没有考虑家庭财产的价值;人们(通常是老年人)拥有自己的可以抵押的房屋、家具、汽车,虽然现金收入在贫困线以下,但是并没有遭受困苦;(2) 有许多家庭和个人被官方统计为贫困人口,但是他们自己并不这样认为,例如学生有意识地推迟工作来确保接受教育;(3) 许多人(包括贫困人口和非贫困人口)低报了他们的真实收入,这也导致高估了贫困人口的数量;(4) 更为重要的是,官方对贫困的界定排除了政府给予穷人的“非现金”福利,例如,发给失业者或贫民的食品券、免费医疗保险、公共住房和学校的午餐。如果这些福利作为成本支出(用现金来计

算）,在官方的统计中就可能只有一半的贫困人口。这个数字可以被认为是“净贫困”率,指的是将政府的非现金福利计算之后仍然处于贫困状态的人口。净贫困率与官方统计的贫困率都在图5-2中表示出来。

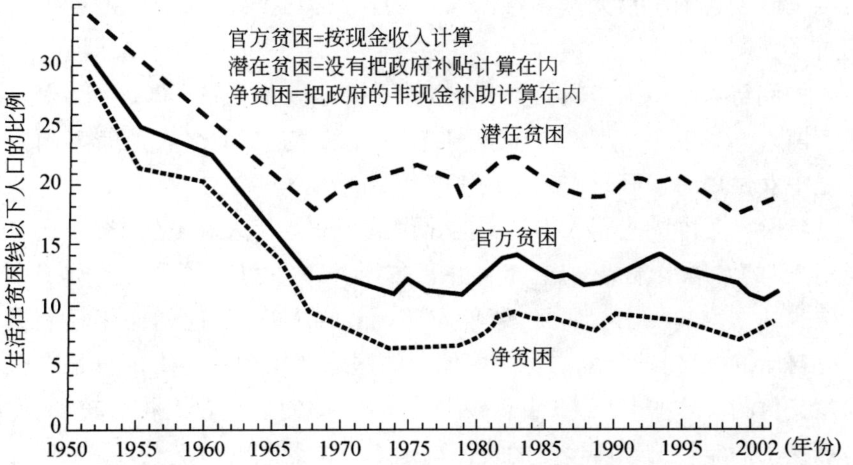

图5-2　对贫困的三种界定

资料来源：1950 to 1980 from *Losing Ground*: *American Social Policy 1950—1980* by Charles Murray; 1981 to 2002 from U. S. Bureau of the Census, *Current Population Reports*.

潜在的贫困　如果没有政府的社会保障和福利项目,将会有多少贫困人口？有多大比例的人口可以被视为“潜在的贫困人口”,也就是说,那些没有联邦政府的补助就处于贫困状态的人占多大的比例？潜在的贫困人口是刚好生活在官方贫困线以上的人口,近几年,潜在贫困人口的比例大约在19%—22%之间（见图5-2）。因此,如果没有联邦政府的社会福利项目,美国大约有五分之一的人口就会变为贫困人口。

哪些是贫困人口

贫困会出现在多种类型的家庭中以及所有的种族和群体中。然而,有些群体中贫困人口所占的比例要高于全国的平均水平。

家庭结构　贫困在女性单亲家庭中（female-headed）最为常见。近几年,贫困出现在这些家庭中的概率在25%—30%之间,而对于已婚家庭,这种比例仅为5%（见表5-2）。接近一半的抚养未满18周岁孩子的女性单亲家庭生活在贫困之中。这些妇女和她们的孩子占美国所有贫困人口的三分之二还要多。这些数字描述了美国“贫困的女性化”的情况。显然,贫困 96

与家庭结构是紧密相关的。今天，传统的夫妻式家庭的解体是导致贫困的一个最主要的因素。

种族　黑人中贫困人口的比例大大超过白人。这些年来，美国黑人的贫困率已经达到了白人贫困率的两倍多。拉美裔美国人的贫困也极大地超过了美国白人。

种族与家庭结构之间的关系是一个存在争议的话题。2000 年，美国的所有黑人家庭中大约有 45% 是女性单亲家庭，与之相比，在所有美国白人家庭中女性单亲家庭只占到大约 14%。①

年龄　美国的老年人中贫困的比例低于非老年人。虽然“贫困人口与老年人”的术语很流行，但老年人并不贫困。65 岁以上的人口的贫困率低于国家的平均贫困率。而且，老年人还比年轻人富有，他们比年轻人更多拥有自己的、已付清贷款的房子。他们的医疗费用中有一大部分是靠医疗保险支付的。这些老年人，由于较少的支出，即使现金收入相对较少，他们
97 与带孩子的年轻母亲所经受的贫困也是不一样的。

财产　财产是一个人所拥有的全部物品的净价值——房屋的价值减去抵押，汽车的价值减去贷款，企业的价值减去债务，加上银行账目，其他的储蓄、证券和股票，以及不动产。所有对贫困的计算都考虑**收入**，而不是**财产**。对有些人来说，很可能拥有相当的财产（例如，拥有没被抵押的房屋和还清贷款的汽车，以及存款与投资），但是按照官方的标准却归到了贫困人口中，只因为他们的现金收入很低。实际上，平均来看，老年人拥有的财产是年轻人的十倍还多。

暂时性贫困和永久性贫困　大多数的贫困是暂时性的，大多数的福利补助也是短暂的，持续不到三年。与在某一年中观察到的贫困现象相比，对贫困家庭的长期追踪调查，显示出了贫困与福利特征的不同图景。例如，在过去的十年里，每年都有 11%—15% 的人被官方划归为贫困人口（见图 5-2）。然而，又一个十年，就会有 25% 的人口在某个时候生活标准下降到贫困线以下。② 只有一些贫困是永久性的：大约有 6% 的人口生活在贫困状态中超过了五年。这意味着大多数经受贫困的人口只是在短时间内生活在贫困状态中。

不过，这些永久性的贫困人口给社会福利资源增加了不对称的负担。

---

① *Statistical Abstract of the United States*, 2002, p. 42.

② Greg J. Duncan, *Years of Poverty*, *Years of Plenty* (Ann Arbor, MI: Institute of Social Research, 1984).

享受社会福利的人口中不到一半的人是永久性的贫困人口，也即，他们要依赖福利生活五年或更长的时间。这样，对于大多数福利接受者来说，福利只是帮助他们度过生活最困难时期的短暂援助。而对于有些人来说，福利在他们的生活中持续了更长的时间。

政策意义　对社会福利的这些动态性观察，对于公共政策有何启示或意义呢？首先，对大多数人来说，贫困只是他们生活中相对短暂的时期。贫困是与离异、失业、疾病或残疾以及其他一些不幸相联系的。可以想象，如果没有政府的福利项目，那些现在离异的人们可能会维持婚姻，他们懂得福利会缓冲这种决定所带来的经济影响；有些人就会辞去不满意的工作，因为能够依靠福利生活。在美国，大多数暂时性的贫困并不是美国社会结构特征的产物，包括政府的福利项目在内，这种看法是具有合理性的。对于暂时性的贫困人口，福利是一个短期补助，福利项目就类似于保险——帮助人们度过生活中的艰难时期。

对于永久性的贫困人口来说，福利就不是一种暂时性的权宜之计，而是一种生活的方式。许多永久性贫困人口是单身的、年轻妇女，她们在生育第一个孩子之后就开始享受福利。相当数量的社会福利接受者是永久性的和依赖性的贫困人口。这绝不是说福利系统本身导致了这种长期性的依赖。但是，这种长期持续性的依赖福利的模式，很可能是对待家庭、工作和教育的态度和行为特征的产物，这在一定程度上是由福利政策本身所导致的。 98

贫困人口为什么贫穷

因为政策制定者还无法达成对贫困界定的共识，所以他们对导致贫困的原因还未形成一致意见，这也就不足为奇了。然而，理性的公共政策制定，要求对社会问题的原因有些认同。

较低的生产率　许多经济学家运用**人力资本的理论**解释贫困。穷人之所以贫困是因为他们的经济生产率太低。他们不具有人力资本——知识、技能、培训、工作习惯、能力，因此不能够出卖给自由市场中的雇主。缺少劳动力是贫困的最大缘由。贫困人口中超过三分之二是儿童、有小孩子的母亲、老年人或残疾人，不能指望他们能找到工作。整体经济状况的任何改善，都不可能直接影响到这些人。既然私有经济中没有他们的位置，因此他们的问题就成了政府的责任。缺乏良好教育和技术，也使得他们在自由的劳动力市场中处于劣势。对这些劳动力的需求是很低的,他们的就业也通常是临时性的,工资水平也很低。

经济停滞 经济学家也承认,有些贫困是由于总需求不足导致的。严重的经济衰退和失业率上升也导致了生活在贫困线以下人口比例的增加。(注意图5-2中,贫困人口的百分比在1982—1983年和1991—1992年的经济衰退时期有所上升,在90年代后期的经济繁荣时期,贫困人口的百分比就有所下降。)根据这种观察,最有效的反贫困政策就是确保持续性的经济增长和更多的就业机会。根据历史资料的分析,贫困人口数量减少最多的时候出现在经济最繁荣的时期。

种族歧视 种族歧视在导致贫困中发挥着一种用经济理论无法解释的作用。我们已经观察到黑人比白人更可能经受着贫困。黑人和白人之间的收入差异是他们所受教育存在区别的原因,这是事实。然而,**即便接受过同样的教育,黑人也没有白人挣的薪水多**。如果自由劳动力市场的运作不受种族歧视的干扰,我们就能够预期黑人和白人如果接受同等的教育,他们的收入差异是很小的,或者没有差异。

贫困的文化 对于贫困的另一个解释就是"贫困的文化"。根据这一概念,贫困是"一种生活方式",这是由穷人习惯养成的。这种贫困的文化不仅包括低收入,而且还包含着不关心、疏远、冷漠和没有责任感。这种文化养成了缺少努力工作、有计划地为未来积蓄和争取上进的自我约束。它还引起了家庭不稳定、暂时满足感和"只看当前"而不是"面向未来"。所有这些消极态度阻碍了贫困人口去利用他们能够获得的机会。即便是现金补助也无法很大程度上改变这些长期性贫困人口的生活方式。根据这种
99 理论,多余的钱很快就被花在不必要的奢侈品上。

反对这种理论的人认为,贫困的文化转移了人们对贫困状况的注意力,正是这种贫困的状况导致了穷人的家庭不稳定、只看当前的生活方式。真正的问题在于,究竟是缺少金钱造成了贫困的文化,还是相反。改革者倾向于关注贫困的状况,认为这是导致贫困的社会病态的基本原因。

分裂的家庭结构 贫困与家庭结构密切相关。正如我们所看到的,在女性单亲家庭中贫困最多,而在夫妻型结构的家庭中最少。在某些流派中,把夫妻型家庭视为传统或守旧的,并把**家庭**重新界定为有一个户主并且超过一个人的结构,这种看法或许是一种时尚。但是对穷人来说,再也没有比这更糟糕的建议了。

在所有年龄组的人群中,儿童最可能成为贫困人口;美国大约有20%

的儿童生活在贫困状态中。分裂的家庭结构可以解释这一现象：与结婚的父母生活在一起的孩子中，仅有10%生活于贫困中；然而与单亲母亲生活在一起的儿童中，超过50%生活在贫困状态中。[①] 1995年以来，未婚妇女生育率的上升在黑人和白人中都有，不过，在黑人当中的增长率特别高（见图5-3）。这种增长趋势现在有所下降。

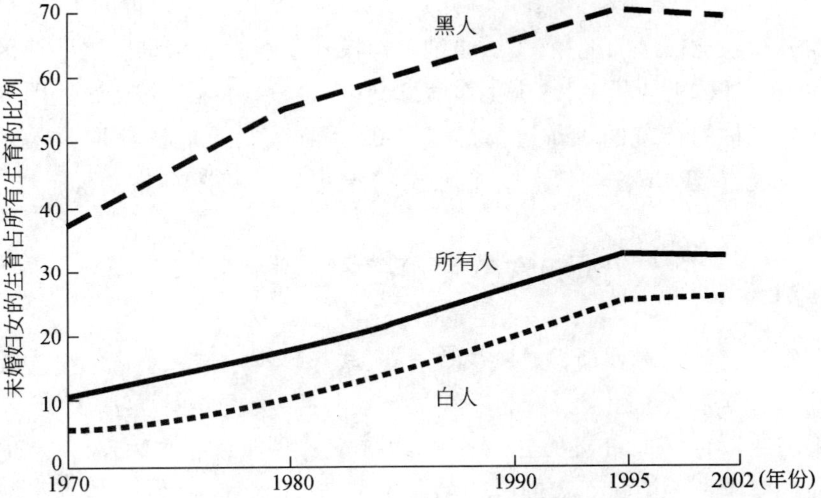

图5-3　单身妇女的生育情况

资料来源：Nation Center for Health Statistics, 2004.

"真正的弱势群体"　美国最大的城市已经成为我们面临的所有社会问题——贫困、无家可归、种族关系紧张、吸毒、行为不端、犯罪的主要发生 100
地。由于这些社会问题聚集在大城市，从而变得更加糟糕。然而，社会病态聚集在大城市只是近期的事情；在1970年的时候，美国农村的贫困率还是高于城市的。

为什么这些"中心城市"成为社会问题的发生地呢？一些观察者认为，劳动力市场的变化，即从以前生产工业产品的工作转变为专业、金融、技术等服务性工作，逐渐把劳动力市场分为低工资和高工资这样两部分。[②] 制造业工作的减少，以及制造业和商业服务业向郊区的转移，给城市居民留下的工作机会更少、而且工资更低。中心城市失业人口的增加反过来又提

① *Statistical Abstract of the United States*, 2002, p. 441.

② 参见：William Julius Wilson, *The Truly Disadvantaged* (Chicago: University of Chicago Press, 1987).

高了贫困人口的密集程度,也使得贫穷的单亲家庭数量增多。

同时,中心城市的社区也经历着工人阶层和中产阶级家庭的外迁。以前,这些家庭把收入和时间都投入到社区,捐助给地方的教堂、商店、学校和社区组织。他们在社区中的存在为年轻人提供了一种“角色榜样”。但是,他们的外迁减少了各个阶层之间的联系,把最贫穷的美国人隔离起来,成为“真正的弱势群体”。中心城市的居民现在不仅缺少较近的工作,而且缺少获得就业信息的途径,无法通过工作模式获得社会培训。这些社区几乎没有合法的就业机会,缺少工作信息网络,学校条件也很差,这些因素不仅削弱了他们传统的工作道德,而且导致了在大街上非法获取收入的活动——吸毒、犯罪、卖淫等。这些问题的“聚集效应”使得情况更加糟糕。

预防性的策略:社会保障

富兰克林·D.罗斯福总统执政时期,联邦政府通过有意识的努力提出理性的计划来实现社会目标。罗斯福新政时期,最重要的立法《1935年社会保障法》(the Social Security Act of 1935)中,联邦政府在联邦、州和地方政府的层次上着手建立福利政策的基本框架,更为重要的是,提出了解决贫困问题的策略。那个年代的经济大萧条使得国家的领导人确信,贫困是由个人无法控制的因素导致的——失业、年老、家庭中养家糊口的人死亡,以及身体残疾。一个解决办法是让个人买保险来防止由于这些不幸而导致的贫困。

社会保险 社会保险的概念是由罗斯福新政的规划者提出的,其目的是**防止**不可抗力导致的贫困。社会保险与私人保险的理念是一样的——分担风险和存款未雨绸缪。社会保险并不是慈善事业或公共援助,而是预防性的。它依赖个人为保护自己而强制缴纳的一定费用。而公共援助仅
101 仅是缓解性的,并且依赖于所有纳税人的税收收入。实际上,当罗斯福政府在《1935年社会保障法》中向国会提出社会保险计划的时候,就主张最终要废止对公共援助的需求,因为保险将强制个人保护他们自己免遭贫困。

老年人、鳏寡人和残疾人的社会保险(Old Age Survivor's Disability and Insurance, OASDI) 《1935年社会保障法》的一项关键内容是OASDI,就是通常所说的社会保障。① 这是一种强制性的社会保险项目,资金来

① 《1935年社会保障法》最初并不包括残疾保险;这是在1950年的修正案中增加的。老年人健康保险——医疗保险,是在1965年的修正案中增加的;这将在本章的后面给以讨论。

源于对工资的定期扣除,这样就给个人一种合法权利,使得他们在遭遇收入减少的事件时有权享用这些资金,这些事件包括：年老、家庭中养家糊口的人死亡或永久性残疾。OASDI 现在覆盖了美国 90% 的工人,包括那些个体经营的人。在这个范围之外的唯一大群体是联邦雇员,他们有自己的退休制度。雇员(通过薪水的减扣)和雇主都按照《联邦社会保险缴纳法》(the Federal Insurance Contributions Act, FICA)为雇员的保险缴纳同样数额的金钱。按照《联邦社会保险缴纳法》征得的所有费用(包括医疗保险),占收入的 15.3%,最高不会超过一定的数额(2002 年是 80 006 美元),这个数字每年都在增长。

退休的福利　到了退休年龄,购买了保险的工人就有权利根据退休年龄和他们在工作时的缴费金额每月领取退休金。1972 年,国会发布了根据通货膨胀指数自动调整生活费用(cost-of-living adjustments, COLAs)的法令。计算生活费用调整的公式,对于老年人来说,增加的福利比他们实际生活费用的增长要快。2000 年前,接受福利的人还被迫退休或者在一定数量之上减少他们的补助,每 3 美元收入中减少 1 美元福利。但在 2000 年国会废除了这个限制,允许社会保障的受益者工作到 65 岁以后,仍然可以领取他们全部的"退休"金。

鳏寡人和残疾人的福利　OASDI 还为参加保险的工人的鳏寡人提供补助,甚至包括抚养未独立子女的配偶。但是,如果没有抚养孩子,这笔资金要到她(他)的退休年龄才发给。OASDI 还为那些遭受一年以上无法工作的长期残疾或者全身残疾的人提供补助金。

失业救济　《1935 年社会保障法》的第二个重要内容是,要求各州通过向所有雇主征收工薪税,来实施失业救济项目。联邦政府的失业税主要是向那些雇用四人或四人以上的雇主征收工薪税,但是那些按照联邦的标准向州缴纳了保险费的雇主,可以用这些保险支出抵消大部分的联邦失业税。换句话说,如果各州不主动去做,联邦政府会威胁实施失业救济项目,
并征收失业税。联邦的这个计划促使五十个州实施了类似的项目,然而, 102
联邦政府的标准是灵活的,各州在确立自己的项目时有相当的自由。在所有情况下,失业的工人必须亲自报告,为了得到失业救济还要表明他们愿意而且能够工作。实际上,这就意味着失业工人必须在美国就业服务部(Employment Service)登记(通常和各州的失业救济办公室位于同一幢楼内),以此作为领取失业救济金的条件。不能由于工人拒绝以罢工破坏者的名义继续工作,或者因为救济金低于主流救济金,各州就拒绝给予工人

福利。但是,有关补助的数量、领取资格、领取补助的时间长短等方面,在很大程度是都是由各州自己决定的。

评估:社会保障的预期与非预期结果

《1935年社会保障法》的制定者创造了"信托基金",期望用工人的社会保险费用建立一个储备金库。这些储备金会有利息,这些利息和本金用于支付将来的福利开支。个人福利是根据其缴纳的费用发放的。所有的税收收入不会都用于这些方面。这种保险体制试图模仿私人保险的理财方式,但结果证明,其运作方式并不是那么回事。

"信托基金" 现在的社会保险制度是"现收现付"(pay-as-you-go)为基础的,而不是一个储备机制。今天,来自社会保险税收的全部收入用来支付当前的社会保障资金。今天的这一代工人在为上一代付出,同样,期望今天这一代的福利能够由下一代工人为其支付。社会保障的"信托基金"的税收,与联邦预算的总税收是联系在一起的。实际上,社会保障的支出占到了联邦全部税收的40%。

社会保障的税收在联邦的预算中表现为当前的收入(见第八章)。社会保障的税收持续超过给予受益者的福利。这种社会保障的"盈余"有助于掩盖联邦总支出的赤字。这种"信托基金"仅仅是会计的一种暗招;当前的社会保障税收用于支付当前的政府支出,未来的退休金只有从未来的政府收入中支付。

关于"银行存款箱" 不管民主党人还是共和党人都批准社会保障收入的"银行存款箱",也即,禁止把这些收入用于政府支出的其他目的。但是,社会保障收入的"银行存款箱"将会使联邦政府陷入更深的赤字支出。社会保障收入并不可能永远与联邦的其他税收相独立,也不是单纯保留着用于社会保障资金的支付。因此,未来的退休金将要依赖未来的税收
103 支付。

代际之间的契约 向当前的工人征税,支付给当前的退休人员,也许被视作一种代际之间的契约。每一代工人都同意为上一代退休人员支付福利金,并期望下一代的工人为自己这一代支付退休福利。较低的出生率(减少了工人的数量)、更长的寿命(增加了退休工人的数量),以及更多的福利等给工人的支付能力增加了压力。这种代际之间的契约关系有可能在未来的某一时间断裂(见图5-4),也即美国工人被迫缴纳过高的税收来

支持更庞大的老年人群的时候。

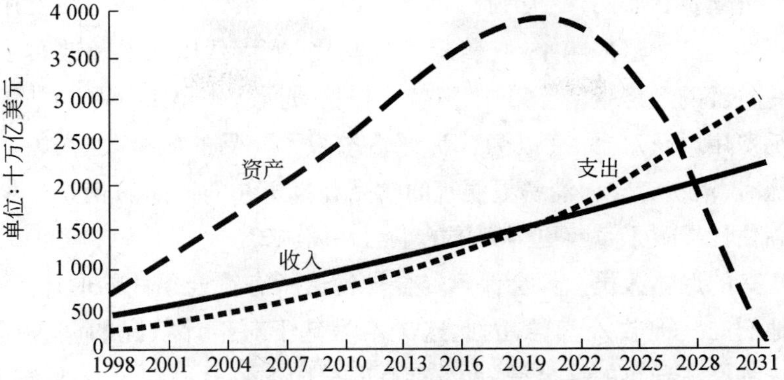

图 5-4　社会保障的未来

资料来源：Estimates by the Social Security Administration, 1998.

依赖的比率　既然当前的工人一定要为当前的退休人员和其他受益者支付福利金，那么这种依赖的比率就成为评估社会保障未来的重要因素。社会保障的依赖比率是接受补助金的人数在需要缴纳社会保险税的人数中的百分比。因为美国人的寿命越来越长，所以依赖的比率也在升高。一个 1935 年出生的人，也即当这个社会保障系统建立起来的时候，预期寿命只有 61 岁，比退休年龄 65 岁还少四年。一个 2000 年出生的孩子，其预期寿命是 77 岁，**超过**了退休年龄 12 年。[①] 在社会保障的早期，十个工人负担一个退休人员——依赖比率是 10∶1。但是，今天，因为美国人口老龄化加快——较低的出生率和更长的寿命，三个人就要负担一个退休人员。照此发展下去，到 2030 年的时候，这个依赖的比率会增加到两个工人就要负担一个退休人员。

税收负担　国会逐渐地把向雇主和雇员征收的工资税从 3% 提高到 15.3%。缴纳的数额从社会保障项目开始时的 30 美元提高到今天的 12 000多美元。社会保障税现在是**联邦政府总收入的第二大来源**。今天， 104
大多数的工人在社会保障的税收方面比在联邦收入所得税上支付的更多。

频繁生活费用调整　当前社会保障的年度生活费用是根据消费物价指数（the consumer price index，CPI）来调整的，这一指数评估了每年所有消费品的支出。利用消费物价指数来提供社会保障资金的价值，存在着严重问题。首先，消费物价指数中的生活费用评估包括了买房、抵押利息、扶养

① *Statistical Abstract of the United States*, 2002, p. 7.

孩子以及许多退休人员不会面临的其他支出。大多数工人没有与退休者一样对抗通货膨胀的保护措施;也就是说,平均工资水平与生活费用的增长是不匹配的。这些年来,与美国工人相比,生活费用的调整改善了社会保障受益者的经济生活。第二,消费价格指数所表现出来的是高估了实际的生活费用增长水平。(因为这种评估忽视了商品的质量改善,以及当物价上涨时,消费者转向消费更便宜的物品和打折扣的商品。)消费价格指数的过高估计导致了每年更为频繁的生活费用调整。

富有的退休人员 社会保障资金支付给所有符合条件的退休人员,而不管他们的其他收入怎样,因此这决不是基于对生计状况的调查而实行的。这种做法导致的结果是,大量富有的美国人每月得到政府的支票。当然,他们在工作的时间里也为社会保障缴纳了资金,因此能够根据保险原则有"权利"要求得到这笔钱。问题在于,他们当前的福利远远超过了他们以前缴纳的金额。

既然老年人比今天的工人经受较少的贫困(见表 5-2),并且拥有更多的财富,那么社会保障福利就构成了收入的"反向"再分配,也即,收入所得从更穷的人转移给了更富有的人。老年人通常比供养他们的这些在职工人更富裕。

社会保障需要改革吗

如果不对社会保障进行重大改革,它在下一个世纪将越来越成为在职纳税者的负担。1945—1960 年的"生育高峰"造成了 20 世纪 60—70 年代拥挤在中学和大学的一代,而这些人在 2010 年初将会成为退休的一代。生活方式的变化——减少吸烟,增加锻炼,更好地控制体重,再加上先进的医疗技术和手段,将会使得老年人口增加的更多。

"节约"社会保障 "节约"社会保障在华盛顿是一个受到欢迎的政治标语。但是,对于如何改革社会保障体系,法律制定者却一直没有达成一致意见。

社会保障是一个在政治上如此不稳定的话题,以至于总统求助于中立的和非党派的委员来提出改革的建议,而不是自己承担起提出改革动议的任务。1983 年,国家社会保障改革委员会(National Commission on Social
105 Security Reform, NCSSR)由罗纳德·里根总统任命,并由同样数量的共和党人和民主党人组成的。该委员会建议增加社会保障税收,建立储备金,为生育高峰那一代在2000年以后成为退休人员做准备。委员会还建议国会立法，从2000年开始把退休年龄逐渐从65岁提高到67岁。社会保障税收也提高到当前雇员和雇主共同缴纳15.3%的水平。然而，真正的储备金并没有建立起来，而是一个会计的巧妙设计。

2001年，另一个委员会由乔治·W.布什任命，再次努力"改革"社会保障。但是，这个委员会开始就承诺不改变保障福利，还提出：保持生活费用的调整，不增加雇员的税收，禁止社会保障基金在股票市场的投资。然而，这个委员会结束改革时，仅仅是警告美国人，退休金是一个由个人退休金、个人储蓄和社会保障组成的"三条腿的凳子"。这个委员会还建议，政府"还要把个人的储蓄提供给那些需要的年轻人。"

改革的选择 这里并不缺少社会保障改革的建议，①问题在于没有一个特别的建议得到广泛的支持。从理论上说，国会可以用几种方式来限制保障金，例如，提高退休年龄到70岁；把生活费用的调整限制在退休人员的实际生活费用的增长上；减少高收入退休人员的福利。还有，国会还能通过提高纳税人的税率，或者扣除已经纳税的收入，提高社会保障的税收。但是，从政治层面上，这些改革都是不可能的。

主张把所有的或部分社会保障"私有化"的各种建议都提出了改革的另一种途径。一种建议是允许社会保障的信托基金投资到私人的股票市场上，预期股票的价值随着时间的发展而提升。但是，如果股票市场的投资决策是由政府本身或社会保障部门制定的，那么肯定会对这种决策产生冲突。批评家反对政府为美国人制定私人投资决策的建议；布什2001年的改革委员会全部否决了这个建议。另一个经常的建议是，允许美国工人提取个人保障税收的一部分放到个人退休的账户中，并根据自己的选择购买证券。当然，这种计划会使工人面临着糟糕的投资决策的风险。

所有这些改革建议好像都没有受到美国人的特别欢迎(见图5-5)。

美国政治的"第三条道路" 社会保障是联邦预算中最昂贵的项目，而且也是在政治上最神圣不可侵犯的。政治家通常把它称为美国政治的"第三条道路"——触动它，就要灭亡。

在美国人口中，老年人是政治上最强有力的年龄组群体。他们占到了投票年龄人口的28%，但更为重要的是，因为他们较高的投票率，他们的投票占到了选举日总投票数的近三分之一。进一步说，在华盛顿，老年人的

---

① 参考：Henry J. Aaron and Robert D. Reichaucer, *Countdown to Reform: The Great Social Security Debate* (Washington, DC: Brookings Institution, 2001).

106 利益得到很好的代表;美国退休人员联合会是全国最大的利益集团,会员超过了3 500万人。大多数老年人,以及他们在华盛顿的游说者,极力反对削减他们未来福利的任何社会保障改革。

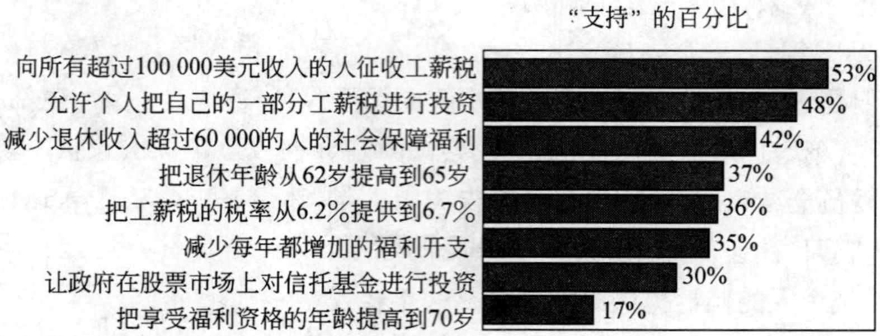

图5-5　关于社会保障改革的公众舆论

资料来源:*Americans Discuss Social Security*. Research center for the people and Press, 1998.

缓解性策略:政府补助

社会保障和失业救济项目是建立在预防贫困的保险策略基础之上的,但是在《1935年社会保障法》中,联邦政府也启动了帮助各州为特定贫困人口提供政府补助的项目。这种策略的目的是为了减轻贫困的状态,起初的想法是为特定的贫困人群——老年人、盲人、残疾人,提供一个最低水平的生活维持费,并且关心未独立生活的孩子。

补充性保障收入　补充性保障收入(Supplemental Security Income,SSI)是一种以家计调查为基础的方式,是由联邦监管的收入补助项目,每月向贫困的老年人(65岁以及以上)、盲人、残疾人等提供现金补助。对于"残疾"(包括酒精中毒、滥用毒品者以及注意力无法集中的儿童)更宽泛的界定,也导致了SSI受惠者的数量迅速增长。

医疗补助　医疗补助是联邦与州联合实施的项目,是为低收入的美国
107 人提供医保服务。大多数医疗补助项目的支出都给予了老年人和残疾人。得到政府补助的妇女和儿童自动具备了享受医疗补助的资格,这一政策适用于按照补充性保障收入获得现金补助的任何人。州政府还可以把医疗补助提供给"因病致贫者"——他们需要支付巨额的医疗费用,但是他们的收入和财产又不至于低到享受补偿性保障收入和接受贫困家庭临时补助(Temporary Assistance for Needy Families, TANF, 即原先的AFDC)的资格,

这些人包括怀孕妇女以及没有得到其他补助的儿童。医疗补助还可用于支付长期的护理院的照看费用,但前提条件是受惠者用完了他们全部的积蓄和收入。

食品券 食品补助费用的项目是向低收入的家庭提供食品券,以使得他们能够维持最低限度的、有营养的饮食。这项政策是由联邦政府监管,但由各州政府负责执行。

对贫困家庭的临时补助 目前,最大的现金补助项目是,联邦政府给予州政府一大笔资金,向抚养未成年孩子的家庭提供补助。这是作为对福利制度的改革,1996 年在国会通过并由克林顿签署的一项福利改革制度,这个补助项目代替了原有的"对有子女家庭补助计划"(Aid to Families with Dependent Children, AFDC)。它的主要条款包括如下内容:

> 联邦基金。分配给每个州的资金起初是基于以前联邦对 AFDC 和其他项目的资金。给各州提供财政资金的激励,也减少了非婚生的数量。
>
> 工作要求。接受补助资金的成年人应该在接受补助的两年内开始工作。但是,抚养不满 12 个月的孩子的父(母)除外。还要求各州到 2002 年至少要使接受福利的人有一半能够参加工作。
>
> 对补助的限制。联邦基金不能用于接受社会福利超过五年的人,不过他们可以使用州和地方基金。州政府可以在这个时间限度内减少福利资金的 20% 的负担。州政府还可以缩短人们接受福利的时间。任何基金都不能用于在接受福利后两年内还没有工作的人。另外,各州还可以考虑:(1) 拒绝对那些出生于享受福利家庭的孩子的援助;(2) 拒绝为那些不满 18 岁的未婚父母提供福利,除非他们与成年人生活在一起,而且还在上学。

社会福利改革

制定帮助贫困人口的理性策略,受到了个人责任和社会同情这样两种价值冲突的阻碍。正如哈佛社会学家大卫·埃尔伍德(David Ellwood)所解释的:

> 福利把我们最高贵的价值——自立、责任、工作、家庭、社会和同情,带入冲突之中。我们想帮助那些生活不济的人,但是在这样做的

> 时候，又好像贬低了那些努力奋斗以摆脱困境的人们所付出的努力。
> 108 我们想为那些低收入者提供财政补助，但如果这样做，就会减少他们的压力和工作的动力。我们想帮助那些不能自助的人，但是我们又担心人们将不再愿意自我帮助。我们承认单亲家庭的不安全，但是如果帮助他们，又好像助长或支持了这种家庭的形成。①

在很大程度上服务于中产阶层的社会保险项目（社会保障、医疗保险、失业救济），在政治上都是很受欢迎的，并且得到了许多在政治上特别积极的受惠者的支持。但是，在很大程度上为穷人服务的政府补助项目（现金补助、补充性保障收入、食品券、医疗补助），却不那么受欢迎，而且还引起许多争论。

公共政策是导致贫困的原因吗 政府制定了社会福利项目和政策，削弱了工作激励、鼓励家庭分裂、谴责穷人的社会依赖等，从而政府本身造成了贫困？是不是社会福利制度使许多人生活于贫困之中，他们本来可能组成家庭，找到低工资的工作，或者通过辛苦劳动和坚持不懈，逐渐使自己和他们的孩子融入美国社会的主流中？

美国的贫困人口从1950年逐渐下降，当时，官方统计美国人口有30%是贫困人口，到1970年，只有大约12%了。通过这段时期内消除贫困的进展，政府的福利项目是最少的。但是贫困人口的下降趋势在20世纪70年代末和80年代初就结束了（见图5-2）。这一阶段正好是对有子女家庭补助计划的补助资金大幅度增加和规章制度放松的时期。最低生活保障的食品券是在1965年启动的，并且成为一项新的主要生活福利。医疗救助也是在同年启动的，到了70年代末，成为所有福利项目中支出最多的。联邦政府对老年人、盲人和残疾人的补助，被并入新的补充性保障收入的项目，这使得受惠者的数量成倍增长。在贫困人口中增长最多的是那些由**工作年龄段**的人担任家长的家庭。政策制定者不得不考虑政策变革导致了贫困人口增加的可能性，这些政策变革包括实行新的福利项目、扩展福利待遇、放松享受福利的资格要求等。②

福利改革的政治 有一种共识逐年增长，即福利政策必须解决长期的社会依赖性问题。大多数非贫困的母亲加入工作的事实，使一些自由主义者认为，享受福利的母亲没有特权待在家里照看孩子。许多保守派人士认

① David Ellwood, *Poor Support: Poverty in the American Family* (New York: Basic Books, 1988), p. 6.

② Charles Murray, *Losing Ground* (New York: Basic Books, 1984).

为，有些过渡性的帮助，包括教育、就业培训、持续的医疗保障、对孩子的日托，对于促使享受福利的母亲成为劳动力是必需的。

虽然克林顿总统承诺："正如我们所明白的那样，结束福利"，但是1994年选举后由共和党控制的国会却继续延续这一政策。由共和党人提出的福利改革法案结束了长达60年的、对抚养孩子的低收入家庭的政府补助——一种对有子女家庭的补助计划。共和党人设计的福利方案是，通过联邦的整体拨款向州"下放"责任——实施贫困家庭临时补助计划，把现金福利补助金一次性地拨付给各州，各州自行决定福利与资格要求。国会中的保守派则在州的补助上施加了严格的"限制"，规定了连续两年享受现金补助的期限，以及一生中享受福利的时间不超过五年的时限；拒绝向那些 109
已经享受福利却仍在生育更多孩子的妇女提供额外的现金补助；18岁以下的未婚父（母）也不能享受现金补助，除非他们仍然与父母生活在一起，并且在上学。克林顿总统否决了1996年初由国会通过的第一个福利改革法案，但是当总统大选临近的时候，他改变了主意，签署了福利改革法案，即启动了贫困家庭临时补助计划（前面已有论述）。另外，食品券、补充性保障收入、医疗补助都继续作为联邦的"福利项目"。

评估：福利改革的运作奏效吗

福利改革，即正式的对贫困家庭的临时补助1996年由国会通过并于1997年开始生效。此后不久，克林顿政府和国会中的共和党人就宣布福利改革是成功的。

福利名单上人数的减少 实际上，美国享受福利的人数随着福利改革下降了一半多（见图5-6）。今天，只有大约2%的美国人接受现金福利补助，这是自1970年以来最低的比例。也许这种比例下降归因于20世纪90年代末的经济强势增长。实际上，享受福利的人数从福利改革之前就开始减少了。一些州在联邦政府的"弃权"下启动了他们自己的改革，甚至在国会通过福利改革法案之前就行动了。

持续不断的福利需求 虽然几乎每个人都同意，把人们从享受福利的名单上去掉，而添加到纳税的名单上，这是改革的主要目标，但实现这一目标仍然存在重大障碍。首先，长期接受福利的人们中有相当比例（可能25%—40%）的人是有残疾的——生理上的缺陷、慢性病、智力上的障碍、酗酒或吸毒，这些缺陷都妨碍了他们进行全职工作。许多长期享受福利的 110

人(大约占40%)没有工作经验,有三分之二的人没有高中毕业。几乎有一半的人生育了三个或更多的孩子,对孩子的日常照顾就成为主要的阻碍因素。所以,自由主义者建议的那些咨询、教育、就业培训、工作替补等项目,不可能成功地使这些人从事生产性的工作。政策制定者认为,先不用说是否有500万个就业岗位能够提供给那些没有技能的母亲,即使能够得到这样的工作岗位,工资报酬也是很低的,这不可能使她们摆脱贫困。

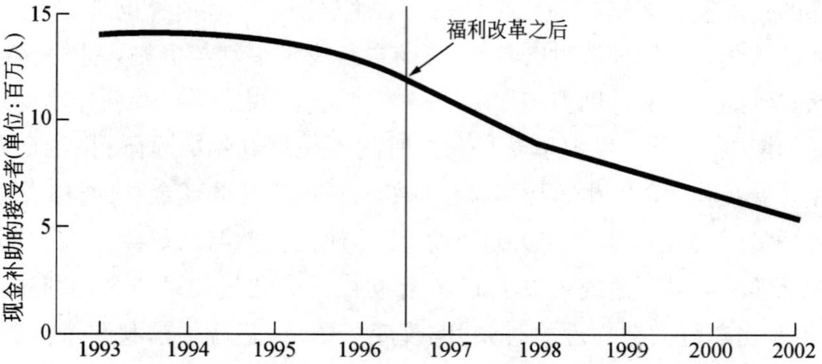

图5-6　对福利改革的评估

资料来源:U. S. Department of Health and Human Service.

对福利改革的"改革"　2002年,布什总统要求国会进一步加强贫困家庭的临时补助计划的实施工作。这些更为严格的要求包括:到2008年,将要求工作的接受福利者的比例,从50%提高到70%;限制各州用教育、培训和待遇来代替工作的权力。布什总统还要求国会为各州提供资金用于教育和咨询服务,以"促进成功的婚姻"。

布什总统还提出了"以忠诚为基础的"社区服务理念,也即,为社区的慈善活动——最低生活保障的食品券、住房、无家可归者的避难所等,提供联邦补助金。为了避免"宗教活动"面临宪法的挑战,布什的建议明确提出,在联邦提供的以忠诚为基础的补助项目中,不会要求受益者"信仰或接受宗教的教旨"。为了使这种补助方式实际化,布什总统在白宫中建立了一个新的以忠诚为基础的社区活动办公室(Office of Faith-Based and Community Initiatives)。

工作中的贫困人口

有相当数量的人口兼职甚至全职工作,却仍生活于贫困线以下。这些

“工作中的贫困人口”，大约占全国劳动力的10%。

最低的工资 《1937 年公平劳动标准法案》(The Fair Labor Standards Act of 1937)是罗斯福新政的一个重要部分，该法案规定了美国工人每周工作 40 小时以及最低小时工资的标准。然而，随着时间的推移，越来越多的工人成为独立的“合同工人”或“管理者”，或其他类型的雇员，从而超出了联邦工资和工作时间的法律保护范围。而且，随着时间的发展，最低工资不能跟上通货膨胀的水平，从而降低了美国工人的实际购买力。

国会定期提高最低工资的水平。(1997 年，联邦的最低工资水平为每小时 5.15 美元。)然而，通货膨胀要比最低工资水平增长的更快。当前的最低工资水平，还不如美国全体工人平均小时工资的一半多。不过，幸运的是，只有少数工人只能得到最低工资(大约占 3%)。最低工资几乎不能为美国工人提供保障。 111

收入所得税抵免(The Earned Income Tax Credit, EITC) 美国低收入工人从当前收入所得税抵免中得到的利益比最低工资更多。EITC 是 1975 年立法的，目的是提供工作激励。这些抵免比起减少联邦所得税的负担，对低收入的人们更有利；而且，它还给那些要求并有资格获得这种抵免的人一个“偿还”支票。(2002 年，有两个或多个孩子，收入在 34 000 美元以下的家庭有资格享受这些抵免，并收到了来自政府的支票。)EITC 可被认为是“负所得税”(negative income tax)，它是政府向低收入工人支付补助金。

现在，EITC 是除了医疗补助之外最大的以家计调查为基础实施的福利项目。大约有 2 000 万的家庭收到了 EITC 的支票。然而，据估计，大约有三分之一的有资格的家庭没有机会获得 EITC 项目的福利。

从接受福利到工作 随着越来越多的人从享受福利的名单中退出，并进入劳动力行列，从过渡性补助(继续享受医疗补助、食品券、公共住房及抚养儿童的福利)中获得福利的低收入工人的数量也在增加。这种持续性补助的性质和内容依赖于联邦政府为实现这些目标而提供的资金，它在不同的州也有所不同。

无家可归者与公共政策

无家可归的“流浪汉”也许是美国面临的最明显的社会福利问题。这些无家可归者游荡在美国大城市街头，遭受着露宿、吸毒、酗酒、慢性精神病的折磨。没有人知道这些无家可归者的真正数量。[1] 这种问题变得如此政治化,以至于对问题的确切估计和制定解决这些问题的理性策略都成为不可能的。[2] “无家可归”这个词语用来描述很多困难的情境。有许多流浪汉睡在地铁、公共汽车站、公园里或马路上。他们有的是暂时寻找工作;有些是离开家一段日子或离家出走的年轻人;还有一些是长年累月在街头流浪的人。有些是住在避难所的无家可归者,他们在地方政府或私人慈善机构提供的避难所中得到住处。由于近年来避难所的数量有所增加,这类无家可归者的数量也在增加。但是,他们当中的大部分人是来自其他的住处,而不是露宿街头。这些人或者是最近从租住的房屋中被驱赶出来的,或者以前与家人或朋友住在一起。这些人通常是带着孩子的家庭;而街头的无家可归者都是单身。

无家可归者是哪些人 在所有的无家可归者(包括流落街头的与住在避难所的)当中,单身男子占到41%,带孩子的家庭占44%,单身女性占13%,没人陪伴的青年占5%。[3] 住在街头的单身中,接近一半的人是严重酗酒或者吸毒者,另外四分之一到三分之一的人是精神病患者。带孩子的家庭通常是住在避难所的无家可归者,他们有许多人被雇佣。这些在避难所的无家可归者居住时间平均为六个月。而那些流浪街头的单身可能多
112 年都是无家可归者。

公共政策是导致无家可归的一个原因 许多流浪街头的无家可归者目前面临的困境,是各种公共政策改革的结果。比较明显的是,让精神病人出院(deinstitutionalization),使流浪者和公开酗酒合法化,新认可的拒绝治疗的权利,中心城市的重建以及取消廉价旅馆和低租金公寓。

让精神病人出院 让精神病人出院是20世纪60—70年代由精神健康专家和社会福利的行为主义者提出的,目的是把慢性精神病人从州立精神病医院中释放出来。因为除了药物,没有什么精神病疗法能够治愈长期的精神病患者,这一点得到了广泛的承认。对于药物疗法,通常可以按照门诊病人进行管理,并不需要在医院进行治疗。因此,人们认为,任何人都无权把精神病人关进精神病院而违背其意志;那些没有犯罪和对其他人不构成危害的病人应该被释放。联邦和州政府用于精神健康的资金,直接给予

① Peter H. Rossi, *Down and Out in America* (Chicago: University of Chicago Press, 1989).

② Robert C. Ellickson, “The Homelessness Muddle,” *The Public Interest*, Spring 1990, pp. 45—60.

③ U.S. Conference of Mayors, *Report of the Taskforce on Hunger and Homelessness*, December 2002.

了社区的精神保健机构购买设备，以便在自愿的门诊治疗的基础上治疗精神病人。国家的精神病医院进行了清理，只留下那些最危险的精神病人。

合法化　流浪与公开酗酒不再被列入严重的犯罪。废除了对精神病人和吸毒者的强制监禁，除非这个人在法庭上被判定为“对自己或他人的安全”构成威胁，这就意味着，一个人实施了严重的暴力行为，法庭才出面干涉。对许多无家可归者而言，这意味着“享有权利而死去”的自由。这些无家可归者遭受着寒冷、露宿、饥饿，容易得到酒精与毒品，因此街头的暴力犯罪就直接侵犯他们。另外，他们还忍受着自身疾病的折磨。

社区医疗保健的失败　以社区为基础的保健，在很大程度上与慢性精神病人以及街头的酗酒和吸毒者面临的困境，并没有关联。许多人都采取了“不合作”的态度；他们被隔离于社会之外，没有亲人、医生和咨询者可以寻求帮助。对他们来说，社区医疗就像基督教救世军的晚餐或轻便小床；就像无家可归者在城市管理的避难所里住上一夜；或者被送到市立医院接受精神监护并给予短暂的观察，然后又被释放，不得不再次流落街头。对于这些问题，美国庞大的社会福利体系几乎不能给予帮助。因为没有永久的住址，这些人无法获得社会保障、福利金和残疾人支票。他们不能应对表格、申请和面试。这种福利的官僚化是危险的，福利工作者不能提供实质性的医疗管理，以及这些人所需要的精神健康护理。

美国的医疗保健

美国医疗保健领域的公共政策，是证明制定理性公共政策面临两难困境再好不过的例子了。这一领域的理性政策制定面临的第一大障碍是对问题的界定。我们制定政策的目标是拥有**良好的健康状况**，还是拥有**良好的医疗保健**？良好的健康状况关注的是人们是否活着（婴儿死亡率）、活得怎样（生病时间的长短）以及能活多久（寿命与成年人死亡率）；而良好的医疗保健关注的则是能否经常看医生、是否有良好的医疗设备和便捷的医院服务、穷人和富人是否享有平等的医疗保健的机会？ 113

也许理解医疗保健政策的第一点就是，良好的医疗保健并不必然意味着良好的健康状况。良好的健康状况与医生和医院无法控制的因素有着最密切的关系，这些因素包括：遗传，生活方式（吸烟、饮食、酗酒、锻炼、焦虑等），物理环境（污水处理、水质、工作条件等）。导致人们健康问题的大多数因素都超出了医生和医院的控制范围。从长远来看，婴儿死亡率、疾病和寿命受医疗保健质量的影响很小。如果你想活得健康长寿,你就要选择健康长寿的父母,按照母亲的教导行事:不吸烟、不酗酒、经常锻炼、好好休息、不暴饮暴食、放松、不要焦虑。

死亡的主要原因 从历史上看,婴儿和成年人死亡率的降低,主要是公共健康与卫生条件的改善带来的结果,包括接种天花疫苗、清洁的公共供水系统、卫生的污水处理、改善饮食结构以及提高生活水平。现在看来,导致死亡的主要因素(见表5-3)包括:心脏病、中风、肝硬化、意外事故、自杀等,这些因素与个人的生活方式与习惯密切相关,而不是医药所能解决的。

表5-3 死亡*的主要原因

	1960	1970	1980	1990	2000
心脏病	369.0	362.0	334.3	289.0	257.5
中风	108.0	101.9	80.5	57.9	60.2
癌症	149.2	162.8	181.9	201.7	200.5
意外事故	52.3	56.4	48.4	37.3	33.9
肺结核	37.3	30.9	26.7	31.3	24.3
糖尿病	16.7	18.9	15.5	19.5	24.9
自杀	10.6	11.6	12.5	12.3	10.3
他杀	4.7	8.3	9.4	10.2	5.8
艾滋病	–	–	–	9.6	5.4

资料来源:*Statistical Abstract of the United States*, *2002*, p.79.

* 是指每年每10万人中的死亡人数。

获得医疗保健 美国人通常把享受医疗保健视为自己的一项权利。每个人都不应该由于缺少资金而被拒绝享受医疗保健,忍受痛苦与可治疗疾病的折磨。这条道德准则得到了广泛认同。但是,当我们寻求理性的策略把这一准则付诸实践的时候,就遇到了棘手的问题。

医疗补助:医疗保健的一种福利 医疗补助是联邦政府专门针对穷人的一项最大的福利项目。这一项目的支出已经超过了其他所有政府补助
114 项目的支出,包括家庭补助、补充性保障收入、食品券补助。医疗补助从1965年开始启动,并迅速发展成为全国最大的福利项目。

医疗补助是由联邦政府和州政府共同实施的项目。其中,州政府行使相当广泛的行政权力,并承担了接近一半的财政负担。医疗补助是针对贫困人口设计的福利项目:不需要预先缴费,补助资金来源于一般的税收收

人，大多数享受此项福利的人已经被列入享受福利的人员名单。尽管各州对享受此项福利人员的资格要求并不相同，但是这些福利必须涵盖所有领取联邦政府补助金的人。而且，大多数的州还将此项福利扩展到其他"医疗极为困难"的人，主要是那些没有资格领取政府补助金，而自己的收入又低到足以被列入贫困人口的那部分人。

州政府还协助提供有关的福利。联邦政府要求各州都要向住院病人和门诊病人提供医院护理、医师诊断、计划生育、实验室的保健项目与X光检查以及护理与家庭保健。各州还必须对享受医疗补助福利的儿童进行早期和定期的检查、诊断和治疗。然而，各州通常自己决定给予医院和医生的回报率。而较低的回报率就无法激励医生提供良好的治疗与保健。为了弥补较低的收益，医生就会在很短的时间里安排那么多的病人就诊，要求病人进行不必要的检查，从而使得医疗费更加昂贵，或者把治疗享受医疗补助的病人的成本转嫁给那些参加私人保险的更富裕的病人。

医疗保险：作为政府保险的医疗保健　和医疗补助一样，医疗保险也是1965年开始实施的，是国家基本社会保障法案的一项修正案。医疗保险项目是向老年人提供预付医院保险和低成本的自愿医疗保险，由联邦政府直接管理。医疗保险项目包括：健康保险（health insurance，HI）——针对老年人医院治疗支出的一项强制性的基本医疗保险项目，其资金来源于社会保障体系征收的收入所得税；补充性医疗保险（supplemental medical insurance，SMI）——是自愿、补充性的医疗保险项目，要支付属于"许可范围"内的医生诊断和其他医疗费用的80%，其中部分资金来源于老年人个人缴纳的费用，一部分来自一般的税收收入。

只有**老年人**才能享受医疗保险。享受这一福利的资格条件不是依据收入来决定的；所有有资格享受社会保障的老年人，都有资格享受医疗保险。享受此项医疗保险的人不需要体检，其以前的身体状况也涵盖在医疗保险之内。补充性保险项目需要参保人缴纳的费用极低，因此几乎所有的老年人都参加了这项保险计划。

医疗保险项目还需要病人支付小额的初始费用或"可扣除资金"，目的是防止不必要的医院治疗和就医诊治。健康保险项目是在支付了相当于一天的住院费用的可扣除资金之后，通常能够为参保人支付每年住院时间当中前60天的所有费用；但是许多医生收取的费用超过了补充性保险规定的收费比例。据估计，实际上只有一半的医生把补充性保险许可的费用当作全部费用。许多医生向参加医疗保险的病人收取的费用超过了补充

性保险项目的规定标准。医疗保险不支付配眼镜、牙医诊治、助听器和常
115 规体检的费用。

未参加医疗保险的人 在美国,大约有85%的人参加了私人或政府的医疗保险。仍有大约15%的人没有参加医疗保险,这些人当中大多数是美国工人及其家庭。这些人还未贫困到具备享受医疗补助的资格,也没有达到参加医疗保险的年龄。年轻人是最不可能享受医疗保险的年龄群体。

评估:享受医疗保健的途径与成本

与其他发达的工业化国家相比,美国在医疗保健领域的投入更大,然而,在国民健康的一些主要指标方面,美国却排在了其他一些国家的后面(见图5-7)。例如,美国人的预期寿命比其他一些国家低,而婴儿死亡率却更高一些。美国提供了世界上最先进、最发达的医疗保健,吸引了许多国家的病人就医,但是这些国家的平均健康指标却排在了美国的前面。美国是世界上最先进的医学研究基地,吸引了世界各地的研究人员从事研究。这种明显的矛盾现象——具备最高质量的医疗保健,但存在较差的国民平
116 均健康状况,表明美国医疗保健中存在的问题,更多地集中于享受医疗保健的途径、教育、疾病预防等问题上,而不是人们所接受的医疗保健的质量。

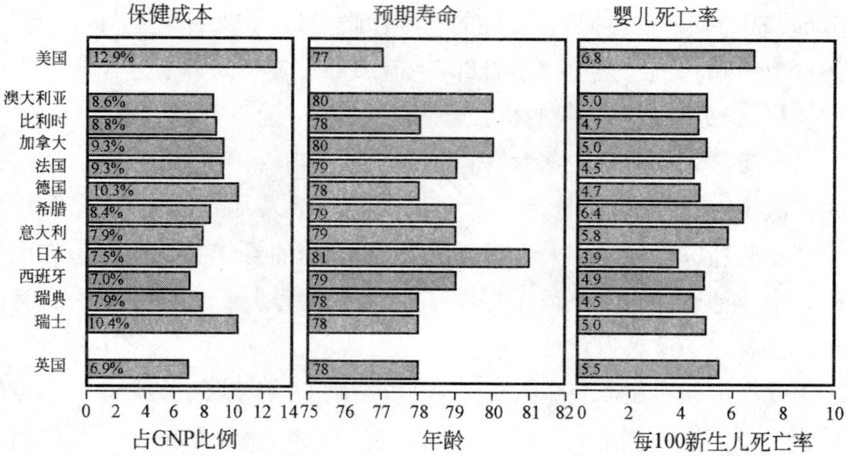

图5-7 医疗保健的支出与收益:跨国比较

资料来源:*Statistical Abstract of the United States, 2003*, pp. 847—848.

医疗保健的途径 虽然医疗保险项目涵盖了老年人,医疗补助项目涉

及了贫困人口，但美国仍然有许多工人及其子女没有享受到健康保险。在没有遭遇紧急情况下，这些人会拖延就医，甚至不去医院，或者被医生或医院拒之门外。面对严重的疾病，他们被迫使自己陷入贫困的境地，从而有资格享受医疗补助的福利。他们无法支付的医疗费用由医院承担，或者转嫁给那些能够支付费用的病人以及他们投保的保险公司。许多没有参加保险的人，有的在小型公司工作，有的是个体经营者，还有的已经失业。

处方药的范围 多年来，美国民主党人和共和党人都承诺，扩大医疗保险中的处方药范围。美国人也广泛地长期要求得到这种利益。经过对这项议案的长期争论，国会终于在2004年通过了扩大医疗保险中处方药范围的立法。

这项法案内容特别多，还有许多漏洞。它是由共和党控制下的国会通过，并由共和党的总统签署的；但是大多数民主党人反对该项法案，声称它不能够更好地保护老年人的利益。而美国退休人员联合会为该项法案提供了重要的支持，认为以后的修正案能够弥补这些缺陷。该法案中的一些重要条款如下：

- 在年度医疗保险支出中，政府将支付75%，达到2 250美元。如果参保人额外支付了3 600美元，政府将承担其中的95%。
- 参保人每年需要缴纳250美元的可扣除费用，每月缴纳35美元的保险费。
- 保障参保人能够参加至少两项保险项目。如果某个地区没有提供私人保险项目，政府将实施一个后备支持项目。
- 医疗保险的参保人在2004年可以得到一张优惠卡。这些卡可使参保人在每项处方上节省10%—25%的费用。

需要注意的是，当医疗费用在2 250美元—5 100美元之间的时候，政府不会提供任何补助。上文中的3 600美元，指的是全部费用，还是费用之差，这是该项法案的一处主要歧义。而且，还禁止政府与药品公司进行谈判，从而迫使药品降价。

民主党人和美国退休人员联合会承诺要修改这些条款。

疗养院护理 随着美国老年人口数量和比例的提高（80岁及80岁以上的老年人是全国人口中增长最快的年龄群体），对长期的疗养院护理的需求也在增加。医疗保险项目中不包括长期的护理和灾难性的疾病，它只支付住院期间前60天的费用，以及疗养院护理前100天的费用，不过前提条件是病人从医院送到疗养院的。而针对贫困人口的医疗补助则可以用 117

来支付疗养院护理所需的费用,但是中产阶层在“花完”其所有的积蓄之前,是没有资格享受医疗补助金的。长期的护理院照看威胁到了他们的财产及其子女继承的遗产。私人的保险政策中包括了长期的疗养院护理,但其费用又太高了。因此,老年人集团进行游说,强烈要求由纳税人缴纳的医疗保险金应该能够用于支付长期的疗养院护理费用。

医疗保健支出 从1960年到1990年,美国的医疗保健支出猛增,从大约占GDP的4%增长到13%。1965年医疗保险和医疗补助项目的实施,及其在20世纪70年代的发展,都促成了医疗保健支出的猛涨。不过,医疗费用的增长还有一些其他原因。医疗技术的发展产生出了高级、复杂而价格昂贵的医疗设备。投入大量资金购买这些设备的医院,就会尽可能多地使用这些设备。而经过高度专业化技术和程序培训的医生,也愿意使用这些设备。由于存在治疗失当的危险,医生被迫进行“防御性治疗”——进行多次检查与诊断,使得发生医疗事故的可能性最小。制药公司通过在电视上对昂贵的名牌处方药品进行广告宣传,鼓动病人要求医生开这些药,从而导致增加了花在药品上的费用。(在1997年以前,直接对处方药进行广告宣传是被禁止的。)而那些价格便宜、成分相同的药品却不能得到广泛认同。

控制保健项目 20世纪90年代,飞涨的医疗保健支出使得政府和私人保险公司实施了各种类型的“控制保健”项目,结果是近年来医疗保健费用增长放缓。医疗保险和医疗补助项目还使许多参保人转移到了控制保健的项目中。

卫生维护组织(health maintenance organizations, HMOs)是最常见的一种控制保健类型。它试图通过让病人到经核准的医院和医生那里去就医,并且审查这些“优选的”保健提供者所做的事情,从而控制医疗保健的费用。例如,一个控制保健组织可能会坚持让医生开那些便宜的普通药而不是所谓的名牌药品。在许多情况下,病人在接受手术或其他治疗之前必须得到该组织的核准。如果病人到这个网络之外的医生或医院就诊,就要多支付一些费用。而在传统的“花钱治病式”的健康保险计划中,病人可以选择医生,接受治疗,向保险公司支付费用。病人可能还要支付全部费用的一个可扣除的比例——也称“共同付费”(co-pay)。

关于控制保健的争论 私人保险公司和政府控制医疗保健成本的努力引起了一些政治上新的争论。保险公司和卫生维护组织制定的许多控制成本的规章与限制性条款,使得病人和医生感到灰心失望。例如,医生和病人都抱怨，由保险公司事先批准治疗的规定，使得治疗的决定权从医 118 生和病人那里转移到了保险公司管理者的手中。病人还抱怨卫生维护组织拒绝他们找专家医生看病，限制检查的次数与种类，甚至还鼓动医生使治疗成本最小化。

病人权利法案 各种各样的抱怨变成了制定"病人权利法案"的助推剂。在起草的病人权利法案中最典型的条款是：允许病人找专家医生看病，而无需首先得到保健组织代表的同意；无需事先征得保健组织代表的批准就可以采取紧急治疗；当病人被拒绝某项治疗时，可以立即提起申诉；最有争议的一条是，病人有权利因治疗失误而起诉所在的卫生保健组织。健康保险行业（包括卫生维护组织）声称，这些建议将极大地增加医疗保险的支出，并认为，任何使他们直接面对病人诉讼的法律都将成为"律师的权利法案"。

医疗保健改革的策略

医疗保健改革主要集中在两个关键性的问题上：控制医疗保健的成本与扩展医疗保健的福利。这些问题是相互联系的：把医疗保健的福利扩展到未参保的人，并缩小享受福利的差距，必然要求增加支出；然而，改革的另一个压力却是减缓医疗保健成本的增长。

肯尼迪—卡斯鲍姆法案（Kennedy-Kassebaum Act） 1996年《肯尼迪—卡斯鲍姆法案》的通过，开始了适度的医疗保健改革。这项法案是以两党的两个发起人的姓名命名的，一个是自由的民主党参议员爱德华·M. 肯尼迪（Edward M. Kennedy），另一个是保守的共和党参议员南希·卡斯鲍姆（Nancy Kassebaum）。这一法案保证健康保险具有"可转移性"——允许工人在失业或更换工作的时候，能够保留其享受保险的资格。他们的新雇主投保的医疗保险公司不能因为其"先前的状况"而拒绝为他们提供保险。

全面的改革策略 主要的医疗保健改革建议一般分为三类：（1）单一付费计划，要求联邦政府对医疗保险进行征税，并直接管理每个人的医疗福利；（2）普遍的医疗保险计划，要求雇主为其雇员支付全部或大部分医疗保险费用，并且向穷人、未参保人员、小型公司提供政府补助金；（3）开放的保险计划，不要求每个人都参保，但是要求保险公司接受所有人的申请，并要求政府把医疗补助扩展到未参保的和低收入的工人。

单一付费计划 自由主义者要求采用加拿大式的医疗保健制度，通过增加税收实行单一性的全国计划，由政府向每个人提供医疗保险。实际上，单一付费计划就是把医疗保险的覆盖面从老年人扩展到所有人。这个
119 计划以简易性自诩，并且会节省多个保险公司的费用，由联邦直接控制需要支付给医院、医生的治疗和药品的价格。然而，单一付费的全面覆盖，要求增加新税种。

以雇主为基础的计划　另有一些人支持普遍覆盖的计划，由雇主为主向大多数工人提供医疗保险，并由政府补贴向那些生活在贫困线以下的人提供保险，以及帮助其他人购买保险。

有些以雇主为主的建议，允许雇主在“参与或付费”(play or pay)之间进行选择：或者按照政府批准的保险计划向雇员提供保险(雇主要支付80%或更多的保险费用)；或者缴纳所得税，用来给以雇主为基础的计划之外的那些人购买保险。这些计划通常认为，联邦政府本身必须向大量的失业者或未参保的美国人提供或支付医疗保险。这也要求税收的大幅度增长。

然而，由于目前雇主在向雇员提供保险时，政府补助金缺位，越来越多的雇主就削减了他们的医疗保险费用，或者迫使雇员支付更多的保险费用，或者干脆取消了医疗保险的福利。

开放保险计划　保守主义者对这些要求联邦政府承担全国医疗保险费用的建议产生了担心。他们认为，大多数美国人对自己的医疗保险比较满意。这些保守主义者并不认为现行的体制陷入了“危机”，而是认为当前医疗保健中的问题能够通过适度的改革得到解决。开放的保险计划并不保证全面的覆盖，而是确保那些愿意购买保险的人能够得到这种福利。这项计划不会强迫任何人去购买保险，也不会要求雇主为其雇员购买保险。没有被纳入任何保险计划的最低工资的雇员，可以缴纳更低的费用去参加医疗补助。个人与雇主的基本保险的费用可以从税收中全部扣除。可以通过统一返还的形式来降低保险支出，而降低支出的更为重要的办法是，修改治疗失误方面的法律，减少对病人造成的“痛苦与伤害”。

利益集团提出的挑战　理性的改革策略面临着利益集团政治的现实，而且利益集团对医疗保健改革细节的争论是相当激烈的。实际上，每个人都考虑自己在全国医疗保健体系中的利益得失。

- 雇主，尤其是小企业的雇主，担心政府规定的保险会增加自己的支出。
- 医生强烈反对政府的价格控制和治疗指导，也反对剥夺病人选择医

生的权利。

- 精神病医生、心理学家、心理健康与吸毒的法律顾问、临床医学家、脊椎指压治疗师、验光师以及牙医，都希望他们自己的服务项目能被纳入医疗保险项目。 120
- 医药公司希望处方药由保险项目支付，但又极力反对控制药品价格。
- 医院希望所有的病人都参加保险，但是反对政府的支付计划。
- 保险公司、卫生维护组织，以及优选的服务提供组织，都反对任何形式的"病人权利法案"，这将使他们直接面对昂贵的法律诉讼。
- 医疗专家和医疗技术的制造商，反对在先进的和"试验性"的治疗费用方面加以限制。
- 力量强大的老年人游说集团要求增加医疗保健的福利项目，如药品的范围、配眼镜、牙医治疗、疗养院护理等，但是担心把医疗保险纳入到庞大的医疗保健体系中。
- 退伍军人希望保留独立的退伍军人部门（Veterans Administration, VA）的医院和治疗服务。
- 反对堕胎权利的人准备为将这一项目排除在福利范围之外而进行斗争；然而，许多支持堕胎的人则要求把这一项目纳入福利计划。
- 律师反对限制病人起诉医生、医院、卫生维护组织和其他人的权利，也反对给这些诉讼的费用施加限制。

本章小结

制定理性的社会福利政策，要求对政策目标作出清晰的界定，提出实现这些目标的替代性策略，对各项策略的成本与收益进行细致的比较与权衡。但是要制定这样一项完全理性的政策，还存在着不可逾越的难题：

1. 对贫困的界定存在差异，这成为制定理性政策的一大障碍。官方对贫困的界定，是按照维持生存所需的最低现金数量来计算的。近年来，大约有11%到13%的人口仍然生活在官方确定的贫困线以下。隐性的贫困人口是指如果没有政府的补助就掉到贫困线以下的那些人，大约20%的人属于这个范围的贫困人口。净贫困人口，是指那些即使得到政府的补助仍然生活贫穷的人，不到10%的人口属于这个范围。

2. 对贫困问题的解释存在冲突，也使得理性的政策制定变得很困难。贫困是缺少知识、技能和培训导致的结果，还是经济衰退与失业造成的后果？抑或是贫困的文化所致？当然，传统夫妻式家庭结构的瓦解，与贫困有着密切的联系。政府如何制定出理性的政策来促使
121 家庭的完整，或者至少鼓励他们不要分离呢？
3. 政府的福利政策本身也许是导致贫困的一个重要原因。20 世纪 70 年代，美国政府实施大社会计划，放松了享受福利补助的资格要求，并迅速增加了福利支出。可是，在实施这些计划之前，美国的贫困人口就已经稳步下降了。那么政府的福利计划本身又在多大程度上鼓励了社会的依赖性，危害了穷人的长期发展前景呢？
4. 社会保险是作为一项预防性策略而设计的，目的是为了确保人们避免因年老、丧失家庭主要劳动力或身体残疾而导致的贫困。但是，社会保障"信托基金"的想法仍然停留在名义上而没有实施。现今，每一代工人都被指望为每一代退休人员的福利付费。到 2020 年之后的某个时候，社会依赖的比率将升高到某一点，此时让工人供养大量的社会保障受益人，将变得越来越困难。
5. 联邦政府也试图寻求缓解性策略，通过各种直接的现金补助和实物补助项目，来帮助那些生活贫困的人口。补充性保障收入项目就是联邦政府向老年人、盲人、残疾人提供直接的现金补助。作为一项福利计划，补充性保障收入的资金来源于一般的税收收入，接受者必须证明他们确实需要补助。其中，最大的福利计划是联邦政府的食品券和医疗补助计划。
6. 1996 年的福利改革，规定了接受现金补助的两年时限，以及工作和上学的条件，看起来大幅度减少了享受福利的人数。但是有些人没有能力从享受福利转向工作，进一步减少享受福利的人数可能会造成真正生活困难的人出现。
7. "理性的"策略有时候会产生非预期的结果。让精神病人出院的措施和公共场所酗酒的合法化，产生了许多无家可归者。传统的福利项目通常很难覆盖到这些人。
8. 国家医疗政策的首要目标还未得到明确的界定。其目标是实现**良好的健康状况**，即追求较低的死亡率、更少的疾病和更长的寿命，还是以实现**良好的医疗保健**为目标？如果以实现良好的健康状况为目标，就要采取预防性的策略，努力改变个人的习惯与生活方式，这

比其他的策略更能改善健康状况。

9. 针对老年人实施的医疗保险和对贫困人口的医疗补助项目，以及由私人与雇主提供的保险，能够保证大约85%的人都能享受到医疗保健的福利。但是仍有大约15%的人(包括许多工人和他们的家庭)，不能享受到医疗保险；其他许多美国人还担心由于失业或调换工作而失去保险。

10. 医疗保健的改革聚焦于两个相互冲突的目标：既要向所有的美国人扩展福利项目，又要降低福利支出。而且，全面、理性的医疗保健改革还受到来自各个利益集团的不同需求的威胁。 122

第六章

教育政策：集团斗争的结果

教育政策的多元化目标

为了解决美国社会所面临的众多问题，被广泛推荐的"解决方案"或许就是提供更多更好的学校教育。如果以前的时代，学校只是与愚昧和无知作斗争的话，那么我们现在已经远远超越了那个时代。今天的学校负有多种任务：解决种族冲突并鼓励尊重"多样性"；引导处于弱势地位的学生培养价值观、志向和身份意识；提供形式多样的大众化娱乐活动（组织足球比赛、乐队、合唱团、拉拉队等等）；通过教育学生与他人友好和睦相处和适应集体生活的方式，来减少社会中的冲突；通过把学生培养成优秀的驾驶员，来减少高速公路上的意外事故；通过体育教学、健康培训、医疗等方式，与疾病和不良的身体状况作斗争；通过职业技能培训来消除失业与贫困；学校提供午餐和牛奶制品，来解决学生的营养不良和饥饿问题；教育学生与吸毒作斗争以及学习必要的性知识；担当那些对学习不感兴趣的青少年的监护人，不让他们去打工或在没有成年人陪同的情况下在大街上游荡。可以说，几乎国家所有的问题都可以反映在对学校教育的需求上。不过，这些需求之间经常存在冲突。

教育政策影响着不同方面的利益，并刺激了许多利益集团的活动。本章将描述联邦教育政策所涉及的主要利益，考察宪法的有关条款以及法院在公立学校处理宗教问题的政策；将观察在教育政策的制定过程中，种族和宗教的利益集团是如何被动员起来的；将会了解到在教育政策的形成过程中解决利益集团冲突的重要性；还要描述教育政策制定的架构，以及在分散的联邦—州—地方政府教育体系中，利益集团多方位介入的问题；考察在地方层次上，教育政策涉及的宽泛的利益集团的分类——教师、纳税人、学校董事会的成员、学校的行政管理者以及学生家长。最后，讨论公立 125
高等教育的财政和治理问题，包括国家对州立学院和综合性大学的投资。

现在，美国大约 5 500 万孩子就读于幼儿园、小学和中学，其中大约有 4 900万接受了公立学校的教育，大约 600 万在私立学校里上学。大约1 600万学生正在接受高等教育，包括在社区学院、一般性学院和综合性大学里求学。①

与教育有关的团体

教育中有关的利益团体涉及的范围很广，有种族、宗教、工人和公民权利的组织，也有家长、市民和教育团体等。

家长、市民与职业教育工作者　家长与市民的团体与职业教育工作者之间存在着很多争论。市民团体认为，学校作为公共机构应该由地方公民通过选举出来的代表来管理。这一理念最初是在 19 世纪美国公共教育中形成的。但是随着教育问题的日益复杂化，由市民代表组成的教育委员会的知识已不足以应对学校面临的许多问题——教学上的创新、课程的变化、几百万美元的教学楼工程、特殊教育项目，等等。到了 20 世纪，学校的主管或负责人，及其行政助理开始越来越多地管理学校的日常事务。从理论上来讲，学校的主管只能执行学校委员会的政策，但实际上他（她）已经参与了很多教育政策的制定。学校的主管是全职的行政管理者，要接受来自律师、建筑师、会计、教育咨询专家的直接的建议和意见，通常设定学校委员会的会议日程。

职业的教育工作者　职业的教育工作者至少可以被分为三个不同的集团。从数量上来看，最大的集团（250 万人）是由中学教师组成的。但是最有影响力的集团恐怕是学校的专业管理人员，尤其是学校的主管。第三个集团是由大学的一些学院或机构的教师职工组成的团体，这个团体经常与州政府的教育部门打交道，把教育的创新与理念传播给每一代教师，影

① *Statistical Abstract of the United States*, 2003, p. 147.

响到这些州内部对教师资格认证的要求。

教师协会(联盟) 大多数教师都会加入协会:有的加入成立时间较长而且规模较大的全国教育协会(National Education Association,NEA),这个协会大约有200万会员;有的加入规模较小但活动积极的美国教师联盟(American Federation of Teachers,AFT)。全国教育协会在华盛顿有大规模的办事机构,能够对政治候选人在竞选方面起重要作用。而美国教师联盟的会员较少,主要集中于大城市的学区,但是作为美国劳工联合会和美国
126 产业工会联合会的会员,它能够向有组织的劳工请求帮助。这两个教师协会的一些分会在大多数的州和大城市的学区获得了集体谈判的地位。这些分会已经关闭了一些学校,通过施加压力迫使学校主管、委员会成员、纳税人在工资待遇以及教室的条件、学习科目和其他教育事务上作出让步。这两个教育集团都会游说国会、白宫以及其他行政部门,尤其是教育部(Department of Education,DOE)。实际上,在1979年设立教育部,很大程度上是因为卡特总统在竞选运动中向教育集团许下的承诺,即设立一个独立的教育部门。

投票者与纳税人 在社区的层次上,学校政治在每个社区是不同的,但是在每个社区还是可以确认一些政治集团。首先是能够参加学校选举的投票者团体。平均来看,只有大约25%—35%的符合条件的投票人愿意为学校的选举去投票。参加学校选举的投票人及其选票也没有反映学校事务涉及的公共利益。更为有趣的是,参加学校投票的人数越多,对教育政策的建议就越容易**失败**。一般意义上说,挫败学校的公民选举的最好办法是让大量的投票者参与投票。因此,支持教育支出的那些人应更好地接受这样的建议:不要努力争取大量的选民,而是去争取那些更有见识的、重视教育的选民。

学生家长 在学校委员会的选举中,学生家长在某种程度上更愿意参加投票。甚至有一些积极的家长参加学校委员会的会议并提出他们自己的观点和看法。然而,家庭教师协会(Parent-Teacher Associations,PTAs)在多数的社区都被学校教师和管理人员控制着。只有在偶尔的情况下,一些地方的家庭教师协会被不高兴的家长"控制",变成与学校的行政人员或委员会的政策对立的团体。

在通常情况下,与那些不是学生家长的人(包括已经将孩子培养成人的年长的投票者)相比,家长更加支持用于学校的征税与开支。实际上,在许多社区,学龄儿童的家长在学校的支出问题上,与年长的纳税人存在冲突。

学校委员会 在地方学校的政治生活中，学校委员会的成员构成了另一个重要的行为团体。他们大多是从家长（通常与学校教师和管理人员有一定的关系）以及地方领导中选举产生的。也有证据表明，比起那些见识较少的市民，对教育感兴趣并且了解学校活动的人更加支持教育事业。

种族与宗教团体 由于教育中经常涉及种族与宗教问题，所以一些团体都参与到教育政策中，例如，全国有色人种协进会（National Association for the Advancement of Colored People, NAACP），全国天主教教育委员会（National Catholic Education Conference），美国犹太人代表大会（American Jewish Congress），美国政教分离联合会（Americans United for Separation of Church and State），美国公民自由联盟（the American Civil Liberties Union） 127
等。这些精心组织的全国性组织长期在联邦法庭上就学校的一些问题进行斗争，包括种族隔离和其他种族问题、在学校进行祈祷和诵读圣经的问题，以及教会学校的公共财政问题等。

以社区为基础的宗教团体，经常为恢复当地学校的传统道德观而积极活动。在这些争论中，备受关注的问题包括暗示着承认婚前性行为的性教育课程，在校园内发放避孕用品，以及讲授进化论和排斥神创论。

关于基础教育的争论

教育中利益相关的公民团体（家长、纳税人和雇主）与专业的教育工作者（学校管理者、州政府的教育官员和教师协会），在公立学校应该开设什么课程这一关键问题上存在着对抗性的观点。公众强烈赞同讲授基础的“3R”（即阅读、写作和算术），对测验实行强制性的最低标准，甚至要测验教师对这些基础知识的掌握程度。在情感发展、与他人相处、自我表达与自我形象意识、文化陶冶以及形式各样的教育创新等方面，家长并没有专业教育人员的热情那样高。

对 SAT 考分的争论 许多年来，由于在标准化考试当中，尤其是许多高等院校都要求的学术能力测验（Scholastic Aptitude Test, SAT）的分数逐渐下降，这引起了对现代公共教育的批评，这也是学校对于基础阅读和数学技能教学失败的一个表现。特别是在 20 世纪 60 年代到 70 年代，SAT 分数有非常明显的下降，虽然这时每个学生的教育费用在增长而且联邦政府也启动了对教育的援助（见图 6-1）。批评家认为，国家正在向失败的教育系统投入大量的资金；他们极力主张回归到基础教育。

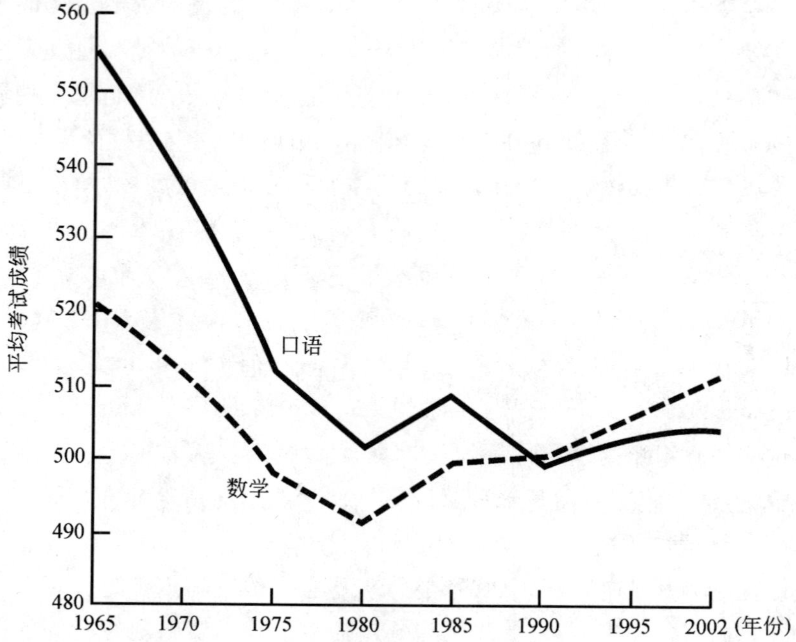

图 6-1　SAT 平均分数的趋势

资料来源：The College Board, Princeton, N. J.

然而，专业教育人员却争辩说，正在下降的 SAT 分数实际上与多少学生参加了考试是有关系的。在考试分数下降的那些年代里，参加考试的学生数量和比例也在不断增长——过去从未立志要上大学的那些学生的考试分数，比不上早年大学里的那些规模较小的学生群体的考试分数。

处于危险中的国家　到 20 世纪 80 年代，SAT 分数就不再下降了。1983 年，全国提高教育质量委员会（National Commission on Excellence in Education）一份很有影响力的报告《处于危险中的国家》，推动了“回归基础教育”的公民教育改革运动。①

> 我们的国家处于危险当中……如果有一种不友好的国外势力试图强加给美国现行的普通教育成果上，我们最好把它视为一种战争行为。

128

该委员会的建议设定了教育政策辩论的议程。其中有些建议如下：

① National Commission on Excellence in Education, *A Nation at Risk* (Washington, DC: U. S. Government Printing Office, 1983).

- 中学课程最低限度应该安排4年英语、3年数学、3年社会科学和半年计算机；
- 从小学开始，学习4—6年的外语；
- 所有这些课程都以标准化考试取得学分；
- 布置更多的作业，每天在校7个小时，每年在校时间为200—220天；
- 升级和毕业都需要可靠的等级和标准化考试；
- 实行“绩效制”的教师工资，并对“优秀”教师给予奖励。

考试 许多州的立法机构对上述委员会的报告和要求更好地掌握基本技能的问题进行了回应，要求学校减少竞争性测验和在升级时淡化分数。这些考试可以被当作判断工具来决定是否需要对教育进行修正，并提出升级和毕业的最低分数要求。

专业教育人员对于考试不如公民群体和州政府立法者那样热心。教育专家认为，这些测验将会导致狭隘的“应试”教育，而不是对今后的人生进行全面准备。换句话说，应付这些考试，要求教师把更多的时间用在如何教学生通过考试，而不是为毕业后创造性的生活做准备。 129

种族冲突 对学校测验的最强烈的反对来自于少数集团的领导，他们控诉这些考试是带有种族偏见的。在标准化考试中（包括SAT），黑人学生的平均分数通常比白人学生的分数要低（图6-2）。通过考试，黑人学生不能升级或毕业的比例要比白人学生的比例更大。一些黑人领导指控测验本身具有种族歧视，而且学校中有种族隔离，都导致了黑人和白人学生在考试分数上的差距。学校基础教育的失败被认为是一种歧视，因此是否认黑人学生获得文凭的不公平现象。然而，直到今天，联邦法院认为，只要给所有的学生足够的时间和机会准备考试，那么升级和毕业考试的要求就不具有歧视性。

辍学（退学）率 反映教学成绩的另一个指标是辍学（退学）率。然而对于如何计算这个比例，学校管理人员与纳税人存在不同意见。学校管理者为了使这个不光彩的统计数字最小化，他们只统计10、11或12年级中正式登记而又终止学习的学生，在这些年级所有学生中占的比例。这样统计出来的比例是很低的，从全国来看，在4%到5%之间。但是美国人口调查局测算的退学率是指：18—24岁之间的没有上学或者没有毕业的人，在18—24岁的所有人中所占的比例（见图6-3）。这样得出的退学率很高，全国大约是13%。不过，据统计，全国的退学率正在缓慢下降。 130

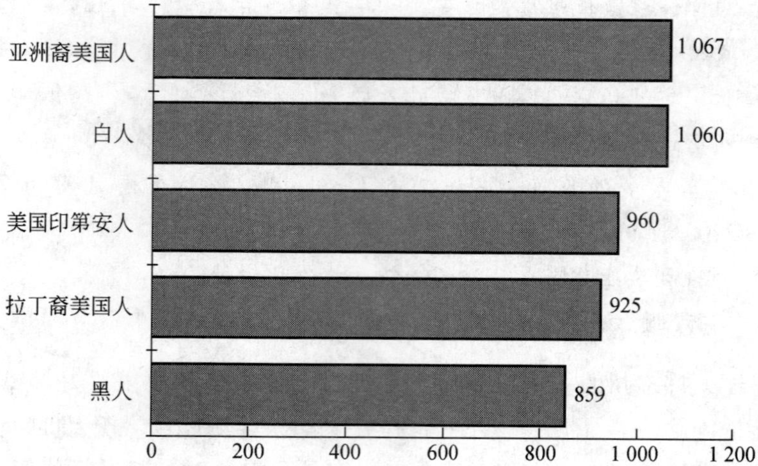

图 6-2　按照种族划分的 SAT 平均分数

资料来源：The College Board, Princeton, N. J.

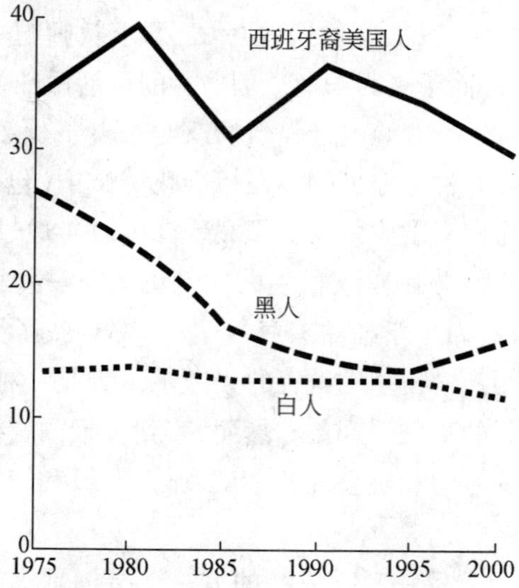

图 6-3　全国的辍学(退学)率*

资料来源：Statistical Abstract of the United States, 2003, p. 177.

* 是指 18—24 岁的没有上学或者没有高中毕业的人所占的百分比。

跨国比较　通过比较美国学生和其他国家的学生在同样课程上的考试分数，尤其是数学和自然科学的分数，可以评估教育水平。国家自然科学基金会进行了这方面的研究，结果如图 6-4 所示。美国学生的成绩最好描述为"一般"。在那些有高分学生的国家里，教育好像在文化上具有一种更高的优越性，也就是说，教育在家庭和社会中的评价很高。而且，在这些分数高的国家里，教育的标准与测验是由国家层次决定的，而不是像美国那样由州和学区来决定。这些国际比较的结果好像支持了美国发展全国教育和测验标准的努力。但是，各州的教育团体以及保守势力担心，联邦政府对美国教育的"接管"，所以反对在全国实行统一的标准。

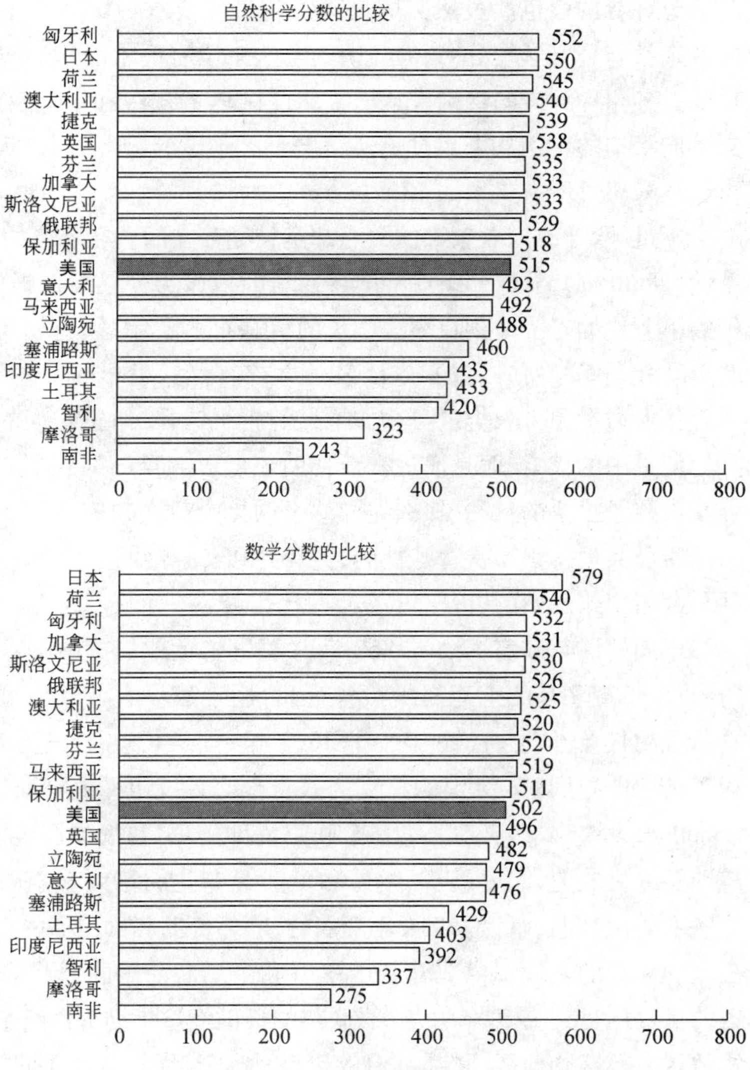

图 6-4　教育水平的跨国比较

资料来源："The Condition of Education, 2001", National Center for Education Statistics.

联邦政府在教育中的职责

在美国传统上，教育是社会（区）的责任。但是随着多年的发展，州政府承担起了公共教育的主要职责。而联邦政府则在教育政策领域保持着
131 利益旁观者的角色。虽然美国最高法院带头要求保障教育上的种族平等以及宗教与公立学校分离，但美国国会从来没有要求分担教育支出的相当份额。各州和地方的纳税人承担了超过 90% 的初级和中等教育的费用；联邦政府承担的费用从未超过 10%。与此类似，联邦政府在高等教育中的支出也从未超过所有支出的 15%。

不过，联邦政府对教育的关心却是长期存在的。在著名的 1787 年西北条例（Northwest Ordinance）中，国会在新的地域为公立学校提供了土地，并把给下一代的寄语镌刻在语法学校的奠基石上，“宗教、道德和知识是良好政府和人类幸福所必需的，应该鼓励学校教育。”最早的民主党人认为，社会最伟大力量源自人类自身。如果人们犯了错误，纠正错误的方法不是消除他们手中的权力，而是通过教育帮助他们形成自己的判断。如果普通的公众被授予投票的权利，那么他们就必须接受教育来完成这个任务。这就意味着公共教育必须是普及性的、免费的和义务性的。义务教育是 1852 年从马萨诸塞州开始的，1918 年密西西比州最后一个实行义务教育。

早期的联邦政府资助　1862 年，《莫里尔土地划拨法案》（Morrill Land Grant Act）把联邦的土地提供给各个州，用于建设农业和机械学院。这就是所说的接受土地捐赠的学院。1867 年，国会设立了美国教育办公室；1979 年，设立了内阁级别的独立的教育部。1917 年《史密斯—休斯法案》（Smith-Hughes Act）启动了第一个联邦资助的项目，发展职业教育，使得学校能够提供农业、家庭经济、贸易和工业等专业的培训。全国的学校提供午餐和奶制品的项目是 1946 年开始的，联邦资助和日用品的捐赠都用来为公立和私立的学校提供非营利的午餐和牛奶制品。联邦政府人口稠密地区的资助项目是 1950 年开始的，联邦的资助经过批准提供给全国的人口稠密地区。在这些地区，联邦政府的资助活动产生了实质性的影响，学校的招生人数有了很大的增长，并且由于是联邦政府自己的财产而使这些地区的税收减免了很多。1957 年苏联成功发射第一颗人造卫星，美国对此反映强烈，国会开始意识到美国的教育没有在世界上保持领先地位，尤其是在科学技术方面。于是在 1958 年国防教育法案中，国会向各州和公立学区提

供资金援助来改善自然科学、数学和外语的教学。国会还建立了一整套体系，为本科生提供贷款，为研究室提供奖学金，为学院提供资助，所有这些都是为了改善对教师的培训水平。

初等和中等教育法　1965 年的《初等和中等教育法》(the Elementary and Secondary Education Act, ESEA) 确立了一笔最大的联邦资助教育的项目。贫困地区的学校是这一资助项目的主要受益者，它们获得了物质上的帮助以及教育研究和培训的机会。该项法案的第一条就规定，把联邦的财政资助提供给“地方教育机构，以关注那些低收入家庭的孩子集中的地区”，从而推进“满足被剥夺受教育权利儿童的特殊需要”这一项目。 133

街区教育资助　里根政府早期通过的 1981 年《教育合并与改进法》(the Education Consolidation and Improvement Act of 1981)，把 ESEA 和联邦其他的教育资助项目合并为州和社区单一的资助。其目的在于使州和地方的学区在使用联邦教育资助方面有更多的自主权。教育援助的第一章仍然保留，但是在使用援助资金方面，地方学校的官员有了更大的自由度。

启蒙教育(Head Start)　最受欢迎的联邦资助项目是“启蒙教育”，这种资助最早出现在林登·B. 约翰逊总统时期，他在 20 世纪 60 年代提出了“向贫困宣战”的计划，在生活贫困的孩子进入幼儿园或一年级之前向他们提供特殊的学前准备。随着这些年的发展，这一援助项目受到了家长、国会成员以及共和党和民主党总统的赞同。虽然专业教育人员试图通过研究来证明这项教育资助的价值，但是结果最多只能是混合性的，有好有坏。这种资助项目的作用在学生入学几年后就消失了；得到这项资助的处于弱势的学生在中学里的表现和学习成绩并不比那些没有得到资助的学生优秀多少。不过，这种教育资助在政治上还是很受欢迎的。

教育支出和学生成绩　目前还没有可靠的证据表明公共教育费用的增加能提高学生的成绩。公立的初等和中等学校里，每个学生的费用是逐年增长的(见图 6-5)。自从 1970 年，公立学校在每个学生上的花费翻了一番(根据通货膨胀作的计算)。但是，标准能力测试的分数以及其他测验成绩都没有明显的提高(见图 6-1)。这些教育资金(包括联邦资助)的失败，使得改善教育的焦点转向新的甚至争论性的改革。

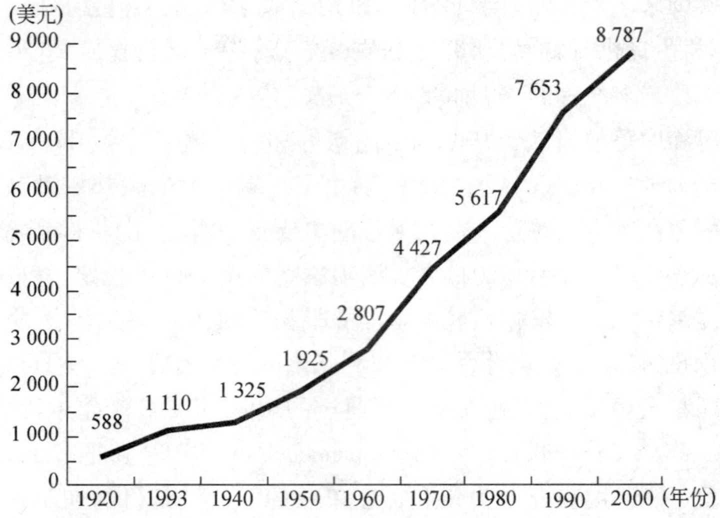

图 6-5　公立学校每个学生的教育支出*

资料来源：*Digest of Education Statistics*, National Center for Education Statistics, 2002.

* 注：这种支出是以 2001 年的美元现值计算的。

《不让一个孩子掉队法》

自从就职开始，乔治·W. 布什总统就把发展教育作为他在国内的第一项任务。他提出的全面教育改革的途径体现在 2001 年《不让一个孩子掉队法》(No Child Left Behind Act)之中。尽管这个法案只是对《1965 年初等与中等教育法案》第一章的正式修正，但它确实重新界定了联邦政府在公共教育中的职责。

测验　《不让一个孩子掉队法》基本上依赖测验，把它作为改善美国初等和中等学校教育的主要手段。其中最好的措辞就是"责任"——要求各州制定阅读和数学课的标准，对三年级到八年级的学生每年进行考试。(该法案中规定的考试，是美国教育部规定的全国教学评估之外的考试，后者是每年在公立和私立学校的四年级、八年级和十二年级的学生中抽样参
134 加考试；评估测试的结果通常作为国家教学质量的一个衡量指标。)测验的目标之一是确保每个学生在三年级结束的时候能够学会阅读。

考试结果和学校在熟练目标上取得的进步最后都要公布出来，其中包括在摆脱贫困、种族、残疾、英文受限等方面取得的进步，目的是确保每一个群体都不被"落在后面"。那些不能够取得年度进步的、不能达到州确立

的目标的学区和个别学校，将会面临“补救行动”和重新设计提高教学质量的“措施”。学生成绩或学习情况将根据每年的考试来进行考核。对每个学校教学质量的年度报告卡，将把孩子所在的学校以及本学区其他学校情况的信息提供给家长。

家长的选择　如果自己的孩子所在的学校没有通过年度考核指标，家长有机会选择把孩子送到本学区其他公立学校或特许学校。要求这个学区用它自己的资金来支付学生转学到新学校的交通费用，并运用（第一章规定的）联邦资助来实现对学校的选择以及对学生提供补偿性的教育服务。这样做的目的是确保每个学生不在那些没有进步的学校里受“坑骗”，并对那些教学质量不高的学校提供改进教学的动力。由于学校年度预算的一部分常与学生挂钩，学校要避免失去生源，就必须获得年度进步奖。连续五年没有获得年度进步的学校，将面临“重组”的危险。 135

灵活性　《不让一个孩子掉队法》承诺各州“在责任上有灵活性”。它允许各州自己设计和进行测验，并决定什么样的是较低的教学质量，什么样是取得了年度的进步。还鼓励各州运用第一章规定的联邦资助来改善教学质量较低的学校。

资金　《不让一个孩子掉队法》明确要求全国各州及各学区都要承担额外的财政负担。他们对这一要求的抱怨是，如果他们遵守这一法案，联邦政府就会按照1965年初等和中等教育法案第一章的规定，给予持续的财政支持。但绝不是说，联邦政府肯定会给各州和所有学区提供额外的资金来满足该法案的新的要求。

关于学生测验的争论

伴随着全国范围内州立法者对考试的普及，联邦政府对成绩测试的推动，引起了教育界一系列的争论。

为了测验教学　专业的教育人员和教师反对测验，首先是因为这样做会导致狭隘的“应试”教育，而不是素质教育。测验要求教师花费更多的时间教给学生怎样通过考试，而不是教给他们如何为毕业后的创造性生活做好准备。

种族歧视　对测验的反对还来自少数群体的领导者，他们认为考试是有种族歧视的。黑人学生的平均分数要低于白人学生的平均分数，黑人学生因考试成绩不能升级的比例要高于白人学生。有些黑人领袖指责说种族歧视存在于考试本身。仅仅因为学校基础教育的失败而拒绝让如此多黑人孩子不能毕业,被认为是一种种族歧视。然而,直到今天,联邦法院都拒绝承认考试本身是带有种族歧视性的,并认为只要给所有的学生充足的时间和机会来准备考试,那么考试就不会带有种族歧视。

测验教师 学生接受考试,那么教师为什么不接受测验呢?专业教育团体强烈反对教师的能力测验,理由是标准化的考试不能够真正衡量课堂成绩。全国教育协会反对针对教师的所有测验。美国教师联盟倾向于只对新教师进行能力测验。由于绝大多数的州在教师取得资格之前对其进行了测验,所以只有极少数的州要求所有教师都参加测验。但是只要对教师进行测验,其结果都是令人忧虑的。因为有大量经验丰富的教师都不能通过考试。[1]

具有高风险的考试 近年来,有些州(包括得克萨斯州和佛罗里达州)
136 开始要求所有的高中毕业生,即便通过课程测验后,还要通过一个州标准化考试才能得到毕业证书。支持者认为,这种具有高风险性的考试可以确保高中毕业生至少能掌握基本技能,能够阅读和做数学题,为参加工作或继续深造,做好充分准备。反对者却认为,这样做是不公平的,尤其是对那些已经修满高中学分的学生,还要他们再参加一次毕业考试才能拿到毕业证,这给他们增加了额外负担。他们还认为,学生和教师高度依赖测验的结果,将会导致课堂教学仅仅侧重于狭隘的基本训练上,而不是学习更加广泛和有用的知识。少数族裔领导人反对的理由是,有相当比例低收入的和少数族裔的学生不能通过考试而毕业。

家长在教育中的选择权

社会科学研究表明,当学校得到孩子们的认同达到一定程度而成为家庭的替代品时,教学成绩就会提高。[2] 学习成绩和毕业率的提高应该为了所有的学生,尤其是那些处于弱势地位的学生,这样的学校对教学成绩有一个很高的期望,需要有秩序和守纪律的学习环境,强调对基本技能的掌握,经常性地监督学生的进步情况,教师和家长之间的互动并具有相同的

---

① *Time*, July 20, 1998.

② 参见:James S. Coleman, Thomas Hoffer, and Sally Kilgore, *High School Achievement* (New York: Basic Books, 1982); John E. Chubb and Terry M. Moe, *Politics, Markets, and America's Schools* (Washington, DC: Brookings Institution, 1990); Chester E. Finn, Jr., *We Must Take Charge: Our Schools and Our Future* (New York: Free Press, 1991).

价值标准。家长为孩子选择学校的时候，如果是在私立的或天主教学校之间选择，这些共同的价值观就会得到强化。①

家长的选择　在美国教育改革运动中，“选择”是当前的一个关键词语。有一种看法认为，家长对学校的选择以及学校之间在招生上的竞争，有利于提高家长的满意度和教师的士气，也有利于提高学生的学习成绩和毕业率。激励校长和教师与家长直接合作，设定明确的目标，设置主修课程，严格纪律，对学生提出更高的要求。这种选择计划不仅有利于家长掌握更多的信息为孩子作出明智的选择，而且还向教育工作者传达一个信息——组织学校教学，并提供家长认为孩子成长所需要的东西，不然学校就可能失去生源和资助。②

契约学校　解决家长选择学校的一种途径是“契约”学校。社区教育团体与所在学区或者州政府的教育部门签署一个“契约”来建立他们自己的学校。他们不会受到州和学区规章制度的过多限制，从而具有更多创新性；作为这种自主性的交换条件，他们承诺让学生取得突出的成绩。

兴趣学校　另一个常见的改革建议是建立一些兴趣学校。高中可能需要选择一些主修课程，有些要强化数学和自然科学，有的专修纯粹的艺术，有的学习商业，甚至有的需要职业培训。有些学校可能被商业、专业机构或者大学“选中”了。这种专业情趣的学校因为教学质量和专业指导而 137
出名，通常建议建立在市区内，来吸引白人学生和减少种族隔离。

教育券　关于家长选择学校的一个更有争论的问题涉及发给家长的教育券，这种教育券能够在他们选择的任何公立或私立学校使用。州政府通过支付一定数量的资金来兑换学校提交的教育券——大约相当于这个州花在每个学生身上的教育费用。所有公立和私立学校在招生时平等竞争，州政府的教育资金流向招生较多的学校。这种竞争激励所有的学校都去满足家长追求优秀成绩的要求。在任何接受教育券的私立或公立学校里，严格禁止人种、宗教或种族的歧视。向私立学校提供教育券，对于那些来自贫困或弱势家庭的学生是非常有用的。这些孩子与那些来自更加富裕家庭的孩子想法不同，他们没有想到逃离公立学校而进入私立学校。

然而，对于教育券的理念却存在强烈的反对意见，尤其是受到学校专

---

① James S. Coleman and Thomas Hoffer, *Public and Private High Schools* (New York: Basic Books, 1987).

② 参见：John E. Chubb and Terry M. Moe, "Politics, Markets, and the Organization of Schools," *American Political Science Review* 82 (December 1988), pp. 1065—1087.

职行政人员和州政府教育部门的反对。他们认为，给予家长为自己孩子转学的权利，会打乱学校的教学计划，并且会威胁到那些教学质量较低的学校的生存。另一个结果是导致学校的分化：受到欢迎的学校，能够吸收最优秀的学生；质量较差的学校，只是完成对一些学生的教学任务，这些学生的家长对孩子的教育不关心或者不感兴趣。另有一些反对者担心，如果家长有选择学校的权利，包括把他们的孩子送进私立学校或教会学校，会使公共教育受到削弱。公共教育的团体担心教育券使得公共资金流向私立学校。

加利福尼亚投票反对教育券　这种选择学校的运动在 1993 年出现了明显的倒退，也就是在加利福尼亚选民大声反对推行家长的教育选择权的 174 号令的时候。专业教育人员、教师联合会和自由主义者联合起来，采用昂贵的、高度公开的运动形式来反对这项措施。174 号令给予每个学龄儿童一份“奖学金”（教育券），相当于加利福尼亚州和地方政府平均给每个学生的资助的一半，从而实现“授予家长权利”的承诺。这笔钱直接交付给那些家长选择的学校。不论私立学校还是公立学校，都有资格成为“独立的补偿奖学金”的学校，对人种、种族、肤色、出生地有歧视的学校就没有资格接受补偿了。

反对这种措施的集团，包括颇具影响力的加利福尼亚教师协会，认为应该建立“双层”的学校体制，一些为有教育券的，一些为没有教育券的。他们将教育券描述为“使得富裕家庭为了他们的孩子而资助私立学校的项目，而这笔资助是由纳税人支付的”，这种说法表明没有手段对教育券进行检验。加利福尼亚州大约有 10% 的学龄儿童进入了私立学校读书；他们的家长将会一下子获得这笔钱款。持有反对意见的人警告说，如果资金和优
138 秀学生都从公立学校流走，那么公共教育将会受到严重的损失。尽管只是把培养一个公立学校学生所用资金的一半转为教育券的形式，但一些公立学校在执行这个项目的时候还是面临着财政困难。给那些已经在私立学校就读的学生提供教育券已经出现了严重的财政问题。没有人能够准确估计究竟有多少学生从公立学校转至私立学校。最后，反对者在选民中发动了突然袭击，警告纳税人的钱流向了教会学校。

加利福尼亚州的教育券运动似乎影响到了全国的公众舆论。在 1993 年之前，民意测验显示 65%—75% 的美国人支持教育券制度（“允许学生和家长用公共资金来选择私立学校”），但是到了 2000 年，美国人最终在这一

问题上出现了明显的分歧。①

关于教育财政资金的斗争

从整个美国来看,在教育支出上的变化是非常大的。全国每年要为每个孩子的公共教育花费9 000美元。然而,全国公共教育的平均支出中,被隐瞒的与各州公开披露的一样多。例如,2002年公立学校对每个学生的支出,从纽约的11 470美元到北达科他州和犹他州的不足5 000美元。②（见第十二章的表12-2,各州在每个学生教育支出上的排名。）为什么有些州在每个学生的教育费用上会是其他州的两倍还多？经济财力是决定一个州提供教育服务的意愿和能力的重要因素。各州之间在教育支出上的大多数差异都可以从它们经济财力的不同得到解释(参见第十二章)。

学区之间的不平等 关于公共教育争论的另一个问题是,公平分配教育的收益与支出。大多数学校的收入来自地方的财产税。在除夏威夷之外的其他各州,地方的学区委员会都要从财产税中提取一部分给予他们的学校。这就意味着,可征税财产较少的社区不能够像富裕的社区那样为他们的学校提供同样的财政支持。结果通常是,富裕的社区以较低的税率就能够为孩子提供更好的教育,而那些贫困的社区必须以较高的税率来支持公共教育,原因就是每个社区可征税的财产及其价值不平等。

学校不平等是一个宪法的问题 一个州内学区之间的不平等,是否违背了美国宪法第十四修正案关于"法律平等保护"的规定以及大多数州的宪法中类似的条款？美国最高法院裁定,一个州内各个学区之间的财力差异,及其所导致的对每个学生教育支出的不平等,并**不违反**第十四修正案的平等保护条款。按照美国的宪法,各个州没有义务平衡州内的教育 139
资源。③

然而,近年来**州法院**基于自己对**本州**宪法条款的解释,开始更多地干预学校财政,以确保不同学区之间的平等。这种干预最早是从加利福尼亚州开始的,该州最高法院要求,州的资金利用要帮助平衡本州各学区的财力和资源。④ 许多州的法院也强制立法,出台平衡本州资金的法案,来解决

---

① Gallup polls, 1993, 2000.

② *Statistic Abstract of the United States*, 2003, p.169.

③ Rodriquez v. San Antonio Independent School District, 411 U.S. 1 (1973).

④ Serrano v. Priest, 5 Cal. 584 (1971).

学区之间财产税收入的差异。州法院的平等要求通常是建立在州宪法的“保障平等”条款基础上的。为了实现社区之间学校财政的平等,越来越多的州法院要求通过立法,用州的一般税收代替地方的财产税。

公共政策与高等教育

美国州政府自从殖民时期就已经参与了高等教育。东北部的州政府通常向本州的私立学院提供资助,这一做法一直持续到现在。通过州的立法批准建立的第一所大学是1794年的佐治亚大学。在内战之前,东北各州几乎无一例外地依靠私立学院,而南方各州则对公立高等教育进行管理。战前,南方一些州立大学的课程都是模仿早期私立大学的经典课程严格设置的,包括希腊语、拉丁语、历史、哲学和文学。

公立大学的发展　直到1862年《莫里尔土地划拨法案》的实施,公立高等教育才开始在各州蓬勃发展。有趣的是,东部各州对《莫里尔土地划拨法案》提供的发展公立大学的机会,反应较为缓慢。而南部各州由于内战后的经济萧条,公共高等教育的领导权转移给了中西部地区的各州。莫里尔法案的理念是,重视农业和机械的研究,而不是东部学院的传统课程,而且,“农业和机械”教育也在农业各州迅速扩展。中西部地区早期的大学团体与农业教育紧密联系在一起,还包括相关的农业配套服务。州立大学的教育学院还承担着对公立中学教师进行培训的任务。州立大学在课程设置上引入了广泛的现代课程——企业管理、农业、家庭经济、教育、工程等。直到20世纪60年代,东部各州才开始重视公共高等教育,这点通过纽约州立大学大规模、多校区的发展就可以看出来。

目前,大约有1 500万学生在高等教育机构就读,大约有三分之二的高中毕业生进入了公立和私立的大学、四年制的学院或两年制的社区学院。在这些学院和大学的学生当中,有四分之三享受着公立高等教育(见表6-1)。从全国的学校来看,女生超过了男生——女生与男生的比例分别是
140 56%和49%。

表 6-1 美国的高等教育

学校(单位：所)	
四年制的大学与学院	2 450
两年制的学院	1 732
教职工(单位：千)	1 028
全职教师的比例	57.5%
招生规模(单位：千)	
总数	15 312
四年制大学生	9 364
两年制大学生	5 948
公立学校的学生	11 753
私立学校的学生	3 560
大学毕业生	1 850
大学在校生	13 155

资料来源：*Statistical Abstract of the United States*, *2003*.

联邦政府的资助 联邦政府对于学院和大学的资助有多种形式，不过总起来看，联邦政府在高等教育支出中分担的比例仍然只有大约10%。州政府通过财政支持本州的学院和大学，承担着高等教育支出的主要责任。

从历史上看，1862年的《莫里尔土地划拨法案》为联邦政府对高等教育的资助提供了基础。在1890年，国会启动了几笔资金来支持得到政府土地资助的学院的运转，虽然数量不是很多，但一直持续到现在。第二次世界大战和朝鲜战争(分别发生在1944年和1952年)之后实施的《退伍军人福利法案》(GI Bills)，从严格意义上说，并不是对教育的资助法案，而是对退伍军人的一种补助形式，以帮助他们适应在城市的生活。然而，这些法案却对高等教育产生了巨大的影响，因为有上百万的退伍军人能够进入高等学院进修。国会持续为退伍军人提供教育资金，不过要低于战时GI法案规定的水平。1958年《国防教育法案》(the National Defense Education Act)也是因为资助学生，尤其是那些学习自然科学、数学和现代外语的学生而对高等教育产生了很大的影响。

当今，联邦政府通过提供资金和贷款的形式直接资助许多高等学院和大学，用于学校建设，并改善设备；资助的学校有：美国军事学院(西点军校，West Point)，美国海军学院(安纳波利斯)，美国空军学院(科罗拉多的斯普林斯)，美国海岸警卫学院，美国商业海事学院(U. S. Merchant Marine

Academy),格朗德学院(Gallaudet College)和霍华德大学。

学生补助　联邦政府给学院和大学提供高等教育资助主要是以多种形式的学生补助提供的。基本教育机会基金(一般称为“佩尔基金”,因为最初的发起人是美国参议员克莱本·佩尔),向大学生提供本应由他们的家庭支付的费用。而且,联邦政府还直接向学生(联邦直接的学生贷款项目)和家庭提供贷款(联邦家庭教育贷款)。贷款的平均额度大约为4 000
141 美元,通常是等到学生毕业或离开大学时才开始还款。珀金斯贷款项目将担保扩大到来自低收入家庭的学生。补充教育机会基金项目允许学生从他们自己所在大学的财政资助办公室借款。最后还有一项是学院的工作—学习项目,通过提供联邦资助,允许高等学院和大学雇用在校学生,利用课余时间进行兼职工作。

大部分的联邦资助都发放给了来自中产阶级家庭的学生。尽管政府不能够提供学生所需要的足够多的资金,这些资助项目在政治上还是深受欢迎的。在所有贷款中拖欠比例已经超过10%,这一数字将会使国家的个人信贷业破产。(家庭抵押的赎回率大约是1%。)美国教育部在寻找解决这些拖欠贷款的补救方法上一直动作迟缓。

克林顿政府启动了一项将1 500美元的收入所得税作为信用贷款,以供在高等学院最初两年的开支。这一数额大约相当于一个社区大学的学费。(起初克林顿建议,获得这笔贷款的学生的平均成绩不应低于B,但是教授为了让学生得到经济上的资助而提高学生的成绩,再加上美国国税局对成绩的监督,导致了这一资助贷款项目的失败。)

联邦对研究的支持　联邦政府对科学研究的支持也对高等教育产生了重大影响。1950年,国会设立了国家自然科学基金(The National Science Foundation,NSF),来促进自然科学的研究和教学。国家自然科学基金为自然科学专业的研究生提供奖学金,资助了很多自然科学研究项目,还支持自然科学研究中心的建设与维护。1965年国会又设立了国家艺术捐助基金(National Endowment for the Arts)和国家人文科学捐助基金(National Endowment for the Humanities),但是对这些领域的资助只是自然科学基金的一小部分。除了自然科学基金,许多其他的联邦机构与大学签署了合同进行特殊项目的研究。这样,在联邦政府的资助下,科研已经成为大学的一个重要部分。

高等教育的“多样性”

美国大多数高等院校，无论公立院校还是私立院校，都把“多样性”作为一个目标，这指的是在学生和教师中有不同人种和不同种族的代表。

对多样性的争论 大学的管理者以及全国的民权运动组织认为，不同文化传统的大学生相互交流对学生是有好处的。“大学生要想获得知识和发展，必须与多种类型的同辈群体进行交流”，[1]多种族的学生群体的存在，对这种交流是一个“必要的条件”。有些证据表明，在增加多样性的政策下学习的学生，在毕业之后的工作中都做得很出色。[2] 还有观点认为，校园里学生群体的人种和种族的多样性，有助于提高学生的“自我评价”、“社会历史感”、“智力参与”等方面的能力。 142

尽管各种努力提供科学的证据，来说明高校里种族的多样性有助于提高学习效果，但是还没有发现确定性的结论。对这个教育主题的研究也充满着政治和意识形态的冲突。几乎没有证据表明高校种族的多样性的确能够促进校园思想的表达或者改变学生的观点或立场。

多样性与积极的行动 即使学校的多样性能带来教育上的益处，仍存在如何实现这些目标的问题。这种多样性与全国校园里的积极行动计划是密切相关的。当通过这种积极行动计划去招收和鼓励符合条件的少数族裔学生的时候，就会得到广泛的公众支持（参见第十一章中的“公众舆论与肯定性行动”部分）。而当这种积极的行动计划包括少数种族申请者对条件等同的或者更有资格的非少数种族申请者的偏见或配额的时候，就会失去公众的支持。（见表6-2）全国性民意测验的回应者，不论教师还是学生，都反对为了增加少数种族的教师或学生而“放宽标准”。

宪法问题 把高等院校的求学者按照种族进行分类以实现“多样性”的做法，引起了严重的宪法问题。美国宪法第十四修正案提到“所有的州……不能否认任何人受到法律的平等保护。”1964 年民权法第六条，禁止基于种族、人种、肤色和出生地实行联邦财政资助上的各种歧视（参见第十一章）。 143

---

① *Chronicle of Higher Education*, May 18, 2001.

② William G. Bowen and Derek Bok, *The Shape of the River* (Princeton NJ: Princeton University Press, 2000).

表 6-2 与多样性有关的公众舆论

问题：你反对还是支持针对少数族裔的积极行动计划？

	支持（百分比）	反对（百分比）
全国	49	43
白人	44	49
黑人	70	21
拉美裔美国人	63	28

问题：要评价向大学或学院提出申请的学生，你认为哪一种最接近你的观点？——只根据申请者的优点来录取，即使录取的是少数种族的学生；应该考虑申请者的人种或种族背景，以促进校园里种族的多样性，哪怕结果导致录取了一些不应该被录取的少数种族的学生。

	只是根据优点（百分比）	考虑种族背景（百分比）
全国	69	27
白人	75	22
黑人	44	49
拉美裔美国人	59	36

资料来源：Gallup Poll, as reported in *USA Today*, June 24, 2003.

美国最高法院认为，第十四修正案要求种族分类应该进行“严格的审查”。① 这就意味着政府采取的以种族为基础的措施——联邦、州和地方政府（包括高等院校）对种族或民族群体所作的任何区别对待，必须要证明对“促进国家利益”是必要的，而且一定是有“特别的讲究”来推进这种利益。

2003 年，美国最高法院认为，实现多样性可以是一种强制性的国家利益，因为它“促进了种族之间的理解，有助于打破种族的枷锁，使得（学生）更好地理解不同种族的情况。”这一观点被桑德拉·戴·奥康纳（Sandra Day O'Connor）法官写入了一个判例，该案例涉及密歇根大学法学院的积极行动计划。在 5 比 4 的判决时，奥康纳法官为了大多数的利益，写到：宪法“没有禁止法学院利用种族方式来推进这种强制性的利益，以实现来自多样性的学生群体的教育利益。”②

然而，在一个涉及密歇根大学对在校学生的申请实行的积极行动计划的案件中，最高法院认为准许政策“没有经过特别的处理来实现他们所主张的多样性利益”，因此侵犯了第十四修正案的平等保护条款。最高法院再次承认这种多样性是一种强制性的利益，但是否决了将种族作为每一个

① Adarand v. Penã, 515 U. S. 200 (1995).

② Grudder v. Bollinger, June 23, 2003.

符合条件的少数族裔申请者的决定性因素的做法。“大学的现行政策，仅仅由于种族原因，就自动把 20 分（或者保障录取分数的五分之一）分配给每一个不具代表性的少数族裔申请者，并没有狭隘地为了达到受调查者宣称的教育多样性的利益而证明其计划的正当性。”①

最高法院重申它支持有限的积极行动计划，即把种族作为一个“附加”因素，这是自从 1978 年的巴基诉讼案以来法院就持有的立场。（参见第十一章“最高法院和肯定性行动”）但是最高法院一直否认自动拒绝白人申请者的计划或限制。

存在一种与法院主流观点（种族可被用于录取决策中）尖锐对立的不同意见。克拉伦斯·托马斯（Clarence Thomas）法官引用黑人废奴运动者弗雷德里克·道格拉斯（Frederick Douglass）1865 年的演讲说：“我为黑人争取的不是仁慈、不是怜悯、不是同情，而是公平正义。”“就像道格拉斯一样，我相信黑人能够在美国生活的各方面得到平等对待而不受大学管理者的干预……大多数人支持法学院的种族隔离，不是通过宪法来解释的，而是对一个行家的流行标语的回应。”

通过种族中立实现多样性 在招收学生时，有多种方式可以实现多样性而不带有种族偏见。在乔治·W. 布什总统执政时期，美国教育部采用了这样的方法：（1）以经济社会地位为基础的优先选择；（2）把招生范围扩大到传统上被认为是教学质量不高的学校；（3）招收在高中班级里处于上游的学生，而不考虑他们的标准化测验和 ACT 测验的分数。② 有三个 144
州——得克萨斯州、加利福尼亚州和佛罗里达州，按照学生在高中毕业时的排名录取，从而结束了在高等院校招生中的种族偏好。[得克萨斯州是由联邦法院来规定消除种族偏见的；加利福尼亚州利用投票通过法律议案（第 209 号令），要求本州消除种族偏见（参见第十一章“大众发起行动抵制种族优待”部分）；佛罗里达州通过杰布·布什州长的命令结束了以种族为基础的招生。]得克萨斯州的上等 10% 计划，不仅允许那些在高中毕业时排名前 10% 的学生申请，还会考虑到申请者通过努力可以克服的困难或障碍（在学习期间就业，抚养孩子等）。佛罗里达州实行 20% 人才计划，招收那些在高中毕业时排名前 20% 的学生进入本州的高等教育系统。在得克萨斯州和佛罗里达州实行的这些计划，都实现了校园里种族和民族的多样

① Gratz v. Bollinger, June 23, 2003.

② U. S. Department of Education, Office for Civil Right, “Race-Neutral Alternatives in Post Secondary Education,” March, 2003.

化；而且，这些计划还产生了宗教和社会经济上的多样性的结果。在加利福尼亚州采用的招生系统，承认候选人的一系列种族中立的品质。其中比较有名的计划是“4%计划”，就是从本州每所高中的毕业班中优先录取前4%的学生。

高等教育中的利益团体

除了政府管理者和立法者每年为资助进行投票之外，在公立高等教育中还有许多有影响力的团体。

托管人 托管人委员会（通常称为董事会）管理着公立的大学和学院。委员会的权力在各州都不一样，但几乎在每个州他们都有这样的责任：不仅要制定委员会对高等教育的政策纲领，而且要避免高等教育受到政府管理者和立法者直接的政治干预。被任命到这些委员会的表现出色的公民，应该与公众和立法机构一起来支持高等教育。

校长 高等教育中另一个重要团体是大学和学院的校长及其高级行政助理。通常情况下，大学校长是高等教育的首席发言人，他们必须说服公众、董事会、政府管理者和立法者，使他们相信州立大学与学院的价值和意义。校长的重要职责是维持州政府对高等教育的支持；他（她）经常把大学内部运作的行政职责委派给副校长和各院系的负责人。公众及其代表对高等教育的支持受到众多大学活动的影响，其中一些与对知识的追求并没有直接的关系。一个获胜的足球队能够激发立法者的热情并被允许建立新的教室。在大学里以专业服务为导向的研究——开发新的农作物或
145 饲料，评估本州的矿产资源，给州和地方政府机构的行政问题提出建议，分析州的经济状况，为地方教育部门提出建议等，都有助于使公众相信大学知识的实际效益。大学的教职工可能对前沿的研究以及对博士教育感兴趣，但是立法者和他们的选民却对大学生教学的质量和效果更加感兴趣。

教师群体 传统上，在全国4 000所大学和学院任职的教师，认为他们是与自己所在的研究机构密切联系的专业人员。在大学和学院具有历史意义的管理模式中，允许教职工参与政策制定——不仅有学术要求，还有预算、人事管理、项目建设，等等。但是，由教师委员会参与的管理，尤其是在大规模的招生、数百万美元的预算等领域，被证明是麻烦多、不易控制和浪费时间的，而且增加了学校管理的规模和复杂性。随着公共责任、学术

管理、成本控制、集中预算和采购等概念的出现，大学和学院的权力逐渐地从教职工的手里转移到专业的行政管理人员手中。

在全国范围内，作为减少大学和学院成本的一项措施，全职的教职工逐渐被兼职教师代替。到目前为止，全国大约有一半的课程是由兼职教师或研究生讲授的，而不是全职的教职工来完成的。传统上，大学和学院的教师渴望“任期制”——可以保护自己非因特定“理由”不被解雇，如准司法行政程序中规定的严重违反既定规则或玩忽职守。任期制通常是在五到七年取得令人满意的成绩之后，才得到批准和认可。兼职教师和研究生不可能取得任期制，他们通常也得不到医疗、退休金和其他待遇。

工会团体　传统意义上教职员工组织是美国大学教授联合会（American Association of University Professors, AAUP）；在历史上，这个团体主要是公布薪金的数据并正式谴责大学和学院破坏长期形成的学术自由和任期制的行为。近年来，美国教师联盟成功地说服了一些教师，在大学和学院的工资、教学任务、工作条件等方面，应该由传统的以个人名义进行商讨的形式转变为以联合工会的形式进行集体谈判。美国教师联盟的发展促使美国大学教授联合会采用更加积极有效的方式代表教职工的利益。虽然美国大学教授联合会仍然是全国最大的教职工组织，但是全国大多数教职工没有加入这个联合会或美国教师联盟。

学生群体　全国1 500万学生是与高等教育直接相关的规模最大而影响力最小的群体。学生就像社会上其他的消费者群体那样，通常不如那些提供商品和服务的群体有着更好的组织。美国学生中的政治激进主义者已经零星地直接介入了广泛的国家事务。大多数学生认为他们现在的生 146
活条件是暂时的；组织有效的集体行动需要充足的时间和精力，而大多数学生不愿意从他们的学习和社交中抽出这样的时间。然而，学生的抱怨经常通过家长反映到州政府的立法者或者大学的管理者那里。

家长和学生似乎最关注公立和私立学校迅速增长的学费。私立四年制大学的平均学费从1985年的7 000美元增长到2000年的超过20 000美元；公立四年制大学的平均学费从1 400美元增长到4 000美元。州政府对高等教育的支持并没有跟上不断扩大的招生规模。公立大学就用这个理由来解释他们不断增长的学费。现在，公立大学与私立大学在争取毕业生和慈善基金会的经费支持上进行着激烈的竞争。

美国的高等教育实际上向每一个高中毕业生开放。当今，已经有超过60%的高中毕业生进入了两年制的学院或四年制的大学继续学习。

阅读、写作与宗教

美国宪法第一修正案包括了两项保证宗教自由的条款:(1)“国会不得制定关于确立宗教的法律……”(2)“也不得制定禁止自由从事宗教活动的法律”。第十四修正案中的正当程序条款把这些保证宗教自由的规定适用到国会、各州及其下属机构(包括学区)。

“宗教自由”(free exercise) 在公立学校中对宗教的争论大多数集中于宪法第一修正案的“禁止确立宗教”(no establishment)条款,而不是“宗教自由”条款。然而,正是由于“宗教自由”条款,使得最高法院在1925年宣布,州政府禁止开办私立和教会学校并强迫所有学生进入公立学校的行为违宪。用最高法院的话说,就是:“全国所有政府依托的自由基本理论,杜绝各州为了达到学生标准化的目的而强迫学生只接受公立学校教育的权力。孩子不仅仅是各州的奴隶。”①正是这一决定保护了国内私立、宗教学校的完整结构。

“禁止确立宗教” 美国大量的宗教冲突集中在对“禁止确立宗教”这一条款含义的争论上,而公立学校便是这些冲突的主要场所。对该条款的一种解释认为,只要没有歧视任何宗教,并不禁止政府对宗教学校的资助或鼓励公立学校的宗教信仰。另一种解释认为,这一条款在美国的州和教会之间建造了一面“分离之墙”,从而阻碍了政府以任何形式直接资助宗教
147 学校或鼓励宗教信仰。

政府对教会学校的资助 关于政府为了什么目的以及向教会学校提供多少资助,仍然是一个悬而未决的大问题。那些支持对教会学校给予政府资助的人认为,教会学校为教育数百万的学生提供了非常有价值的公共服务,如果教会学校被关闭,对这些学生的教育任务就需要由州政府花费巨大的资金来完成。对宗教学校的支持是有先例的:教会的财产是免税的,教会的捐赠也可以抵扣联邦所得税,联邦资金曾用来建立由宗教组织管理的医院,在军队和国会中都配有牧师,退伍军人的教育经费可用于支付他们在教会学校的学费。

反对资助教会学校的人则认为,免费的公立学校可以为所有的孩子提供教育,而不考虑他们的宗教派别。如果信仰宗教的家长对州政府资助的

---

① Pierce v. The Society of Sisters, 268 U.S. 510 (1925).

学校不满意，他们应该自己为宗教学校的运行支付费用，州政府没有义务对他们的宗教偏好给予财政支持。反对者还认为强迫纳税人直接或间接支持宗教是不公平的。把任何公共资金转移到教会学校会削弱公立学校系统。公立学校把不同宗教背景的学生集中在一起学习，可以有意识地培养学生相互宽容和理解的精神。相反，教会学校则是把不同背景的学生相互隔离，这是与公共利益相违背的。因此，对资助教会学校的这种争论仍然继续着。

“分离之墙” 倾向于对教会学校给予资助的政府，常常提到最高法院在几个判例中的用语，以此表明支持这样的主张，即“政府能够，**以一种有限的方式**，支持教会学校的活动。”①在 1947 年**埃弗森诉教育委员会一案**(Everson v. Board of Education)中，最高法院认为，为教区学校的学生提供的校车服务应该由财政支付，理由是“教会与州政府之间的分离之墙并不能阻止州政府实施帮助所有孩子的项目。”在这个案件中有意思的是，即使最高法院允许用公共资金帮助孩子去教会学校上学，也还是引起了宪法第一修正案中“禁止确立宗教”条款认为应该在州和教会之间建立“分离之墙”的争论。最高法院提到：

> 联邦政府或任何州政府都不能建立教堂。也不能通过任何法律来资助一种或所有的宗教或者支持一种宗教超过其他的宗教。不能违背个人意志，强迫或者影响他人进入或离开教堂，不能强迫他人信仰或者不信仰宗教。任何人不能因为接受或公开表示信仰或不信仰宗教、参加教堂活动或不参加教堂活动而受惩罚。任何税收，不管数量大小，都不能用来支持任何宗教活动或宗教机构，不管该宗教或宗教机构以什么名目出现，也不管采取什么形式来传教。联邦政府和州政府，都不能公开或秘密地参与任何宗教组织或团体的事务，反之 148
> 亦然。②

因此，**埃弗森诉讼案**既被赞同利用公共资金支持教会学校学生的利益集团引用，也被反对给予宗教直接或间接公共资助的利益集团引用。

避免“过度纠缠” 在美国教会与政府的关系史上，最高法院作出的一项更为重要的判决是在 1971 年**莱蒙诉库尔茨曼案**(Lemon v. Kurtzman)中

---

① Cochran v. Board of Education, 281 U.S. 370(1930).

② Everson v. Board of Education, 330 U.S. 1 (1947).

做出的。① 最高法院提出了一项由三部分组成的**雷蒙标准**,以决定州法律设定"创办"宗教的权力是否违反宪法第一修正案。为了能够符合宪法,一项影响宗教活动的法律应该具备如下条件:

1. 必须有一个非宗教的目的;
2. 作为原初的目的,不能提倡也不能禁止宗教;
3. 不能支持"政府对宗教的过多干涉"。

运用这一检验标准,最高法院认为,州政府支付教区学校的教师工资或者教学资料等违宪。法官们认为,这就要求加强对政府的控制和监督,保障这些资金只能用于非宗教的教学目的,因为这将导致"政府和宗教之间过多的纠缠"。

然而,最高法院支持利用税收收入为教会学校的学生提供非宗教的教科书、午餐、交通、手语翻译、特殊教育的教师。最高法院也赞成各州给予那些在私立学校包括宗教学校就读的学生的家长以税收的优惠。② 最高法院还支持政府为了世俗的目的而给予那些与宗教有关的学院或大学以资助。③ 最高法院还规定,如果学校的建筑对非宗教的组织开放,那么也应该向宗教组织开放使用。④ 最高法院还坚持认为,一个州的研究机构(弗吉尼亚大学)不仅能够而且必须为宗教组织的学生活动提供资金,还要按照对非宗教组织资助的标准进行。⑤ 但是,最高法院认为,路易斯安那州的法律要求在公立学校同时讲授神创论和进化论是违宪的,因其宣扬宗教信仰。⑥

公立学校的祈祷　宗教上的冲突还集中在公立学校的祈祷和诵读圣经仪式的问题上。几年以前,在美国公立学校开学的日子里,这种仪式是非常普遍的。通常,祷告是由新教徒演唱天主经(Lord's Prayer),并诵读金·詹姆士版本的圣经。为了避免不同教派对这种仪式的争论,纽约州政府摄政委员会(New York State Board of Regents)就采用了一种非宗派的仪
149 式,在这种仪式上要求每个班级,在每个开学之日,在老师面前大声朗读:"万能的上帝,我们承诺我们依靠你,我们祈求你保佑我们,保佑我们的亲人,我们的老师和我们的国家。"

---

① Lemon v. Kurtzman, 403 U.S. 602(1971).
② Muebler v. Adams, 463 U.S. 602 (1983).
③ Tilton v. Richardson, 403 U.S. 602 (1971).
④ Lambs Chapel v. Center Moriches Union Free School District, 508 U.S. 384(1993).
⑤ Rosenberger v. University of Virginia, 515 U.S. 819 (1995).
⑥ Edwards v. Aguillard, 482 U.S. 578 (1987).

纽约州认为这种祈祷的仪式没有违反“禁止确立宗教”条款，因为它在宗教派别上是中立的，而且学生也是自愿参与的。然而，在1962年的**恩格尔诉瓦伊塔尔案**(Engle v. Vitale)中，最高法院陈述到“宪法禁止与创办宗教有关的法律，这至少意味着，在这个国家里，为美国人的任何群体编写官方的祈祷词，并在政府举行的宗教仪式中进行朗读，都绝不是政府应该做的事情。”最高法院指出，让祈祷者自愿并不是说可以不受“禁止确立宗教”条款的限制；这一条款禁止政府机构创立宗教仪式，而不管这种仪式是否自愿：

> 无论祈祷者保持教派中立的事实，还是学生自愿参与祈祷仪式的事实，都不能使其免受“禁止确立宗教”这一条款的限制，如不可以不受宪法第一修正案关于“宗教自由”条款的限制。……与“宗教自由”条款不同，“禁止确立宗教”这一条款并不一定表现为政府通过执行法律而进行的直接强制，只要这一法律创办了一种官方的宗教，而不管是否直接强迫不服从的个人。①

一年之后(1963年)，在**阿宾顿镇诉斯科摩案**(Abbington Township v. Schempp)中，最高法院考虑了在公立学校诵读圣经的合宪性。② 在这里，尽管孩子们并没有被要求参加诵读，最高法院认为在学校的开学之日诵读圣经仍是宗教仪式。在这个观点上，最高法院遇到了麻烦，因为它指出“这不是把圣经抛到学校之外”。为此，它特别强调，作为世俗教育计划的一部分，对圣经或宗教的研究并没有违反宪法第一修正案，但是由州政府或学区创办的包括诵读圣经或祈祷在内的宗教仪式，违反第一修正案。

州政府在公立学校鼓励“自愿祈祷”的行为，也被最高法院视作违宪而受到打击。阿拉巴马州政府批准在公立学校“默念或自愿祷告”，最高法院就认为这是“确立宗教”的行为。最高法院说，州政府的这一法律没有世俗的目的，因为它传达了一种“州政府认可或促进祈祷的信息”，而且其真实目的是鼓励公立学校的祈祷。③ 在尖锐的反对意见中，当时的大法官沃伦·伯格(Warren Burger)注意到，最高法院本身每次开庭的时候都有祈祷，国会参众两院每次开会的时候也是由政府支付工资的官方牧师领着进行祈祷。“承认包括祈祷的静默片刻条例，违宪地为宗教背书，表明这并不

① Engle v. Vitale, 370 U.S. 421 (1962).

② Abbington Township v. Schempp, 374 U.S. 203 (1963).

③ Wallace v. Jaffree, June 4, 1985.

是保持中立,而是对宗教的敌视。”但是伯格的观点只是一种少数派的观点。最高法院仍坚持认为,公立高中学校毕业典礼上的祈祷和祝福都是违
150 反宪法举办宗教活动。① 最高法院还认为在足球比赛时由学生带头进行的祈祷也是违宪的,因为它是在学校赞助的事件中在学校的公共场所进行的。②

本章小结

下面总结一下教育政策的问题,其中特别涉及集团冲突的观点:

1. 美国教育反映了社会各种相互冲突的需求。人们寄希望于学校能实际解决国家的所有问题,从种族冲突、吸毒到高速公路的意外事故。人们也希望学校能够提高学生的语文和数学水平,以便在竞争激烈的全球经济中为国家提供更好的劳动力供给。多种利益团体对这些多种多样的甚至是相互冲突的目标有着不同的选择。
2. 近年来,公民群体、家长、纳税人和雇主纷纷发起了让学校回归基础教育的运动,强调阅读、写作和数学能力,要求对学生的技能进行经常性测验,以及提高教师的职业能力。专业教育人员——学校管理人员、州政府教育官员和教师联合会,倾向于抵制以考试为导向的改革,而强调对所有儿童的教育。
3. 公民与专业教育人员的冲突反映在对公立学校的“专业主义”和“回应性”之间的争论上。家长、纳税人和地方选出的学校委员会成员倾向于强调对公民需求的回应性;学校主管人员和州政府教育部门却倾向于强调对学校进行专业化的管理。教师联合会,尤其是全国教育协会和美国教师联盟在各州和地方的分会,则代表着教育中又一个群体——组织起来的教职工的利益。
4. 专业教育团体和教师联合会长期在华盛顿进行游说,争取联邦增加对教育的财政支持。随着1965年初等和中等教育法案的出台,联邦政府对教育的资助开始增长,但是联邦政府在教育支出中分担的比例从未超过10%。州和地方政府继续承担着大部分教育经费。1977年内阁级别的教育部的成立,就反映了专业教育人员施加的

① Lee v. Weisman, 505 U.S. 577 (1992).
② Santa Fe Independent School District v. Doe, June 19, 2000.

影响。

5. 几乎没有直接证据表明，不断增加对学校的资助能够提高学生的学习成绩。公民群体和独立的研究委员会都强调教育的改革而不是增加联邦政府在教育上的支出。2001 年《不让一个孩子掉队法》，很大程度上依赖考试来提高学习成绩。公立学校的学生每年都要参加测验，学校也必须每年在测验的平均分数上取得相应的进步，否则就会面临他们的学生转学到本学区其他学校的危险。 151
6. 现在的教育改革主要集中于家长的择校计划。选择学校赋予家长权利而结束了公立学校的管理者对学校的垄断。但是，允许家长选择私立学校超过公立学校，将会威胁到美国传统上对公立学校的依赖。在公立学校系统内部进行的选择，其争议是较少的，不同的州都建立起了契约学校和兴趣学校。
7. 各州的公立高等教育涉及许多不同的团体——政府管理者、立法者、董事会、学院和大学的校长以及教职工。州政府通过对本州的高等院校的支持，承担了美国高等教育的主要支出。联邦政府资助科学研究，向学生提供多种贷款项目，是对高等教育的重要支持。但是，联邦政府的资助额度在美国全部高等教育支出中的比例还不到 10%。
8. 如今，高等教育中的一个核心问题是实现校园里的“多样性”——在学生群体和教师群体中有不同种族的代表。美国最高法院承认，“多样性也许是一种强制性的国家利益”，它允许大学招生的时候考虑种族问题而不违反美国宪法第十四修正案。然而，最高法院也认为种族不能够成为录取的唯一或决定性因素。
9. 宗教团体、私立学校的利益集团和公立学校的维护者经常针对教育领域的宗教问题进行斗争。美国最高法院成为集团间教育和宗教斗争的仲裁者。最高法院必须对宪法第一修正案的“禁止确立宗教”条款做出解释，因为它影响到政府对教会学校的资助以及公立学校中的祈祷。 152

第七章

经济政策：渐进主义在实践中的应用

财政政策与货币政策中的渐进主义

政府的经济政策主要是通过其**财政政策**和**货币政策**来实现的，前者是关于税收、支出与赤字水平的政策，后者是关于货币供给和利率方面的政策。财政政策的制定主要是由两方面决定的：一是由总统以及行政管理和预算局确定的联邦年度预算草案，二是国会每年对拨款法案和税法的修订。所有这些政策决定着联邦政府的总体支出水平以及各项支出的优先次序；这些支出方面的决策与税收政策（见第八章）一起决定了联邦政府每年的财政赤字和盈余情况。货币政策则是由独立的美国联邦储备委员会来决定的，它通过对全国银行的监管决定增加或减少货币供给。

如果经济政策的制定是完全理性的，它将和一贯的经济理论紧密联系在一起。而经济政策的目标是广泛而多样的：增加经济产出和提高生活水平，全国劳动力充分有效的就业，稳定物价和低通货膨胀。在实现这些目标的途径上，许多不同的经济理论是相互竞争的。在不同历史时期，国家的经济政策受到不同经济理论的指导；不过糟糕的是，它一直受到相互冲突的经济理论的同时指导。

在实践中，财政政策和货币政策的制定是一个**渐进**的过程；也即政策制定者把注意力集中在适度的政策变革上——在现行税收、支出、赤字政策以及货币供给和利率政策等方面进行调整。渐进主义的政策制定在编制年度财政预算中尤其普遍。预算编制部门不会每年都重新考虑所有现行支出项目的价值，甚至不会过多地关注往年制定的支出水平。而是通常将上一年度的支出情况作为下一年度每项支出的基础，对预算报告的积极考虑是关注新增加的项目以及比上年增加的支出。155

渐进主义模型描述了经济政策的制定过程，也可以为政府政策提供很好的短期预测。任何政府项目在上一年度的支出标准是对下一年度支出的最好预测。渐进主义还是一个解释性的理论，它有助于解释为什么政府项目、政策、支出等，即使它们的社会价值随着时间的发展逐渐减少或消失的时候，仍然继续存在或强化。要分析渐进主义在制定政府政策中的作用，我们首先评价一些指导经济政策的主要理论。

作为政策指导的经济理论

宏观经济学理论在分析政府对经济的影响时，关注的是支出、税收、借贷和货币的总量。宏观经济理论试图解释经济周期，并为政府化解通货膨胀和经济衰退的政策提供建议。

古典经济理论　古典经济学派一般认为，市场经济作为一种自我调节机制，在没有政府干预的情况下能够实现充分就业、产出最大化和稳定物价方面的平衡。价格机制通过改变人们的决策来实现商品和劳动的供需平衡。在经济衰退时期，由于劳动力的供给超过了需求，工人就会暂时失业，工资（劳动力的价格）也会下降；最终结果是企业认为有利可图就会以更低的工资雇佣更多的劳动力，从而结束了工人的失业。相似的情况，如果人们对商品（汽车、房子、衣服、厨具等）的需求下降，商品的存货就会增多，卖主就会降低价格（通常利用折扣、甩卖等），直到需求再次增加。如果发生了通货膨胀，价格上涨导致需求的减少，如果没有政府的干预，通常会自动恢复到与供给相当的水平。总之，古典经济理论依靠价格的自我调节来化解经济衰退和通货膨胀。

凯恩斯理论　20 世纪 30 年代的经济大萧条打破了人们对古典经济理论的信念。在这十年中，平均失业率是 18%，最糟糕的是 1933 年，失业率达到了 25%。即使在 1929 年股市大跌七年后的 1936 年，劳动力的失业率仍然高达 18%，这就引起人们对市场自我稳定能力以及确保高就业、高生产能力的怀疑。

根据英国经济学家约翰·梅纳德·凯恩斯(John Maynard Keynes)的理论,经济的不稳定是需求波动的结果。工人失业与低工资都会减少对商品的需求;企业减少生产、解雇更多的工人来适应对商品需求量的减少;然而减少生产和解雇工人将会进一步减少需求,加速经济滑坡。凯恩斯理论认为经济将会陷入衰退与停滞状态。这时只有政府能够采取必要的“反周
156 期”措施来扩大需求,如增加政府支出、减少税收等。当然,如果预算平衡,政府不可能扩大总需求。而在经济衰退时,政府必须增加赤字来扩大总需求,支出要多于税收收入。要对付通货膨胀,政府应该采取正好相反的措施。

“我们都是凯恩斯主义者” 凯恩斯理论在政策制定中占有支配性的地位长达几乎半个世纪。在1946年的就业法中提出了应对经济周期的政策,其中特别要求联邦政府通过增加税收和支出来“促进就业和增加购买力。”该法案还使经济咨询委员会(Council of Economic Advisors)得以成立,依靠它“制定国家经济政策并向总统提供建议”,还要求总统向国会提交年度经济报告,评估国家的经济状况。在制定经济政策方面,是倾向于解决经济衰退还是应对通货膨胀的争论一直存在,但是1970年理查德·尼克松总统宣称“我们都是凯恩斯主义者”。

虽然大多数经济学家支持政府通过财政赤字来应对经济衰退,但是一个日益清楚的事实却是,当经济衰退结束之后,政府却无力结束赤字财政。政治家对失业的担忧超过了通货膨胀,凯恩斯理论把这两件事描述成跷跷板的两端,这就为政治家提供了继续实行赤字财政的理论支持。更为重要的是,失去了对赤字财政的道德谴责,政治家更加纵容当前的一代选民,而把成本转移到未来几代人身上。

供给学派的经济学 供给学派经济学家认为,关注长期的经济增长比对需求的短期控制更为重要。经济增长要求提高社会的生产能力,增加商品和服务的总供给并维持较低价格水平,也就减轻或消除了通货膨胀。更为重要的是,每个人的生活水平将会因稳定的价格获得更多产品和服务而得到提高。从长远来看,经济增长甚至还会增加政府收入。

大多数供给学派经济学家认为,与政府相比,自由市场更有能力以较低的价格满足人们更多的需求。他们认为政府恰恰是问题所在,而不是问题的解决办法。政府的税收、支出和货币政策只是推动了暂时的短期消费,而不是促进对未来的投资。高税收影响了人们的努力工作、创造性、投

资和储蓄。政府应该通过提供税收的优惠政策鼓励投资和储蓄，降低税率来鼓励努力工作与创办企业。所有的政府支出都应该处于监控之中，如果有可能，政府支出在 GDP 中所占的比例应该逐年减少。政府的调控应该限制在最小范围，即提高生产力和促进经济增长。从总体上看，政府应该促进生产和供给而不是刺激需求和消费。

20 世纪 80 年代，里根总统的经济政策反映了供给学派的观点。按照里根的说法，国民经济问题——通货膨胀、失业、生产力和投资水平低下，最重要的原因是政府自身所导致的。里根政府刚一执政就提出了：(1) 降低联邦政府国内支出的增长率；(2) 减少所得税并降低边际税率；(3) 减少 157
政府的管制。在里根执政时期，美国经济迅速增长（见图7-1）。但是里根政府并没有能够减少政府支出；相反，政府开支持续增长，只是增长的速度减慢了。减少税收，也没有像某些供给学派的经济学家预测的那样，使得政府收入大幅增加。政府支出并没有减少，也不能充分抵消损失的收入，而且国防开支也是增加的。结果就是连续多年的巨额联邦预算赤字，国家债务也以惊人的速度从 1 万亿美元增加到 5 万亿美元。

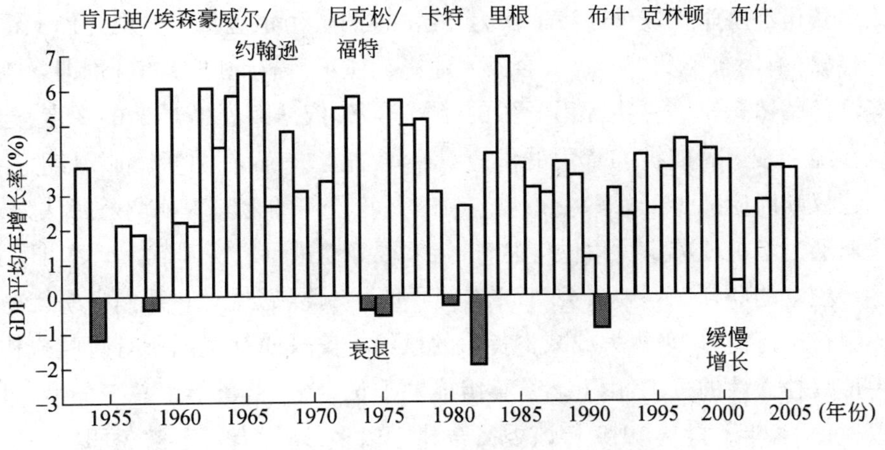

图 7-1　经济增长

资料来源：U. S. Bureau of Economic Analysis; *Budget of the United States Government*, *2004*.

20 世纪 90 年代早期的经济衰退以及持续的预算赤字，成了比尔·克林顿总统竞选的助推剂。克林顿公开讥讽里根和布什执政年代的供给学派的理论，称之为“渗漏经济学（trickle-down economics）”。

经济增长理论　直到今天，凯恩斯理论还与供给学派的理论进行着争论。20 世纪 90 年代，美国经济有很长一段时间持续增长。民主党人将它归功于克林顿政府，而共和党人则归之于里根政府早期的减税政策以及国会在减少联邦支出方面所做的努力。许多经济学家将经济增长归功于联邦储备委员会的努力,它在艾伦·格林斯潘(Alan Greenspan)主席领导下采取了抑制通货膨胀和维持低利率的政策。到1998年,经济增长很明显增
158 加了联邦税收收入,政府收入超过支出,第一次有了盈余,扭转了近四十年的联邦年度赤字(参见本章“政府债务、财政赤字和盈余”部分)。但是,20世纪90年代的经济增长并没有结束对这一问题的争论,即政府如何才能促进经济增长、维持充分就业和抑制通货膨胀。

2001年经济增长减慢,乔治·W.布什总统要求减少税收来刺激经济增长。这一解决途径,一方面符合凯恩斯的经济理论,即在经济衰退时,增加消费者的可支配收入;另一方面好像又符合供给学派的经济理论,即减少税收并依赖个人的支出决策。缓慢的经济增长、减少税收,以及伴随着2001年9月11日的恐怖袭击而增加的国防和国家安全方面的支出,又共同导致联邦政府面对年度财政赤字。因此,虽然共和党人公开抨击凯恩斯的经济学理论,布什总统和共和党的国会却倾向于在经济缓慢增长的时期增加赤字,这正是凯恩斯经济学理论提出的解决方法。

货币经济学 货币经济学认为,经济中的货币供应量——现金加上银行存款(有时被称为“M-1”),会极大地影响供给、需求和物价等,也即影响经济的整体运行。一些货币学派的经济学家,依据凯恩斯早期的观点,建议在经济衰退时期扩大货币的供应量来增加需求;而在通货膨胀时期,他们建议政府应减少(紧缩)货币供应量来制止价格的上涨。他们坚持认为,政府通过增加或减少货币供应总量,能够很好地进行经济调节。

独立的联邦储备委员会(简称“美联储”)可以通过对联邦储备系统中的银行进行监督,来扩大或减少货币的供给。美联储是美国所有行政机构中最具独立性的机构,由七名董事组成的委员会领导,董事由总统任命,可以连任14年。自从1913年该委员会建立以来,还没有董事被免职的。该委员会主席极具影响力,只能有四年的任期。但是委员会主席的任期和总统的任期有交叉,因此新总统不能马上任命自己的主席。通过控制银行借款的数量,美联储可以调节货币供应并影响利率。

然而,有些货币学派的经济学家认为,只有使货币增长率与经济本身的增长速度一致起来,才能实现经济稳定。在诺贝尔经济学奖得主、经济学家米尔顿·弗里德曼(Milton Friedman)的领导下,“货币主义者”对控制货币供应可以有效影响经济活动的观点提出了挑战。他们认为,从长远来看,实际的收入是实际的经济产出的函数。货币供应量的增加超过实际的

经济产出时，就会出现通货膨胀。每一货币单位的价值减少了，因为购买同等数量的商品所需的货币增多了。政府对货币供给的控制只能产生短期的经济效果。“货币主义者”认为，高利率是因为投资者对持续通货膨胀的恐惧。只有投资者相信美联储会坚持非通货膨胀的政策，利率才会下降，经济才能实现健康、可持续的发展。 159

美国经济的发展水平

美国经济的实际发展水平通常用国内生产总值（GDP）来衡量。GDP是指一个国家一年内生产的所有商品和劳务的市场价格的总和。它是人们购买的所有商品和服务的总和，包括从粮食到自行车，从机械工具到家政服务，从飞机制造到公交服务，从汽车到口香糖，等等。GDP只计算最终购买的商品或服务（换句话说，只有当汽车出售时才把汽车制造商购买钢材的成本计算在内），这样可以避免生产过程中的重复计算。GDP还不包括金融市场的交易（例如出售债券和股票）和收入的转移（如社会保险、社会福利、养老金），因为这些不能增加产品或劳务生产的总量。GDP是以美元现值计算的，但通常还要以不变价格重新核算，以纠正通货膨胀的影响，从而反映其实际价值。美国商务部每个季度都对GDP进行核算，这些数据广泛公开之后，受到商业、财政和金融机构的密切关注。

经济增长 实际GDP（以不变价格计算）的增长可以衡量总体的经济水平。经济衰退或恢复，可以通过GDP增长的波动来衡量。例如，经济衰退被界定为，连续两个或两个以上季度出现GDP的负增长。历史记录表明，经济增长过后通常出现经济收缩，这就是“经济周期”的概念。1950年以前，美国经济周期的波动幅度极大，在实际GDP中常出现两位数字的波动。在最近几十年里，经济波动较为缓和，虽然美国仍经受着经济周期。不过，许多经济学家认为，美国政府应对经济周期的财政政策和货币政策已成功实现了经济稳定（见图7-1）。最近半个世纪里，GDP年均增长大约3%，也存在着周期性的经济衰退（在图7-1中表现为GDP的低增长或负增长）。

失业 失业率是指国内正在找工作或待岗、待业的劳动力在劳动力中所占的百分比。失业与“不工作”是不同的，那些退休和上学的人、因疾病或残疾不能工作的人，还有根本不愿意工作的人，不被视为劳动力，也不计算在失业者的范围之内。那些因找工作而受到挫折，停止求职的人，也不计算在官方统计的失业率之内。只有那些目前没有工作而正在谋职的人才被计算在失业者的范围内。失业率随着经济周期而波动的,反映着经济的衰退与恢复(见图 7-2)。通常情况下,失业常滞后于 GDP 的变化,往往在经济恢复时失业率才开始下降。随着 20 世纪 90 年代的经济增长,全国的失业率几乎下降到历史最低水平,低于 5%。由于 2001—2002 年的经济
160 滑坡,失业率又随之上升,达到 6% 以上。

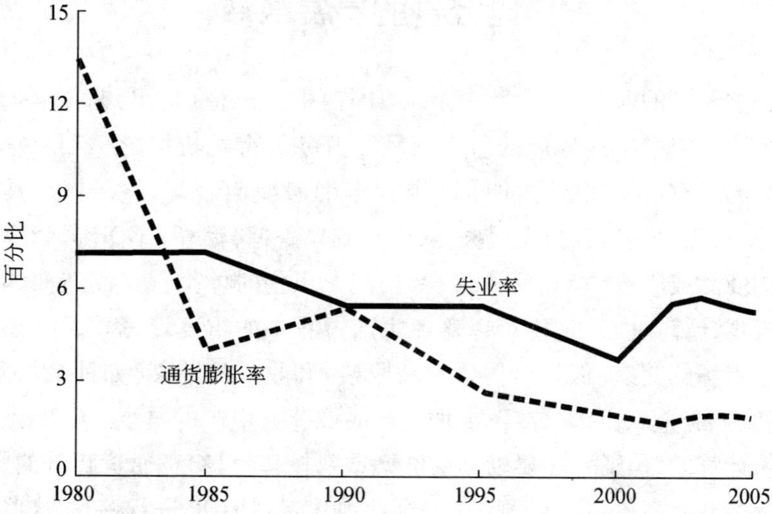

图 7-2　失业率与通货膨胀率

通货膨胀　通货膨胀会导致货币贬值,因为物价上涨就意味着用同样多的货币只能购买更少的商品或劳务。因此也就使得储蓄贬值了,降低了人们存款的积极性,伤害了那些只能依靠固定收入生活的人。当银行或投资者预计发生通货膨胀的时候,他们就会提高贷款利率,以此弥补货币贬值后还贷造成的损失。反之,利率的提高,会使新建企业或要扩大规模的企业更加难以融资,使购房者更难获得抵押贷款,消费者的信贷消费也变得更加困难。因此,通货膨胀和高利率都会导致经济增长速度减慢。

20 世纪 90 年代,美联储成功地控制了通货膨胀的幅度,也因此把总体利率控制在较低的水平。低利率鼓励企业为了扩大再生产而进行贷款,也使消费者通过信贷扩大消费,从而促进国民经济的快速增长。

美联储(FED)的运行

大多数经济发达的民主国家都设有中央银行,其主要职责是调节货币

供给，包括流通中的货币和银行存款。其中大多数国家已经发现，最好不要让选举产生的政治家履行直接控制货币供应的职责。所有的政治家都试图通过增加货币的发行量（用制造出来的新货币），而不是利用新增加的税收来资助大型工程和项目。这种做法会导致价格的总体上涨，而私有企业和个人能够获得的商品和劳务就会减少——也就是出现了通货膨胀。 161

美国联邦储备系统 美联储的主要任务是调节货币供应，并以此避免出现通货膨胀和经济衰退。美联储监控全国 12 家联邦储备银行的运行，这些银行负责发行全国的货币，称作“联邦储备券”（Federal Reserve Notes）。联邦储备银行（Federal Reserve Banks）是“银行家的银行”，它们不直接为公民或公司提供服务，而是掌握着银行的存款，即“储备”；按照美联储确定的“贴现率”向非储备银行提供贷款；购买和出售财政部发行的国库券；确保私人银行按规则运营，保护存款人不受欺诈。美联储决定银行的储备条件，监控整个银行业的健康运转，在整个银行系统的支票清付方面也发挥着重要作用。

对货币政策的理解 当银行向外借贷时就产生了货币——“活期存款”。流通中的货币（现金）和活期存款一起构成国家的货币供给——“M-1”。但活期存款的数量远远超过了现金，只有大约 5% 的货币是以现金的形式供给的。因此，银行实际上是通过活期存款来决定货币供给的。然而，美联储要求所有银行都要在联邦储备银行保留一定的存款准备金。例如，如果美联储决定把“准备金率”定在 20%，那么一个银行的活期存款最多可以是储备金的 5 倍（如果一个银行的存款准备金是 1 亿美元，那么它的活期存款总量不能超过 5 亿美元）。如果美联储认为流通中的货币太多（出现了通货膨胀），它就提高储备条件，比如把存款准备金率从 20% 提高到 25%，降低银行的活期存款，最多只能是其存款准备金的 4 倍（一个银行的存款准备金有 1 亿美元，则它的活期存款最多只能是 4 亿美元）。调整“存款准备金率”是美联储对货币供应实行扩张或紧缩政策的手段之一。

第二种手段是，美联储可以通过调整商业银行向联邦储备银行借款的利率来控制货币供应量。银行可以利用向美联储借款的方式增加其活期存款，但它要为此支付一定的利率，这被称作“贴现率”。美联储通过提高贴现率，限制银行的借款数量，从而缩减货币供应；反之，通过降低贴现率，鼓励银行的借款，从而扩大货币供给。企业贷款、抵押贷款、购车贷款等的利率通常是随美联储贴现率的升降而变化的。降低利率可刺激经济增长；提高利率则会抑制通货膨胀，使经济发展免受威胁。

最后一种手段是,美联储还可以在所谓"公开的市场交易"中购买或出售财政部发行的中长期国库券(bonds and notes)。联邦储备系统的储备金包括长期债券和中期债券。如果出售的数量超过了购买的数量,就会减少储备,向其他银行提供准备金的能力就会下降,因此就缩减了货币供给。相反,如果购买的数量超过了出售的数量,就会增加储备,使之能够向银行提供准备金,从而也就相应的增加了货币供给。

美联储政策制定中的渐进主义 美联储的政策实际上也是采取渐进主义模式而制定的。美联储不想让货币供给和利率政策的大幅度变化来扰乱市场。美联储在作出提高或降低利率的决策之前,通常会发出"信
162 号",利率的变化通常是0.25个百分点。

美联储尤其关注对国家货币供给的监控,保护经济发展免受通货膨胀的破坏。美联储的成员主要是银行家或经济学家,他们深刻理解通货膨胀给经济带来的危害。与此形成对比,总统和国会的成员意识到选民将会让他们承担经济衰退的责任,因此他们经常试图说服("收买")美联储保持低利率而不管通货膨胀的影响如何,尤其是在大选之年更是这样。因此,美联储与总统、国会之间经常由于立场不同而关系紧张,前者担心通货膨胀,后者则担心经济衰退。

美联储的独立地位 扩张或紧缩货币供给的决策是由联邦储备委员会独立作出的,这些决定不需要经过总统、国会、法院或其他政府机构的批准。实际上,美联储也不需要联邦政府年度拨款,而是自己解决经费问题。这就意味着,国会无法对美联储行使"控制钱袋子的权力"。从理论上说,国会可以修正或废止1913年联邦储备法案,但是这样做在政治上则是不可思议的。对该法案的唯一改变就是使美联储的权力不断增大。美联储主席经常出席国会的各委员会会议,他在委员会成员面前远比其他行政官员更受尊重。

渐进主义与政府支出

历届总统执政时期,财政支出都在增长,不管他们公开声称信奉什么样的经济理论,也不论他们怎样承诺要"削减政府的开支"。联邦的全部支出从1959年的4 800亿美元增长到2005年的2.4万亿美元(见表7-1)。这意味着联邦政府每年要花费国内生产总值的18%—20%。令人奇怪的是,20世纪90年代的经济增长率超过了联邦政府支出的增长率。这样,在这

十年中，政府支出在 GDP 中所占的比例实际上是下降了。

表 7-1 联邦政府支出的增长

	GDP (单位：十亿美元)	联邦政府支出 (单位：十亿美元)	支出占 GDP 的比例(%)
1959	480.2	92.1	19.2
1965	671.0	118.2	17.6
1970	985.4	195.6	19.8
1975	1 509.8	332.3	22.0
1980	2 644.1	590.9	22.3
1985	3 967.7	946.4	23.8
1992	5 868.6	1 381.8	23.5
1995	7 269.6	1 538.9	22.5
2000	9 872.9	1 788.8	18.1
2005*	12 139.5	2 399.9	19.8

资料来源：*Statistical Abstract of the United States*, 2003; *Budget of the United States Government*, 2005.

* 这是根据 2005 年的财政预算作出的预测。

预算编制中的渐进主义 渐进主义的政策制定模型特别适合于帮助我们理解编制预算的过程和政府支出的增长情况。编制预算是渐进性的，因为决策制定者通常是以上一年的支出为基础，而很少考虑新增项目的预算建议或要求增加前一年的预算基数。这样，总统、国会议员、州长、立法者、市长和各委员会都特别关注预算的小幅度增加或减少。在重新考察现有预算项目的价值这个意义上，每年的预算很少被整体上给予重新审议。未超出上年度预算拨款的部分，很少要求政府相关部门做出解释；只有超出拨款的部分才要求给予解释和说明。

预算决策采取渐进主义模型，是因为政策制定者没有时间、精力和信息来仔细审查每年每项预算中的每笔资金需求。他们也不愿意每年都为设立预算项目而进行重复的政治斗争。有些改革者建议实行“零基预算”，要求政府部门充分证明每笔预算的正当理由，而不是只关注每年新增加的预算。从理论上看，零基预算可以消除渐进主义预算编制中产生的不必要的开支。但在实际的预算中，零基预算每年要浪费过多的精力来论证已经得到认可的项目，使得行政当局和立法委员会感到厌倦，从而又回到了编制预算的渐进主义上来。

官僚机构的膨胀 作出预算决定的行政官僚和立法者都倾向于扩大

政府的预算。① 行政官僚想增加他们可供支配的资金，管理更多的雇员。立法者想增加他们有权控制的资源，提高政府在应对选民方面的能力。利益集团也想扩大对他们成员有利的政府项目的规模。政府的收益是看得见的，也是集中的，而政府的成本，即使超过了收益，也最终分摊到全国的纳税人身上。

分散性的决策制定　理论上，政府行政管理和预算局与立法机关的国会预算局（Congressional Budget Office，CBO）这两个机构应该把预算需求汇总形成一个整体，与此同时，再与收入的估算联系在一起。但实际上，要审查每项预算产生的整体性的政策效果，对总统来说是非常困难的，对国会来说也几乎是不可能做到的。编制预算过程的分散性特点有助于保证政治上的一致性，也减少了计算的负担。如果国会中的每个下属委员会都对其他委员会的结果提出质疑，冲突和分歧就会没完没了，任何预算也将无法通过。对单个项目预算的小幅度增加或减少，很容易达成一致，而把一个预算项目与其他所有预算项目进行价值比较，则更为困难。然而，为了克服联邦预算中的分散主义，国会不仅成立了预算局，参、众两院还分别设立了预算委员会，把预算作为一个整体来检查和分析（参见本章下面的有关内容）。有趣的是，设立这些机构的目的就是试图克服联邦预算编制中的分散性。

“非项目式”的决策制定　改革者通常要求实行“项目预算”——在对
164 特定政策的成本和收益仔细核算的基础上，按照项目领域分配资金。但是决策制定者很少评估所有的项目，也很少同时砍掉一些项目。政治学家亚伦·韦尔达夫斯基曾经观察到，有些政治职能是通过“非项目式”的预算来实现的：

> 在一些项目上，如果不考虑政策中的基本分歧，而从钱的角度考虑，更容易达成一致。以货币增加值来计算预算项目，有助于相互谈判和互投赞成票通过预算项目。这就可能出现各项目预算数量的此消彼长，而不用考虑对这些竞争性项目的最终预期。②

补充性拨款　甚至在国会每年通过一系列预算拨款法案之后，还会出现一些事情使总统向国会提出要求，通过补充性的支出法案。这些在每个

① William A. Niskanen, *Bureaucracy and Representative Government* (Chicago: Aldine, 1971).

② Aaron Wildavsky, *The New Politics of the Budgetary Process* (Boston: Scott, Foresman, 1988), p. 136.

财政年度中的额外的支出法案，就是所说的“补充性拨款”。这些拨款在数量上相对有限，但是2004年对伊拉克的战争却获得了870亿美元的补充性拨款。这些“补充性拨款”又进一步强化了政府预算中的渐进主义性质。这些拨款既不在年度财政预算的规划之列，也没有遵循正式的预算程序（后面将有描述）。

“福利项目”的财政支出

政府预算编制的渐进性，有部分原因是由于预算中的“福利项目”支出。这些条款是由国会过去的政策决定的，并代表着联邦对未来预算的承诺。这些规定使不同阶层的人们都有法定权利得到相应的利益，包括社会保障、社会福利、医疗保险、医疗补助、食品券、联邦雇员退休金以及退伍军人的津贴，这些支出就占了联邦全部支出的一半多。这些“福利性”的支出现在已经构成了联邦全部支出的60%以上（见第五章的图5-1）。除了这一类支出以及其他的“强制性”支出（包括国债支付利息）和国防支出外，还剩下大约12%的预算作为“非国防的可自由支配”的政府开支（图7-3）。

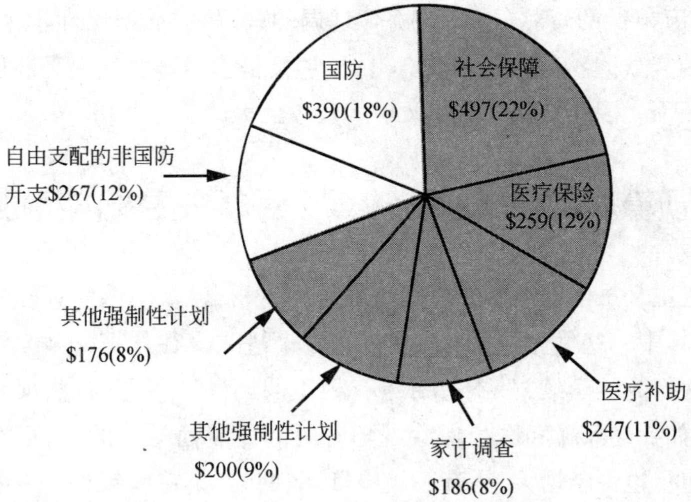

图7-3　联邦预算

资料来源：*Budget of the United States Government*, 2004.

“福利项目”支出中渐进主义的应用　随着每年有越来越多的人能够享受社会保障和医疗保险——这是两个最大的福利项目，政府的支出也就相应的增加。从理论上讲，国会可以修改有关这些项目的基本法律，从而避免政府在这些开支上的逐年增加。但从政治上来看,这样一种行为是不能考虑的,因为如果政府减少了一直承诺的福利项目,选民就会认为政府不讲信用。

福利的标定指数 政府支出逐年增长的另一个原因是,国会批准了福利补助随着物价的上涨而增加。福利补助,包括社会保险、补充性保障收入、食品券和退伍军人的津贴,是与消费价格指数"挂钩"的。这些指数推
165 动着每年的福利项目开支的增加,即使领取福利津贴的人数不变。当然,标定指数与联邦政府控制通货膨胀的努力是背道而驰的,而且消费价格指数通常高估了生活消费支出的实际增长。

实物补助支出的增长 一些主要的实物(非现金)福利的增长,尤其是国家医疗补助和医疗保险的支出,也导致了联邦支出的增加。这类项目的支出要比现金补贴的支出增长快得多。

隐性支出 有些联邦的开支并不在预算中体现,例如,在邮政服务方面的支出就不列入联邦预算之内。并没有法规明确规定,为什么有些部门的收支列入预算,而有些又不被列入。但是,"预算外"的机构与其他机构会产生同样的经济效果。另一种类型的隐性支出是由政府担保的贷款。起初,政府担保的贷款(联邦住房管理局的购房贷款、担保性学生贷款、退伍军人的贷款,等等)不要求政府出钱,它只是承诺当贷款人无法偿还的时
166 候为其还债。因此这些贷款使政府担负着巨大的债务负担。

预算项目优先权的改革:对渐进主义的挑战

渐进主义虽然有助于解释编制预算的过程,但却不能解释随着时间的发展,预算中一些优先项目的主要变化。渐进主义往往把公共政策看做是政府过去行为的延续,只不过每年有稍微的调整。可是,有些项目是逐渐增长的,如社会保障和医疗保险是随着时间发展而增加的,而且在联邦支出中的比重也不断增大;另有一些项目,例如国防,在联邦支出中的比例却逐年缩小。

渐进主义的理论无法指导支出模式的革命性变革。但就在20世纪70年代,美国政府就经历了联邦支出次序上的一场革命。在十年中,国防和社会福利支出的优先次序发生了逆转。1965年,国防支出占到了联邦预算的43%,而社会保障和福利支出仅占22%(见图7-4)。当大众媒体聚焦于越南战争和"水门事件"的时候,支出项目的优先次序又发生了逆转。仅在

十年之后的1975年，国防支出在联邦预算中仅占26%，而社会保障、医疗保险和福利等支出已经增长到了38%。联邦支出上的这种变化在民主党人（约翰逊）执政和共和党人（尼克松和福特）执政时期，以及在国家最长时间的战争中都发生过。简单地说，我们原先假定的政治和战争对社会福利 167
支出的影响，被事实证明是错误的。

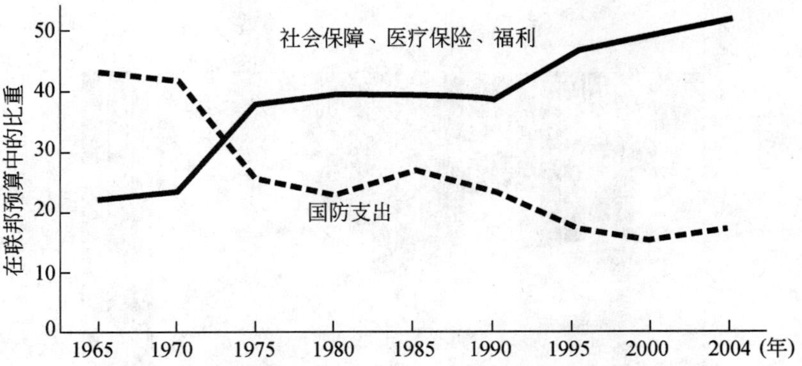

图7-4　联邦预算支出项目优先次序的变化

随着时间的推移，国防支出在联邦总支出中的比例明显下降。20世纪80年代，里根政府时期的国防建设支出也只是占到了联邦总支出的27%，这低于冷战初期艾森豪威尔、肯尼迪和约翰逊执政时的国防支出水平（参见第十三章）。冷战的结束使国防支出突然陷入到快速下降的地步。这种支出的趋势对传统的渐进主义提出了挑战。

目前，社会保障支出是预算中花费最大的项目；医疗保险（为老年人提供的）和医疗补助（为贫困人口提供的）是预算中增长最快的项目。这些医疗保健项目支出的增长很难用渐进主义来描述。

政府债务、财政赤字和盈余

联邦政府的支出通常是超过其收入的（见图7-5）。这些财政赤字使得美国政府的债务不断累积，已经超过了7万亿美元，人均（包括男女老少） 168
国家债务已经超过了25 000美元。

这些债务大部分是欠给银行、金融机构和购买国债的公民。当旧债到期时，财政部就发行新的国债以偿还旧债；也即，使债务继续像滚雪球一样累积。当今，国家债务在GDP中所占的比例比美国历史上的某些时候要低。实际上，为了支付第二次世界大战所需费用，美国政府的债务一度达到 GDP 的 110%；今天的债务按照货币价值计算，是历史上最高的，但大约只占到了 GDP 的 65%。

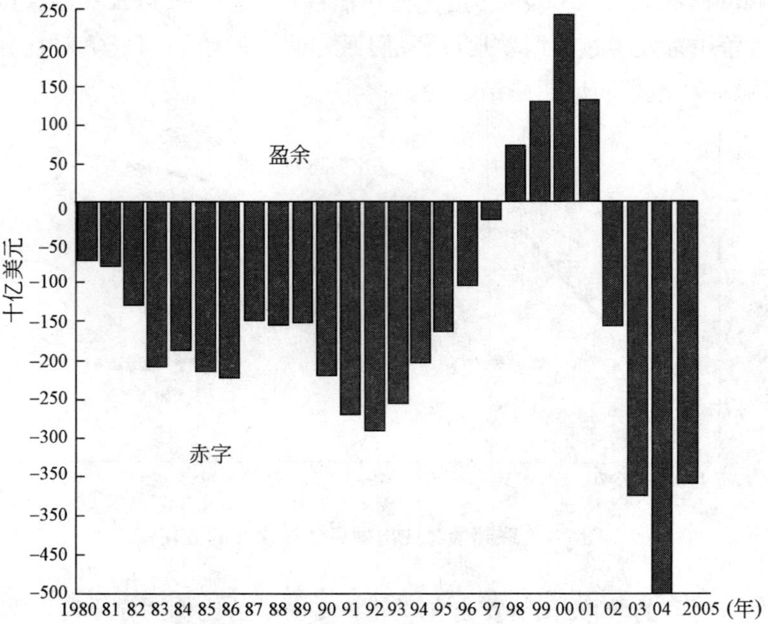

图 7-5　联邦年度赤字和盈余

资料来源：Statistical Abstract of the United States，2002；Budget of the United States Government，2004.

能够举借数额如此之大的债务，依赖于公众对美国政府的信任——相信政府能够偿还国债利息，并在到期的时候偿还本金，相信国债不会因通货膨胀而贬值。

政府的债务负担　虽然联邦政府在想方设法平衡其年度预算，但是国家债务的累积以及必须要偿还的利息，仍然是目前和未来的纳税人的沉重负担。需要偿还的国家债务的利息来自当前的税收；这些要偿还的利息占到了联邦政府预算的 8%。这也就意味着，在联邦税收的每一美元税款中，政府只剩 92 美分用来为纳税人提供产品和服务。如果没有债务，需要偿还的这些利息就可以用到医疗、教育、科研等其他项目上。未来需要偿还的利息就转移到了年轻人和未来几代人的身上。

进一步说，巨额的联邦债务还要求财政部每年都举借新债，以偿还旧债。这些钱来自私人部门，他们本来可以用这些钱来筹建新企业，扩大原有企业规模、使厂房和设备现代化，或者资助消费者购房、买车、购置生活用具，以及进行其他的信贷消费。

政治、盈余和赤字 经济增长能够增加税收收入。美国经济在20世纪90年代的发展水平比政治家和经济学家预期的都要好。税收收入的增长速度也超过了政府支出的增长速度，联邦政府的年度赤字开始下降。克林顿总统和民主党控制的国会在1993年通过了一项主要为了增加税收的法案（见第八章）。1994年以后，共和党控制的国会也采取措施来减缓政府支出的增长速度。因此，毫不奇怪的是，共和党和民主党都声称1998年结束40年来的财政赤字是自己的功劳。在这四年的时间里，联邦政府确实实现了收入多于支出的盈余。

然而，在2002年经济增长缓慢的时候又出现了财政赤字。2001年9月11日的恐怖袭击之后，联邦政府增加了在国防和国家安全方面的支出。布什总统还承诺要降低联邦的所得税。

在执政的第一年里，布什总统促使国会通过了一项主要为了减少税收的法案（见第八章）。民主党人认为，正是由于税收的减少才导致再次出现财政赤字。共和党人则认为，减少税收能够刺激经济增长，而经济增长最 169
终会增加税收收入并减少赤字。2003年布什总统又成功地使国会通过了进一步降低税收的法案。但从当前预算项目可以想象，在可预见的将来，联邦政府会有巨大的年度赤字。

正式的预算编制过程

总统通过行政管理与预算局，对预算草案的编制承担着主要责任。除了编制预算的任务，行政管理与预算局还履行一些相关的职责：改善行政机构的组织与管理，协调联邦政府的统计工作，分析审查立法议案并确定其对行政管理和财政产生的影响。

宪法没有赋予总统在税收和政府支出上有任何法定权力。依据宪法，总统只能向国会提供“建议”。也许难以想象，1921年以前总统在整个预算过程中不起直接作用。当时的过程是，财政部长汇总各个部门的预算需求，不需要经过总统的审核就直接提交国会审议。直到1921年通过了预算和会计法案，才要求总统承担预算编制中的责任，从此也就形成了一种总统直接影响支出政策的方式。

行政管理与预算局——为总统准备预算草案 财政预算的编制工作在每个财政年度开始之前的一年多就启动了。在初步咨询行政机构并与总统政策相符合的条件下,行政管理与预算局制定各个机构预算开支的最高限额。这项工作在每个财政年度开始之前的16—18个月就开始了,目的是为预算的编制做准备。(换句话说,为了制定2006年10月1日到2007年9月30日的年度财政预算,预算编制的准备工作从2005年1月就开始了。)预算是以编制结束时的财政年度定名的,上面的例子就是为编制美国政府2006年度财政预算而进行的准备工作,简称为“06财年”(FY06)。

编制预算的材料和建议会发给各个行政部门,要求他们填完表格后再交给行政管理与预算局。这项工作需要三个月的时间,是由华盛顿内外的各政府部门的预算职员、行政长官、基层官员共同来完成的。局级预算编制官员检查下级部门提出的预算要求,并与上一年度的数据进行比较,然后召开会议进行调整。从检查、审核到调整和研究的过程还会在部级的层次上更大规模地展开。

各行政部门的领导应该在9月中旬或10月上旬把已完成的预算要求提交给行政管理与预算局。有时候还会附上一份“超过上限”的项目清单,也就是超过了行政管理与预算局规定的最高预算额度的项目。

收到各个部门的预算开支材料后,行政管理与预算局就开始了预算的
170 审核程序。每个部门都可以进行听证,部门的高级官员都尽可能地支持本部门的预算要求。有些时候,一些不满意的部门会要求负责预算的主要官员把这些部门的预算情况提交给总统。

12月份,总统和行政管理与预算局的局长研究预算材料,这也就进入了预算编制过程的最后一个阶段。他们及其下属会对预算的草案进行标注、修改,做最后的修订,并为总统准备文件,然后一并递交给国会。预算草案提交给立法机构之后,总统还可以根据实际需要,提出修改建议。

虽然编制完的预算草案包括一个涵盖税收和其他收入的总体收入规划,但基本上还是一份支出预算。收入和税收政策方面的工作主要是在财政部完成的,而不是行政管理与预算局来做的。1月底,总统就把将于10月1日开始的财政年度的美国政府预算草案提交给国会进行审议(见图7-6)。

众议院和参议院的预算委员会　为了从总体上审议总统提交的预算,国会成立了众议院和参议院的预算委员会以及国会预算局。这些预算委员会先起草一份“第一次预算决议”(截止日期是5月15日),确定拨款和收入政策的具体目标,以指导委员会的行动。如果拨款数额超过了预算决议中设定的目标,就会进入协调程序。为此会有第二次预算决议(截止时

间是 9 月 15 日)，将汇总起来的预算数目交给委员会及其下属委员会进行审议。然而，实际上这两个预算决议最后会合并成一个，因为国会不想对同样的问题再次进行讨论。

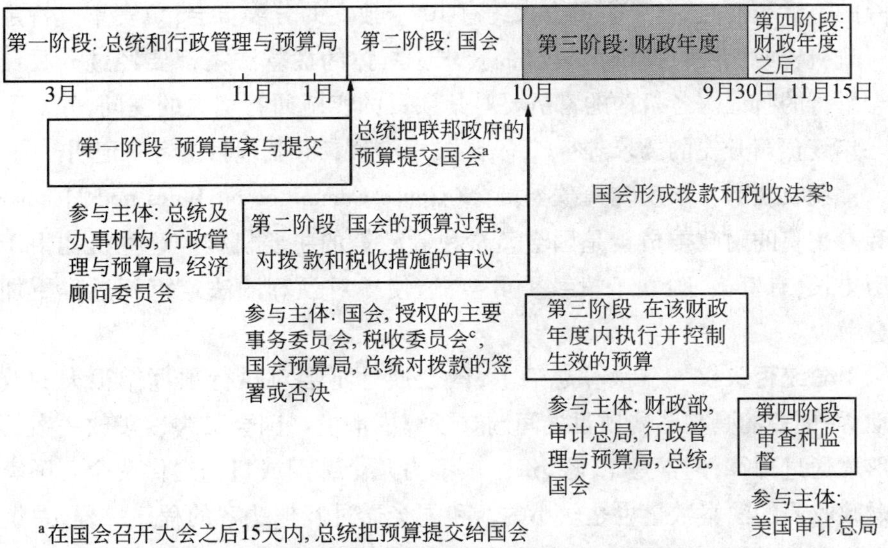

[a] 在国会召开大会之后15天内，总统把预算提交给国会

[b] 如果拨款法案没有在9月30日前形成，国会将实行临时的拨款(如后续决议)

[c] 包括众议院的筹款委员会，参议院的财政委员会

图 7-6 预算编制过程的主要步骤

拨款法案 国会每年对政府支出的批准通常分为 13 个独立的拨款法案，每一法案中又包含着很多单独的支出项目。这些拨款法案是由众议院和参议院的拨款委员会及其下属专门委员会起草的。实际上，众议院专门拨款小组的职责是对相关的行政部门进行监督。拨款委员会必须把总体开支控制在国会预算决议中确定的范围之内。

拨款法案为预算支出提供资金，任何资金不经拨款法案都不能支出。**授权法案**是指国会确立一个政府项目并确定需要支出的资金的法案，授权时间可长达几年。然而，授权法案并不实际提供所批准的资金；只有拨款法案才能提供资金。拨款法案又几乎都是针对某一财政年度的。国会也有自己的规定，不能对未经批准的项目进行拨款。然而，对项目的实际拨款数量通常会少于批准的数额。

拨款法案包括**使用专款授权和经常性费用**两种。使用专款授权允许政府机构签署协议并要求未来的回报(新型责任授权)。经常性费用则是由拨款法案规定的财政年度的开支。

拨款委员会 国会参议院和众议院的拨款委员会的职责是审议具体的拨款项目。众议院拨款委员会的工作通常比参议院拨款委员会的工作更加细致;参议院拨款委员会则类似于“上诉法庭”,处理行政部门对众议院的上诉。而且,每个委员会大约有10个独立的分委员会,负责审查特定行政机构或相关行政部门提出的要求。具体的拨款法案都要经过分委员会举行的听证。各机构的官员要对其项目的实施回答相关的提问,并对下一年度预算开支的要求进行辩论,还要求游说者和其他目击者来证明。

税收法案 众议院筹款委员会(House Committee on Ways and Means)和参议院的财政委员会是国会负责税收政策的主要机构。这些机构由于历史长,有资格,独立于拨款委员会,这使得对预算的法定审议过程更加分散。

总统否决权 在预算总额上,国会通常不会对执行预算做很大的改动,而更多的是在不同项目之间调整预算的额度。国会最终以拨款法案的形式通过预算,通常是13项,每一项都为几个部门或机构提供资金。国家财政收入的法案数量也是较小的。和国会通过其他法案的程序一样,总统有十天的时间作出签署或否决拨款法案的决定。

虽然国会在1996年授予总统行使“项目否决权”,但是最高法院却宣布这种授权违背了宪法的权力分立原则。“项目否决权”使总统有权取消拨款法案中特定项目的支出以及特定的税收优惠。最高法院认为,这一授权程序将会把立法权力——宪法仅授予国会的权力,转移给总统。

后续决议(continuing resolution)和“关门”现象 所有的拨款法案都要由国会参、众两院通过,再经过总统的签署才能于10月1日生效。然而,国会很少能够按时完成预算审议,所以政府往往会发现,当一个新的财政年度开始的时候,预算还没有通过。从宪法上分析,如果国会没有通过拨款法案,任何美国政府机构都不能从财政部得到拨款,因此必须“关门”。为了解决这一问题,国会采用了一项“后续决议”,授权政府机构在一个特定时期内,按照上一财政年度的标准继续支出。

采用后续决议的目的是使得国会有更多的时间通过拨款法案,并由总统签署。但是,有时候这一过程由于在预算上激烈的政治斗争而被中断。这样导致的结果就是“后续决议”的期限已经到了,拨款法案还是没有通过,甚至也没有新的“后续决议”。从理论上讲,既没有拨款法案,也没有新的“后续决议”,将使得整个联邦政府都要“关门”,也就是说,因为缺少资金
173 而停止一切运转和支出(比尔·克林顿总统与共和党控制的国会在1996

年度财政预算上进行激烈斗争时，就出现了“关门”现象）。但实际上，“关门”只是局部的，只影响到一些“不重要”的政府雇员，造成的破坏性影响相对较小。

本章小结

政府的经济政策主要是通过财政政策和货币政策来实现的，财政政策是关于税收、支出和赤字水平的政策，货币政策是关于货币供给和利率的政策。虽然许多宏观经济理论在指导经济政策方面存在争论，但实际上，财政或货币政策的制定更倾向于一个渐进的过程。渐进主义理论不仅能够描述经济政策的制定过程，还能解释为什么政府的政策、项目和支出是持续存在，并且随着时间而增长的。

1. 凯恩斯的经济理论建议政府控制总需求，在经济衰退时增加开支、减少税收、发行国债，在通货膨胀的时候实行相反的政策。而供给学派的经济学家则认为，这种传统的应对经济周期的税收和支出政策是“落后的失败的政策”，它会导致通货膨胀、高利率和经济停滞。他们认为，政府采取高税收、高支出的政策会刺激直接的消费而不是对未来的投资，从而影响到人们努力工作、创造性和节约的行为。
2. 美国经济在20世纪90年代的发展是超常的，这也是GDP持续增长时间最长的时期，同时，失业率和通货膨胀率也降低到了历史上的最低水平。
3. 政府通过财政政策和货币政策来影响经济发展。财政政策是依赖总统和国会制定出来的，总统负责起草美国政府的年度预算报告，国会负责对每年联邦政府的所有支出进行实际的拨款。
4. 联邦储备委员会以多种手段影响着货币供给。它可以决定银行储备金的数额，以及银行借款利率的高低。它能够通过“公开的市场交易”购买和出售政府债券。通过这些措施，美联储能够扩张或紧缩货币供给以应对国家的经济衰退和通货膨胀。美联储的政策几乎都是渐进性的，有意识地避免未预料的政策破坏经济的发展。
5. 美国现代政府的支出都是逐渐增长的。不过，在20世纪90年代联邦政府支出持续增长的时候，美国经济以更快的速度增长。这就意味着，联邦政府的支出在GDP中所占的比例实际上是下降的——

174 从高于23%下降到2000年的18%。从那时候开始,缓慢的经济增长和不断增加的政府支出,又使得这个比例在2005年达到了20%。

6. 渐进主义的政策在支出方面随着时间而不断累积,结果会导致政府支出项目的优先次序发生重大变化。随着时间的发展,国防开支大幅度下降,而福利项目支出则在联邦预算中占据了主导地位。社会保障成为目前联邦预算中最大的支出项目。

7. 编制预算的过程是渐进性、分散性、非程序性的。预算编制者通常以上一年的支出为基础,而重点考虑增加的部分。每年对每项公共支出项目的合理性审议,会导致无法解决的政治上的冲突,也会使预算编制者筋疲力尽。

8. 政策制定者在编制年度预算中,可以作出决策的范围其实是很小的。"福利项目"支出就占了全部联邦预算的一半多。这些福利性支出项目,随着每年福利金的增长,实物补助的支出也在增长,构成
175 了联邦支出中"无法控制的增长"的绝大部分。

第八章

税收政策：特殊利益集团的斗争

利益集团与税收政策

利益集团在政策制定中的相互影响被称为“多元主义”。[①] 利益集团理论认为，公共政策是利益集团之间经过斗争而达成的一种平衡（见第二章）。虽然这种平衡并不等同于多数派的偏好，但是在多元主义者看来，在一个庞大而多样性的社会里，这种平衡最可能接近于公共利益了。

但是，如果只有一小部分美国人被组织加入具有政治影响力的利益集团，结果将会怎样呢？如果利益集团代表的是那些组织良好、经济上强有力的生产集团，并且积极从政府那里寻求直接的切实可见的利益，结果将会怎样呢？如果利益集团不考虑大多数人的利益，尤其是那些缺乏有效组织的、经济上分散的消费者和纳税人的利益，那么这些人所期望实现的公平、简朴和全面的经济福利的政策目标，结果又会是怎样呢？

要解释说明有组织的利益集团在政策制定中的影响，没有比国家的税收政策更能说明问题的了。任何一本经济学教科书都告诉我们，全面、简易、公平的，同时又能促进经济增长和社会福利的税收体系，能够最好地服务于公共利益。然而，联邦政府的税收体制几乎是相反的：它复杂、不公

① Robert A. Dahl, *A Preface to Democratic Theory* (Chicago: University of Chicago Press, 1956), p. 124.

平、不具有全面性。在美国,个人收入的一半多通过税法规定的减免和特别优惠等多种方式而逃避了税收。税法以不同的方式对待不同类型的收入,它为工作、储蓄和投资设置了障碍,使资本的投资转向非生产性的税收庇护或者非法的地下经济。

本章首先概括介绍美国当前的联邦税收系统,然后评述一些驱动税收政治的潜在问题,最后考察特殊利益集团在税收政策制定过程中的影响。还将说明在1986年税收改革法案之下,反对特殊利益集团的改革是怎样实
177 现的,以及这些改革又是怎样在随后的税收政策的决策中被削弱的。

联邦税收制度

联邦政府的税收收入有多种来源——个人所得税;社保基金的扣除额;企业所得税;汽油、酒精饮料、烟草、电话、航空以及其他项目的消费税;房地产遗产税、赠与税;关税;以及其他各种项目的罚款和收费(见图8-1)。

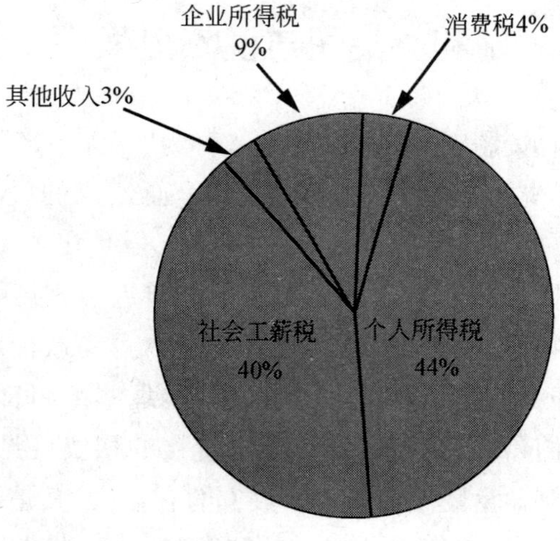

图8-1 联邦税收的来源构成

资料来源:*Budget of the United States Government*, 2005.

个人收入所得税 早在一百多年前,美国最高法院法官史蒂芬·J. 菲尔德(Stephen J. Field)在裁定国会通过的一项累进所得税法案违宪的时候,就曾预言说这种税收会导致阶级斗争:"我们的政治斗争将会演变为一场穷人反对富人的战争,这场战争的强度和苦难程度会持续增加。"[①]但是,

① Pollock v. Farmer's Loan, 158 U.S. 601 (1895).

20世纪早期的平民主义者的情绪——中西部农场主对东部铁路巨头的愤怒情绪，以及那些穷困的南方人认为自己收入不高——都对美国宪法第十六修正案的通过起到了推动作用。1914年国会通过联邦所得税法案，规定最高税率是7%，其中收入达到需要交纳所得税的人口还不到全国的1%；而今天的税率最高为35%，却有大约一半的人口需要交纳所得税。 178

目前，个人所得税是联邦政府收入中最大的一个来源。个人所得税有六个等级的税率——10%、15%、25%、28%、33%和35%。这些税率适用于不同的收入水平，或“等级”（brackets），而且与每年的物价指数挂钩，反映通货膨胀的情况。

联邦的个人收入所得税是从雇员（不包括农场主和家庭工人）的工资中直接扣除的。这种扣缴制度是所得税的支柱。工资外的收入没有代扣，但是纳税人必须提出预估税款的申报（Declaration of Estimated Taxes），并且按季度分期交纳。在每年的4月15日之前，所有有收入来源的人都要用“1040”表格向美国国税局报告他们的应税收入。

当美国人得知有一半的个人收入**并没有**被征税时，通常会感到吃惊。为了理解其中的原因，我们必须要弄懂税法是怎样区分**调整后的总收入**（个人的全部货币收入减去得到这些收入的支出）与**应该纳税的收入**（调整后的总收入中应缴税的部分）的。联邦税率只适用于应纳税的收入，在计算应纳税的收入时，联邦的税收法律允许对调整后的总收入进行多次减扣。

税收支出（Tax expenditures） 税收支出是确定税收收入的一个概念，它是指由于税法规定的减税、免税和特殊优惠而使联邦政府损失的税收收入。表8-1列举了联邦税法中规定的主要税收支出项目。对此，有两种观点一直存在争论：一方是支持通过特定的税收优惠，实现社会目标；另一方是认为应该简化税法，而通过直接的税收支出去实现那些社会目标。

低收入的工薪家庭不需交纳个人所得税，不过，社会保险税会直接从他们的工资中扣除（经过个人扣除和标准扣除之后，收入低于25 000美元的四口之家就不用交纳个人所得税）。而且，大多数这样的家庭还可以获得收入所得税的抵免——对提出此项申请的低收入纳税人的直接支付（参见第五章“工作中的贫困人口”部分）。 179

高收入的纳税者通常需要逐项列出税收扣除额。在所有纳税人当中，大约有75%的人采用标准扣除，另外的25%属于中高收入者，他们收入的扣除额要超过标准化的扣除额。还有一种替代性最低限度税收（alternative minimum tax,AMT),以确保那些提出税收优惠要求的纳税人缴纳最低的税收。这种税是按照26%—28%的税率征收的,几乎很少有例外。

表8-1 联邦税收政策中主要的"税收支出"

个人免税与标准扣除
个人所有住房的抵押利息的扣除
新房或二手房的财产税扣除
房屋销售的资本收益可缓缴税款
慈善捐款的扣除
抚养孩子支出的抵免
雇主缴纳的养老金和医疗保险不计入纳税范围
社会保障福利金部分免税
用于公益目的的州和地方政府的债券利息不计入纳税范围
州和地方政府所得税的扣除
国外收入不计入纳税范围
机械、设备和仪器的加速折旧
超过收入7.5%的医疗费用
对儿童的税收抵免
对大学生两年的税收抵免
对个人退休账户和401(K)退休计划中可扣除的税款
教育账户中可扣除的税款

除了各种合法的**避税**方式之外,"地下经济"也导致各种**逃税**(非法的偷税避税方式),从而使政府遭受数十亿美元的损失。据美国国税局估计,由于人们申报收入时的隐瞒和不按规定纳税,每年大约流失2 000亿美元的财政收入。据独立机构对地下经济的估算,税收流失更加严重,大约为3 500亿美元,相当于全部应缴纳税款的15%。① 许多人在提供商品或服务时收取了现金,但是,除了从雇主那里得到的工资之外,这些现金收入在缴税时他们是不会报告的。还有很多人,其收入的全部或大部分来自现金交易,他们都有强烈的动机想少报他们的收入。当然,还有一些非法交易,如毒品交易,几乎没有人申报这些收入。随着税率的提高,隐瞒收入变得更加有利可图。

谁来缴纳联邦所得税 联邦个人收入所得税是累进的。它的六种税率加上个人的和标准的减免税,以及低收入者获得的税收抵免,减轻了中低收入者的大部分税收负担。实际上,美国50%的低收入者只承担了联邦收入所得税的4%(见图8-2)。(然而,社会保障基金的负担大部分落到了中低收入者的身上)前10%的高收入者承担了全部个人所得税的67%,

① "The Underground Economy," National Center for Analysis, 1998.

1%的高收入者承担了全部个人所得税的37%。

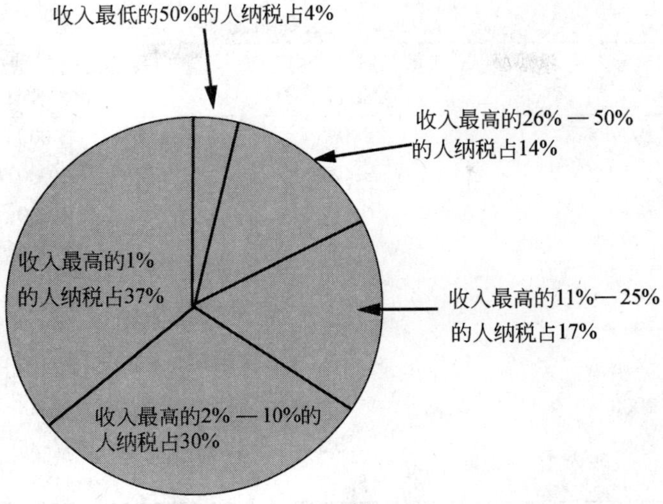

图8-2　谁来缴纳联邦的个人所得税?

不同收入水平的人缴纳的税收在全部联邦收入所得税中所占的比例

资料来源：Based on information from The National Taxpayer Union derived from data provided by the U. S. Internal Revenue Service, for tax year 2000.

社会保障税　联邦财政收入的第二大、也是增长最快的来源是社会保险税，它已构成联邦政府收入的40%。社会保险税包括社会保障金(OASDI)以及医疗保险税(也称健康保险，HI)。这一类税收由雇主缴纳一半，另一半从雇员的工资里扣除。近年来，社会保险税以两种方式逐渐增加：雇主—雇员合并税率(百分比)的不断递增；税收最大基数的不断提高(见表8-2)。现在，社会保障金(12.4%)和医疗保险税(2.90%)是分开的(两者相加为15.3%)；在联邦财政收入中，社会保险税和医疗保险的“信托基金”也是分开的。社会保险税起初(2004年)限于工资收入为87 900美元，超过部分的工资及非工资收入(盈利、利息、红利、租金等)不需要纳税。因此，社会保险税是“递减的”，也即是说，低收入者会比高收入者承担更大的比例。 180

社会保障税(按照社会保障基金的数额)直接记录在每个纳税人的账户上。因此，工人们认为，得到社会保障是自己的一项权利而不是政府的恩赐。然而，这种福利与每个工人的收入之间的关系并不紧密，有最低和最高的福利等级，是为了防止将福利收益与纳税的多少联系起来。实际上，对目前领取社会保障的人来说，只有不到 15% 的福利来自他们之前的缴款，当前的纳税人承担着当前的退休人员 85% 以上的福利基金。

表 8-2　社会保障税

	雇员—雇主合并税率（OASDI 和 HI）	最高工资基数（美元）（OASDI）
1937	2.0%	3 000
1950	3.0%	3 000
1960	6.0%	4 800
1970	9.6%	7 800
1980	12.26%	25 900
1985	14.10%	39 600
1990	15.3%	67 600
2000	15.3%	76 200
2003	15.3%	87 000
2004	15.3%	87 900

资料来源：Social Security Administration，2004.

现在，绝大多数纳税人缴纳的社会保险税要高于收入所得税。事实上，按照最高工资基数，雇主和雇员每年缴纳的社会保险税合起来已经超过 13 300 美元。假设雇主缴纳的部分来自工资，其实也是由雇员支付的，那么所有纳税人中有 75% 以上的人缴纳的社会保险税超过了收入所得税。

企业所得税　企业所得税在联邦政府的总收入中只占 10%。1986 年的税收改革法案把企业所得税率从 46% 减少到 34%，1993 年国会又将企业所得税率提高到 35%。

企业所得税由于其中的各种漏洞而恶名在外。实际上，代表着特殊行业的利益集团以及代表个别企业的游说者，已经说服了立法者把许多免税、减税和特殊税收优惠的条款写进了企业税法，使得大多数的企业利润不被征税。近年来，随着企业税中的免税条款的增多，联邦全部税收中由企业缴纳的比例在逐渐下降。而且随着全球市场交易的增加，企业收入从一个国家转移到另一个国家的机会也不断增多，这也使得美国的税收收入减少的更多。

谁来缴纳企业所得税呢？在这个问题上，经济学家存在分歧：一种观点认为，相关税负“转移”到了消费者身上；另一种观点认为公司及其股东承担了相关税负。有关这种税负的**证据**问题，也就是说，谁实际承担了这些税收——还没有结论。①

宗教、慈善、教育机构以及工会都是免缴企业所得税的，不过他们从那些“与本机构目的不相关的商务活动”中得到的收入还是需要缴税的。

（房地产）遗产税与赠与税 对留给后代的财产所征收的遗产税是世界上最古老的税收形式。联邦的遗产税从100万美元起征，超过这个数目的要征收46%—48%的遗产税（预计2007年要降到45%）。因为遗产税是在当事人去世后才征收的，所以人们会趁着自己还在世的时候就把财产给予后代，从而逃避税收，为此联邦政府开征了赠与税。在每个受赠者接受的财产中，每年可有10 000美元是免税的。

批评遗产税的人把这种税收称为“死亡税”，并讽刺联邦政府“征税征到人们死亡”。在所有的遗产中，只有很小一部分征收遗产税，但是，当生育高峰时出生的一代人到能够行使投票权的年龄时，也就是当他们的父母相继去世并留下遗产的时候，抵制遗产税的政治压力就出现了。 182

消费税与关税 联邦政府对酒精饮料、烟草、汽油、电话、航空以及其他所谓的奢侈消费项目所征收的消费税，只占联邦政府全部税收收入的4%。进口关税占联邦全部税收收入的1%。

征税、公平性与经济增长

任何税收体制的目标，不仅要为政府履行既定的职能筹集足够的收入，还要简单、高效、公平，并且不能损害经济增长。要求改革税收体制的人认为，联邦税收制度没能符合任何一项标准：

- 税收的形式太复杂了，大多数纳税者要雇用职业的税收代理人；很多会计师和律师就依靠这种税收代理谋生。
- 税法区别对待不同收入来源的做法是不公平的，有很多的免税、减税和特殊优惠都被认为是税收的漏洞，使得那些有特权的人逃避税收。
- 税法还鼓励避税，使得投资避开生产性的领域而转向无效率的庇护税收；人们根据税法来决定其储蓄或投资，而不是根据生产需要，从而整个经济受到了损害。

---

① Joseph A. Pechman, *Federal Tax Policy*, 5th ed. (Washington, DC: Brookings Institution, 1987), Chap. 5.

- 税法还怂恿了欺诈，导致政府信用的降低；还助长了地下经济的蔓延，这些交易所得从来不以税收形式申报。
- 高边际税率抑制了人们的工作与投资；当人们通过额外劳动、储蓄或投资获得的额外收入，又按照50%或更高的税率纳税（联邦政府、州政府、地方政府的税收）时，经济增长就会逐渐下降。

但是，税收的公平、简易和经济增长的目标，由于受到特殊利益集团的冲击，通常是不能够实现的。不同的利益集团对“公平”的界定也是不同的；他们要求的是特殊的待遇，而不是税法的普遍性和一致性；因此就产生了几千页的税收法规条款，以及各种不同的界定和解释。

决定什么是公平的　税收政策的一个核心问题就是谁实际上承担了最重的税收负担，也就是说，哪个收入群体缴纳的税收占其收入的比例最大。税收要求高收入的群体比低收入的群体缴纳税收的比例也高，这就称为**累进税**；如果让低收入群体缴纳更高比例的税收，这就称为**递减税**。所有收入群体都按照相同的比例纳税，这就是所谓的**比例税**。其中值得注意的是，所缴纳税收占**收入的比例**，是一个决定性的因素。大多数税种，都是对富人征税比对穷人征税多，但是，累进税和递减税就是通过不同收入群
183 体的收入比例而区分开来的。

联邦所得税有一个累进税率结构。根据应税收入的多少，分为六个层次，税率从10%到35%逐渐递增。这些税率适用于每一层次的收入或者所有的纳税人。例如，一个纳税人有350 000美元的应税收入，那么只有超过311 950美元的部分才按35%的税率纳税；同一个纳税人，14 000美元的收入部分按照10%的税率纳税，14 000美元—56 800美元之间的部分按15%的税率纳税；每一层次的税率依此类推。（这些分段数字是2003年制定的，每年都要视通货膨胀的情况而有所调整。）因此，一个拥有350 000美元应税收入的纳税人，并不是全部按照35%的税率纳税；而是最多缴纳100 000美元的税额，或者缴纳其应税收入的28.5%。

累进税的根据　累进税通常是根据支付能力的原则确定的；其假设是，与低收入群体缴纳较低比例的税额相比，高收入群体不用做出更多的牺牲就能够承担占其收入更高比例的税额。这个假设是建立在经济学家所说的**边际效用理论**基础之上的，以金钱为例：对个人来说，收入每增加1美元，其效用要比前面1美元的效用低。例如，一个收入已经达到20万美元的人，与收入只有2万美元或没有收入的人相比，增加1万美元的收入，对前者的效用就没有对后者的效用大。因此，对那些**增加的**收入以更高的

税率征税不会违背平等原则。

比例税的根据　反对累进税的人一般声称，只有对每个人都按照相同的比例征税才会实现平等，而不考虑收入的多少。对所有收入的群体都征收相同比例的所得税，称为**比例税**或**统一税**(flat tax)。这些批评者认为，累进税会挫伤人们的首创性、进取心、冒险精神，并减少国民经济发展的动力。另外，如果政府不对高收入群体征收高额所得税，那么这笔钱就会进入企业投资领域，从而刺激经济增长。高额的累进税会阻碍经济的增长，并使每个人变得更穷。

一致性　税收政策的另一个问题是其一致性，是指所有类型的收入都按照同一税率征税。这意味着投资所得与劳动所得按照相同的税率征税。但在传统上，联邦税法已经区分了“一般收入”和“**资本收益**”——包括购买与出售股票、债券和房地产等财产的收益。资本收益的最高边际税率只有15%。投资者以及房地产和证券行业人士认为，对资本收益以较低的税率征税，可以鼓励投资并刺激经济增长。但是，这并不能说服大多数的美国人，凭什么对劳动所得要比对投资所得的收益课以更高的税率呢？如果说高税率抑制投资的话，它一定会影响劳动的积极性，而资本和劳动对提高生产力和经济增长都是必需的。 184

税法中过多的免税、减税和特殊优惠等也使一致性的税收原则遭到破坏。诚然，大多数人希望保留减免税的许多优惠——慈善、育儿、房屋抵押等方面的税收扣除。支持税收优惠的人认为，这对实现一些社会目标是非常有价值的——鼓励慈善捐款，帮助照顾小孩，刺激购房。但是改革者却认为，税法不应该通过一系列广泛的税收优惠来促进社会政策目标的实现。

经济增长　高税率阻碍了经济增长。过高的税率会导致投资者寻求“避税”：不是将资金用在扩大企业的规模和招聘雇员上，而是想方设法用在逃避税收上。高税率还会影响劳动、储蓄和生产性投资；也怂恿人们花高价“避税”(合法方式的减免税)以及“逃税”。

根据供给学派经济学家的观点(见第七章的“作为政策指导的经济理论”)，减税并不一定导致政府的赤字。相反，他们认为如果税率降低了，将会产生一个看似矛盾的结果，即**增加**政府的财政收入，因为在低税率情况下，有更多人们努力工作并建立新的企业，这样能够得到更多的收入。总之，由于增加了经济活力，即使以更低的税率征税，政府也可以获得更多的收入。

经济学家亚瑟·拉弗(Arthur Laffer)提出了"拉弗曲线",如图 8-3 所示。如果政府实行零税率,当然就没有税收收入(曲线的 A 点)。起初,政府的税收随着税率的提高而增加。但当税率过高时(超过 C 点),就会挫伤劳动者和企业进行生产和投资的积极性。当这种不利状况出现时,经济就
185 会滑坡,政府的收入就会下降。实际上,如果政府将税率提高到 100%(假设政府没收每个人生产的一切),每个人都会停止工作,政府的税收收入将会降到零(B 点)。拉弗并没有很明确地说明,税率定在什么水平才是最佳的选择,但他(以及里根政府)确信,在整个 20 世纪 70 年代,美国的税率处于"禁止的范围"之内。

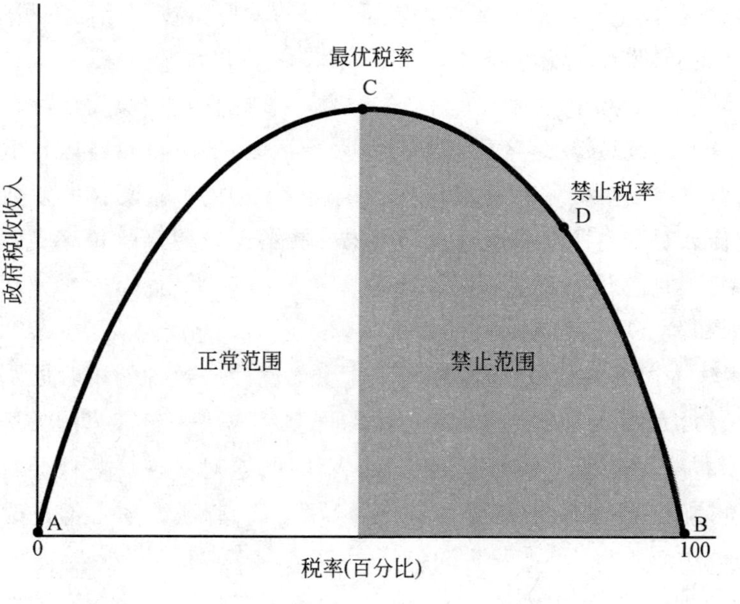

图 8-3　拉弗曲线

税收改革与特殊利益集团

罗纳德·里根入主白宫时所做的第一件大事就是,提出在 1981 年通过《经济恢复减税法案》(Economic Recovery Tax Cut Act of 1981),该法案使个人所得税平均降低了 25%。虽然这是到目前为止最大的一次减税(把最高边际税率从 70% 降到 50%),但是由特殊利益集团控制的税收免除、扣减和特殊优惠方面并没有很大的变化。结果是,由共和党控制的参议院和由民主党控制的众议院很快就通过了该减税法案。没有利益集团的严重反

对也促成了这次全面的税收减免。但是，当里根政府在1986年进行重大税收**改革**时，情况已经非常不同了。

没有什么事情比对税收“改革”更能引起利益集团的关注了，因为税收改革将会威胁到对他们的免税、减税和其他的税收优惠。1986年的税收改革法案是美国国会历史上受到游说程度最严重的立法之一。[①] 里根总统提出这个税收改革法案是折中策略——通过降低**税率**来取消更多的税收**减免**等优惠。税率结构从14个层次（从11%到50%）减少到了两个层次（15%和28%）。为了弥补政府的税收损失，许多税收减免和特殊优惠等都被减少或取消了。但是，下面这些强有力的特殊利益集团并不心甘情愿为了降低税率而放弃他们既得的税收优惠。

工业（集团） 税收改革的反对者是由美国商会（the U.S. Chamber of Commerce）、全国制造商协会（the National Association of Manufacturers）、商业圆桌会议（the Business Roundtable）组织和领导的。制造业强烈反对取消现行税法中的投资税抵免、加速折旧和国外税收抵免等条款。企业税率的降低并没有真正吸引大制造商，因为税法中存在的大量漏洞，几乎没有人会缴纳这些税款。

房地产与住房管理行业 全国房屋建筑商联合会（National Association of Home Builders）强烈反对取消二手房和度假房的利息扣除以及对房地产的税收庇护，因为这些会鼓励对利润很少或者没有收益的房地产项目的投资。房地产行业也想保留财产税的扣除。

石油与天然气行业 美国石油组织，代表着那些强大的石油公司，强烈抗议减少他们的耗损扣除额或无形（不可回收）成本的扣除。他们司空见惯的理由是，税法中对他们特殊待遇的任何变化，都将阻碍资本在能源 186
领域的投资，从而减少能源的产量。但是正如华盛顿的一位资深人士所观察的：“有三个理由要求保留石油的损耗扣除额——得克萨斯州、俄克拉何马州和路易斯安那州。”

华尔街投资公司 美国证券行业协会、美国资本组织委员会，以及美国大型投资公司都极力游说，要求保留对资本收益的特殊优惠。投资公司与银行一起极力争取保留免税的个人退休账户（Individual Retirement Accounts，IRAs）。

---

① 关于1986年税收改革法案的政治原因，参见：David A. Stockman, *The Triumph of Politics* (New York: Harper & Row, 1986), and Jeffrey H. Birnbaum and Alan S. Murray, *Showdown at Gucci Gulch* (New York: Random House, 1987).

慈善机构和基金会 甚至在里根总统将其税收改革建议提交给国会之前,全国主要的基金会已经请求总统保留对慈善捐款的扣除。

餐饮与娱乐业 总统建议限制餐饮业的营业扣除额,取消对娱乐业的扣除——夜总会、音乐会、运动会入场券等。全国餐饮业协会代表高档饭店,向国会游说,如果饭店的便餐达不到100美元或者不供应三份马提尼酒的午餐,餐饮业将会萎缩,甚至连餐饮业的工会也提出了同样的理由。美国国家足球联盟、美国篮球协会、全国曲棍球联合会也都通报说,其他商业公司以税收扣除的形式购买他们绝大部分赛季的入场券。

工会 美国劳工联合会和产业工会联合会对降低和简化税率的观点并没有给人留下深刻的印象。相反,他们集中力量反抗对附加福利征税,包括雇主支付的健康保险和集体人寿保险。联合会也要求保留对会费的扣除。

银行业 银行业的利益集团由美国银行协会领导,期望继续实行不受限制的所有利息支付的扣除。这样,借款就变得更加容易,因为借款的部分成本会从债务人身上转移到政府和纳税人身上。利息的扣除使得更多的消费者向银行贷款。

汽车行业 汽车行业努力争取保留在汽车贷款利息上的扣除。

政府游说者 来自州、县、市政府,尤其是那些要缴纳高额税收的地区的游说者,聚集到华盛顿进行游说,反对税收改革。州和地方政府的主要游说者组织包括全国州长协会、国家城市联盟、全国各州的立法者协会、美国市长联合会、州政府委员会和国际城市管理者联合会。他们通过代表政
187 府雇员的工会,特别是通过州、县和市的雇员联盟而联合起来。

这些游说者很清楚,联邦政府对州和地方所得税、销售税和财产税的扣除,减少了他们自己的税收决策的直接成本。换句话说,州和地方政府官员知道,当他们投票赞成在本州征收更高的税收时,纳税人会从联邦所得税债务中扣除这些税款,从而将部分成本实际上转移给了联邦政府。

一个混合的结果 里根总统成功地推动国会将税率减少到两个层次——15%和28%。然而,特殊利益集团也成功地实现了他们期待的税收减免与特殊优惠。不动产行业——建筑商、开发商、抵押贷款者,也争取到对度假房的税收扣除。各种各样的税收庇护被消除了;该法案还禁止纳税人为了避税目的,利用投资中的"被动"损失来减少其他收入。石油和天然气行业也成功实现了在税法中保留他们大部分的税收特殊待遇,包括"耗损扣除额"和"不可回收"的钻井成本等。但是,银行业和汽车行业却没有

能够保留住在汽车和消费贷款上的利息扣除。美国劳工联合会和产业工会联合会实现了对雇主支付的额外福利收税的愿望，但是在保留会费的扣除上却失败了。餐饮业和娱乐业保留了他们所期望的扣除的80%。州和地方政府也成功达到了他们的目的，保持了在州和地方政府的债券中所获得的利息免税，而且也保留了大部分州和地方政府税收的扣除。

特殊利益的返还

乔治·W.布什在1988年竞选总统时曾强烈承诺，将禁止任何增加税收的企图——“我承诺，决不开征新税！”但是在任期的第二年，布什总统就违背了自己的誓言。在与民主党控制的国会领导者举行的一次高级预算会议上，布什总统声称愿意支持增加税收，作为减少财政赤字的一部分。一旦国会中民主党派的领导人察觉到共和党的总统犹豫不决，他们就会制定自己的税收和支出计划，而把政治责任推在布什身上。结果是，预算计划削减了大量国防支出和国内的开支，并增加了主要的税收。

“向富人征重税” 为了扭转最高边际税率下降的趋势，1990年布什总统的一揽子预算计划将最高的所得税率从28%提高到了31%（见图8-4）。结果，税率结构变成了三个层次——15%、28%和31%。民主党人欢呼这种更多层次累进税率结构的恢复。他们把供给学派的经济理论家认为的高边际税率会减慢经济增长的观点，讽刺为“滴流经济学”。国会中的共和党人受到布什总统的暗示，大多数对提高税率保持缄默不语。但是，他们把注意力转向重新制定一个令富人满意的税收减免政策——对资本收益征税的特别优惠。 188

对资本收益的争论 1986年税收改革法案的一个核心内容就是取消了对资本收益征税的特殊优惠。1986年以前，对资本收益征税的税率要低于对工资和薪金所得的税率。但乔治·布什从来不是税收改革的热心支持者。担任副总统的时候，他就施加压力保留对石油和天然气行业的税收优惠；当选总统后，就更加努力地恢复对资本收益征税的特殊待遇。

恢复特惠待遇 对资本收益的特惠待遇对多种行业的利益集团有利，尤其是华尔街经纪行、投资公司以及房地产行业。降低资本收益的税收能增加股票、债券和房地产的交易额（购买与销售），进而增加了这些行业的收入。当然，更重要的是，减轻了高收入纳税人的税收负担——这些人的大部分收入来自资产的销售（见图8-5）。

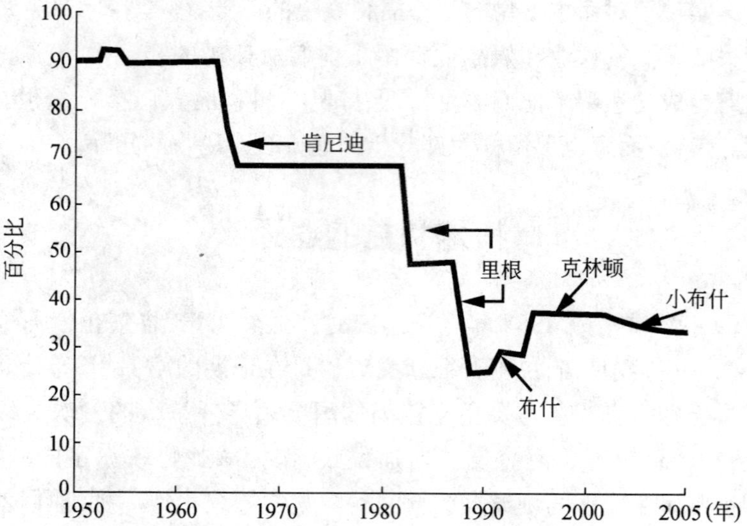

图 8-4　最高的收入所得税税率

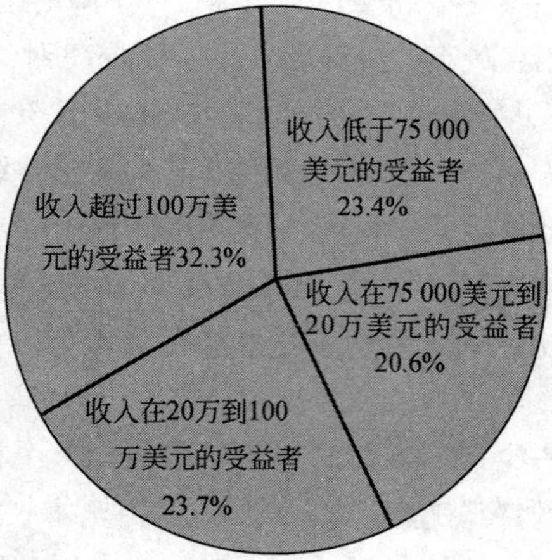

图 8-5　谁从资本收益中获利?

资料来源: Congressional Budget Office.

许多美国人认为,对资本收益的税收优惠,主要是让富人获利。布什总统公开支持这一提议,而国会中许多民主党派人士,在没有引起过多公众注意的情况下,去寻求支持特殊利益集团。因此,1990 年把最高税率提高到 31% 的法案,被悄悄运作成仅仅适用于劳动所得。资本收益仍然按照 28% 的税率征税。这一策略成功地恢复了对资本收益征税的特惠待遇。

1993 年，当克林顿总统获得国会批准而额外提高劳动所得的最高边际税率的时候，也运用了同样的策略，资本收益的所得税率仍然保持在 28%。 189

不过，共和党人继续要求减少对资本收益的征税。随着 1994 年国会中期选举的胜利，共和党人通过了对资本收益最高按 20% 的税率征税的法案，大约是当时对劳动所得征税的最高税率的一半。

再次提高边际税率 1993 年，比尔·克林顿总统在对国会所做的第一次重要演讲中，要求制定一项新经济计划，该计划的主要特征是：大幅度增加税收；削减国防开支；增加联邦政府对教育与医疗的支出；逐步减少联邦的年度财政赤字。克林顿减少赤字的计划主要依靠增加高收入者缴纳的税收。特别是，克林顿还成功地促使民主党控制的国会增加了两种新的最高边际税率——36% 和 39.6%。企业所得税的税率从 34% 提高到 35%。但是特殊利益集团仍然实际保留了他们所有的税收减免和特殊优惠。

实际上，所谓的既定税收减免在华盛顿仍然很普遍。既定税收扣除(targeted breaks)——无论对于老年人，对于教育、育儿、购房、投资所得，还是对于其他多种特殊行业——都有强大的、集中的利益集团的支持。与此形成对照的是，内容广泛的“全面的”税收扣除并没有引起同类利益集团的热情或者对国会成员的竞选资助。实际上，愤世嫉俗者或许认为政治家故意通过提高税率的法案，以此刺激利益集团通过竞选资助或者为法律制定者提供方便来寻求特殊的保护。

更低的税率，更多的减免 乔治·W. 布什在就职的时候宣誓，不再犯他父亲那样的错误，不通过提高税率来应对财政赤字。相反，布什强烈承诺要降低税率，认为这样能够使经济复苏。他认为，联邦政府的赤字是经济发展缓慢的结果；减少税收只是暂时地增加赤字，由于较低的税收能刺激经济增长，最终还是能够增加税收收入并消除赤字的。 190

在 2001 年和 2003 年两个独立的税收减免(“刺激经济”)一揽子计划中，布什鼓动共和党控制的国会把最高边际税率从 39.6% 降低到 35%。这样税率的累进结构成为六个层次——10%、15%、25%、28%、33% 和 35%。

布什 2003 年的税收一揽子计划还包括一系列新的税收抵免和特殊优惠：

> **股息** 公司股票的股息(红利)按照 15% 的税率征税，而不是按与劳动所得同样的税率征税。布什与国会中的共和党派起初建议取消对股息的所有税收。他们认为企业已经对其利润缴纳了税款，如果再对利润产生的股息按照个人所得进行征税，就相当于“双重征税”。他

们也认识到美国有几乎一半的家庭拥有股票和基金,从而期望这项新的税收减免政策在政治上受欢迎。对股息以15%的税率征税,还不到劳动所得最高边际税率35%的一半。

“婚姻惩罚税”(marriage penalty) 对于已婚夫妇来说,新税法规定的标准个人扣除是单个人的两倍。这个变化填补了税法中的缺陷,解决了长期困扰已婚人士进行共同收益的问题。

抚养孩子的税收抵免 每个孩子的税收抵免提高到了1 000美元(原来是600美元)。这是一个在政治上很受欢迎的改革,得到许多民主党人和共和党人的支持。

企业的折旧与损耗 新税法为企业增加了一系列新的税收减免。企业在第一年即可以实行50%的折旧——新设备和资本购置成本的折旧扣除。还允许一些小的企业可以在每年的新购置中扣除10万美元。

资本收益 布什的税收计划再次削减了对资本收益(出售至少持有了一年的投资中获得的利润)的征税率,从20%降低到15%,还不到劳动所得最高边际税率(35%)的一半。

布什的税收计划在大规模的政党投票中获得共和党控制的众议院和参议院的批准。大多数民主党人反对这一税收计划,认为它只是对富人有利,对经济发展没有什么帮助,还会使本来数额已经巨大的联邦年度赤字变得更大。共和党人则认为这一税收计划对所有的纳税人都有利,因为富人缴纳了最多的税,他们只有从税收减免中才能得到公平。而且他们认为,孩子的税收抵免和婚姻惩罚税失效能够继续确保收入低于4万美元的家庭只缴纳很少的税收,或者不交联邦所得税。

是否替代收入所得税

特殊利益集团政治使得全面的税收改革在美国变得前景渺茫了。即
191 便如此,近几年来,还是提出了一些改革国家税法的严肃的建议。

统一税 “统一税”是近几年由经济学家提出的建议。它将取消所有的免税、减税、扣除、特殊优惠,对各种形式的收入都按照19%的税率征税,以此取代当前的累进税率。① 这种低税率将获得与目前复杂税收制度下同

① 参见:Dick Armey, *The Flat Tax* (New York: Fawcett, 1996).

样多的财政收入，甚至把收入低于25 000美元的家庭排除在纳税的范围之外。这一税收改革还将清除全国的税收会计师、律师和游说者队伍，而且通过减少纳税人的负担，以及节省花费在记录和准备纳税上的大量时间，从而提高国家的生产力。统一的税收可以用一张明信片的形式进行记录归档（见图8-6）。取消累进税率能够刺激人们工作、储蓄和投资的积极性。向最有生产价值的领域投资而不是想方设法避税，可以推动经济更快的增长，提高生产率。它还可以消除人们瞒报和低报收入、夸大减免额以及逃税和避税的各种不良动机。最后，通过对个人和家庭的补贴，统一税收将会实现公平。

你的姓名与首字母（如果夫妻共同申报，也写出配偶的姓名与首字母） 家庭住址（门牌号、街道名称、公寓号码或农村地址） 所在城市、镇、邮局、州、邮编	你的社会保障编号＿＿＿＿＿＿ 配偶的社会保障编号＿＿＿＿＿ 你的职业＿＿＿＿＿＿＿＿＿ 配偶的职业＿＿＿＿＿＿＿＿
1. 工资和薪水	1
2. 养老金与退休金	2
3. 全部补偿金（第1项和第2项的总和）	3
4. 个人补助	
(a) 已婚夫妇为0到16 500美元	4a
(b) 单身者为0到9 500美元	4b
(c) 单亲家庭为0到14 000美元	4c
5. 抚养或赡养者的人数，不包括配偶	5
6. 抚养或赡养者的个人补助（在第5项上加4 500美元）	6
7. 个人补助的总额（第4项和第6项之和）	7
8. 应纳税的补偿金额（第3项减去第7项，如果为正，即两者之差；否则为零）	8
9. 税收（第8项的19%）	9
10. 雇主代扣的税额	10
11. 应缴纳税额（第9项减去第10项，如果为正，即两者之差）	11
12. 应返还税收额（第10项减去第9项，如果为正，即两者之差）	12

图8-6 阿尔梅—谢尔比统一税收的明信片报表

然而，许多美国人支持对房屋抵押贷款和慈善捐款的扣除。这就使人想到统一税率在政治上有一个很大的弱点：即使制定了这样的税率，政治家也会通过普遍的扣除，逐渐破坏统一税收的一致性、公平性和简易性。
为了获得特殊税收优惠的游说者会继续对国会施加压力，随着时间的推 192

移,税收的减免和扣除又将悄无声息地回到税法中。

而且,统一税率也违背了早期制定的累积原则。如果高收入者增加的(边际)收入带来的效用确实没有低收入者增加的(边际)收入带来的效用大,那么,统一税率就显得不公平了。还有人反对统一税收,他们认为政府应该担负起减少人们之间的收入差距的任务。

国家销售税 与目前许多州征收的销售税相似,国家零售税能够取代联邦所得税,并使得"美国国税局完全排除在人们的生活之外。"[①]对销售额而不是收入征税,将会使消费而不是生产受到破坏。(增值税与销售税在效果上是类似的,只不过增值税是对产品生产的每一阶段征税,而不是对零售额进行征税。)取消收入所得税,就会激励人们从事各种活动来挣得收入——工作、投资、发明创造、创办企业等等。对支出而不是储蓄征税,就会鼓励人们存款;削弱人们贷款购物的积极性。增加储蓄和减少贷款都可以使利率降低,使得人们更容易购房或买车。对地下经济同样也可以征收销售税,隐瞒收入的毒品贩子在购买昂贵的住宅、轿车和珠宝时,就可以对其征收消费税。减少或取消对食品、租金、医疗和其他必需品进行征税,就会导致更多的累进税(更少的递减税)。最后,征税销售税而不是所得税,征税的成本会大大降低,也会极大地减少人们的自由和隐私权受到损害的程度。

但是,即便食品、租金或其他基本生活必需品被排除在外,国家销售税也可能是递减的。因为低收入群体几乎把他们的所有收入都用于必需品,节余寥寥无几。这就意味着他们的所有收入都要缴纳销售税。相反,高收入群体储蓄了收入中的很大一部分,这些收入就避免了缴纳销售税。因此对所有商品和服务都按照单一的销售税率进行征税,就违背了累进原则。这会使自由主义者不满,他们认为政府制定的税收政策应该为减少收入不平等这样的社会目标服务。保守主义者则担心征收销售税成为所得税的补充,而不是取代所得税。最后,如果对不同种类的商品和服务按照不同的税率征税,利益集团将会继续疯狂地介入立法活动,从而实现对他们特定的产品以更低的税率征税。

美国国税局的控制 美国国税局是所有政府机构中最具干涉性的机构,它监视着美国每一个纳税公民和企业的财务状况。它保留着1.3亿多美国人的个人记录,每年要求他们递交超过十亿张表格。美国国税局可以

① Congressman Bill Archer, "Tear the Income Tax Out by Its Roots," *Madison Review* 1 (Spring 1996), pp. 17—21.

按照自己的决议征收罚款和税收；如果与美国国税局发生争议，举证责任由纳税人承担，而不是该机构承担。美国人要为税收会计师和代理服务支付300多亿美元的费用，而且还要浪费大约2 000亿小时的时间来记录和计算他们的税收。 193

美国国税法规（即税法）大约有10 000页，美国国税局还发布了超过100 000页的其他规章制度。结果导致人们遵守这些法律规章的时候陷入相互冲突的困境。美国国税局本身也不能够对一些税收问题提供准确、一致的解答。美国总审计局引用“错误率高得令人震惊”这样一句话，来形容美国国税局在处理个体纳税者问题上的不良表现。把同一份数据信息递交给不同的税收专家，对于应该缴纳多少税金，几乎总会得出不同的计算结果。1998年，国会通过了《纳税人权利法案》，该法案规定，美国国税局为了征税为其代理机构设置配额制度、试图限制纳税人的干扰、过度没收财产等行为，都是非法的。

本章小结

现代多元主义论者称赞利益集团系统有其优势，因为利益集团的斗争使公共政策表现为一种平衡，而且最接近于公共利益。然而，利益集团也使得广泛分散的美国公众处于不利地位。

1. 税收改革要想实现平等、简易和促进经济增长的目标，是很难的事情。为了保护特殊的权利和优惠，尤其是税法中的优待，利益集团体系阻挠了进行真正税收改革的努力。
2. 特殊利益集团都抓住了对“公平”难以界定这一问题，并为自己所利用。每个人都按照收入缴纳相同比例的税收，这种比例税公平吗？随着收入的增加，所应纳税的比例也随之增加，这种累进税公平吗？
3. 全国有一半以上的个人收入，利用减免税、扣除和特殊优惠，逃避了所得税。
4. 目前企业所得税仅占联邦全部税收收入的11%。个人所得税（占43%）和社会保障基税（占39%），构成了联邦政府税收收入的绝大部分。
5. 供给学派经济学家特别关注高边际税率对经济行为的影响，包括削弱了对工作、储蓄和投资的动机，以及逃避税收活动导致的无效率。

根据拉弗曲线,降低高边际税率可以刺激生产,从而增加政府的税收收入。

6. 1986 年的税收改革法案是美国国会历史上受到游说程度最严重的一项立法。抵制实质性税收改革的强大利益集团包括:全国最大的制造商、房地产行业、跨国公司、木材业、石油和天然气公司、工会、银行、餐饮和娱乐业,甚至还有许多州与地方政府。虽然这些利益集团赢得了一些重要的利益,但为了保持总体利益均衡,他们在
194 税收改革的斗争中是失败的。

7. 但是利益集团从来没有放弃战斗。1990 年他们就赢得了一次重大的胜利。当时,乔治·W. 布什同意民主党控制的国会将劳动所得的最高边际税率提高到 31%,而将资本收益的税率仍然保持在 28%。克林顿总统和国会延续了对资本收益的这种特殊优惠政策。1993 年,克林顿削减赤字的计划主要依靠增加税收,其中包括把所得税的最高边际税率提高到 39.6%。

8. 乔治·W. 布什总统促使共和党控制的国会以减少税收作为“刺激经济增长的因素”。为此,把最高边际税率从 39.6% 降低到 35%,结束了婚姻惩罚税,提高了抚养孩子的税收抵免。投资者对其分红的收入赢得了特殊的低税率,即 15% 的税率,对资本收益的税率也降到了最高只有 15%。

9. 重大的税收改革通常会受到特殊利益集团政治的阻碍。用统一税或国家销售税来取代当前的联邦收入所得税,在可预见的将来是不
195 大可能实现的。

第九章

国际贸易与移民：精英与大众之间的冲突

精英主义模型认为，公共政策是精英分子的利益和价值观的反映。但这种模型并不意味着精英与大众处于矛盾冲突之中，也并不是说精英总是占主导和优势地位而以牺牲大众利益为代价。而更为准确地说，这种政策模型认为，精英决定着公共政策的方向，而公众由于表现冷漠或知之甚少，会在很大程度上受到精英观点的影响。该模型也承认精英可能选择制定"关心公众"的、使大众获益的政策。尽管如此，那些对精英模型提出批评的人仍然需要找到证据，以证明精英与大众在公共政策制定中存在着冲突与矛盾，而且形成的政策反映了精英的偏好而不是大众的福利。实际上，批评者还需要证明，精英是在有意识地制定对自己有利的政策，并伤害了大多数的美国人。虽然对精英主义理论的这种评价并不公平，但的确有充足的证据说明，有时候精英制定政策确实是在追求狭隘的自我利益。

本章主要以精英模型为基础，描述和分析美国的外来移民和国际贸易政策。正如可提出证据加以证明的那样，美国的政策，尤其是国际贸易政策，是为国内最大跨国公司的利益服务的，而以牺牲普通美国工人的利益为代价。我们将要讨论的是，全球贸易政策是否降低了美国国民的平均收入并加剧了国内的不平等。还进一步探讨精英和大众在移民政策问题上存在的不同政策偏好。

经济全球化

197 国际贸易——也即不同国家的企业和个人之间进行的商品和服务的买卖活动，在近几十年得到快速发展。当今，**世界**总产量的四分之一是在不生产这些产品的其他国家进行销售的。美国的出口额占 GDP 的 11%，进口额占 GDP 的 12%。而在 1970 年的时候，出口和进口也只占到 GDP 的 3%（见图 9-1）。全球的激烈竞争严重影响着美国经济。

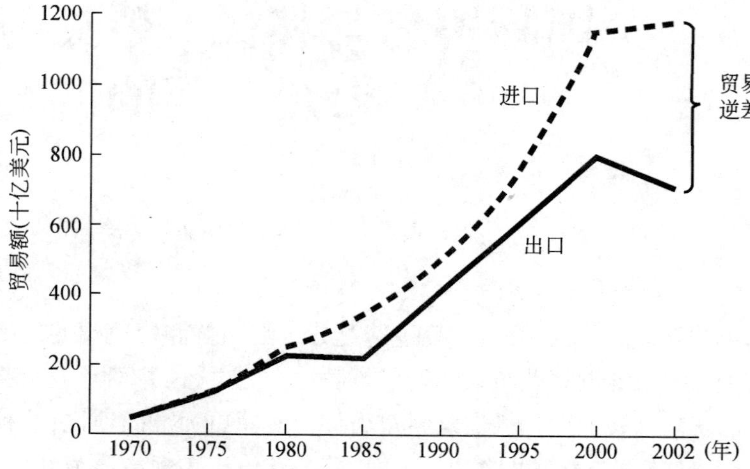

图 9-1　美国的国际贸易

资料来源：U. S. Bureau of Economic Analysis.

当前，美国主要的贸易伙伴依次是加拿大、日本、墨西哥、中国、德国、中国台湾地区、英国、韩国、法国和意大利（见图 9-2）。从中可以注意到，其中一些国家（如加拿大、日本、德国）和美国一样，同样都是发达工业国家。不过美国与发展中国家（如墨西哥、中国、韩国）的贸易也在迅速发展。正如我们看到的那样，与这些国家或地区的贸易往来，引发了美国劳动力的最为严重的问题。

许多年前，美国主要是进口石油以及国内不能种植的农产品，如咖啡。然而，现在进口的价值最大的产品则依次是汽车、办公设备、电视机、服装、鞋子和玩具。而出口价值最大的产品则是飞机、计算机、发电机和科学仪器。除此之外，美国还出口能够由高科技的机械进行收割的小麦和玉米，而进口一些需要靠手工采摘的水果、蔬菜和其他农产品。

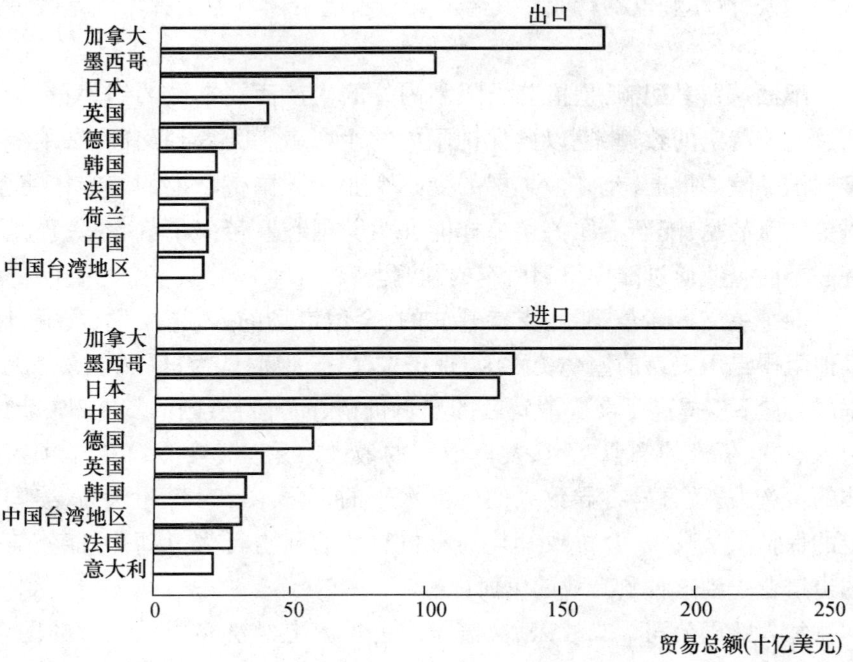

图 9-2　美国主要的贸易伙伴

资料来源：*Statistical Abstract of the United States*，2003，p. 800.

改变精英对世界贸易的偏好

在历史上，美国企业是一直支持高关税的。但是随着美国经济的日益成熟，以及全球交通运输和通讯成本的降低，美国最大的公司开始寻求在国外扩展。

关税　简单地说，关税就是对外国进口产品征收的税种。在二战以前，美国在不同的年代里，对所有进口产品一直征收平均30%—50%的关税。这特别符合美国制造商的利益，因为高关税把美国市场上的大多数国 198
外竞争者都排除在外。美国企业和公司从这种受保护的市场中受益，他们可以提高自己产品的价格，使这个价格正好低于进口产品附加上高关税的价格。这种做法不仅提高了边际收益，而且使国内那些比外国效率更低的企业在关税的保护下，得以生存并发展。因此，就算直接面对外国公司的竞争，美国公司降低工资和裁员的压力也较小。当然，如果允许外国进口的产品不征收关税，美国的消费者就不用支付这么高的价格了。不过，美国的钢铁、汽车和电器行业在其经济实力和政治影响力上都不断地发展壮大了。

配额 贸易配额，是指美国限制国外的生产商在本国的销售量，不能超过一个特定的数额，也以此保护国内的生产者。为得到配额，必须得到美国国务院的批准，允许最惠国的受惠企业在美国市场上的特定销售量。需要注意的是，配额不像关税那样能够为美国政府带来税收收入；而是允
199 许国外的企业通过配额得到所有的利润。

保护主义 当今，那些支持开放的、全球市场的人，把关税、配额以及其他阻碍自由贸易的壁垒统称为“保护主义”。他们认为，保护主义是无效率的：它不仅提高了美国消费者的支付价格，而且将美国的资本和劳动力引入老化、低效的产业，无法发挥他们的最大效用。这不仅降低了国家整体的生产力，而且最终导致人们生活水平的下降。反对者还认为，美国制定的保护主义政策，会招致其他国家报复性的回击行为，从而可能使美国的出口业受到这种贸易战的负面影响。

加入跨国公司 二战以后，美国成为世界上经济实力最强大的国家。美国的制造业公司和企业，在大多数行业中几乎没有国际竞争对手。由于美国的企业在世界贸易中占据着主导地位，他们想寻求降低全世界的贸易壁垒。美国最大的几家出口公司(见表9-1)支配着美国的贸易政策。外交关系委员会(见第三章)和美国几家最大的企业共同游说国会，降低美国的关税，以此来鼓励其他国家也能降低他们的关税。最终使得美国关税的平均税率大幅度降低(见图9-3)，美国实际上变成了一个开放的市场。在20世纪50—60年代，美国企业(钢铁、汽车、飞机、计算机、药品、电子设备、农业等等)在很大程度上控制着国内市场，他们几乎不担心国外的竞争。相
200 反，他们还扩展了自己的国际销售渠道，发展成为跨国公司。

在1980年以前，美国一直是贸易顺差，也就是商品和服务的出口额超过了进口额。但是从1980年开始，美国每年都遭受着贸易逆差。尽管如此，当今美国的跨国公司却从它们的产品出口中获得巨额收入。而且，多
201 数跨国公司还有遍布全世界的销售人员以及生产场地。他们从全球贸易中获得的利润远远超过了在国内市场上由于外国企业的竞争而导致的损失。

表 9-1　美国主要的出口公司(企业)

排名	主要出口产品
1 通用汽车	汽车及零部件,发动机
2 福特汽车	汽车及零部件
3 波音	商业用飞机
4 克莱斯勒汽车	汽车及零部件
5 通用电气	喷气式发动机、涡轮机、塑料、医疗设备、发动机
6 摩托罗拉	通讯设备、半导体
7 IBM	电脑及相关设备
8 菲利普·莫里斯	烟草、啤酒、食品
9 阿彻·丹尼尔斯·米兰达	蛋白粉、植物油、面粉、酒类、谷物
10 惠普	测量仪器、计算机、通讯产品及系统
11 英特尔	微型计算机零部件、模块、系统
12 毛虫公司	发动机、涡轮机、建筑机械、采矿机和农业机械
13 麦道	航空产品、导弹、电子系统
14 杜邦	化学制品、聚合物、合成纤维及特制品
15 联合科技	喷气式发动机、直升机、制冷设备
16 柯达	成像制品
17 洛克希德	航空产品、导弹、电子系统
18 康柏电脑	电脑及相关设备
19 赖特翁	电子系统、电子工程及建筑设备
20 数码设备	电脑、软件、相关设备
21 联合信号	飞机、自动化零部件、化学制品
22 明尼苏达矿业制造	电子工业、保健及生活消费品、成像制品
23 西屋电气	动力系统、雷达、办公室设备、运输制冷设备
24 陶氏化学	化学制品、塑料、消费特需品
25 默克	健康产品
26 IBP	新鲜和冷冻牛肉、猪肉、相关副产品
27 惠好(Weyerhaeuser)	纸浆、新闻纸、书写板、日志、木制品
28 泰克电子	飞机、自动化系统及产品
29 国际纸业	纸浆、书写板、木制品
30 施乐	复印机、打印机、处理系统和设备
31 罗克韦尔国际公司	电子产品、汽车零部件、高速打印处理机
32 阿博特实验室	药品、诊疗设备
33 联合碳化物	化学制品、塑料制品
34 FMC	军事装甲车、化学制品
35 迪瑞(Deere)	农田、工业、草坪和场地的维护设备
36 Sun 微系统	电脑及相关设备
37 优利系统公司	电脑及相关设备
38 佐治亚—太平洋	纸浆、建材、集装箱、纸张
39 康明斯内燃机	柴油内燃机和相关产品
40 美国铝公司	铝制品

资料来源：*Fortune*, November 13, 1995.

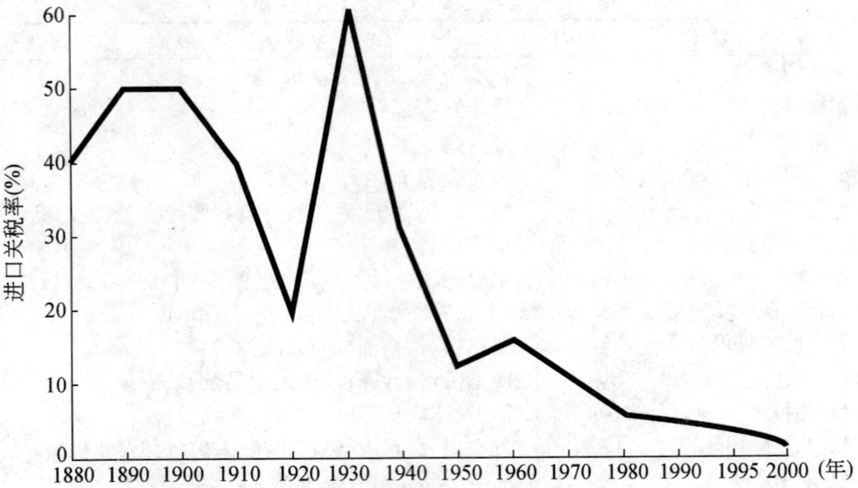

图 9-3　美国关税政策在不同时期的变化

资料来源：U. S. Department of Commerce.

精英集团在国际贸易中的收益

自由贸易的经典观点是建立在"比较优势"理论基础之上的。比较优势理论认为,如果一个国家将其大部分资源投入到本国生产效率最高的产品上,然后去和其他国家生产效率较高的产品进行交换,那么所有进行这种贸易的国家都会从中获益。

"比较优势"理论　即便一个国家在制造飞机上的效率远远高于另一个国家,而且在生产衣服上也稍占优势,两国之间的贸易仍然有助于提高效率。比较优势理论关注的是一个国家对于另一个国家的相对优势。贸易往来可以使一个国家的资源(资本投资、就业机会、技术、原材料等)转移到该国最具优势的行业。(假设一个律师比他的秘书打字还快,尽管他在法律和打字方面都比他的秘书优秀,但他还是把精力集中在法律上,而把打字的任务留给秘书,这样才更加合理。他们两个在法律和打字业务上配合的结果,比他们各自承担对方更拿手的工作要更有效率。)因此随着不断发展,美国把其资源转向航空工业,而从别的国家进口衣服,反之亦然。与每个国家都同时生产飞机和衣服相比,两个国家都能从这种贸易交换中获益更多。

从国际贸易中获益　国际贸易产生的高效率会直接给消费者带来利

益，使他们能够买到更便宜的进口商品。出口行业也能从世界市场对其产品开放中获益。美国的出口商能够直接从国外的销售中获益，而且当外国企业获准进入美国市场销售的时候，他们还能间接受益。这是因为外国企业在美国销售其商品能换取美元，来购买美国出口的商品。

人们还认为，在美国市场上来自外国商品的竞争压力，会迫使国内行业变得更有效率——降低成本并提高产品的质量。国际贸易还能加快观念和技术的流动，促使各国相互学习。最后，国际贸易还丰富了各个贸易国家所能得到的商品和服务的内容和范围。美国消费者就能从进口产品中买到各种各样的东西，从国外的食品、外语电影，到保时捷、宝马和美洲豹等高档汽车。

关贸总协定和世界贸易组织　二战结束之后，为了规范国际贸易，建立了多边的关税和贸易总协定（General Agreement on Tariffs and Trade, GATT）。一直以来，关贸总协定受到西方国家的银行业、企业和商业利益集团的支配，他们争取降低多边关税并放宽贸易配额。特别是，他们成功地向外国产品开放了美国的巨大市场。实际上，美国的平均关税从 1947 年的 30% 以上降到了现在的 2% 左右。 202

通过一系列的谈判，也就是一系列的“回合”，关贸总协定制定了许多规章制度，到现在已经达到了 30 000 多页。最初的几个回合是解决商品贸易中的关税和规则；以后的回合解决了服务业，包括银行业、保险业、电讯、旅馆和交通等行业的问题；最后一次回合是解决知识产权保护的问题——著作权、专利权和商标权。

其中，1993 年“乌拉圭回合”的结果是，成立了世界贸易组织（World Trade Organization, WTO）。世贸组织有权对各国之间的贸易争端进行裁决，并监督实施关贸总协定之下的贸易协定。如果有些国家认为其在贸易协定中的权利受到侵犯，可以把争端诉诸世贸组织。由经过特别任命的独立专家基于他们对协定的解释作出判决。

世贸组织把自己形容为一个“民主”的组织，其目标是通过贸易自由化“改善成员国人民的福利”。但是，世贸组织的最高决策机构是其秘书长会议，由成员国的贸易代表组成。

反对全球化的组织——劳工、环境保护、人权等方面的组织，在世贸组织的多次会议期间集会示威，包括在 1999 年的西雅图会议期间。他们抱怨世贸组织并没有加强劳工的权利，没有改正对劳工的虐待，也没有保护好环境，而且使贫困的、不发达国家处于不利地位。

国际货币基金组织和世界银行 国际货币基金组织(International Monetary Fund, IBF)的目的是为国际贸易提供便利,允许各国通过借贷来稳定贸易支付中的平衡。然而,当经济不景气的国家遭遇长时间的贸易赤字,可能面临延期或拖欠国际债务时,国际货币基金组织可能要求这个国家改变其经济政策,以此作为获得贷款的条件。它还可能要求这个国家通过减少公共开支或提高税收来减少政府赤字,或者要求该国的货币贬值,从而降低其出口的价格,提高进口的价格。还有可能是,要求该国实行非通货膨胀的货币政策。当前,国际货币基金组织和世界银行正积极介入,帮助俄罗斯和前苏联的其他国家向自由市场经济转型。

世界银行主要是向发展中国家提供长期贷款,帮助这些国家发展经济。世界银行还与国际货币基金组织密切合作,调查申请贷款的国家的经济状况,通常把国际货币基金组织的要求强加给这些国家,作为向它们提供贷款的条件。

北美自由贸易协定(North American Free Trade Agreement, NAFTA) 1993年,美国、加拿大和墨西哥签署了北美自由贸易协定。美国的工会(以及1992年和1996年改革党的总统候选人罗斯·佩罗)反对这一协定,但是这种反对却在一股强大的支持者的洪流中被淹没了,强大的支持者包括美国的企业联合会、国会中的民主党和共和党人、比尔·克林顿总统以及前总统乔治·H. W. 布什。北美自由贸易协定规定,三个国家在10到15年的时间里取消所有商品的关税。它还允许银行业、保险业和其他金融服务行业可以跨越国界(见表9-2)。北美自由贸易协定增加了这三
203 个国家之间的贸易合作。它还将美国的低收入工作转移到了墨西哥,并且为高收入的行业创造了就业机会。

美洲自由贸易区(Free Trade Area of the Americas, FTAA) 当前,美国正在和北美洲、中美洲、南美洲的一些国家进行谈判,计划成立贯穿西半球的自由贸易区。美洲自由贸易区与北美自由贸易协定有些类似,要逐渐取消贸易和投资的壁垒。世贸组织的规则成为美洲自由贸易区协议的基础。谈判要由各国的贸易部长参加,包括美国的贸易代表,谈判计划在
204 2005年结束。

反倾销政策 倾销是国际贸易中的一个特殊问题,国外商品在美国市场上以低于生产国的价格销售,就被视为倾销行为。外国企业为把新产品引入美国市场的时候,通常会出现倾销;一旦美国人接受了该产品,其价格就会上涨。这是日本的汽车制造商通常使用的一种手段。有时候倾销是

为了打垮美国企业，通过低价销售自己的产品而把美国企业挤出市场。一旦国外的生产商把美国制造商赶走，他们就会提高自己产品的价格。这种倾销只能给美国消费者带来短期的利益。

表 9-2 北美自由贸易协定的主要条款

市场准入

1. 自 1994 年起实施协定的 15 年内，取消所有在加拿大、墨西哥、美国这些北美国家的贸易产品的关税。
2. 在协定施行的 5 年内，美国出口到墨西哥的工业产品 65% 将免除关税。
3. 自协定施行之日起，墨西哥取消从美国进口的 50% 的工业产品的关税。
4. 在 10 年内开放政府采购，而且三国的企业可以和政府签订采购合同。
5. 10 年内取消进口汽车的关税，与此同时，提高墨西哥进口轿车的配额。
6. 自 1994 年协定生效之日起，取消美国和墨西哥在农业产品上的大部分关税。

投资

1. 北美自由贸易协定使美国公司有权在墨西哥和加拿大建立分公司，或合并现有的企业。
2. 投资者有权收回利润和资本；在其财产被征用时，有权获得补偿；当与投资所在国政府在资金损失问题上发生争端时，有权诉诸国际仲裁。
3. 北美自由贸易协定拓宽了投资的范围，涉及银行业、房地产、法律服务业、咨询业、出版业以及旅游业。
4. 有些特定类型的投资是受到限制的：墨西哥禁止国外对本国石油和铁路领域的投资；加拿大限制国外对其文化传媒领域的投资；美国不允许国外资本在航空运输、海事领域及电讯方面的投资。

知识产权

1. 北美自由贸易协定要求每个国家加强对作者、艺术家和投资者知识产权的保护，严厉打击对知识产权的侵犯。
2. 确实保护北美制造商在计算机程序、录音、电影、加密的卫星信号以及其他产品的权利。
3. 限制对墨西哥大多数技术专利的获得，允许美国企业在墨西哥申请广泛的发明专利。

倾销在正式意义上是非法的。1979 年的贸易协定法规定，当一件商品在美国以低于其生产国的市场价格销售的时候，就可以对该产品实行特殊的反倾销关税。但是，对这种倾销，美国国内的企业向美国政府提出正式控诉并获得救济，是一个艰难而漫长的过程。

贸易逆差 许多年来，美国进口商品的货币价值高于出口商品的货币价值，两者之间的差额就称为贸易逆差（在图 9-1 中表现为出口和进口曲线之间的部分）。贸易逆差是由于美元、政府债券、公司股票以及其他形式的财富转移到外国公司手中而造成的。美国银行和美国财政部是从贸易逆差中获利的，因为这在实际上意味着外国人在与美国人进行商品交换的时候接受了美国的纸币、债券和证券。这就使得美国政府更容易将巨额债务转为长期借款——将自己的债券出售给外国投资者。美国政府债务的大约37%,即8万亿美元是欠给外国银行和投资者的。美国在这一部分国家债务上支付的利息都流入了其他国家。不过,美国货币在全世界的流通使用,实际上却给美国财政部提供了无息贷款。

大众在世界贸易中的损失

经济的全球化,促进了美国大企业的发展,给它们带来了巨额利润,高级技术工人也得到了丰厚的报酬。实际上,全球化的贸易增加了美国的总收入。但与此同时,也导致了美国工人平均收入的下降,加剧了国内的不平等。精英集团在国际贸易中获益的同时,大众利益遭受损失。

工人工资的下降 美国工人的平均小时工资和周工资与30年前相比,没有提高反而下降了(见图9-4)。按实际收入计算(排除通货膨胀的因素),平均每小时的工资从1970年的8.1美元降到了1995年的7.4美元。20世纪90年代的经济增长只是部分地恢复了实际的工资。没有技术和技术水平较低的工人,他们的收入出现了大幅度下降,自从1980年以来,下降

图9-4 美国工人的实际收入

资料来源:Bureau of Labor Statistics.

幅度在25%—33%之间。①

在全球化的经济中，是不是没有技术的劳动力的大量供给导致了美国工人工资的下降呢？随着国际贸易的不断增长，尤其是与欠发达国家，如 205 墨西哥、中国和印度的贸易往来，这些国家拥有的大量廉价劳动力，造成了对美国工人的竞争。面对这样的竞争，要提高美国工人的工资水平，尤其是那些劳动密集型行业的工资水平，是相当困难的。起初，美国公司和企业还增加对资本和技术的投资来应对这种竞争，使美国工人生产效率更高，从而有能力维持自己的高工资。但是，随着时间的发展，发展中国家本身需要更多的资本和技术，美国公司就把他们的制造工厂搬到了工资收入很低的国家，尤其是墨西哥北部，从那里把生产的产品运回美国的成本是很小的。哈佛大学经济学理查德·B.弗里曼(Richard B. Freeman)对这种问题的看法是悲观的：

> 一场经济灾难降临到技术水平较低的美国人身上，尤其是一些年轻人身上。研究人员通过不同的数据来源，包括最近人口普查中家庭调查的数据，还有其他家庭调查和机构调查的数据，得出的结论是：从20世纪70年代中期，经过80年代一直到90年代，美国的工资不平等以及在收入和就业上的技术水平的差异在迅速扩大。从许多方面都可以看出，技术水平较低的工人相对地位下降了：受教育程度高的人和受教育程度低的人之间，老龄工人和年轻工人之间，高技术的职业与低技术的职业之间，都存在着不断加大的收入差距；而且在总体收入分配方面以及不同技术群体收入分配方面也存在差距；还有，缺乏技术的工人其工作机会越来越少，工资也越来越低。② 206

不平等加剧　美国出口行业(见表9-1)随着国际贸易的扩大而不断繁荣发展，提供了更多的就业机会，提高了经理人员以及大多数高级技术工人的收入。但是，国际贸易对美国经济的双重影响——使缺乏技术的工人工资**更低**，而使主管人员和高级技术工人的工资**更高**，从而加剧了国内的不平等。即使国家总收入在增加，这种不平等也可能继续恶化。

自从1970年，美国的不平等状况就开始加剧了。1970年到2000年之间，最贫穷的五分之一的人口(收入最低的20%的人口)，其家庭收入占全

① *Economic Report of the President 1995*, p. 231.

② Richard B. Freeman, "Are Your Wages Set in Beijing?" *Journal of Economic Perspectives 9* (Summer 1995), p. 15.

国家庭总收入的比重从5.4%降到了4.3%。与此同时,收入最高的人口其家庭总收入占全国家庭总收入的比重却从40.9%上升到47.4%。图9-5就显示了1970年以来,不同阶层家庭收入的增加与减少的状况。其中,最低收入家庭的实际收入下降了22%,而最高收入家庭的实际收入却增加了33%。

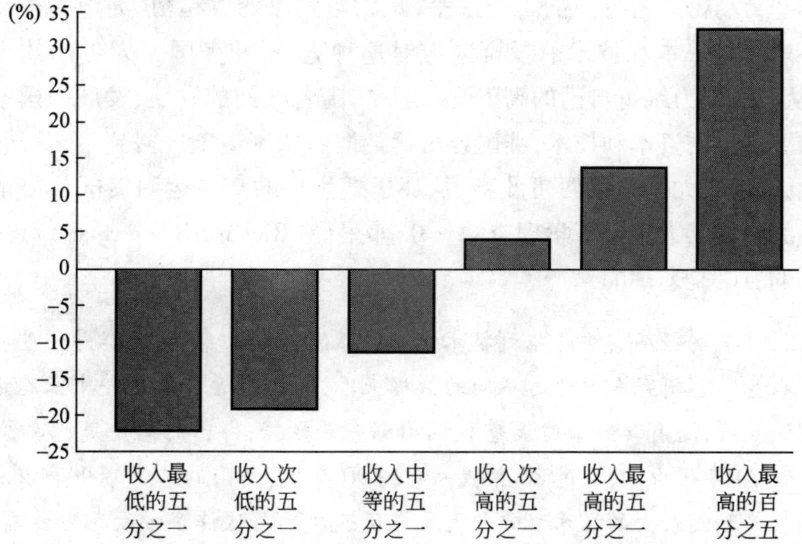

图9-5 不平等逐渐加剧(1970年—2000年)

资料来源:*Statistical Abstract of the United States*, 2002, p.437.

政策选择 在过去的半个世纪里,不论是来自共和党还是民主党的总统都支持扩大国际贸易。对外国产品来说,美国市场是世界上最大也是最开放的市场。美国的政策是在维持国内市场开放的同时,也鼓励其他国家开放其市场。实际上,美国一直在引领国际社会共同努力,以实现国际贸易和投资
207 的自由化,消除国外市场对美国商品出口的贸易壁垒。这些努力包括:支持关贸总协定中的多边贸易协定;支持北美自由贸易区以及加拿大、墨西哥和美国的贸易协定;支持与日本以及亚洲其他贸易伙伴之间的双边贸易协定。

精英集团对实际工资的下降以及不平等加剧的回应措施是,强调美国工人需要通过接受更好的教育和加强培训来提高劳动生产率。在克林顿总统的经济报告中,提出的解决问题的"方法"是:

> 从根本上看来,由于贸易扩大而导致了工资不平等的加剧,解决这一问题唯一长久的方法,与解决由于其他因素导致的工资不平等问题的方法一样,就是:通过提供更好的教育和加强培训,使得低收入的

工人能够利用技术变革的优势来提高生产率。①

精英与大众在移民问题上的分歧

美国接受的移民比世界上其他国家接受移民的总和还要多。据官方统计，每年大约有100万的合法移民进入美国。这些人或者通过批准获得永久居住权，或者拿到“绿卡”。据非正式统计，可能有300万合法和非法的移民跨越国境。其中有些人是秘密进入美国或者利用伪造的证明文件进入美国的。不过，大多数移民的居住期限超过了签证的有效期，或者是从免签证的第三国进入美国。2000年，美国的移民和归化局（Immigration and Naturalization Service，INS）确认，有3 300万人被准许进入美国，他们当中大多数是旅游者、商务人员和学生。移民和归化局没有追踪观察来美国的游客，也没有系统地起诉那些超期居留的个人。

大多数移民来到美国是为了寻找赚钱的机会。当前，绝大多数移民来自亚洲和拉丁美洲的不发达国家（见图9-6）。我们认为，大多数美国人的

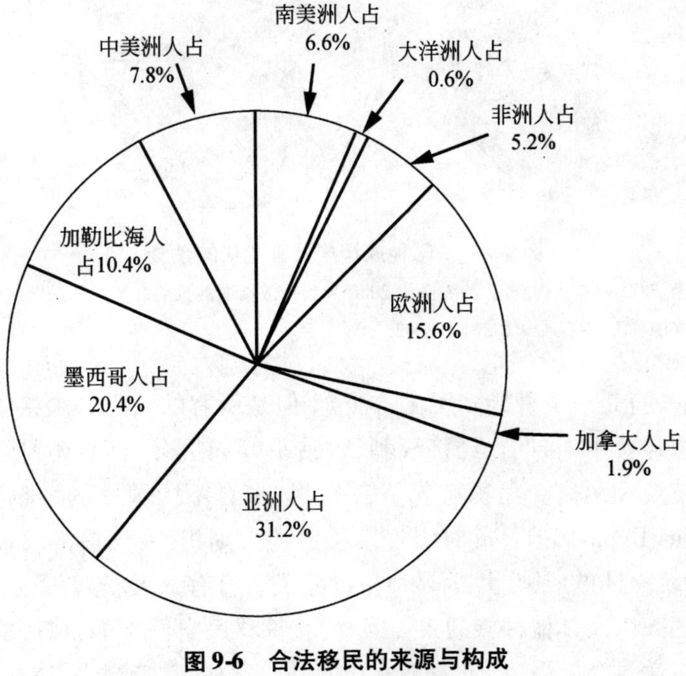

图9-6　合法移民的来源与构成

资料来源：*Statistical Abstract of the United States*, 2003, p. 11.

① *Economic Report of the President 1995*, p. 232.

典型人格特性是：机会主义的、有雄心和志向、坚忍不拔、敢于创新、有努力工作的意愿。和其他国家的移民所做的那样，美国移民也从事其他美国人不愿意干的那些肮脏的、工资低的、不讨好的工作。他们开始自己事业的地方，通常是在贫民居住的、犯罪活动密集的区域，这是被其他企业家早就放弃的地方。

文化上的冲突 移民政治中的核心问题是文化和经济方面的问题。精英集团，尤其是商界和企业的领导，倾向于从经济角度看待移民问题，认为移民为美国增加廉价劳动力的供给。而大多数中产阶级则是从文化视角看待移民问题，认为移民会对他们社区的种族构成产生影响。

大多数美国人自己也是移民的后代（美国土著人口仅占总人口的1%），他们认为今天的移民与早期的移民潮是不同的。按照当前的移民和出生率进行人口上的预测，国家的种族特征会随着时间的推移发生显著的变化（见图9-7）。

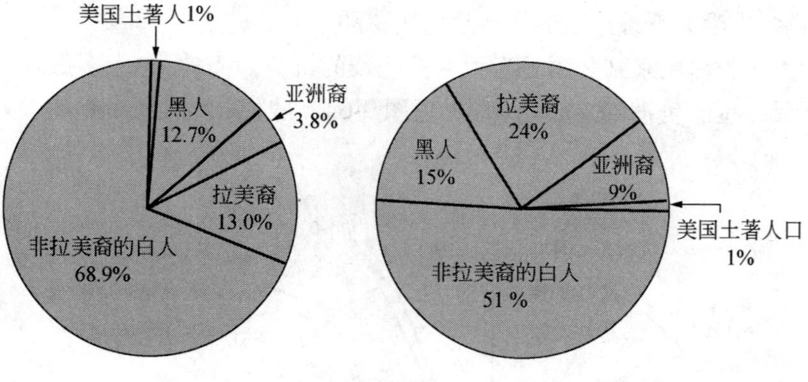

图9-7 美国种族构成及其变化的预测

左图为2000年种族构成情况；右图为2050种族构成情况的预测。

资料来源：U. S. Census Bureau, 2002.

美国一直是一个种族多元化的社会，但是所有的人都必须接受美国的
208 政治文化，包括个人自由、经济权利、政治平等和机会均等，还要学习美国的历史、传统和语言。美国有句格言是“把来自不同国家的人融为一体”（E Pluribus Unum），但是反对大规模移民的人则担心，当前的移民是对文化和政治统一体的威胁。① 大城市中的移民一直有意大利人、爱尔兰人、波
209 兰人、中国人以及其他种族的人。但是，就算移民自己不能，移民的孩子也很快就被“美国化”了。与此形成对比的是，当今的政策制定者在是否保护

① 参见：Peter Brimelow, *Alien Nation* (New York: Random House, 1995).

和保留语言和文化的差异上出现了意见分歧，如是否进行双语教育、进行两种语言的投票、划定“小语种”的投票区等(所有这些问题都需要对 1964 年民权法和 1965 年投票权利法案进行修正和解释)。[①]

精英集团对移民政策的支持 强大的工业集团由于从合法与非法的移民中获得利润，挑起了与华盛顿的斗争，要求美国开放国门。他们不仅要求增加合法的移民，而且还要削弱反对非法移民的法律的执行。

美国当前的移民政策——每年允许超过 100 万的**合法**移民进入美国，削弱反对**非法**移民的法律执行，主要是由那些为了降低劳动力成本的工业集团推动的。例如，农业、餐饮业、服装业和医院等行业，都到华盛顿极力游说，淡化移民法律及其执行。大型的农业集团，在收割农作物时会雇用大量没有技术的移民，支付给极为低廉的工资，从而获得很大的利润。还没有将生产地搬到国外的制衣业、纺织业和制鞋业的公司企业，都急于为他们的生产流水线雇佣廉价的移民。甚至高科技公司也发现，他们能从讲英语的发展中国家(如印度)招聘到具有高级技能的计算机分析师和数据库编程人员，只需要支付给他们比美国同类技术人员更低的工资。这些行业的利益集团经常在华盛顿进行幕后操纵，使赞成移民的种族和宗教团体引起媒体的关注。实际上，许多美国人对于极力争取进入美国的移民的心情，无论是否合法，都还是表示认同的。还有许多美国人的家属和亲戚居住在国外，也期望移民美国。西班牙人一直特别关注美国移民政策的执行，因为那些政策可能会导致对拉美裔美国人的歧视。外国的政府，特别是墨西哥政府，也反对美国实行移民强化政策。

国家的移民政策

美国是一个移民国家，包括从最初的“船民”和朝圣者，到最近移居美国的古巴“筏夫”(见图 9-8)。美国人为其移民传统感到骄傲，并且为那些“渴望自由的大众”提供了自由和机会——这正是镌刻在位于纽约港的自由女神雕塑上的话。现在，美国人口中大约 11% 出生在国外。

合法移民 实行移民政策是美国政府的一项责任。直到 1882 年，国会才通过了第一部立法，限制那些所谓的“不受欢迎”的人以及所有的亚洲人进入美国。第一次世界大战结束后，国会 1921 年通过了一项全面的移民法 210

① 关于相关内容的研究结论，参考：*America's Newcomers* (Denver, National Conference of State Legislatures, 1993).

案，规定了每年新移民的最大数量，同时为每个国家确定了3%（后来降到2%）的移民限额，即1890年生活在美国的外国移民人数的3%。这些限制性的政策规定反映了反对移民的情绪，尤其指向了那些第一次世界大战之前就来到美国的南欧和东欧、天主教和犹太教的大量移民。直到1965年移民和国籍法的出台，对各国的移民限额才被取消，取而代之的是那些有美国亲戚和家属的人，以及掌握专业技术的人员有移民的优先权。

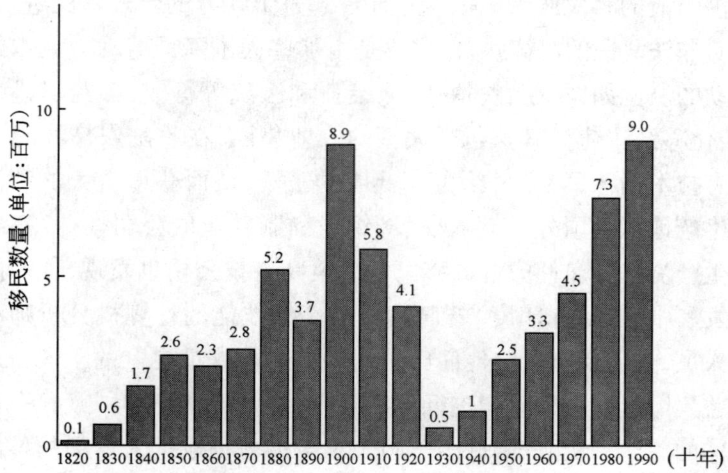

图9-8　每10年间进入美国的合法移民

资料来源：*Statistical Abstract of the United States*, 2003, p.9.

移民"改革"　移民"改革"是国会在1986年的移民改革和控制法案中宣布的一个目标，也就是所说的辛普森—马佐利法案（Simpson-Mazzoli Act）。该法案试图通过规定雇主的责任来限制移民；还规定了对故意雇佣非法移民的处罚，为惯犯制定了监狱刑罚。然而，该法案又允许雇主接受多种形式的容易被伪造的证明文件，否则，他们就会被视为歧视合法移民
211 而遭受惩罚。为了赢得政治上的支持，该法案对那些自从1982年就居住在美国的非法移民实行特赦。可以预见，该法案并没有成功地减少合法移民或非法移民的涌入。

当前的移民政策　现在，美国每年大约允许100万人合法地移民美国，成为"合法的永久性居民"（这些人的亲戚是美国公民或合法的永久性居民，或者具备所需要的工作技术）；或者作为"逃亡难民"或"政治避难者"（这些人有充分理由担心在本国会遭到迫害）。另外，每年还有超过2 000万的人由于学习、旅游或商务等方面的事宜而获得进入美国的签证。美国的联邦法律确认以下几种类型的非公民身份的人（noncitizens）准许移民

美国：

- **合法移民**(也被称为“永久性合法居民”或“永久居住的外国人”)。这类移民以每年675 000人的最大数量进入美国,有些人具备一定的工作技能,但大多数是有家属在美国合法定居。合法移民能够在美国工作,连续居住五年后可以申请成为美国公民。
- **逃亡难民和政治避难者**。这些人被准许进入美国,是因为“他们在本国有充分的理由担心因种族、宗教、国籍、不同政见或者是某一社会团体的成员等原因而遭到迫害。”(逃亡的难民是指还没有进入美国的人;政治避难者是已经进入美国并申请难民保护的人。)他们可以在美国工作,有资格得到联邦资助。
- **获假释者**(或者享有“暂时保护身份”的人)。准许这些人进入美国,是处于人道主义或医护原因,或者他们的国家正面临自然或人为的灾难。
- **得到法律认可的外国人**(也称为“获得特赦的外国人”)。这些外国人以前是非法移民,根据1986年移民改革和控制法案,得到了合法的身份和地位。为了取得这种资格,他们必须出示一些证据,即证明自己自从1982年就居住在美国。他们可以在美国工作,五年之后可以得到联邦的资助项目。
- **非移民者**(也称作“非常住的合法的外国人”)。每年有超过2 000万的人由于旅游休闲或商务事宜而获得进入美国的签证。他们居住的时间期限通过盖章的护照而记录在签证上。另外,学生、短期的雇工或培训人员、在美国短暂停留的人、外国的官员也有资格获得临时的签证。

非法的移民　美国是一个自由和繁荣的国度,有超过5 000英里的边境线(其中2 000英里与墨西哥相连),还有成百上千的国际航空港和海港。从理论上分析,一个主权国家应该能够维护边境的安全,但实际上,美国既不情愿也没有能力这样做。不同机构对非法移民的估计差异巨大,据美国移民和归化局的官方估计,每年有40万非法移民(大约占合法移民的45%),而非官方的估计,每年的非法移民数量达到了300万。按照美国移民和归化局的估计,当前大约有400万非法移民居住在美国;而非官方的估计却达到了1 000万或更多。有许多非法移民偷偷跨越美国边境或者利用伪造的证明文件进入美国港口,还有更多的旅游者或学生超过签证的期限 212

居住在美国(这些人还没有被美国移民和归化局统计为非法移民)。①

作为一个自由的社会,美国不会对上百万的非法移民采取大规模的围捕或简单驱逐出境的做法。美国宪法第五和第十四修正案要求每个人(不仅仅是公民)都能享受"正当的法律程序"。美国移民和归化局可以把在美国边境的人遣返回去或者把他们监禁在拘留所。海岸警卫队可以拦截海上偷渡的船只,并将那些人遣送回所在国。② 外国人没有宪法上规定的权利而进入到美国来。然而,**一旦进入了美国,不管是合法的还是非法的,每个人都有权利通过正当法律程序并得到法律平等保护**。一旦这些人踏上美国的土地,在政府驱逐他(她)出境之前,都有权进行公开听证。这些外国人有权申请政治避难,并且可以在听证会上提出证据,以证明如果把他们遣返回国,他们将会遭受迫害。美国各地在边境执法中的做法表明,随着美国移民和归化局的工作人员的增多和技术的显著增强,非法移民可能将减少一半或更多。

移民和联邦制度 虽然联邦政府在移民政策上有绝对权力,但其决策对各州和社区都产生了重大影响——影响着州政府的预算、对公共服务的享用及其社会角色。各州的移民情况是不相同的,合法和非法移民相对集中在少数几个州。加利福尼亚州、夏威夷州、纽约州、佛罗里达州和得克萨斯州的合法移民占其人口的比例是最高的。这几个州以及亚利桑那州、新墨西哥州、科罗拉多州、伊利诺伊州和新泽州可能是非法移民数量最多的州。此外,有些城市,像洛杉矶、迈阿密、埃尔帕索、圣安东尼奥,其国外出生的人口可能占到本城市人口的三分之一到二分之一。

美国最高法院颁布法令规定,州和地方政府不能排除合法或非法移民接受公共教育,而且,也不能排除他们享受公民应该得到的其他福利或服务。③ 这样,联邦政府的移民政策就深刻影响到了州和地方政府的预算,尤其是在那些有大量移民的州。(虽然规定家庭"担保者"可以为移民提供抵押担保,那些变成"公众控诉对象"的移民要被合法驱逐出境,但这些法律条款从来没有被强制执行。)实际上,一些州试图向联邦政府提出请求,要求补偿他们对移民提供服务的费用和成本,结果却失败了。大约有3%的移民得到了现金福利补助,而在本土出生的美国人中只有1.5%的人得到

---

① America Security Council, *The Illegal Immigration Crisis* (Washington, DC: ASC, 1994).

② Sale v. Haitian Centers Council, 125 L. Ed. 2d 128 (1993).

③ Plyler v. Doe, 457 U.S. 202 (1982).

过这样的补助。①

移民的福利和利益 1994 年加利福尼亚州的第 187 号令重新引发了一场对移民问题的全国性争论。在公民发起的投票的基础上，第 187 号令拒绝向本州的非法外国人提供公共教育、非紧急的医疗保健和社会服务的福利。经过对这项动议的热情高涨和充分公开的辩论，加利福尼 213
亚州的投票人以 59% 的赞成票与 41% 的反对票通过了这一法令。然而，美国宪法第十四修正案宣布，任何一个州都不能“拒绝向在其管辖范围内的任何人提供平等的法律保护”，因此联邦法院很快就推翻了第 187 号令中的多数条款。

加利福尼亚州把 1996 年的非法移民改革法案递交给国会，国会对其中的政治条款作了回应，拒绝向合法和非法移民提供食品券和其他联邦福利，准予各州将他们从社会福利和医疗补助的享用者中排除出去。（这一法案在 1996 年引起了更多的移民申请美国公民身份——超过了 120 万，超过了历史上的任何一年。）但是，1998 年国会又推翻了自己的这一决定，恢复了对合法移民的所有福利。

本章小结

精英主义模型把公共政策描述为精英集团的偏好。虽然这一模型并没有断言精英的偏好一定与大众的福利产生矛盾冲突，但仍暗示着，精英的偏好确实会在公共政策中占主导地位，即使在民主社会里遭到大众反对的时候也是这样。

1. 随着全球经济的发展以及美国对外贸易的扩张，最大的受益者是美国那些大规模的跨国公司。
2. 在历史上，美国商界曾支持高关税，目的是为了使外国的竞争者在美国市场中处于不利地位。但是第二次世界大战之后，美国工业获得了在全球的支配地位，从而改变了他们的政策偏好，美国开始引领全世界共同努力建立一个全球性的市场。
3. 帮助美国产品打开世界市场的主要工具是关税和贸易总协定、世界货币基金组织和世界银行。
4. 1993 年，精英集团支持北美自由贸易协定，确定取消在美国、加拿

① U. S. Census Bureau, *Current Population Survey*, 1997.

大和墨西哥三国之间的所有贸易产品的关税，从而压倒了美国工会的反对意见。

5. 国际贸易的收益在美国的精英集团和大众之间的分配是极不平衡的。美国工人平均每小时的实际工资从1970年就开始下降。

6. 近年来，全球贸易的发展似乎加剧了美国的不平等状况。当今，在受教育程度好的和受教育程度差的工人之间、在高级技术工人和低级技术工人之间存在的差距比20年前更加大了。美国受教育程度较低和技术水平较低的工人不得不和世界上一些欠发达国家的低收入的工人进行竞争。

7. 美国接受移民的数量超过世界上其他国家所有移民数量的总和。每年有超过100万的合法移民进入美国，此外还有100万—300万
214 的非法移民。

8. 现在，美国移民的数量比历史上任何时期都要多。大多数移民来自亚洲和中、南美洲的一些欠发达国家。

9. 强大的产业集团从雇佣大量廉价的劳动力中获得了收益，他们为此到华盛顿进行游说，要求保持合法移民的数量，并放松减少非法移民的做法。

10. 移民对各州的影响是不同的，加利福尼亚州、夏威夷州、纽约州、佛
215 罗里达州和得克萨斯州拥有合法移民的数量最多。

第十章

环境政策：外部性与利益

公共选择与环境问题

所有的人类活动都会产生垃圾。环境保护论者、大众传媒、政治家和官僚可能会把污染描绘成一种“道德罪”，但事实上污染是生产的一种成本。就像不能停止我们的身体官能一样，我们也不能“停止污染”。一旦认识到根本不可能禁止污染，而污染又是人类活动的一种成本，我们就要开始设计富有创造性的环境政策。

环境的外部性　只有当污染不是其生产者的一种成本时，也就是说，只有当生产者能够忽视他们的污染成本并能把这些成本转嫁给他人或社会时，公共选择理论才把污染视为一个“难题”。当个人、企业或者政府从事某种活动，而把不想承担的成本强加于其他人时，“外部性”就出现了。制造型的企业或者地方政府把废水排入河流，就把他们自己的成本转嫁给下游的个人、企业或地方政府了。这些下游的个人、企业或地方政府要想使用河水来娱乐和供水，就必须承担治理污水的费用。火力发电站把废弃物排放到空气里，就把成本转嫁给了他人，使得他人必须忍受刺激性的烟雾。通过把这些成本转嫁给他人，污染企业减低了生产成本，这使他们能够降低产品价格，从而增加公司的利润。制造污染的政府降低了处理所辖社区废弃物的费用，这使得该地方政府能降低当地市民的税负。只要这些生产成本能转嫁给他人，制造污染的个人、企业和政府就不会有动力减少污染或开发其他可替代的生产技术。并且因为制造污染的企业和政府转嫁成本,其产品比同类产品价格低,人们在价格的刺激下会购买更多这些企业和政府的产品和服务,从而更加重了污染。

治理成本 环境政策是代价高昂的。当考虑到环境治理时,这些代价
217 往往被忽视了。为了消除和控制环境污染,近几年企业和政府的直接支出迅速增长。不过,政府自身只承担了不到四分之一的治理污染费用,企业和消费者却为环境治理支付了四分之三以上的费用。政府能够通过颁布法律规章,要求个人和企业控制污染而将管理的成本转嫁给他们。但是,政府自身的财政预算不受这些规章的影响,这些成本最终由社会承担。的确,随着环境成本的增加,在世界市场上美国企业的产品成本就会上升。除非其他国家也把相似的环境成本加诸于其国内企业,否则美国企业将面临不利的竞争环境。换句话说,污染是个全球性的问题,不仅仅因为空气和水污染会超越国界,而且因为制造污染的国家会搭那些采取环境保护措施国家的便车。

成本—收益 公共选择理论要求根据环境政策对社会的净收益来评估这些政策。也就是说,环境政策的成本不应当超过其给社会带来的收益。减除任何污染物或危险物的最初50%—75%比完全消除这些污染(即100%消除)(见图10-1)要容易得多,支付的费用要少得多。随着污染物和危险物的消除,进一步减少污染的成本就会增加,而其带来的社会净收益却在下降。当污染或环境风险接近于零的界限时,其新增加的收益是微乎其微的,而新支付的成本却是庞大的。忽视这些经济现实,就会浪费我们的社会资源,降低我们的生活水平,从长远看来,这将严重影响我们有效应
218 对社会问题,包括环境问题的能力。

风险评估 生活充满了风险。环境政策回应的是大家普遍认知的风险——空气污染、水污染、固体和危险的废弃物、有毒物质、核能、杀虫剂等对生命和健康带来的威胁。完全消除风险(即零风险)是不可能的,接近零风险的努力也需要社会付出巨大的代价。风险政策的任何理性途径都承认,一定程度的风险将始终伴随着人类活动,政府应当比较处理不同类型和不同程度的风险的相对成本。政策制定者应当根据一个常规的基准来评估风险,例如挽救一个生命的平均成本,然后决定把社会资源用于能以最小的成本消除最大的风险的活动中(见表10-1)。

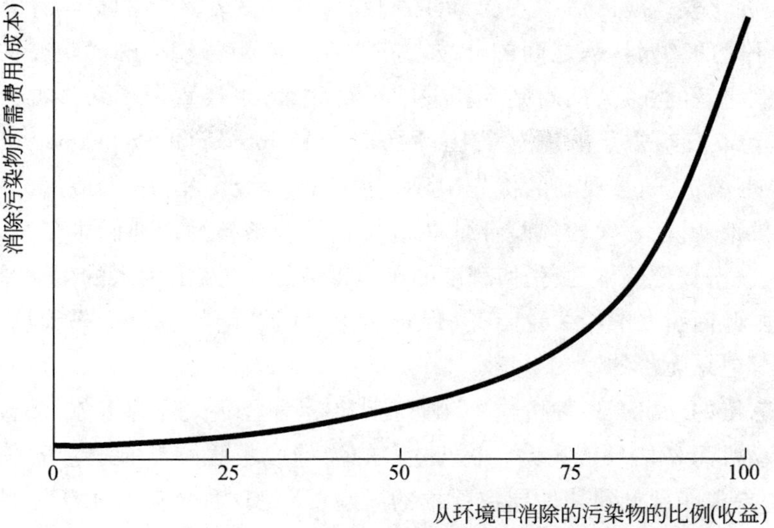

图 10-1　环境保护中的成本—收益之比

表 10-1　简易风险评估的比率

死亡人数(/百万/年)		避免一起死亡的成本（单位：百万美元，按 1990 年币值计算）	
撞机(单程)	1	机舱防火装置	0.1
酒后驾车	50	轿车安全带	0.1
殉职警察	220	公共汽车安全带	0.7
跳伞运动	2 000	飞机撞机预防系统	1.5
吸烟(1 包/天)	3 000	清除建筑物中的石棉	111.0
		遵从联邦环保署关于饮用水中二氯乙醛丙烷含量的规定	653
		遵从联邦环保署关于饮用水中莠去津含量的规定	92 069

资料来源：U. S. Office of Management and Budget, reprinted in *Governing*, April 1994, p. 63.

但是这种理性的方法，有时称“比较风险评估”，在环境政策的制定中是很少用到的，其中一个难题是风险计算在科学上的不确定性。许多风险计算是从动物试验中得出的，这些试验用超大剂量或使动物接触多种危险物质，以此推断某种物质对人类的危害。这种方法往往高估了人类面临的危险。研究结果被公开之后，人们就会产生一种“长期下去会致癌”的担心，但在比较风险评估中，最严重的问题可能还是对风险的科学计算和公众对风险的普遍认识之间的分歧。广泛宣传但相对较小的风险往往引起政策制定者的注意，从而制定相关的环境政策，更严重但不为多数人所知的风险却被忽视了。就连美国环保署（Environmental Protection Agency，EPA）也承认，政策规划的优先次序与风险的等级不相关。[①] 最后，许多环境保护论者认为，比较风险评估在道德上无法被接受。他们主张，不论多大的代价，只要能做到，任何程度的风险都应被削减，因为人的生命是无价的。由此而引发的相关论点是，保护树木、植被、动物、森林、露天场所、风景区等也是无价的。

官僚的动机 各种机构中的官僚，包括美国环保署的官僚，都会出于
219 许多动机而高估环境风险，并把过多的治理成本强加给社会。官僚们知道，如果未能预见到某种导致死亡的风险（不论这种风险是由于一种新的有毒物质、放射物质泄漏，还是机身设计问题），他们将遭到强烈的批评。而为了应对风险而增加的规制成本，他们只会受到一点抱怨。如果出现怀疑，也总是对科学证据进行质疑，官僚们自然会转向通过规章制度来解决问题。[②]

命令与控制 传统上，环境政策依赖于集中和统一的控制——行政的或立法的规章制度，要求使用污染控制设备或对特定的污染场所和污染源实行严格的排放标准。但是这种“命令与控制”的方法没能使个人、私有企业和地方政府在净化环境方面形成必要的激励。首先，强制实行特定规章制度的官僚或立法者，缺乏关于生产过程和消除污染的可替代方法的具体知识。其次，那些成功降低了污染的个人、企业或地方政府会增加这样的风险，即执法者会为他们设定更为严格的（成本更高的）排放标准。这就形成了一个污染控制革新的障碍因素，随着时间的推移，这个障碍因素会使“无效率”更加扩大。最后，特定的规章还会使环境污染者产生这样一种动机，即在迎合法律或规章要求的同时，并不真正降低污染。

市场激励 虽然政府行为在抑制环境的外部性上具有必要性，公共选择理论者认为建立私人的经济激励机制来降低污染比依赖集中、统一的特定规章更好。这种基于市场的方法，具有灵活性、鼓励创新、促进经济增长等特点，在实现环境治理的目标上比政府制定的规章有更好的成本效益

---

① U.S. Environmental Protection Agency, *Unfinished Business: A Comparative Assessment of Environmental Problems* (Washington, DC: EPA, 1987).

② 参见：*Governing* (February 1995), p. 49.

比。这些方法包括设定总体的污染限制，而允许工厂、公共事业、州政府和地方政府自行决定如何达到这些限制性的要求。这些方法还包括允许特定的污染源——工厂、炼油厂、公用事业、政府，在本领域内就允许的排放量进行交易，以达到对排放物的最有效的利用。然而，到目前为止，美国的环境政策还是主要依靠集中的命令与控制，环境保护署在国家经济活动的每个环节都积聚了大量的权力。

环境的外部性

美国的空气和水比几十年前干净多了。这的确是事实，尽管近年来人口增长很快，垃圾物品也增长更快。虽然如此，对于环境外部性问题的真正担心却集中在对固体废弃物（尤其是有害物质）、水污染和空气污染的处理上。

固体废弃物处理　每个美国人每天产生约4.5磅的固体废弃物（见表10-2）。每年倾倒在环境中的废弃物包括480亿个罐头盒子，260亿个瓶子和杯子，20亿个一次性剃刀，160亿片一次性尿布和400万辆汽车和卡车等 220
等。国家每年花费几十亿美元把这些固体垃圾从公民的住宅和工厂里运出来。

表10-2　固体废弃物的增长

	1960	1970	1980	1990	2000
废物总量（单位：百万吨）	87.50	120.50	151.2	205.2	231.9
每人每天产生的废弃物(lb)	2.65	3.22	3.7	4.5	4.5
循环利用率	NA	NA	9.6	16.4	30.1

资料来源：*Statistical Abstract of the United State*, 2002, p.219.

一般来说，有三种处理固体废弃物的基本方法——掩埋法、焚化和循环再利用。现代的掩埋法几乎完全取代了城镇垃圾堆放法。掩埋法通常以黏土为防线，这样潜在的有毒废弃物就不能渗漏进地下水体中。尽管如此，有害废弃物也必须与无害的废弃物分开，然后分别处理。若选定一个合适的地理位置，对不含有害物质的垃圾实行掩埋法是不会有什么特别问题的。但由于掩埋地址必须符合严格的标准，而人们又不希望把垃圾掩埋在他们的住所附近，因此开发新的垃圾掩埋场变得非常棘手。现在，一些社区花钱租用其他社区的垃圾掩埋场——通常与垃圾产生地有几百英里之遥，但大家都不认为这是一种长久的解决之道。

与流行的说法相反，其实并不存在“掩埋场危机”；国家还没有到“用完土地”的地步。不过，政府机构和私人垃圾处理公司的工作确实受到了有势力、有组织的 NIMBY（“not in my back yard”，即不要把垃圾掩埋在我家后院）集团的抵制。垃圾掩埋地点非常多，但地方的反对力量也非常强大。胆小的政治家们无法与 NIMBY 成员们对抗，因此他们只好过度使用旧的垃圾掩埋场，或者设法把垃圾运到其他地方。

另一种方法是把垃圾焚化。现代垃圾焚化厂是特殊的工场，通常装配有机器，将不同的垃圾进行分类，有除尘器以降低燃烧带来的空气污染，还配有发电机，可以利用垃圾燃烧产生的热量发电。垃圾通常要通过粉碎机以促进均匀燃烧，金属通过磁铁被分拣出来。然后，垃圾要通过数个筛子，从而得到进一步的分拣。到这个时候，大约有一半的垃圾被拖去掩埋了。剩下的垃圾进一步被粉碎成所谓绒毛的样子，或被压缩成小球或煤饼。然后，这些物质通常在另一个地点或与煤一起燃烧用来发电。就像处理其他灰烬一样，这些垃圾灰烬也由公用单位处理，通常卖给市镇以作铺路之用。这种垃圾处理方法存在的一个问题是，焚烧垃圾仍然会排放废弃物。另一个问题是，在垃圾分拣过程中分离出的垃圾仍然需要处理，因此对垃圾掩埋地点的需求只是降低了，无法完全消除。

第三种减少固体废弃物的方法是循环再利用。循环再利用是指把废弃物转化成有用的产品。大多时候，回收的垃圾不能还原成具有原来功能
221 的产品，而只能制成其他产品。例如，回收的废报纸加工成纸板、绝缘体、家畜草垫或猫用的草窝。但也有例外，有些回收的报纸就被加工成新闻纸。

总体来说，在美国约有 30% 的固体废弃物被循环再利用。[1] 相对于 20 年前的 10% 的回收再利用率，这是一个非常显著的进步。有些物质非常容易循环再利用（例如铝罐、纸制品），但有些物质就很难循环再利用（例如塑料）。现在，可以循环利用的物质要比工厂能有效利用的还多，数百万吨可再利用的新闻纸要么作为存货堆积在造纸厂，要么被堆放或者烧毁。即便如此，循环再利用也确实对减少焚化和掩埋垃圾的总量起到一定的作用。

有毒废弃物　有毒的（有危害的）废弃物是指那些由于“自身数量、浓度或物理的、化学的或易传染的特性，”[2]而对公共健康或环境产生巨大威胁的废弃物。1976 年制定的《资源保护和恢复法案》（The Resource Conser-

---

① *Statistical Abstract of the United states*, 2002. p. 219.

② Resource Conservation and Recovery Act, PL 94—580, Section 4001 (1976).

vation and Recovery Act of 1976)授予美国环境保护署判定哪种物质为有毒物质的权力，环保署把几百种物质进行了分类。如果某种物质的排放量超过了特定标准，就必须向国家应急中心(National Response Center)汇报。如果某物质易燃烧、具有腐蚀性或容易与其他化学物质发生反应，则该物质就被认定为是有害物质。许多物质都被美国环保署宣布为有害物质，因为在研究过程中，每天大剂量接触或使用这些物质的实验动物都出现了癌症病变。有毒化学物质的排放也必须每年上报，这些报告显示，有毒化学物质的排放量在过去的十年里减少了近一半。[①]

核能废弃物是一个特殊的问题。这些废弃物是核裂变反应堆和核武器工厂产生的，有些核废弃物已经存在了50年之久。由于这些废弃物具有放射性，有些经过了几千年仍然具有放射性，因此非常难处理。当前把核废弃物储存在很深的、稳定的地下储存点的方案，已经遭到地方的反对。美国大多数核废弃物都存放在其产生地，还没有找到长期的处理方案。

来自旧的垃圾掩埋地点的有害废弃物也形成了一大环境难题。这些废弃物需要被运送到更安全的地点掩埋。否则，这些废弃物渗入到饮用水系统中，会影响居住在附近的居民的身体健康。依据1980年和1986年颁布的"超级基金法案"(Superfund laws)，美国环保署承担清除这些垃圾掩埋点的责任。第一步，环境保护署基于危险等级系统，列出了国家优先治理的地点的清单。环保署共列出了1 200多个有害垃圾掩埋点，但到目前为止，只有约40个(占总数的3%)被完全清理干净了。

水污染　物体残骸与淤泥、有机废物及化学污水是影响水质的三大污染物类型。这些污染物主要来源于：(1) 家庭污水，(2) 工业废水，(3) 化肥、杀虫剂等农业残留，(4) "自然的"物质循环过程，包括残渣堆积和沉淀，这一过程可能因附近的建设工程而加剧。衡量水污染的常用标准是生化氧需求量，即废弃物的氧气消耗量。但这个标准没有考虑化学物质可能 222
对人类或鱼类造成毒害的因素。据估计，家庭污水占生化氧需求量的30%，工业和农业废弃物占70%。

初级的污水处理——用过滤器和沉淀处理器，使一些污染物作为沉淀物从水中分离出来，是非常普遍的。二级污水处理主要是清除污水中的有机废弃物，通常采用让污水滴流过3—10英尺深的石床的方法。在石床上，细菌消耗掉有机物质，剩下的细菌微生物通过氯化处理杀死。三级污水处

① *Statistical Abstract of the United States*, 2002, p.221.

理采用机械的和化学的过滤过程，消除水中的绝大多数污染物。许多东北部的城市，包括纽约，把大量只经过初级处理或没经过任何处理的污水排放到海洋里。尽管联邦法律禁止把未经处理的污水倾倒进大海，但事实证明要保证沿海岸线的城市遵守这些法规是极其困难的。联邦消除水污染的目标要求在美国的所有社区都建立二级污水处理系统。在绝大多数工厂，最终将被要求使用三级污水处理系统，治理化学污染物。但是三级污水处理非常昂贵，建造一个三级污水处理厂并维持其运行的成本是一个二级污水处理厂的两到三倍。

磷酸盐是一种主要的水污染物，它会过分刺激水中植物的生长，从而使鱼类因缺氧而死掉。磷酸盐主要来自施过化肥的农田，因此，农业是美国水污染的主要源头。

河滨和海岸地区也是自然资源。越来越多的水滨家园、娱乐中心、码头和游船正在改变着美国沿岸地区的环境。水边的湿地和河口对贝壳类海洋生物的生产至关重要，然而随着住宅—商业—工业的不断开发，这些生物呈现出不断减少的趋势。石油的泄漏也是很难堪的。尽管欧洲的污染比美国严重得多，但美国的沿海地区仍然需要善加保护。联邦法律规定，石油公司有义务承担清除石油泄漏以及船只生活污水非法排放的成本。1989 年，阿拉斯加瓦尔迪兹港的埃克森号石油泄漏事件使人们注意到，美国每年运输数十亿桶国内国际石油所带来的环境风险。

自从 20 世纪 30 年代起，联邦政府就向州政府和各城市提供财政补助以修建污水处理厂。而为水质确立全国统一标准的努力则开始于 20 世纪 60 年代，并以 1972 年《水污染控制法案》的颁布为标志达到顶点。这个法案设定了禁止向通航水域排放所有污染物的“国家目标”；要求工业和市政当局使用“可利用的最有效技术”（the best available technology）；授权美国环保署对造成污染的公司和政府等给以法律的惩罚；增加了联邦向市政当局提供用于建设污水处理厂的资金。

依据 1974 年《安全饮用水法案》，美国环保署有权设定全国水质的最低标准。但联邦环保署并没有把渣滓、细菌、磷酸盐和其他污染物的含量设定为零标准，因为这样做会使国家承担一个永远都不可能实现的花费巨大的净水工程。美国环保署还有相当大的权力来提高或降低水质标准，并
223 由此而增加或减少污水处理的费用。

最近二十年来，美国的水质有了显著提高（见表 10-3）。当然，存在的问题是，清除水里的所有污染物既无成本效益，也不可能。

表 10-3　美国水质的提高

污染物(标准)	1975	1980	1985	1990	1995	2000
大肠杆菌(高于 200 个/100 毫升)	36	31	28	26	28	26
溶解氧(允许 5 毫克/升)	5	5	3	2	1	1
磷(高于 1 毫克/升)	5	4	3	3	4	4
铅(高于 50 微克/升)	NA	5	0	0	0	0

资料来源：Environmental Protection Agency, *National Water Quality Inventory*, 2002.

说明：表中的数字是违规的比例——违反环境保护署标准做法的比例。

空气污染　我们呼吸的空气是由约五分之一的氧气、不到五分之四的氮气,以及微量的其他气体、水蒸气和人类排放的废气组成。大多数空气污染是由小汽车、大卡车和公共汽车燃油造成的。机动车排放的废气占每年排放到大气中的污染物总量的56%还多(见图10-2)。工业方面,最大的污染源是石油提炼厂、冶炼厂(铝、铜、铅和锌)以及钢铁铸造厂。当然,烧煤或烧油的火力发电厂也会给大气造成污染。取暖也是一大污染源,家庭、公寓和办公室烧煤、气和油来取暖,都会对空气造成污染。另一污染源是政府和工业部门焚化垃圾、废品、金属、玻璃等废弃物所造成的。

空气污染物分成两大类：颗粒物质和废气。颗粒物质包括灰尘、煤烟和铅(汽油中不可燃烧的物质)。我们经常赞美的壮丽红色日落景象就是由空气中较大颗粒造成的。不可见但更具破坏性的是废气：(1) 二氧化硫,它与水汽反应会形成硫酸;(2) 碳氢化合物,氢与碳发生化学反应的产物;(3) 氮氧化物,在太阳的紫外线照射下,它能与碳氢化合物发生反应,形成烟雾;(4) 一氧化碳,它是汽油燃烧产生的。

目前,评价空气污染对人的健康产生的全面影响还是比较困难的。我们知道,在某个城市,当烟雾或污染率上升时,就会有更多的人死于肺气肿。在某个城市的大街上,在交通高峰时间里,一氧化碳可能会使人体里的氧气丧失掉;人处在这种环境下,可能会表现出瞌睡、头痛、视力下降、协调系统受到损害以及判断力下降等症状。氮氧化物会刺激人的眼睛、鼻腔、喉咙和呼吸系统;破坏植被、建筑物和雕像。最后,研究发现,城市居民患肺癌的几率是乡村居民的两倍。

美国环保署还制定了限制条款以控制特殊物质(煤烟、灰尘)的排放。但在许多大城市,如纽约、洛杉矶、芝加哥和华盛顿特区,这些物质的排放 224
量都超出了限制。最近一项联邦资助的研究报告显示,“在严重污染的城市,死于肺癌和心脏病的风险,与不吸烟者长期接触二手烟而患肺癌和心脏病的风险是差不多的。"①

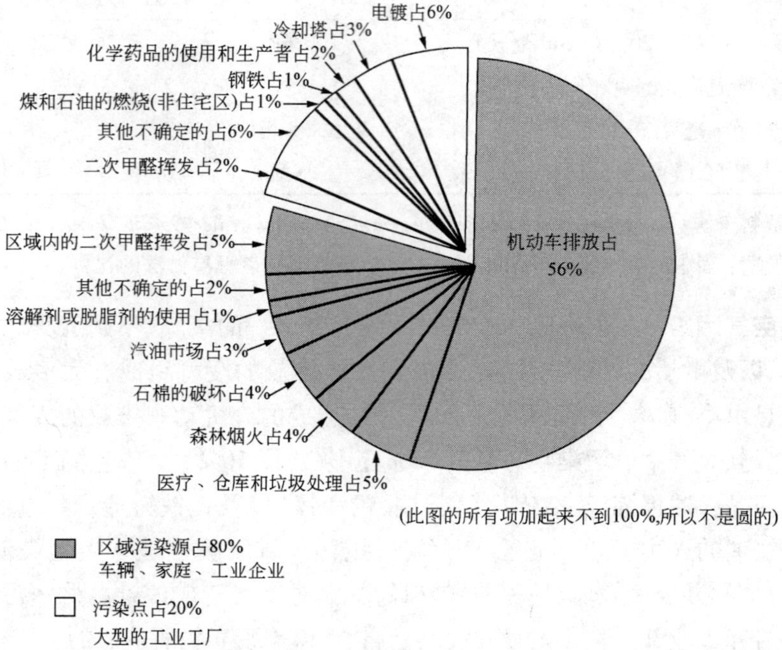

图 10-2　空气污染的污染源

资料来源：Environmental Protection Agency.

我们现在呼吸的空气比三十年前的清洁多了(见表10-4)。总体而言，这些进步主要应归功于联邦净化空气的立法(在本章后面将详细阐述)。环境保护署宣称1970年颁布的《空气洁净法案》及其修正案的实施，使得29%的主要污染物在三十年间已经全面减少。尽管国内生产总值增长了(158%)，交通运输里程(143%)和能源消费增多了(45%)，但空气质量还
225 是得到了提高。

表 10-4　空气污染物排放量的下降　　(单位：百万吨)

	1970	1980	1990	2000
二氧化硫	31.2	25.9	23.6	18.2
二氧化氮	20.9	24.4	24.1	24.4
一氧化碳	124.4	117.4	101.7	109.3
颗粒物质	13.0	7.1	5.1	4.8
铅	0.22	0.07	0.05	0.04

资料来源：*Statistical Abstract of the United States*, 2002, p. 218.

① National Institute of Environmental Health Sciences, March 5, 2002.

利益集团的影响

今天的美国人活得更加健康和长寿。1970 年以来，人口出生时的预期寿命达到了 76.9 岁，整整增加了 6 岁。患癌症的死亡人数有轻微上升，但这并非因环境污染造成的。其主要原因是：长期吸烟、饮食中脂肪太多而纤维偏少、缺乏锻炼和酗酒。但公众舆论普遍认为环境污染和环境危险在不断增加，这种认识驱动着公共政策的制定。

利益集团的经济学　有组织的环境利益集团必须招募成员并筹集活动经费（见表 10-5）。他们必须公开宣传和夸大环境的威胁，来证明其活动的正当性。当绿色和平组织的船只打断美国海军的一次训练活动时，他们吸引了公众的注意力，这是一次成功的直接筹集资金的努力。大众传媒，尤其是电视网络特别欢迎能吸引和抓住观众注意力的事件。他们通常依据事件的情感影响、对个人生命和安全的威胁来进行选择报道，以满足新闻对戏剧性效果的要求。那些表明风险微不足道的统计数字，或者说明能够使危险最小化的科学证据，或者提供模糊的调查结果，都不是好的新闻素材。政治家希望被看做是积极行动、勇敢保护公民免遭任何风险的形象，即使这种风险很小；他们也希望自己被视为原始荒野的“完全”保护者。政府部门的官僚明白，公众对环境威胁的担心越大，他们就越容易证明其扩大自身权力和预算的合理性。 226

表 10-5　主要的环境保护组织

全国野生生物保护协会	自然资源保护委员会
绿色和平组织	环境保护基金
国家奥特朋协会	野生生物保护者组织
马鲛俱乐部	地球之友
荒野保护协会	

形成公众舆论　利益集团的活动和媒体对环境威胁的报道，已经成功地使大多数美国人相信环境污染越来越严重。从而忽略了现在的空气和水已经比 20 世纪 70 年代洁净很多的证据。对即将发生的环境灾难的预测营造了一种舆论环境，这种环境妨碍了人们对环境政策的成本和收益的理性思考。民意调查显示，74% 的美国人同意这种观点，“保护环境是如此重

要，因此标准和要求再高也不过分，并且要**不惜代价**继续提高环境质量。"[1]严格地说，这种态度不利于指导性政策对科学或经济因素的考虑。环境保护主义则威胁说，这将是一场道德战斗，把经济的、科学的因素作为无关因素或邪恶因素消除掉。在这种舆论环境下，道德专制主义取代了理性的公共政策。

人们很难在电视上找到关于环境问题的严肃而可靠的信息。对科学家的访谈很糟糕，因为他们用技术性语言并引用统计资料，谈论着复杂而不确定的内容，总是从多方面看问题。与他们相反，环境行动主义者则把问题简单化和戏剧化，并夸大了环境的威胁。从公众自身来看，与那些不知道和不熟悉的环境污染相比，他们更容易承受那些熟悉和常见的对健康和安全造成的危险。例如，人们容易承受他们能够避免的巨大风险，如滑雪、登山，也容易承受比较熟悉的风险，如吸烟。但是，人们似乎不愿意承受他们不情愿面对的哪怕很小的风险，比如放射性物质；也不愿意承受具有长期或未知影响的风险，如化学物质和杀虫剂。

利益集团的政治　每个人都反对污染。公开反对关于洁净空气或水的法律是很困难的，谁想支持肮脏的东西呢？因此，环境保护论者从心理和政治上占据了优势：他们是"洁净的"，反对他们的人是"肮脏的"。新闻媒体、国会和政府机构可能因受感动而支持环境保护措施，但对其成本——失业、物价上涨、无法满足消费者需求、对外国能源的依赖增加等，却考虑不多。工业企业，特别是电力公司、石油和天然气公司、化学制剂公司、汽车制造企业和煤炭公司，必须进行一场防守战，继续寻求对联邦标准的拖延、修改与调整。他们必须尽力指出，环境保护立法中不合理的高标准所导致的社会成本的增加。但是，工业企业的言行令人质疑，环境保护论者会反驳说，工业企业反对环境保护是出于追求更高利润的贪婪动机。尽管大多数防治污染的成本都以更高的价格形式转嫁到了消费者身上，但对工业企业的指控还是有一定合理性的。

环境保护主义者一般是中产阶级的上层或上层阶级，他们的收入和资产都是稳定的。他们对于非发展型的、干净、无污染的环境的审美偏好超过了对于工作和收入的喜好，而这些工作和收入则是通过发展新的工业企
227 业才能获得的。工人和小企业主的工作和收入有赖于能源的生产、石油的提炼、森林的采伐、采矿、冶炼或生产制造，这些人不可能成为热心的环境

① Wirthlin Survey (1999) as reported at www.*publicagenda.org*.

保护主义者。但是，我们每个人的内心都有一种保护自然风景、野生动植物和自然资源的心理冲动。人们很容易把工业和技术视为恶棍，而使“人类对抗技术”成为一种具有人文色彩的诉求。

对本地发展持反对态度的力量　环保组织在全国反对本地发展的力量中拥有强大的同盟，他们是指那些因某项工程而感到生活不方便或受到威胁的当地居民。尽管有些人认识到发展新商业或工业，修建高速公路、飞机场、发电厂、管道、垃圾处理场的必要性，他们也发出了“不要在我的后院”的反抗声音，赢得了“NIMBY”的标签。尽管他们可能只是社区里的一个小团体，但他们却是政策制定中非常活跃的参与力量，经常举行集会、组织、请愿、游行、示威等活动。反对本地发展者通常是反对特定开发项目的最具实力的利益集团，这种利益集团几乎在各地都有。他们常常高举关注环境保护的旗号，运用环境保护的论调来保护他们自己的财产和资本。

激进的环保主义　环境保护运动的极端化，表现为强烈地反对经济发展、科学进步甚至人类自身。“罗马俱乐部”（一个激进的环保组织）声称，“真正的敌人其实是人类自身”。[①]“绿色”运动是一个全球性的、组织良好的利益集团，甚至在一些西欧国家还拥有政党（即“绿党”）。它的“拯救地球”的规划，包括限制西方国家工业化水平，减少人口数量，禁止使用化石燃料，禁止使用核能，不养牛、不伐木、不开荒等等，并要求将现有的财富从工业化国家向不发达国家转移。[②]

关于全球变暖问题的争论

解决环境问题的理性公共选择路径要求，仔细评估有关环境风险的所有科学事实，以便于对减少这些风险所需的成本进行权衡。但环保利益集团会集合公众意见，向政治官员施加压力，使其采取行动。为了达到目的，他们努力挑选一些科学事实而忽略另外一些事实，引用那些支持他们立场的科学家（即使这些科学家可能是科学界的极少数人）的观点，而无视那些不支持他们观点或者还没有足够的研究成果以提供答案的科学家。

全球变暖　为支持制定大量的新规章，媒体和环境利益集团大力传播关于地球变暖的灾难性预测。理论上，全球变暖是因为排放在大气中的二
氧化碳和其他废气吸收了太阳的热量而导致的结果。随着人类活动的增 228

① Club of Rome, *The First Global Revolution* (New York: Pantheon Books, 1991), p. 115.

② Christopher Manes, *Green Rage* (Boston: Little, Brown, 1990).

加,大气中的二氧化碳也就增加,因此吸收的热量越来越多。砍伐树木,使森林面积减少,这也是二氧化碳增多的原因,因为树木吸进二氧化碳并呼出氧气。“温室效应”的可怕预言包括干旱、庄稼被破坏、极地冰盖融化、海水泛滥。这些预言已经被广泛接受,人们开始抱怨任何加剧“温室效应”的事件。因涉及“全球变暖”,制定新的环境保护规章以及扩大美国环保署的权力都被认为是合理的。

当然,地球表面的大气产生温室效应是真实存在的;否则,地球表面的温度就像月球表面那样——晚上是无法忍受的寒冷(零下 270 华氏度),白天则是无法忍受的炎热(212 华氏度)。温室气体,(包括二氧化碳在内)缓和了地球表面的日夜温差。大气里的二氧化碳在不断增加也是事实,从 1850 年工业革命到现在增加了大约 25%。20 世纪,融化的冰盖导致全球海平面上升四英尺。通过对大气中增加的二氧化碳的影响进行的计算机模拟和预测表明,将来地球表面温度会在平均 57 华氏度的基础上再上升 1—8 度。但实际上,地球表面的平均温度自工业革命以来的一个世纪里,只增加了大约 0.5 度。[①] 最后的冰河时代结束于 15 000 年前,当时的地表平均温度比现在低 9 度。可见,地球的温度变化是非常缓慢的。运用计算机模拟来预测地球变暖,这是非常不可靠的,这些预测在 1 度(不显著)到 8 度(如果发生快,是显著的)之间变动。计算机模拟还预示,沿美国海岸线海平面将要上升 2 英尺。

很少有科学家相信,温室效应会在逐年的常规气候变化中显示出来。(在 20 世纪 70 年代,环保主义者抓住全球温度的缓慢下降做文章,警告有全球变冷的危险——“一个新的冰河时代”一定会伴随核战争而到来,将导致人类大量死亡和穷困。”[②]) 即使如此,环境利益集团仍定期报道全球变暖的“早期预警信号”,包括暴风和洪水,干旱和火灾,热浪和正在消融的冰川。[③]

里约协定(Rio Treaty) 环境保护主义者认为,现在需要采取“猛烈的行动”来避免“灾难性”的全球变暖。前副总统阿尔·戈尔(AL Gore)是这

---

① Hugh W. Ellsaesser et al., “Global Climate Trends as Revealed by Recorded Data,” *Review of Geophysics* 24 (November 1986), pp. 745—792; Patrick J. Michaels and David E. Stooksbury, “Global Warming: A Reduced Threat?” *Bulletin of the American Meteorological Society* 23 (October 1992), pp. 1563—1577; Roy W. Spence and John R. Christy, “Precise Monitoring of Global Temperature Trends from Satellites,” *Science* 247 (March 1990), pp. 1558—1562.

② Nigel Calder, “In the Grip of a New Ice Age,” *International Wildlife*, July 1975; cited by Dixie Lee Ray, *Environmental Overkill* (Washington, DC: Regnery Gateway, 1993), p. 15.

③ *www.climatehotmap.org.*

种观点的典型代表，即政府不能坐等有科学证据证实全球变暖再采取行动，而必须立即建立一个“全球环境规范系统”以“拯救我们的地球”。[①] 由于第三世界国家刚开始工业化进程，他们可能成为全球新的污染源。但是工业化国家应该对“破坏地球生态支撑系统”承担责任（美国通常被视为罪魁祸首），因此，他们必须对贫穷的国家进行补偿，以换取他们不再加重全球污染的承诺。国际环境保护议程包括从工业化国家向欠发达国家大规模转移财富。 229

里约协定里包含了上述观点。该协定是“全球峰会”的产物，其正式名称是“联合国环境与发展首脑会议”，是 1992 年在巴西的里约热内卢举行的。这次会议有 178 个国家参加，还有上百个环境利益集团参加，这些集团被正式批准为“非政府组织”或“NGOs”。此次会议产生了《全球气候变化公约》，由美国总统乔治·W. 布什签署并经美国参议院批准通过。该公约宣称，“缺乏科学确定性不能作为一个理由，来推迟采取有成本效益的措施以防止环境的恶化！”然而，这个声明是矛盾的：没有科学的信息，就不可能正确判断成本效益。在这次会议中几乎没有科学家出席。相反，250 位世界一流的科学家，包括 27 位诺贝尔奖获得者，向世界各国领导人发出了呼吁，来回应这一会议的协定：

> 在 21 世纪即将到来之际，我们担忧一种非理性的意识形态的出现，这种意识形态与科学发展、工业进步相悖，阻碍经济和社会发展……人类总是通过开发利用自然来满足需要以获得进步，而不是与之相反……阻碍我们地球的最大的邪恶是无知和压迫，而非科学、技术和工业。[②]

京都议定书（The Kyoto Protocol） 1997 年，对里约协定的一次具有深远意义的修订，即我们所知的《京都议定书》，在联合国关于全球气候变化大会上经过谈判而达成。尽管里约协定使各国自主决定降低温室气体的排放量，但京都议定书仍要求美国和其他发达国家在 2008 年到 2012 年间将其排放量降低到 1990 年的标准。发达国家排放量的降低是用来抵消发展中国家日益增长的排放量。要求美国削减排放量的标准是在 1990 年的基础上再减少 7%——这将使其化石能源的使用量大约降低 40%。克林顿政府非常支持京都议定书，但出于可能不被参议院批准的考虑，并没有

① Al Gore, *Earth in the Balance* (Boston: Houghton Mifflin, 1992).

② “The Heidelberg Appeal”, *Wall Street Journal*, June 1, 1992, p. 1.

向参议院递交该协议。布什政府则反对该协议。

美国人履行京都协议的经济代价是巨大的(对此有各种不同的评估,但大多数认为,将使美国 2010 年预期的 GDP 下滑 1%—3%)。履行京都协议可能要求美国人从根本上改变他们的生活方式,如使用公共交通、放弃使用空调、支付极其昂贵的石油价格。然而,付出这些代价是否就能成功阻止或减慢全球变暖,仍是不确定的。还有,全球变暖是否真的是由人类活动所导致的;如果全球真的变暖了,它是否会对环境造成破坏,这些问题都仍然是未知数。但环境保护论者认为,即使全球变暖的程度和它的破坏性是未知的,世界各国也应当降低温室气体的排放,作为一个预防措施。从理性公共选择的视角来看,在着手制定代价高昂的环境政策之前,应当
230 收集更多的关于收益与成本的科学证据。

核工业的衰败

核能是人类可获得的最干净、最安全的能源形式。但是关于核能的政治斗争,几乎完全毁灭了核能将降低美国对化石能源依赖的最初期望。现在核能仅占全国能源总量的 20%(见图 10-3)。许多早期研究建议,美国要争取发电量的 50% 是核电。但在当前政策下,核能取代其他能源从而发挥更大作用是不可能的。核工业本身现已处在“衰败”的境地,衰落的原因是政治的而非技术方面的因素。

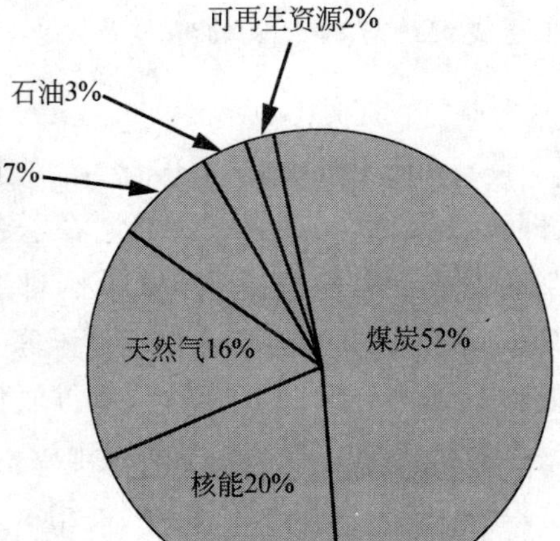

图 10-3　2000 年发电的能源构成

料来源:U. S. Department of Energy, Energy Information Administration.

在核能的发展阶段，它是被政府垄断的。根据 1946 年的原子能法案，创设了原子能委员会（Atomic Energy Commission，AEC），规定了对核能的民用而非军用的控制。原子能委员会负责核武器的研究、开发和生产以及核能的和平应用。1957 年原子能委员会与西屋电气公司（Westinghouse）签订协议，建造一座核反应堆，并和达库斯尼电灯公司（Duquesne Light Company）签约，在宾夕法尼亚州的航运港（Shippingport）运营世界上第一座核能发电站。根据 1954 年原子能法案，原子能委员会负责核电站建设、运营的 231
许可证管理，原子能委员会还保留着对核燃料的控制权。

二十多年来，原子能委员会推动了核工业的发展。到 20 世纪 70 年代末，已有 70 个核电站被许可经营，并有 85 个已批准的建设工程。但核能的反对者在 1974 年的《能源重组法案》中，成功地把对核能的管制职能与研究开发功能分开。现在，一个独立的机构——核管理委员会（Nuclear Regulatory Commission，NRC），管制着核能的所有方面。目前全国仅有 100 座核电站在运营。二十多年来，许多筹划好的核电站都被取消了，更不用说建造新的核电站了。

核能源很久以来一直遭到"禁止核武器"的组织和团体的攻击，其核心是环境保护行动者组成的团体。但是恐惧在核能的政治中起了最重要的作用。在第二次世界大战即将结束时，摧毁日本城市的蘑菇云景象今天依然闪现在人们的脑海中。大众传媒更是不遗余力地对核事故进行夸大的宣传——核能中心温度过高，熔化了接触的容器和电站本身，其释放出的放射性物质杀死了上百万人。

利用核能发电，不会向空气和水中排放任何污染物。它是最清洁的发电方式，不会减少世界的石油、天然气和煤的储存量。然而，用过的反应堆燃料几百年后仍然具有放射性，并且掩埋这些放射性废弃物也存在潜在的问题。现在，用过的燃料堆积在核电站特别设计的水池中的储存区。当现有的存储地被填满时，这些用过的燃料就必须转运到其他地方，这就增加了人们对放射性废弃物所带来的威胁的新的抱怨。其实，有许多可供选择的处理核废物的技术，但是究竟选择哪种技术还没有达成政治上的共识。

美国核能工业已有五十年的安全记录。五十年来，没有人因为核电站的放射性物质而死亡或受到严重伤害。[①] 这个记录包括美国正在运营的 100 多家核电站和几百艘美国海军使用的核动力船舰和潜艇；与此形成对

---

① 关于核安全的很好的、没有偏见的讨论，可参考：Harold W. Lewis, "The Safety of Fission Reactors", *Scientific American* 242 (March 1980), pp. 53—65.

照,平均每年死于煤矿事故的人数超过200人。[1] 尽管也有媒体进行令人伤感的报道,但1979年宾夕法尼亚州三里岛(Three Mile Island)的核反应堆事故,并没有造成任何人员伤亡和对周围的损害。国外有300多座核电站在运营。法国的核能发电量占全部发电量的65%。历史上最严重的核事故是,1986年发生在乌克兰的切尔诺贝利(Chernobyl)核电站的核泄漏,事故中有31人死于核辐射。

零风险是一个不可能达到的标准,为实现零风险所作的努力是成本巨大的。在公众的压力下为达到近似零风险,美国核管理委员会提出了强制性的要求,使得核能发电成为最昂贵的发电方式。在近20年里,没有批准建立新的核电站,许多私人企业还取消了很多已计划好的核电站项目。美国最大的核电站联合体——华盛顿公用电力服务公司(Public Power Service),被迫宣布破产。事实上,美国现存的核电业,由于接近零风险的管制
232 政策,成本不断增长,最终也会走向绝境。美国政府公布的政策允许核能企业运行,但是核能管制政策的实际效果却完全阻碍了任何选择。

政治家与官僚集团:对环境的管制

20世纪70年代,随着美国环保署的建立和清洁水法案与空气洁净法案的通过,联邦政府开始认真制定环境保护政策。今天,环境保护署是华盛顿最有权力和影响最大的官僚机构,对任何影响空气、水和土地的行为都有执法权。

环境保护署 环境保护署是1970年根据理查德·尼克松总统的一项行政命令而建立的,其目的是重组联邦政府机构以加强对下列问题的责任:(1)水污染;(2)空气污染;(3)固体废弃物处理;(4)放射性物质的控制;(5)危险和有毒物质控制。环境保护署是一个有权制定和执行政策的管制机构。

《国家环境保护法案》 1970年美国国会创设了改善环境质量委员会(Council on Environmental Quality,CEQ),就环境保护问题向总统和国会提供建议,因此,可以说改善环境质量委员会是一个咨询机构。然而,国家环境保护法案要求所有的联邦部门以及接受联邦资助的州、地方和私人组织要提交冗长的"环境影响报告书"。如果改善环境质量委员会想拖延或阻

---

① Herbert Inhaber, "Risk with Energy from Conventional and Nonconventinal Sources", *Science*, February 23, 1979, pp. 700—718.

止一项工程，它就要求对提交的报告进行无休止的修改、调整或增加内容。该委员会本身无权制止一项工程，但它能通过举行公开的听证会、向其他政府部门施加压力和向总统提出建议等来达到目的。法院已经规定，提交环境影响报告的要求具有法律上的强制性。

1970 年《空气洁净法案》 1970 年《空气洁净法案》授权环境保护署认定对人体健康造成威胁的空气污染物，以及制定和执行排放标准。环境保护署是从集中整治机动车辆尾气排放开始的，要求所有的新汽车都要安装净化设备。环保署还命令清除机动车燃料中的铅，责令重新设计适合无铅汽油的发动机，还要求机动车上安装控制排放的装置。环保署提出的更多激进的改革方案（例如在特定城市禁止开车），都被法院和国会阻止了。环保署在寻求控制固定的空气污染源方面甚至更加大胆，要求安装烟囱洗刷器、使用低硫煤以及其他昂贵的设备。

1972 年《水污染控制法案》 这个法案巩固了早期的控制污染的法律，但却设定了一个不现实的目标：“到 1985 年杜绝向可通航水域排放污染物。”经过一系列诉讼后，环保署被迫放弃零排放的标准。事实证明，强制市政府清除他们排放的废弃物比要求工业企业更加困难。许多市政当局仍然违背了联邦政府规定的水质标准。 233

1973 年《濒危物种保护法案》 这个法案授权美国鱼类和野生动植物保护组织（Fish and Wildlife Service）确定需要国家保护的濒危物种，以及管制人类在它们的“主要栖息地”的活动。起初，这个法案得到广泛的赞同，因为它至少在一定程度上使国家象征性的物种，例如秃鹰，得以生存。但后来这个法案越来越多地被用来阻止土地所有者使用他们的土地财产，原因是为了保护一些不明种类的啮齿动物、鸟类和昆虫。目前有 1 000 多个物种属于濒危物种之列，并且在美国，几乎每一块土地上都有濒危物种存在。依据《濒危物种保护法案》，美国鱼类和野生动植物保护组织有权控制美国的任何土地。

湿地 1975 年联邦法院裁决，《1972 年水污染控制法案》也适用于可通航水域邻近的湿地。这又使得环保署有权控制上百万亩的土地，估计相当于俄亥俄州、印第安纳州和伊利诺伊州的面积之和。对那些被确定为湿地的土地的所有者来说，这一结果如同一场官僚政治的噩梦。

1976 年《资源保护和恢复法案》 该法案授权环保署监督全国固体废弃物的清除和处理，包括对掩埋场、焚化装置、工业废弃物、危险废弃物和回收项目的管制。

1976 年《有毒物质控制法案》 该法案授权环保署确定有毒的危险物质名单,并制定这些物质的排放标准。

1980 年《全面环境应急法案》(The Comprehensive Environmental Response Act) 该法案建立了一个"超级基金",以清除原来的有毒和危险废弃物的地点。在 20 000 个潜在地点中,环保署把 1 200 多个作为国家优先清理的地点。这个法案详细规定了联邦环保署如何监督这些地方的清理,并评估造成污染的各方应承担的费用。如果没有找到应该对污染承担责任的各方,或者他们没有资金,那么就要动用政府的"超级基金"来承担这些费用。但这些年来,清理工作被严重妨碍了,主要是环保署过度严格的场地规定(例如,泥土必须清洁到可以让小孩每天安全地吃的程度),以及对原土地所有者和使用者(包括小的社团组织)的漫长诉讼,结果把资金用在了法律诉讼和与地方政府就清理原来的垃圾掩埋场的谈判中。环保署还强制实行"有溯及力的责任"(retroactive liability),让土地所有者对 1980 年该法律颁布之前堆放的垃圾清理负责。在当前环保署的政策规定下,对列入国家优先清理地点名单的所有废弃物场所的彻底清理,将会耗费几十亿美元,远远超过了总统或国会拨款的数额。

1990 年《空气洁净法案》 1990 年《空气洁净法案》的修正案制定了许多新的规定,目的是消除各种已知的对环境的威胁:

> **酸雨** 二氧化硫的排放必须从每年 2 000 万吨削减到 1 000 万吨,一氧化氮的排放量必须削减 200 万吨。美国中西部烧煤的公用事业单位必须烧含硫量低的煤,并安装除尘装置。这增加了消费者的经济负担。
>
> **臭氧漏洞** 氯氟碳化物和氢氯氟碳化物(浮质雾状,属绝缘物质)的生产是非法的。新的规章对用于空调和冰箱的化学物质作了规定。
>
> **城市烟雾** 新机动车辆必须安装规定的污染控制设备。石油公司必须生产更加清洁的燃料。还有一个特殊要求,即汽车公司必须生产一系列试验汽车,在加利福尼亚州南部出售。
>
> **有毒空气污染物** 新的规章确定了二百多种"有毒空气污染物"。这些有毒物质来源很广泛,包括从加油站到干洗店。环保署被授予权力,要求所有的污染源都要安装"最有效的控制设备",并为周围居民提供"充足的安全空间"。

234

天空洁净计划 乔治·W. 布什总统提出了新的立法建议,要求进一步降低发电站的污染。布什总统的这项计划承诺,到 2018 年,发电站产生的污染将削减 70%。这个计划瞄准了危害最大的污染物：二氧化硫、一氧化氮和汞。该计划承诺采用“以市场为基础”的方法：设定国家排放标准；向每个发电厂分配排放定额(credits and allowances)；并允许他们购买、出售、交易这些排放定额。这种市场化的方法主要是为了鼓励创新；如果发电厂能够更好地降低污染物的排放量，他们就可以向其他发电厂出售他们不需要的排放定额，从而获得利润。这种弹性机制或许能促使企业找到成本最低的减排方法，而政府要做的是集中精力制定总体的排放标准。

其他选择性解决途径

经济学家把污染视为生产的成本，而生产者会尽力把这种成本转嫁给别人。如果我们以这种方式看待污染，那么实行以市场为基础的环境政策就成为可能，这种政策比集中的政府命令和管制的成功可能性更大。如果更多地关注污染的产生而非污染的控制，如果污染成为生产者的一种成本，那么仅通过自由市场经济的常规运行就能降低污染。

管制的问题　目前以“命令与控制”的方式处理环境问题的政策是效率低下的。消除污染的方法是多种多样的，最好的方式要依据工厂企业的具体情况而定。降低污染的成本差异也是很大的，有些污染源花费很小的成本就能得到治理，而有的却要付出巨大的代价。集权的政府机构不可能有效地监控各地的具体情况，而且全国实行统一的规章制度也阻碍了创新，治理污染的新举措也由于因循守旧的政府规定而受到阻碍。 235

污染税　一种可供选择的方法是征收污染税。向制造污染物者征收污染税，为个人、企业和地方政府提供了一种经济动力，以寻找最经济、最有效的方法来限制污染。依据污染物的类型和排污量向每个制造污染的企业征税，这种方式将取代政治性的官僚机构集中指导式的治污方式。以每一单位污染物的排放量进行计税，通过改变税收标准，就能达到预期的污染物削减量。每个污染制造者都能得到相关的信息和动力，以尽可能经济和高效的方法去消除污染，从而减少污染税。能够这样做的企业可以缴纳较少的税收，获得更多的利润。不能够这样做的企业则是把税收以提高价格的形式转嫁给消费者。消费者于是便会减少使用高污染企业的产品，并寻求其他替代品。把环境政策从集权的官僚控制转向分权的市场激励，就有可能在加快经济增长的同时改善环境质量。

可买卖的排放定额　近来环境政策建议的一个积极进展就是，人们对于可买卖的排放定额给予越来越多的关注。污染物的排放总量反映了环境政策的总体目标,例如,二氧化硫的总排放限额是1 000万吨。这些排放定额会分配给现有的公共事业单位、炼油厂和其他产生污染的单位。企业所有者之间可以自由买卖这些排放定额。这样,每个单位的排污量会有差异,但是总体排放量将控制在预定的范围内。通过这种灵活性和排放限额的自由交易,执行排放标准的总成本降低了,这种方式鼓励技术上的创新;实现创新的企业能够把多余的排放定额卖掉,以换取利润。而那些只能通过向消费者转嫁成本来降低排放量的企业,则可以购买排放定额来维持运营。官僚的强制执行将被控制在最小的程度上,只是简单测量排放量而不直接干涉企业的运作。

垃圾收费 另一种方法是,根据收集的垃圾量向家庭和商家收费。政府处理垃圾的服务价格,几乎不能反映出垃圾收集和掩埋的真正费用。根据所收集垃圾的数量直接收费,会激发家庭和企业减少购买过度包装的商品,并主动将某些废弃物回收再利用。

经济增长 阻碍经济增长的政策通常对环境保护也产生消极作用。世界上污染最严重的是不发达国家。随着收入增加,人们会更加努力改善环境质量。在环境保护方面,市场经济比社会主义经济做的更成功。东欧的社会主义经济导致了严重的环境污染,这是因为没有市场激励机制来引
236 导生产。

本章小结

公共选择理论把环境污染视为人类活动的外部性。个人、企业和政府经常把多余的成本强加给他人。自然环境,特别是空气和水,是一种共享的资源:对其使用是不受限制的,没有明确界定的产权,没有人对维护这种资源负有个人责任,个人、企业和政府趋向于用它吸纳废弃物,因而对其他人产生了不必要的成本或外部性。政府在管制环境的外部性方面有其正当的利益。在处理这些外部性问题方面,公共选择理论提供了有价值的指导。

1. 经济增长并非与环境保护不相容。相反,财富的增长和技术的进步,为创造更清洁的环境带来了最大的可能。
2. 有效的控制污染、降低风险的措施必须与其成本相平衡。环境政策的成本超过了收益,将削弱社会有效处理环境问题的能力。

3. 越接近零风险，进一步清除环境污染物和风险的成本越高。彻底清除空气、水或地面的污染物需要巨额的代价，会造成对社会资源的浪费。
4. 对收益和成本的理性判断需要科学依据。故意放弃关于环境问题的科学证据，在没有科学信息的情况下，仅凭意识和情感行事，不可能制定出具有成本效益的环境政策。
5. 传统的"命令与控制"的方法，与市场激励相比，效果差得多。从成本和收益的角度分析，立法机构和官僚通过努力制定法律和规章来降低污染的方法，与强烈的市场激励促使个人、企业和地方政府减少污染的方法相比，效率更低。
6. 美国现在的空气和水，与 1970 年刚刚颁布实行第一个重要的环境政策的时候相比，清洁得多了。尽管人口增长和废弃物增加了，但空气和水的质量毕竟还是提高了。
7. 虽然如此，大多数美国人还是认为环境污染在加剧。利益集团的活动和媒体对环境"危机"的报道，加上经济繁荣和冷战的结束，这些因素共同把环境问题推到了美国政治的前台。对全球灾难的预言产生了一种舆论氛围，这种潮流阻止了对环境政策的收益与成本的理性分析。
8. 当前政策关注的是，烧煤的公共事业单位排放的二氧化硫和一氧化氮，汽车和固定污染源排放的臭氧和一氧化碳，以及从多种污染源排放出的有毒空气污染物。 237
9. 根据企业排放的污染物对其征税，将会形成一种减少污染的强烈的市场激励。污染税将制止外部性，并迫使生产者和消费者把产品的全部环境成本计入价格。这种方法将鼓励污染的制造者主动寻求降低污染的方法，而不是简单地遵守政府的规章。征收垃圾费用将鼓励消费者尽量少使用那些产生废弃物的产品。 238

第十一章

公民权利：精英与大众的互动

精英与大众在种族问题上的观点

种族问题长久以来一直是美国国内政治的核心问题。为阐述这个问题，我们主要依赖于精英模型，因为对于公民权利，精英和大众的态度有很大分歧，而公共政策似乎反映了精英的观点而非大众的看法。公民权利政策是精英对影响美国少数人（a minority of Americans）的社会条件的反应，而不是国家领导人对大多数人的情绪做出的回应。国家精英在公民权利上的政策，在州和地方层面上，遭到大众不同程度的抵制。我们认为，更多的时候是国家的政策塑造了大众的观点，而不是大众的观点影响着国家的政策。

黑人与白人观点的分歧　在美国，多数白人对黑人的态度是矛盾的。比较而言，只有少数白人认为社会上存在很多歧视，或者说，他们不认为种族主义是教育、就业和其他领域的主要问题（见表 11-1）。相反，大多数黑人和许多拉美裔美国人则认为美国存在“大量”的种族歧视，而且认为种族主义是教育、工作、医疗保健、住房和其他领域的“主要问题”。

白人在美国人口构成中占绝大多数（见图 11-1）。如果公共政策反映这一**大多数人**的观点，那就不会进行公民权利的立法。公民权利政策**并不是**政府对大多数白人诉求的回应。

表 11-1　美国白人和黑人对于种族主义的看法

问题：对于下面所提到的社会生活的不同领域，你认为在该领域种族主义是一个主要的问题，还是一个次要的问题，或者不是问题。

回答是"主要问题"的百分比

	白人	黑人	拉美裔美国人
工作场所	17%	54%	37%
教育	22%	51%	34%
医疗保健	16%	41%	25%
住房	30%	59%	38%

资料来源：Princeton Survey Research for the Henry J. Kaiser Family Foundation, January, 2003, as reported in Public Agenda, *www.publicagenda.org.*

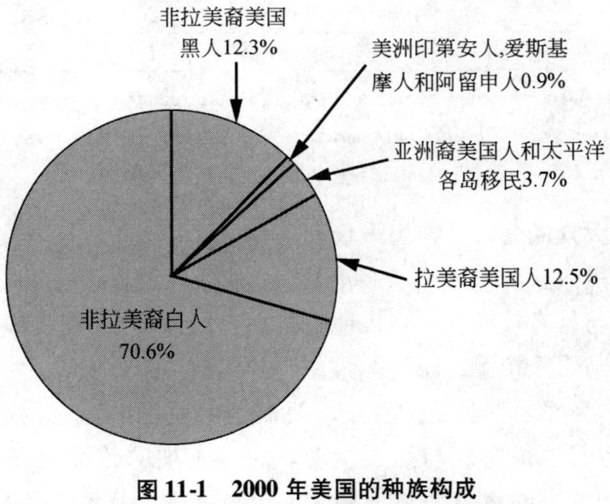

图 11-1　2000 年美国的种族构成

资料来源：U.S. Census of Population, 2000.

大众观点滞后于政策　大多数白人的观点是追随公民权利政策而不是启发形成政策，即公共政策塑造了白人的观点而非白人的观点塑造了公共政策。以这些年来美国白人在黑人学生与白人学生同校问题上的观点变化为例。从 1942 到 1985 年间，在对美国白人的抽样调查中，都被问及这个问题："你认为白人学生和黑人学生应当在同一所学校上学还是应分开？"（见表 11-2）。在 1942 年的时候，只有不到三分之一的白人支持黑人与白人同校。到 1956 年，即美国历史上著名的**布朗诉托皮卡教育管理委员会案**（Brown v. Topeka）两年后，尽管还有大约一半的白人仍然支持种族隔离，但白人的态度已明显开始转变。到 1964 年，已经有三分之二的白人支持黑人与白人学生同校。随着美国黑人与白人同校的公立学校的发展，白 240

人父母越来越能接受把他们的孩子送进有许多黑人学生的学校。其他调查信息也显示，随着时间的推移，在其他领域白人也越来越适应黑人享有同等的权利。但是我们得重申，一般而言，白人的观点是在**追随**公共政策
241 而非引导公共政策。

表 11-2　白人对种族融合学校的态度的变化

问题："你认为白人学生和黑人学生应该在同一所学校上学还是应实行隔离？"

黑人学生与白人学生同校

	1942	1956	1964	1970	1972	1980	1985
百分比(%)	30	48	65	74	80	86	92

问题："你是否反对让你自己的孩子到有一半黑人学生的学校上学？"

是的

	1958	1965	1970	1980	1990	1997
百分比(%)	53	42	34	21	20	14

资料来源：General Social Survey and Gallup Polls, reported in Harold W. Stanley and Richard G. Niemi, *Vital Statistics on American Politics*, *1999—2000* (Washington, DC: CQ Press, 2000), p. 155.

精英与大众的分歧　在黑人权利问题上，大众的态度与精英的态度差别很大。对黑人权利持最不支持态度的，是那些最没有权利、接受教育最少的白人。与具有较高社会经济地位的白人相比，社会经济地位较低的白人更不愿意与黑人接触，无论是使用同一个公共休息室、在一起看电影或用餐，还是作为邻居。最关注种族歧视问题的是那些富有的、受过良好教育的白人，他们也最愿意与黑人接触。这一发现的政治意义是显而易见的：那些受教育较少和比较贫困的白人更可能强烈反对公民权利的立法，以及黑人在教育、工作、收入、居住条件等方面的改善。在白人的社群里，仍然是那些比较富裕并受过良好教育的白人支持公民权利。

公民权利政策的演进

在美国，为实现平等权利而斗争的最初目标是，废除政府实行的种族歧视和种族隔离政策，尤其是在投票选举和公立教育方面的歧视。后来，在公共和私人生活领域的种族歧视，如在公共交通、剧院、公园、商店、餐厅、商业企业、就业和住房等方面，都受到了法律的攻击和制裁。

宪法第十四修正案　美国内战结束后，国会于 1868 年通过并批准颁布了宪法第十四修正案规定：

> “凡出生或归化于合众国并受其管辖的人，皆为合众国及其所居州的公民。任何州不得制定或施行剥夺合众国公民的特权或豁免权的任何法律；非经正当法律程序，任何州不得剥夺任何人的生命、自由或财产；不得否定法律对其管辖范围内的任何人的平等保护。” 242

第十四修正案的用语和它的历史背景都不容置疑地表明，其最初目的是对公民身份的全面界定和使美国黑人享有平等权利。在对南方各州的重建和军事占领期间，一些激进的共和党人准备在南方进行一场第十四修正案所暗示的革命。在南方，重建工作的早期成果是明显的：实现了普遍的黑人投票权，一些黑人被选为联邦和州政府的官员。国会甚至试图在1875年民权法案中规定，在剧院、饭店、旅馆和公共交通方面使黑人享受平等待遇。不料，1883年最高法院竟宣布这一规定是违宪的。[1]

到1877年，重建被取消了；联邦政府不准备完成以前邦联的11个州的长期而艰难的社会重建任务。在1877年的“妥协协议”(Compromise)中，联邦政府同意结束对南方各州的军事占领，放弃重建南方社会的努力，并默许白人在南方社会中享有至高无上的地位。作为回报，南方各州保证他们对联邦的支持；接受国家的最高权力；同意共和党候选人卢瑟福·B.海斯(Rutherford B. Hayes)就任总统，尽管他的对手民主党人塞缪尔·J.蒂尔登(Samuel J. Tilden)在1876年有争议的选举中赢得了更多的支持票。

种族隔离 最高法院同意该妥协，结果导致第十四修正案的意思完全被扭曲，而变成了种族隔离的壁垒。各州实行种族隔离的法律得到认可。第十四修正案中“受法律平等保护”的说法，引起了对种族隔离的宪法的争议，但是并没有阻止各州实行**种族隔离**政策。学校和其他公共设施采取“隔离但平等”的措施，得到宪法的认可。在1896年的**普莱赛诉弗格森案**[2](Plessy v. Ferguson)中，“隔离但平等”的原则成了最高法院对第十四修正案中“受法律平等保护”条款的司法解释。

然而，实行隔离措施的公共设施，包括公立学校在内，即使存在平等，但在物质条件上也是不平等的。在实际操作中，这种隔离的原则是分离但不平等。最高法院在第二次世界大战之后，开始注意到这一问题。尽管最高法院拒绝否认种族隔离主义者对宪法第十四修正案的法律解释，但当证据表明隔离黑人的公共机构非常差或根本不存在时，它开始允许黑人进入

---

① Civil Rights Cases, 100 U.S. 3 (1883).

② Plessy v. Ferguson, 163 U.S. 537(1896).

白人公立大学。[1]

全国有色人种协进会　在20世纪40—50年代新出现的公民权利运动的领导人不满法院判决根据每个案件的情况来决定实行隔离的学校的公共设施是否真正平等。由罗伊·威尔金斯(Roy Wilkins，全国有色人种协进会执行主席)和瑟古德·马歇尔(Thurgood Marshall，全国有色人种协进会的首席辩护律师)领导的公民权利运动，迫使法院作出判决，宪法第十四
243 修正案中的隔离本身就意味着不平等，而不论公共设施在有形方面是否平等。简言之，他们想完全撤销对第十四修正案中“隔离但平等”的司法解释，并要求法院裁定，实行种族隔离的法律违宪。

公民权利组织选择对堪萨斯州的托皮卡市提起诉讼，因为这里隔离黑人和白人的学校在建筑物、课程、资格认定、教师工资和其他有形方面都是平等的。其目的就是防止法院因为公共设施不平等才允许黑人进入白人学校，并迫使法院审查种族隔离的原则。

布朗诉托皮卡教育管理委员会案　1954年5月17日，在布朗诉堪萨斯州托皮卡教育管理委员会的案件中，最高法院作出了历史性的判决：

> 在公立学校中，把白人与有色人种的孩子隔离，这种做法会对有色人种的儿童造成伤害。当有法律支持时，这种破坏性的影响会更大，因为种族隔离的政策通常被解释为黑人群体是低级的。[2]

我们注意到，在20世纪向种族平等迈出的第一步，是由联邦政府的一个非选举产生的机构推动的。九位终身任职的法官，对受过良好教育的黑人领导人的法律观点作出了回应，其中一位黑人领导人——瑟古德·马歇尔，自己后来成为最高法院的大法官。这个决定是由司法精英做出的，而不是由民众或他们选举的代表做出的。

大众对废除种族隔离的抵制

虽然在“**布朗诉讼案**”中，最高法院已经宣布种族隔离是违背宪法的，但从政治观点来看，关于种族隔离的斗争才刚刚开始。不管它是否合宪，如果没有强有力的精英势力来结束种族隔离，那么种族隔离将仍是美国人生活的一部分。由于美国的联邦制度和分权政治体系，联邦最高法院没有

---

① Sweatt v. Painter, 339 U. S. 629(1950).

② Brown v. Board of Education of Topeka, Kansas, 347 U. S. 483 (1954).

直接处理种族隔离的权力。国会、总统、州长和立法机关，甚至暴民都比联邦司法机关更有权力采取行动。最高法院必须很大程度依赖于联邦政府的其他机构和各州的力量来执行国家的法律。

推行种族隔离主义的州　在1954年，种族隔离行动在美国非常盛行并深深地植根于美国人的生活当中。17个州要求在公立学校实行种族隔离，这些州分别是：

阿拉巴马州	密西西比州	得克萨斯州	马里兰州
阿肯色州	北卡罗来纳州	弗吉尼亚州	密苏里州
佛罗里达州	南卡罗来纳州	特拉华州	俄克拉何马州
佐治亚州	田纳西州	肯塔基州	西弗吉尼亚州
路易斯安那州			

244

美国国会要求在哥伦比亚特区的公立学校实行种族隔离。在另外四个州——亚利桑那州、堪萨斯州、新墨西哥州和怀俄明州，地方学校的委员会有权选择实行种族隔离。

因而，在**布朗诉托皮卡市案**的判决中，最高法院实际上宣布了21个州和哥伦比亚特区的法律无效。这项意义如此深远的判决在执行时肯定会遇到很多困难。在第二年所陈述的观点中，最高法院拒绝做出立即在全国范围内消除种族隔离的指令，而是把消除种族隔离的责任转交给了州和地方权力机关，并由联邦地方法院进行监督。这就为那些抵制此判决的州通过扩大诉讼来妨碍和延迟执行最高法院的指令创造了机会。

实行种族隔离的学校体系的六个边界州，包括特拉华州、肯塔基州、马里兰州、密苏里州、俄克拉何马州和西弗吉尼亚州，以及堪萨斯州、亚利桑那州和新墨西哥州实行隔离的学区，选择了不再正式抵制废除种族隔离的政策。哥伦比亚特区在最高法院作出判决后，也在其公立学校推行了废除种族隔离政策。

州的抵制　然而，旧邦联的11个州选择了抵制黑人与白人同校的政策。学区拒绝废止种族隔离，直到联邦法院发出强制令，这是最常用的拖延执行方式。各州制定的规避废除种族隔离的宪法责任的那些法律，被联邦法院推翻了，但是法院的诉讼和搁置又延缓了种族融合的进程。从总体上看，从1954年到1964年，那些抵制废除种族隔离的州的做法是相当成功的。到1964年底，也就是布朗案判决十年后，在南方的11个州，只有大约2%的黑人学龄儿童进入了无种族界限的学校。

总统对武力的运用　如果没有德怀特·艾森豪威尔(Dwight Eisenhower)总统的决定,历史性的布朗案判决可能就变得无意义了。因为在1957年,艾森豪威尔总统决定动用武装力量来确保联邦法院决议的执行,即要求小石镇中心的高中学校(Little Rock's Central High School)废止种族隔离。地方长官奥瓦尔·福伯斯(Orval Faubus)把阿肯色州国家护卫队的一些军力布置在这所高中学校,以阻止联邦执行官执行联邦法院作出的允许黑人学生进入该学校的决定。艾森豪威尔总统正式下令阿肯色州的国家护卫队为联邦服务,命令他们撤离该高中,并让美国第82空降分队取代他们来强制执行废除种族隔离的决定。艾森豪威尔从来没有公开发表讲话来支持废止种族隔离的政策,但州长官对国家权力的直接威胁迫使总统来维护国家精英的权力。1962年,约翰·F.肯尼迪总统也曾动用联邦军队强制密西西比大学执行废除种族隔离的政策。

国会和金钱的力量　为了实现1964年民权法的目的,国会介入了公民权利领域以支持法院取消种族隔离的努力。该法第六条规定,所有联邦政
246 府部门和机构都必须采取行动,在所有接受联邦财政资助的项目和行动中废除种族隔离。还具体指出,如果接受联邦资金的州和社区拒绝服从联邦消除种族隔离的命令,联邦将终止对其财政援助。这样,除了法院要求消除种族隔离的命令之外,州和社区还面临着来自联邦行政机关的行政命令或"指导",如果不服从,就面临着失去联邦资助的威胁。

单一制的学校　学校拖延推行消除种族隔离的最后一招合法借口在1969年也开始行不通了。1969年,最高法院拒绝了密西西比州的学校官员提出的在该州延迟推行废除学校种族隔离的请求。法院还宣称,每个学区都必须立即结束双轨制的体系,从此以后都要实行单一制学校。[1] 这一决定的结果是,在布朗案判决的15年后,消除了在公立学校继续实行种族隔离的任何法律理由。

公立学校中的种族平衡

尽管通过近半个世纪运用法律消除种族隔离的努力,黑人儿童可以到公立学校就读,而且黑人学生超过半数以上,但事实上的种族隔离仍然是美国教育的一大问题。事实上,从全国范围看,大约三分之二的黑人学生进入黑人占多数的公立学校,三分之一的黑人学生进入少数族裔学生占

① Alexander v. Holmes County Board of Education, 396 U.S. 19(1969).

90%—100%的学校。[①] 几年前，美国民权委员会就指出，即使种族隔离是客观原因造成的，即隔离的居住方式和就近入学的产物，但它对黑人学生的负面影响仍然是很大的。[②]

要结束公立学校中的种族隔离，还涉及运用公车接送学龄儿童往返于种族隔离的居住区。其目的是，为了达到每个公立学校的种族人数平衡，即每个学校的白人与黑人学生的比例应当与整个学区的人口比例大体一致。事实上，有一些大城市，黑人学生占了公立学校学生的绝大多数，要结束学校的种族隔离就需要用公车把城市的学生运送到郊区，把郊区的学生送到市中心上学。

联邦法院的干预 联邦地区法官拥有广泛的自由，以采取措施来弥补政府过去或现在的歧视性行为。如果联邦地区法院发现，政府或学校官员的某种行为导致了种族不平衡（例如划定学校招生的界限），法官就可能责令其采取消除种族隔离的措施，来克服政府行为造成的种族不平衡问题。有许多城市已经按照联邦地区法院的命令，通过用公车接送孩子上学，来改善学校的种族平衡问题。

在重要的**斯旺诉夏洛特—梅克伦伯格县教育委员会一案**中（Swann v. Charlotte-Mecklenburg County Board of Education，1971），最高法院主张：（1）学校要符合种族平衡要求，根据种族把学生分配到各个学校；（2）法官要对那些主要招生单一种族学生的学校展开“详细审查”；（3）改变某些学生进入某些特定学校的做法，以及通过学校的“串联”或“合并”来实现学校种族的平衡；（4）按照法院的要求，通过校车接送学生上学，以实现学校的种族平衡。[③] 然而，法院认真注意到，学校里的种族不平衡本身并不是要求采取补救措施的理由，除非政府过去或现在的某些行为造成了这种不平衡。 247

如果不是由于政府行为导致的种族不平衡，州政府和学区也**不会**被要求按照宪法第十四修正案来改革他们的学校。例如，某地因居住模式导致了城市学校黑人学生占大多数，而郊区学校白人学生占了大多数。在这种情况下，除非是政府行为造成了这种不平衡，否则就不会被要求通过跨社区的公车接送学生以实现学校的种族平衡。因而，1974 年联邦最高法院否

① Harold W. Stanley and Richard G. Niemi, *Vital Statistics on American Politics*, 1999—2000 (Washington, DC: CQ Press, 2000), p. 375.

② U.S. Commission on Civil Rights, *Racial Isolation in the Public Schools* (Washington, DC: U.S. Government Printing Office, 1966).

③ *Swann v. Charlotte-Mecklenburg County Board of Education*, 402 U.S. 1 (1971).

决了下级法院要求在底特律与52个郊区学区间通过公车大规模接送学生的决定。因为尽管底特律的城市学校中有70%是黑人,但没有一个底特律的学区在他们的区域范围内采取隔离的政策。首席大法官伯格对多数派说:"除非(底特律的官员们)以歧视的方式划分学区界限,或安排居住在底特律区的白人学生进入奥克兰或马科姆县的学校,否则他们没有宪法责任为黑人学生制定条款来这样做。"[1]为表示强烈的反对,法官瑟古德·马歇尔写道,"短期内,允许我们的大都市地区被划分成小城市——一个白人的,一个黑人的,似乎是最简单的途径。但是我敢预言,我们的人民最终将会后悔的。"这个重要的决定意味着黑人集中居住在城市,而白人则居住在环绕城市的郊区,这实际上仍然是种族隔离,因为没有足够的白人学生生活在城市,所以不能达到与黑人学生同校的目的。

南方和其他地区的一些学区,多年来就在联邦法院的监督之下运作。法院的监督还要继续多长时间?运用什么标准来判定已经彻底达到了消除种族隔离的目标?以伦奎斯特为首的最高法院把学区从联邦法院的直接监督中解放了出来。当州政府批准的种族歧视的最后残余被"实际上"清除后,最高法院将允许低一级的联邦法院解除种族平衡计划,尽管因居住模式造成的种族不平衡仍将继续存在。[2]

学校种族隔离的减少　随着时间的推移,全国范围内公立学校的种族不平衡减少了。据估计,1968年有64%的黑人小学生进入到有90%—100%黑人学生的学校就读。到2000年,这种"种族隔离"已下降到33%。[3]下降最显著的是被联邦法院密切监视着的南方各州。但在许多大城市,种族隔离仍是公立学校的特征。尤其是在那些非洲裔美国人占人口大多数的城市,例如,亚特兰大、巴尔的摩、克利夫兰、底特律、孟菲斯、新奥尔良、
248 内瓦克、圣路易斯和华盛顿特区,种族隔离都特别普遍。[4]

民权运动

美国民权运动的早期目标是防止**政府**,尤其是州政府、市政当局和学区实行种族歧视和种族隔离。但是民权运动在阻止政府实行种族歧视取

① Milliken v. Bradley, 418 U.S. 717 (1974).

② Board of Education v. Dowell, U.S. (1991), 111 S. Ct. 630.

③ Harold W. Stanley and Richard G. Niemi, *Vital Statistics on American Politics, 1999—2000* (Washington, DC: CQ Press, 2000), p.375.

④ *Statistical Abstract of the United States*, 2002, p.39.

得重要进展的时候(特别是布朗诉讼案中)，就开始扩大了其目标，包括消除美国所有生活领域(包括公共和私人领域)的种族歧视。政府不仅应当结束他们自身的种族歧视行为，还应当采取措施制止私人企业和个人的歧视行为。

在私人生活领域消除歧视的目标，促使政府承担起积极的责任，在公共食宿、就业、住房和其他许多社会领域中采取强有力的行动。当民权运动转向与私人歧视作斗争后，它不得不把斗争引入政府的立法部门。联邦法院可以帮助限制州、地方政府和学校当局的种族歧视行为，但只有国会、州立法机关和城市委员会才能限制餐厅、酒店和汽车旅馆的私人老板、私人雇主、地主、房地产代理商和其他非政府官员的个人歧视行为。

蒙哥马利市公交车联合抵制　消除私人生活领域的种族隔离和种族歧视的斗争的领导人是年轻的黑人牧师马丁·路德·金(Martin Luther King, Jr.)。他的父亲是南方最大、最有影响力的教会——佐治亚州亚特兰大的埃比尼泽浸信会的牧师。马丁·路德·金从波士顿大学获得博士学位后，在阿拉巴马州的蒙哥马利开始了自己的牧师职业。1955 年，蒙哥马利的黑人社区开始了长达一年的联合抵制，经常进行游行示威，反对公交车上种族隔离的座位设置。联合抵制中令人震惊的呼吁和最后胜利引起了全国对其领导者的关注，并促成了 1957 年“南方基督教领导会议”(Southern Christian Leadership Conference)的成立。

“非暴力不抵抗”运动　在马丁·路德·金的领导下，民权运动不断发展，并且形成了适合少数族裔在美国政治活动中的政治技巧，包括非暴力不抵抗行动，这是一种以公开的、“友爱的”、非暴力的方式打破“不公平”法律的抗议形式。公民不服从理论已经不是新事物了，从波士顿倾茶事件(Boston Tea Party)，到非法掩藏逃跑奴隶的废奴主义者，到为妇女的投票权而示威游行的妇女参政论者，到形成全国主要工业联盟的劳工组织者，再到 20 世纪 60 年代故意侵犯种族隔离法律的民权工作者，这些都在美国历史上起了重要的作用。非暴力不抵抗运动的目的是，唤起人们对现存不公平的注意，或者为不公平“提供见证”。用马丁·路德·金的话说，公民不服从运动是“尽量渲染问题以使这个问题不能再被忽视了。”①

真正的公民不服从运动应当没有暴力，只是为了破坏“不公平”的法律。而且，这种不公平的法律应该被“公开地、温和地”破坏，还要心甘情愿 249

① 关于现代社会背景下对“非暴力不抵抗”运动和公民不服从运动的令人鼓舞的作品，请阅读：Martin Luther King, Jr., “Letter from Birmingham City Jail,” April 16, 1963.

地接受惩罚。这种惩罚是积极请求的而不是逃避惩罚,因为这将有助于强调法律的不公平。这样做的目的是为了激起精英们的良知,并赢得他们对消除不公平的措施的支持。通过情愿接受因违背不公平的法律而给予的惩罚,示威的人们展示了他们信仰的力量。这种不公平被放大成为新闻,当不公平事件引起新闻媒体关注的时候,就赢得了公众的同情,示威者主动接受惩罚也就成为他们忠诚的证据。警察或其他人对示威者的残害或暴行,将进一步证明这些抗议者所遭遇的不公平。

马丁·路德·金 1963 年,一群阿拉巴马的牧师请求马丁·路德·金停止伯明翰的群众示威游行。此时,马丁·路德·金已在示威游行中被逮捕。他在其著名的"来自伯明翰城市监狱的信"中作了答复:

> 我绝不像狂热的种族主义者那样,去支持规避或公然违抗法律的行为。那样做将会导致无政府状态。要摧毁不公平的法律,必须以公开的、温和的方式(而不要像电视上出现的新奥尔良的白人母亲尖呼"黑鬼、黑鬼、黑鬼"时表现的那种仇恨),并情愿接受惩罚。我认为,一个人如果违犯了法律,即使良知告诉他该法律是不公平的,也要以坐牢的方式来情愿接受惩罚,从而唤起社会对这种不公平的意识,这实际上是表达了他对法律的最崇高的敬意。

重要的是需要注意,马丁·路德·金的策略主要是想唤起白人精英的良知。示威的目的是唤起社会对不公平的关注,并促使政治精英们通过法律手段补救这种不公平。公民不服从的目的是渲染不公平;只有不公平的法律才被"公开而温和"地破坏;并且接受惩罚以证明自己的真诚。马丁·路德·金并不强迫黑人群众通过任何必要的手段自己修正不公平,也不主张推翻政治精英。

1964 年,马丁·路德·金获得了诺贝尔和平奖,人们认可了他对社会变革中非暴力方式的发展作出的独特贡献。

"我有一个梦想" 1963 年 8 月 28 日,一支规模巨大而有序的队伍在华盛顿示威游行,这是非暴力运动的高潮。有 20 多万黑人和白人参加了游行,这次运动还得到了许多劳工领导人、宗教团体和政治人物的公开支持。游行队伍行至林肯纪念堂前,马丁·路德·金在这里发表了他那雄辩而意味深长的演讲,题目是"我有一个梦想":"我有一个梦想,这个梦想深深扎根于美国的梦想中。我梦想有一天,这个国家会站立起来,真正实现其信条的真谛:'我们认为这些真理是不言而喻的,人人生而平等。'"作为对这次演讲的回应,肯尼迪总统向国会递交了一个强有力的公民权利议案，这就是在他死后才通过的著名的1964年民权法。

1964年《民权法》 美国国会参、众两院都以三分之二的赞成票通过了1964年《民权法》，该法案同时赢得了国会中共和党和民主党成员的压倒性支持。1964年7月4日，该法案被正式签署生效，它与解放黑人奴隶宣言、250
宪法第十四修正案和布朗诉托皮卡市案同列，成为美国历史上实现黑人全面平等权利的重要一步。该法案中最重要的条款如下：

> 第二条：在任何公共场所，依据种族、肤色、宗教信仰或出身地，实行种族歧视或隔离都是非法的。这些公共场所包括宾馆、汽车旅馆、饭店、电影院、剧院、运动场、娱乐中心和其他为公众服务的地方。这个禁止性规定也适用于其运行影响州际贸易或其歧视性行为受到州行为支持这样的机构。
>
> 第六条：联邦政府的每个部门和机关应采取行动，在联邦财政资助的所有项目和行动中结束任何形式的歧视。这些行动还应包括终止联邦财政资助。
>
> 第七条：任何雇主或工会在雇用中因种族、肤色、宗教信仰、性别或出身地而实行的任何个人歧视都是非法的。建立均等就业机会委员会，通过调查、开会、调解、说服，甚至在需要时通过联邦法庭的民事诉讼，来执行这个条款。

1968年《民权法》 许多年来，公平的住房条件都被认为是公民权利立法中最敏感的区域。卖房和租房中的歧视是国会采取行动解决的公民权利中的主要问题。住房中的歧视在以前的任何立法中都没有涉及，连全面性的1964年《民权法》都没有涉及。与较早针对南方的立法相比，禁止在出售或租赁房屋方面的歧视对国会中北方成员的选区影响更大。

1968年初时制定一项关于住房平等的法律的前景还不是很好。但当马丁·路德·金在4月4日被暗杀后，国会和整个国家的态度发生了巨大转变。国会通过了关于住房平等的法律，以此表达对被惨杀的公民权利运动领导人马丁·路德·金的敬意。

1968年《民权法》禁止下列形式的歧视行为：

> 因个人的种族、肤色、宗教信仰或出身地，拒绝出售或租赁住房。
>
> 在出售或租赁住房的条件或特权上加以歧视。
>
> 出售或租赁住房的广告暗示了基于种族、肤色、宗教信仰或出身地的歧视。

公共政策和肯定性行动[①]

早期民权运动的成果主要是获得了**机会**平等而非**结果**上的平等。现在的种族政治集中在白人与少数族裔在收入、工作、住房、医疗、教育和其
251 他生活条件等方面的实际的不平等问题上。

继续存在的不公平 不平等通常表现为白人和少数族裔在“生活机会”上的差别(见表 11-3)。黑人家庭的平均收入仅是白人家庭平均收入的 64%;超过 22% 的黑人家庭生活在贫困线以下,而白人家庭中仅有 8% 生活在贫困之中。黑人失业率比白人失业率高出两倍多。20 世纪 60 年代的民权运动为美国黑人追求平等创造了新的机会。但是机会的平等与结果的平等并不是一回事。

表 11-3 美国少数族裔生活中的机会

家庭平均收入 (单位:美元)

	1975	1980	1985	1995	2000	2002
白人	14 268	21 904	29 152	36 822	53 256	54 067
黑人	8 779	12 674	16 786	23 054	34 204	33 598
拉美裔	9 551	14 716	19 027	23 535	35 050	34 490

生活在贫困线以下的人口的百分比

	1975	1980	1985	1995	2000	2002
白人	9.7	10.2	11.4	11.2	7.5	10.3
黑人	31.3	32.5	31.3	29.3	22.1	24.1
拉美裔	26.9	25.7	29.0	30.3	21.2	21.8

失业率(%)

	1980	1985	2000	2002
白人	6.3	6.2	3.5	5.1
黑人	14.3	15.1	7.6	10.2
拉美裔	10.1	10.5	5.7	7.5

机会与结果 大多数美国人更关注机会平等而不是结果平等。机会平等是指每个人有能力做自己能做的事情,施展自己的天赋和才能,因工作、发明创造和取得成就而得到回报。机会平等意味着,每个人都站在同

① 这里“肯定性行动”以及本章后面多次出现的这个词汇,意思为政府颁布和推行的“平等权益措施”。

一起跑线上，都拥有同样的成功机会，而不论能力、天分、创造性、努力工作，甚至运气的不同对最后结果造成的差别。结果平等则意味着，无论个人的生活条件如何，每个人都平等地分享收入、工作和物质回报。这也意味着，无论能力、天分、创造性或努力程度有多大差别，每个人都同时起跑并同时到达。

平等机会与肯定性行动 稍早的政府政策当然侧重于强调“非歧视”，或平等的就业机会。“这一规划不能因任何特殊的种族、宗教信仰、性别或出身而向任何特定群体提供特权。”[①]这看起来似乎遵守了最初的非歧视原则，从 1946 年哈里 · 杜鲁门(Harry Truman)总统在军队里消除种族隔离开始，到实施 1964 年《民权法》第六条和第七条来消除联邦援助项目和私人 252
雇佣中的种族歧视，一直如此。

但是，公民权利运动的目标从传统的仅仅通过消除种族歧视实现就业机会平等，逐渐转向以肯定性行动建立“目标和时间表”，从而达到黑人与白人之间的绝对平等。尽管回避了种族配额这个字眼，积极行动理念仍是通过考察黑人是否得到与其人口比例相当的入学、工作和晋升的机会，来验证平等就业机会的成果。

“肯定性行动”政策最初是联邦官僚机构的产物。它不是由国会发起，而是由 1964 年《民权法》授权联邦行政机构发起的，即有权制定“条例和规章”消除得到联邦资助的项目(第六条)以及私人雇佣(第七条)中的种族隔离。1965 年，林登 · B. 约翰逊总统发布了第 11246 号行政命令，推行肯定性行动政策。这个行政命令涵盖了联邦机构以及与联邦政府签订了契约的商业企业中的雇用和提升。1972 年，美国教育部颁布了行动纲要，为大学招生和聘用少数族裔和妇女教师设定了强制性的“目标”。为了消除私人雇用中的歧视，依据 1964 年《民权法》第七条设立的平等就业机会委员会，已经把执行肯定性行动的理念从联邦事务承包人和联邦援助接受方的范围，拓展到私人雇用的各环节。

最高法院和肯定性行动

肯定性行动政策引发了一些重要的宪法问题。这些行动是否违反了

---

① 参见：David H. Rosenbloom, “The Civil Service Commission's Decision to Authorize the Use of Goals and Timetables in Federal Equal Employment Opportunity Programs,” *Western Political Quarterly* 26 (June 1973), 236—251.

宪法第十四修正案的平等保护条款,而构成了对白人的歧视?是否侵犯了1964年《民权法》的有关条款而形成了对白人的歧视?1964年《民权法》禁止"根据种族"进行歧视,这不仅仅针对非洲裔美国人,而是针对所有公民。显然,这些都是最高法院必须解决的问题。

巴基诉讼案 在一个早期的有争议的案件,即1978年**加州大学董事会诉巴基案**(Regents of the California v. Bakke)中,最高法院推翻了一项在州医学院针对少数族裔的特殊招生规定,因为它依据种族排除了一个白人学生的申请,从而侵犯了白人学生受法律平等保护的权利。[①] 艾伦·巴基连续两年向加利福尼亚大学戴维斯医学院,都被拒绝了。在这两年里,许多平均分数和医学能力测试分数都比他低的黑人学生,都通过特殊的招生计划而被录取了。这个招生项目预留了16%的名额来录取少数族裔学生。[②]
253 加利福尼亚大学并不否认它的招生计划是依据种族设计的,相反,它还声称这种种族分类是"善意"的,即为援助少数族裔学生而非阻碍他们。特殊招生规定的主要目的是:(1)"减少医学校和医学专业因传统的少数族裔不被重视而造成的历史欠债";(2)"应对社会歧视的影响";(3)"为当前缺乏医疗服务的社区增加执业医师的数量";(4)"获得来自不同种族的学生团体带来的教学上的益处。"

最高法院认为,这些目的是合法的;在审查入学申请时,考虑学生的种族因素并不违背平等保护条款。不过,最高法院也认为,针对少数族裔确定配额的招生计划,使白人学生得不到机会,这也的确违反了法律的平等保护条款。法院责令加州大学医学院招收巴基,并终止其特殊招生规定。法院建议加利福尼亚州制定招生计划时,要考虑处于劣势的种族背景,在对申请人进行综合评估的基础上给予"加分",而不是设定招生限额把申请人排除在外。

然而,巴基案并没有解决关于"肯定性行动"的争议。该行动的支持者强调,最高法院倾向于把少数族裔身份作为一个积极因素来考虑;而反对者则强调,最高法院不愿意设定配额将白人学生排除在某些职位的竞争之外。由于巴基"赢了"这个诉讼,大多数观察者认为最高法院不会允许种族配额的体制。

---

① Regents of the University of California v. Bakke, 438 U.S. 265 (1978).

② 巴基的平均成绩是3.51;他的医学能力测试成绩是口语96,测量94,科学97,普通信息72。特殊招生规定的学生的平均成绩是2.62,医学能力测试成绩是口语34,测量30,科学37,普通信息18。

肯定性行动对过去歧视的补救　然而，最高法院又同意，在有证据证明过去存在歧视性行为的地方实行“肯定性行动”政策。在 1979 年**美国钢铁工人联合会诉韦伯案**（United Steelworkers of America v. Weber）中，最高法院批准了一个私人雇主和联合会制定的计划，为少数族裔保留 50% 工资高的技术性工作岗位。凯泽铝金属公司和钢铁工人联合会在联邦政府的压力下，制定了一个让更多非洲裔美国人从事熟练技能工作的计划。韦伯被排除在培训项目之外，而资历较浅、资格较差的非洲裔美国人却被接受了，于是韦伯向联邦法院提起诉讼，声称他由于种族原因受到了歧视，这是违反 1964 年《民权法》第七条规定的。但最高法院认为，1964 年《民权法》第七条“让私人部门的雇主和联合会自由采取具有种族意识的措施，以消除传统种族隔离的工作种类上明显的种族不平衡。”“我们认为第七条没有禁止这种……肯定性行动政策。”韦伯依据第七条的规定进行上诉是“错位”的。根据最高法院的说法，如果民权法被用来阻止私人的、自愿克服过去种族歧视影响的努力和行动，那将是“完全具有讽刺意义的”。[①]

尽管随着时间的推移，最高法院成员在不断变化，它却没有改变其政策，即把肯定性行动视为对过去歧视的一种补救措施。在 1987 年**合众国诉帕拉迪塞案**（U. S. v. Paradise）中，最高法院支持在阿拉巴马州的安全部，实行严格的 50% 非洲裔美国人晋升的配额。这个安全部门在 1972 年以前 254
把黑人排除在州部队的军阶之外，并且在 1984 年以前，没有黑人晋升到下士以上的级别。在五比四的投票决议中，多数人都强调因部门中长期歧视的历史，才支持配额制。纠正过去歧视的影响比起强加于各方的负担显得更重要。[②]

质疑肯定性行动的案件　如果没有过去的歧视，最高法院关注那些仅仅由于种族原因而受到政府行为的直接和不利影响的白人。在地方消防队员联合会诉斯托特斯（Firefighters Local Union v. Stotts，1984 年）一案中，法院裁决城市消防机构不能辞退白人消防队员而选择更少资历的黑人消防队员。[③] 在**里士满诉克罗森**（Richmond v. Crosen，1989 年）一案中，法院认为弗吉尼亚州里士满的少数族裔预留项目违背了第十四修正案的平等保护条款，因为这个项目要求把 30% 城市建设合同拨给“黑人、拉美裔美国

---

① United Steelworkers v. Weber, 443 U. S. 193(1979).

② United States v. Paradise, 480 U. S. 149(1987).

③ Firefighters Local Union v. Stotts, 467 U. S. 561(1984).

人、亚裔人、印第安人、爱斯基摩人或阿留申人”。[①]

但是,最高法院也没有采纳大法官约翰·哈伦(John Harlan)不同意**普莱赛诉弗格森案**(Plessy v. Ferguson)的裁决而提出的“无肤色原则”——“我们的宪法是色盲,不知道也不能容忍城市里的各种等级划分。”[②]如果平等保护条款要求联邦和州法律真正地不分肤色,那么就不会再忍受种族特权、种族目标或配额了。这种观点时而在少数族裔的不满和争议中表达出来。[③]

证明歧视　1964 年《民权法》第七条规定,禁止在雇佣中实行种族或性别歧视。但当人们感到在工作机会或晋升中被忽视时,他们怎样证明的确受到歧视了呢? 遭受歧视的直接证据通常很难得到。没有任何直接歧视行为的证据时,少数族裔或妇女在劳动力中代表名额不足能被用来作为歧视的证据吗? 如果雇主对少数族裔或妇女提出产生不同影响的要求或测验,谁承担举证责任来证明这种要求或测验与有效的工作成绩是相关的呢?

最高法院在沃德海湾包装有限公司诉安东尼奥案(Wards Cove Paking Co. ,Inc v. Atonio,1989 年)中[④],通过对民权法的解释回应了这些问题。在有争议的 5 票赞成对 4 票反对的决议中,法院认为统计数字上的种族或性别不平衡,不能作为充分的证据来证明歧视的存在。法院还裁决,原告承担举证责任,证明雇主没有业务上的理由对少数族裔或妇女进行产生不利影响的要求或测验。这个判决显然使证明就业歧视更加艰难。

公民权利组织强烈批评,最高法院在雇用保护方面对民权法的“限制”。他们转而依赖国会来修改民权法的部分内容,从而恢复雇用保护。然而,企业中的游说者则认为,接受统计上的不平衡作为歧视的证据或把举证责任转给雇主,将会导致为避免诉讼而完全按“指标(配额)”聘用职
255 员。经过国会近两年的谈判,以及乔治·W. 布什总统反对态度的逆转,国会在 1991 年制定了《公民权利和妇女权利平等法案》,这个法案中较重要的条款如下:

> 统计上的不平衡：在雇主雇佣的劳动力中,仅仅是统计数字上的

---

① Richmond v. Crosen, 109 S. Ct. 706(1989).

② Plessy v. Ferguson, 163 U.S. 537 (1896), dissenting opinion.

③ 参见:Justice Antonin Scalia's dissenting opinion in Johnson v. Transportation Agency of Santa Clara County, 480 U.S. 616 (1987).

④ Wards Cove Packing Co. , Inc. v. Atonio, 490 U.S. 642(1989)

不平衡，这本身不能作为证明存在歧视的充足证据。但是，这种统计上的不平衡却可以作为对妇女和少数族裔采取了产生“不同影响”的雇佣措施（包括规则、要求、学历资格、测验）的证据。

不同影响的雇佣措施：雇主应承担举证责任，来证明采取产生“不同影响”的雇佣措施是必要的，并且“与取得有效工作成绩的要求有着重要而明显的关系。”

“严格的详细审查” 1995年，最高法院认为法律上的种族划分必须受到严格的详细审查。这意味着政府做出的以种族为基础的行为——联邦、州或地方公共机关对不同种族实行不同待遇，必须证明对补救已被证实的过去的歧视是必要的，或者进一步明确界定政府目的的合法性和“强制性”。而且，这些行为必须“严格限定”，避免对个人权利造成不良影响。在废除联邦政府为少数族裔企业制定预留计划的建设合同时，最高法院表达了对政府种族划分的质疑：“根本没有方法可以判定什么样的划分是‘善意的’和‘补救性的’，以及什么样的划分实际上是由不合法的种族劣等论或简单的种族政治激发的。”①

精英的分歧 最高法院在肯定性行动的宪法问题上似乎存在分歧。至少两个法官（斯卡利亚和托马斯）认为宪法要求“无肤色标准”：“根据宪法，政府无权做出种族划分。”有三个法官（奥康纳、伦奎斯特和肯尼迪），显然要求对政府的种族划分进行“严格的详细审查”。四个法官（史蒂文、金斯伯格、苏特和布雷耶）似乎愿意接受对少数族裔具有“善意”的种族划分，即使这些划分“给多数民族的一些成员造成了一点负担。”

此外，法院关于肯定性行动政策累积的众多决议，还没有为国家提供一个明确而连贯的宪法解释。我们所能说的就是，肯定性行动政策在下列情况下更可能具有合宪性：（a）为补救已经证实的过去的歧视而采用；（b）服务于被明确认定的、合法的“强制性”政府目标；（c）为达到这个目标而被“限制”；（d）不能绝对禁止多数民族成员的参与。

大众舆论与肯定性行动

当“肯定性行动”被解释为对有资格的少数族裔和妇女的鼓励、培训和教育时，大众观点通常是支持它的（见表11-4）。然而，黑人和白人对聘用、 256

① Adarand Construction v. Pena, 515 U.S. 200(1995).

晋升和录取方面的优先权和“配额”的看法有很大分歧。白人中超过三分之二的人反对这些措施，而比例相当的黑人则支持这些措施。但是，黑人和白人都反对优先选择“更不具备资格”的少数族裔，而不选择“条件更合格”的白人。

表 11-4　大众对肯定性行动的观点　(%)

你支持还是反对下列观点？	总数	黑人	白人
种族认同			
公司通过特别努力寻找到合格的少数族裔职工和妇女，然后鼓励他们应聘。			
支持	73	87	71
反对	24	12	12
为少数族裔职工和妇女提供就业培训项目，使他们更符合工作要求？			
支持	82	94	80
反对	17	6	18
为少数族裔学生和妇女提供特殊教学班，使他们更有资格进入大学？			
支持	75	90	73
反对	22	9	24
种族分歧			
要求公司设定雇用一定数量少数族裔和女性员工的配额？			
支持	35	66	30
反对	63	31	68
设定配额，要求学校招收一定数量的少数族裔和女性学生？			
支持	39	20	35
反对	52	27	61
在几乎没有少数族裔员工的公司，优先录用资历不如同时应聘的白人的少数族裔求职者？			
支持	13	22	11
反对	84	68	86

资料来源：Based on data from *USA Today*, March 24,1995.

大众反对种族优待　肯定性行动的反对者认为，政府的种族划分违背了法律适用平等的基本原则，美国不能通过“在相反的方面实行歧视”来“补救”过去的歧视。肯定性行动的一些早期支持者也开始认为种族觉醒的计划已经没有必要再施行了，当今社会中的弱势群体更多的是因阶层划分而不是由种族划分导致的。如果一定要实行优先待遇，那么应该根据经济上的不利状况而不是种族来实行。而且，非洲裔美国人还表达了他们的疑虑——如果成为肯定性行动的受益人将会留下不平等的烙印，会形成一种负面思维定式，即“给少数族裔贴上劣等的标签，还可能导致依赖性或形成一种认为有权享受优待的态度。”①白人对肯定性行动带来的不公平的怨恨加剧了种族冲突，造成“愤怒的白人男子”的抵制，这将摧毁对公民权利的普遍支持。 257

然而，大多数美国人认为，在美国社会里依然存在歧视。许多肯定性行动的支持者将偏爱这样一个社会——“我梦想有一天，我们的孩子将在一个不是以他们的肤色，而是以他们的品格来评价他们的国度里生活。”马丁·路德·金的梦想对这个国家来说，仍然是个遥远的目标。精英们更倾向于把种族意识的政策视为对当前和过去存在种族歧视的一种必要补救措施。美国现在不是，而且从来也不是一个“无视肤色”的社会。因此精英们把肯定性行动视为达到机会平等目标的必要工具。

大众发起行动抵制种族优待　“直接民主”是人们自己发起和决定政策问题的民主形式，但一直受到美国精英的质疑。詹姆斯·麦迪逊（James Madison）认为“这种民主总是一种混乱与争吵的情形。”政策应当“通过被选出的公民代表来制定。这些人的智慧能更好地洞察他们国家的真正利益所在。”②在美国宪法中，没有全国公民投票的条款。但在19世纪末20世纪初的进步时代，进行了许多广受欢迎的改革，包括公民提案权和全民投票。当前，有18个州提供了州宪法的提案权以及全民选举，允许公民通过对修正案进行投票，以此决定采用或拒绝这个修订。③

在有些州，大众对肯定性行动的反对，就是通过行使普遍提案权的方式来表达的。1996年，加利福尼亚州的投票者首次通过公民的提案权（第209号提议），把如下内容加进了该州的宪法：

> 加利福尼亚州政府及其下属的地方政府部门或机构，都不能因种族、性别、肤色、民族、出身，对在联邦公共雇用、公共教育或公共契约中的任何个人或团体加以歧视或给予优待。

加利福尼亚“民权法提案”的支持者认为，这个提案不会对联邦和州的

① 参见：concurring opinion of Justice Clarence Thomas in Adarand Construction v. Pena (1995).

② *The Federalist*, Number 20.

③ Council of State Governments, *Book of the States 1999—2000*.

公民权利保护造成影响,它仅仅是把针对保护特殊群体的权利扩展到该州的所有公民。反对者则认为它阻碍了民权运动,终止了少数族裔在教育和就业上的进展,还使他们丧失了寻求政府援助和保护的机会。最后,这个提案得到加州54%的投票者的支持。1998年,华盛顿的选民也以大多数票的支持通过了一个类似的州宪法修正案。

随着加利福尼亚公民提案权的行使,反对者向联邦法院提起了诉讼,认为这违背了美国宪法的平等保护条款,因为它使少数族裔和妇女丧失了
258 向政府寻求优待的机会。然而,联邦巡回上诉法院裁定该提案权具有合宪性,因为"取消优待并没有否认法律的平等保护。"[①]法院推断认为,宪法允许实行一些种族优待以纠正过去的歧视,但它并不阻止各州取缔所有的种族优待。

取消优先权产生的影响 精英集团,包括大学和学院的官员在内,都反对那些他们认为是"否定肯定性行动"的措施。他们声称,种族的优先权利于形成校园中的"多样性",通过教学过程中不同种族和民族的学生和教师的相互交流,能够开阔师生的视野。2003年美国最高法院认为,多样性可能是"强制性"的政府目标,并认为这是实行肯定性行动政策的一个理由。不过法院同时还认为种族不能作为接受学生申请的唯一或决定性因素(见第六章"高等教育的多样性"的讨论)。

为了对取消种族优先权给予补偿,一些州正在采取各种措施。有些学校选择的做法是,降低考试成绩的重要性而考虑申请人非学术性方面的成绩。有些州(包括加利福尼亚州、得克萨斯州和佛罗里达州)的做法是,从各州的每所高中学校选择成绩拔尖的学生,而不考虑这些学生标准测试的成绩。这个政策就使得少数族裔学生占很大比重的学校中的拔尖学生能够被录取,还可能最终促进这些学校之间的学术竞争。

公共政策和拉美裔美国人

拉美裔美国人现在是美国最大的少数族裔。拉美裔美国人(美国人口普查办公室用来指墨西哥籍美国人、波多黎各、古巴和其他的具有讲拉美语祖先和文化背景的人)与非洲裔美国人的经历有显著的区别。当然,宪法第十四修正案的平等保护条款是保护"任何人"的,并且1964年《民权

① Coalition for Economic Equity v. Wilson, Ninth Circuit Court of Appeals, April 1997.

法》特别将“出身”作为法案的一个保护范畴，这些都是事实。因而，美国的宪法和法律也保护拉美裔美国人不受歧视。

精英的剥削　有些墨西哥裔美国人是1848年被美国侵占的墨西哥领土上居民的后代，但大多数是最近几十年移民到美国的，而且数量还在不断增长。多年来，美国农业一直鼓励那些愿意忍受低工资和艰苦条件的墨西哥农业劳动力移民到美国。农场工人不受联邦的国家劳工关系法的保护，因此，他们没有最低工资保障，组织工会的权利也得不到保护。直到20世纪60年代，在西泽·查维斯（Cesar Chávez）和全国农场工人联合会的领
导下，拉美裔农场工人开展了民权运动。这场运动使得墨西哥农场工人的 259
工资和生存条件开始得到改善。这场运动（通常称为“拉美种族意识的觉醒”）鼓励了美国西南部的墨西哥裔美国人参与政治活动的积极性。

但是，由于许多墨西哥移民不是美国公民，而是不在册的外来人口（没有身份证的居民或非法的外国移民），因此他们无力反抗雇主的剥削。许多人继续在不符合标准的环境下从事报酬低的工作，其工资往往在最低工资标准以下。

拉美裔美国人与白人（盎格鲁人）之间的不平等，从就业、收入和教育领域的所有统计数字中都可以看出来（见表11-4）。拉美裔美国人也属于肯定性行动政策的保护对象。然而，联邦平等就业机会委员会收到的投诉中，拉美裔美国人的投诉要比非洲裔美国人和妇女的投诉少得多。

改革的努力　1986年《移民改革与控制法案》与1982年法案的规定一样，对生活在美国的非法移民给予赦免。但这个法案同时还规定了对雇用非法移民的雇主实行处罚，这些处罚使许多雇主在聘用拉美裔美国人时变得非常谨慎。与此同时，需要廉价劳动力的行业——农业、医疗保健、餐饮、制衣业，仍鼓励合法的与非法的移民（见第九章“精英与大众在移民问题上的分歧”这一部分）。

现在多数拉美裔美国人认为，与父辈相比，他们面临着较少的偏见和歧视。然而，1994年加利福尼亚州公民投票表决通过了第187号令，即禁止向加州的非法居住者提供福利和其他待遇。多数拉美裔美国人反对这个命令，认为这是对自己的偏见和歧视。不久，联邦法院宣布187号令的主要内容违宪。此外，最高法院认为各州不得禁止非法移民的孩子进入公立学校上学。①

---

① Plyer v. Doe, 457 U.S. 202(1982).

投票权 1965年投票权法案及其修正案和最高法院的司法解释，把投票权的保护扩展到了“语言上的少数族裔”。随着1990年人口普查后重新划分选区，国会中拉美裔美国人的代表人数大幅度增加。目前，美国众议院议员中约有4%是拉美裔美国人，即使这样，仍然低于拉美裔美国人占总人口12%的比例。

宪法与性别平等

尽管宪法第十四修正案的历史背景暗示了它保障刚得到解放的奴隶的平等权的意图，但是其平等保护条款是适用于“任何人”的。因此，第十四修正案的内容也可以被解释为禁止法律上的任何性别歧视。但最高法院从未把平等保护条款解释为给予性别平等与种族平等同等程度的保护。在19世纪，最高法院还特别拒绝了把平等保护条款适用于妇女问题的提
260 议；还同意州法律禁止妇女从事法律职业，声称“女性天生固有的胆怯和柔弱，明显使其不适合社会生活中的许多职业”[①]。

早期的女权政治 在美国内战以前反对奴隶制的运动中，第一代女权主义者学会了组织、开展公众集会和游行请愿的活动。随着内战的爆发，妇女成功地改变了许多州法律，因为这些法律剥夺已婚妇女的财产权而把她们视为其丈夫的财产（奴隶）。社会活动家们也成功地赢得了对参加工作妇女的一些保护，包括通过州法律减少工作时间、改善工作条件和降低身体条件的要求。在那时，这些法律规定被认为是具进步意义的。在19世纪，女权主义者的努力还关注对家庭妇女的保护。妇女生活中的威胁是她们的丈夫酗酒、赌博和嫖娼。妇女们领导了反酒店沙龙联盟（Anti-Saloon League），成功地将各州（除内华达州外）的赌博和嫖妓宣布为非法，同时还为宪法第十八修正案提供了主要的道义支持。

20世纪早期的女权运动集中在争取妇女的参政权——保证妇女的投票权。早期的妇女参政者采用群众示威、游行、巡逻和不时的破坏行为以及公民不服从等斗争策略，这些策略与20世纪60年代民权运动所采取的策略相似。女权运动的最终结果是，促成了宪法第十九修正案：“合众国公民的选举权不得因为性别而被合众国或任何州否定或剥夺。”

性别区分的司法审查 在20世纪70年代，对于性别歧视违背了宪法

① Bradwell v. Illinois, 16 Wall 130(1873).

第十四修正案平等保护条款的争论，最高法院给予回应。其中规定，在法律上性别的区分“必须合理且不能武断，必须依赖于……与重要的政府目标有正当的和实质性联系的差别。”[①]例如，法院规定：(1) 州不能对男性和女性成为法定成年人[②]或购买酒精饮料[③]，设定不同的年龄限制；(2) 不能武断地凭身高和体重的条件禁止妇女从事警察或消防等职业[④]；(3) 必须每月向妇女支付与男性相同的保险和退休金（尽管妇女平均寿命比男性长）[⑤]；(4) 学校必须为女子的体育运动配备与男子的体育运动一样的教练。[⑥]

法院对性别差异的认可　最高法院仍然承认法律上的一些性别差异。例如，法院同意对强奸的法律界定，规定一名成年男子与一名未满18岁的女子发生性关系，不论女性是否同意，都视为犯罪。但法院同时又承认国会起草的只适用于男性的登记法草案，并且拒绝干涉美国国防部关于军队里妇女分配的决定。261

平等权利修正案　20世纪70年代，女权运动的中心是宪法的平等权利修正案。修正案简明指出，“合众国或各州不得因性别拒绝或剥夺合众国公民在法律面前的平等权利。”1972年，平等权利修正案在国会顺利通过并送交给各州，因为只有至少四分之三的州（38个州）批准了该修正案，它才能最终生效。修正案很快得到25个州的批准，但不断发展壮大的“停止平等权利修正案”运动减缓了批准进程，并最终使该修正案未能生效。1979年，最初决定的七年批准期限（宪法修正案的批准期限通常由国会设定）到期了。平等权利修正案的支持者说服国会再延长三年时间，即到1982年为最后期限。可是，尽管竭力游说各州，民意调查也显示全国大多数人支持修正案，但修正案最终还是没有赢得所要求的多数州即38个州的批准。[⑦]

---

① Reed v. Reed, 404 U.S. 71(1971).

② Stanton v. Stanton, 421 U.S. 7(1975).

③ Craig v. Borden, 429 U.S. 190(1976).

④ Dothard v. Rawlinson, 433 U.S. 321(1977).

⑤ Arizona v. Norris, 103 S. Ct. 3492(1983).

⑥ EEOC v. Madison Community School District, 55 U.S.L.W. 2644(1987).

⑦ 截至1982年，已经有34个州批准了平等权利修正案。其中三个——爱达华州、内布拉斯加州和田纳西州随后投票决定“废除”他们的批准；但是美国宪法没有承认这种废除性的投票。到1982年，没有批准平等权利修正案的州是：内华达州、犹他州、亚利桑那州、俄克拉何马州、伊利诺伊州、印第安纳州、密苏里州、阿肯色州、路易斯安那州、密西西比州、阿拉巴马州、佐治亚州、佛罗里达州、北卡罗来纳州、南卡罗来纳州和弗吉尼亚州。

公共政策与性别平等

现在,参加工作的妇女已不再少于男性,并且随着时间的推移,差距在不断缩小。抚养学龄孩子的已婚妇女中,75%以上参加工作;养育着6岁以下孩子的已婚妇女,有60%以上在工作。[①] 妇女进入美国劳工队伍,把女权政治运动转向了与经济相关的领域——教育、就业、工资待遇、晋升和信贷方面的性别平等。

公民权利的法律 1964年民权法第七条规定,禁止在雇用、工资待遇和晋升方面的性别(和种族)歧视。平等就业机会委员会这一联邦机构,负责消除就业领域的歧视,确立了指导原则,废除旧有的"男性工作"和"女性工作"的划分。法院已经再三制止在工作时间、工资待遇、退休年龄等方面实行性别歧视的州法律和雇主行为。

1974年联邦平等信贷机会法案(The Federal Equal Credit Opportunity Act)规定,禁止信贷业务中的性别歧视。联邦法律禁止银行、信用合作社、存贷款协会、零售商店和信用卡公司因性别或婚姻状况而拒绝办理信贷业务。但是,这些机构依然可以拒绝对没有信用记录或信用记录差的妇女提供贷款,并且有些妇女总是以其丈夫的姓名开户和存款,如果以自己的姓名申请信贷,仍然可能面临信贷问题。

1972年教育法修正案第九条,对教育领域的性别歧视作了规定。该联邦法律禁止在招生、住宿、管理、经济资助、教职员工的聘任和工资待遇及最棘手的体育方面的歧视。体育被认为是最棘手的问题,是因为男子足球
262 和篮球项目长期以来夺取了其他运动项目的经费,并且总能获得学校体育预算的最大份额。该法案第九条的总体影响是促使女性大量参加体育运动。

收入差距 总体来看,尽管近年来在某种程度上收入差距在缩小(见图11-2),但妇女的收入仍然低于男性的收入。平均而言,现在妇女的收入大约是男性的76%。

收入差距不是直接性别歧视的产物。所谓直接的性别歧视,是指具有相同技能、资格、经验和工作经历的女性与男性,在相同的工作岗位上从事一样的工作,所得的工资报酬却比男性低。这种直接歧视的形式从1964年

---

① *Statistical Abstract of the United States*, 2002, p.373.

民权法颁布以来就已经被视为违法了。确切地说，收入差距是劳动市场上传统的男性职业与女性职业划分的产物，传统女性职业工资报酬较低。

妇女运动的最初目标是确保妇女有平等的机会进入传统的男性"白领"工作行列，如医师、律师和工程师。这些目标的实现自然会缩小工资差距。事实上，过去几十年里，在受人尊敬的白领职业中，尽管许多工作领域仍然以男性为主导，但妇女人数的比例确实增加了很多(见表 11-5)。 263

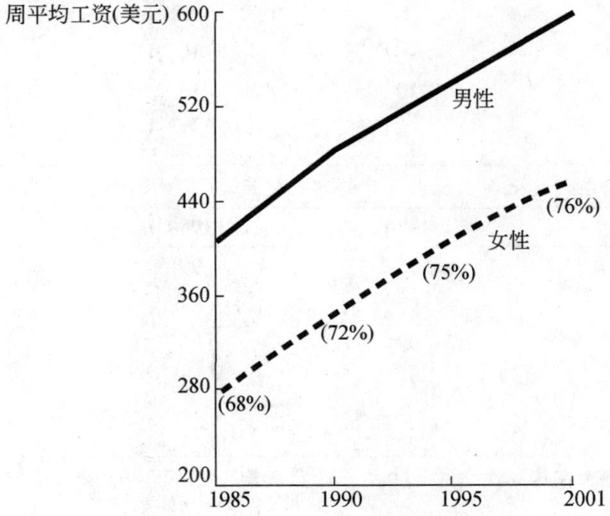

图 11-2　收入差距：男性与女性的平均周工资

资料来源：*Statistical Abstract of the United States*, 2002, p. 403.

注：括号中的百分比表示女性与男性周平均工资之比。

二重劳动力市场　虽然如此，一个"二重"劳动力市场——男性占主导的"蓝领"工作与女性占主导的"粉领"工作明显不同——仍将是实现男女经济平等的主要障碍。这些职业差别可以归因于文化习俗、社会条件以及就业前的培训和教育，这些因素都限制了妇女选择职业的范围。近年来，在减少职业中的性别差异方面取得了进步(现在酒吧侍者绝大多数是妇女)，高校的教授有近一半是女性，法学院和医学院的学生有一半是女生，这预示着未来这些行业中男女将平分秋色。 264

"玻璃天花板"　极少有女性能够顺着职位晋升的阶梯成为国家大型工业企业、银行、公共事业机构、报业公司或电视广播公司的董事长、首席执行官或总经理。有许多女性进入法律行业，但极少人成为全国最大、最有声望的律师事务所的高级合伙人。女性可能更多地出现在董事长办公室，而不是公司董事会。

表 11-5 二重劳动力市场 （%）

"白领"

在传统上由男性占主导的白领职业领域，女性的人数在不断增加。

	1960	1983	2001
建筑师	3	13	24
计算机分析师	11	28	28
高校教师	28	36	43
工程师	1	6	10
律师和法官	4	16	29
医师	10	16	29

"粉领"

妇女仍然集中在传统上由女性占主导的职业领域。

	1970	1980	2001
秘书	98	99	98
侍者和服务生	91	88	76
护士	97	96	93
办公室文员	75	82	88

"蓝领"

女性仍然被排除在传统上由男性占主导的蓝领职业领域，尽管女性酒吧侍者超过了男性。

	1970	1980	2001
卡车司机	1	2	5
木匠	1	1	2
体力劳动者	17	19	21
汽车机械技工	1	1	2
酒吧侍者	21	44	51

资料来源：U. S. Department of Labor, *Employment in Perspective*: *Working Women* (Washington, DC: U. S. Government Printing Office, 1983); National Research Council, National Academy of Sciences, *Women's Work*, *Men's Work* (Washington, DC: National Academy Press, 1985); *Statistical Abstract of the United States*, 2002, pp. 382—383.

女性晋升到顶级职位的阻碍因素常常是很微妙的，可用"玻璃天花板"来形容。对最高级职位中妇女较少的解释有很多，但所有的解释都是有争议的：女性选择事务性的工作而不是能快速晋升的领导职务。在团体政治中，女性是谨小慎微而缺乏进取心的。女性对顶尖的高收入和高职位的期望较低，因此能够自我满足。女性要生育孩子，甚至在较短的产假期间，她们就可能落在男同事后面。比起男性，女性不愿意改变工作，对一个企业来说，稳定的管理人员比流动人员更有价值。在类似的职位和敏感的位置上，女性管理者比男性要承受更多的压力，因为她们认为比男性受到更多的审查，必须更努力工作才能获得成功。最后一点，更为重要的是，政府采取的肯定性行动政策，特别是平等就业机会委员会的政策，其努力目标主要定位于初级的岗位而不是高级管理职位。

性骚扰　在1964年《民权法》中，没有出现“性骚扰”这个特殊的词语。但第七条规定了，“在雇佣的补偿、要求、条件和特殊待遇方面”保护雇员不受性歧视。1986年，最高法院裁决雇员的“歧视性的胁迫”已经“非常严重”以致改变雇用“条件”，因此违反了第七条的规定。[①]

基于性别的歧视性威胁(性骚扰)可能会有多种形式。主要包括：(1) 基于对雇员的性好感而进行有条件的雇用、晋升或给予特权；(2)“实质性”的触摸、爱抚行为或强迫发生性关系；(3) 有时性骚扰还被界定为“不友好的工作环境”，包括挑逗性言辞、性暗示、黄色笑话、展示色情资料或令人讨厌的约会请求。不过，这个界定引出了几个问题：第一，这个界定包括了言语表达，这就涉及了宪法第一修正案中关于言论自由的问题，即在工作场所，什么程度的言论应受到法律限制。第二，此界定更多地依赖于雇员关于什么是“挑逗性的”和“令人讨厌的”主观感觉，缺乏所有人都容易理解的客观行为标准。1993年，最高法院在“哈里斯诉福克里夫特案”(Harris v. Forklift)中，对“不友好的工作环境”的界定进行了争论。最后，法院判决原告无需出示造成其心理伤害的言辞，但需要证明一个“理性的人”认为该工作环境是不友好的或充满污言秽语的。可能单独一件事(个别行为)不会构成性骚扰，因此，为了准确起见，法院应当充分考虑“歧视行为发生的频度”、“严重性”，以及是否“不合理地干扰了雇员的工作成绩”。[②] 265

堕胎和生命权

堕胎不是一个能轻易达成妥协的问题。关于它的争论触及了道德和宗教的基本原则。堕胎的支持者常把自己视为“选择优先”者，他们认为，妇女有权控制她们自己的身体，而不应当被法律强制生育不想要的孩子。他们引证，堕胎能够消除沉重的生活费用以及不想要的怀孕引起的心理上

① Meritor Savings Bank v. Vinson (1986).

② Harris v. Forklift, 510 U.S. 17(1993).

和感情上的痛苦。反对堕胎者常把自己看成“生命优先”者，他们一般将自己的观点建立在神圣的生命之上，包括未出生孩子的生命，他们坚信生命，即“生存权”值得受到法律保护。许多人认为，除了为保护母亲的生命外，以任何理由杀死一个未出生的婴儿都是谋杀。

早期的州法律　在美国历史上，州法律认为除了挽救母亲生命之外，出于任何目的的堕胎都是刑事犯罪行为。20 世纪 60 年代后期，有 12 个州允许在由于强奸或乱伦而致孕的情况，以及为保护母亲身心健康的情况下堕胎。但是，几乎很少的堕胎按照这些法律去做，因为复杂的程序——要由几个医师同时审查，经医院委员会的同意，才能进行堕胎。1970 年，纽约、阿拉斯加、夏威夷和华盛顿颁布了法律，实际上规定了允许由孕妇和其治疗医师同时要求的堕胎。

罗诉韦德案(Roe v. Wade)　1973 年，联邦最高法院对罗诉韦德案的判决，是法院历史上一个最重要、意义最深远的判决。[①] 法院裁决，宪法第五和第十四修正案对“自由”的宪法保护，包含了一个妇女有选择是否生育孩子的权利。法院还裁定，在宪法中，“人”这个词不包括未出生的婴儿。因此，宪法第五修正案和第十四修正案规定的保护“生命、自由和财产权”不包括胎儿的“生命”。法院还认为，各州保护母亲健康和安全的权力，并不能证明其对妊娠三个月内堕胎的限制具有正当性。在第二孕期，即第三个月到第六个月，各州可以规定堕胎程序标准，以保护母亲的健康，但不能禁止堕胎。只有在妊娠的最后三个月，各州可以禁止或限制堕胎以保护未出生的婴儿。

政府对堕胎的资助　最高法院的判决并没有终结关于堕胎的争议。国会最终没通过相关的宪法修正案，来限制堕胎或宣布从怀孕开始就对生命进行保护。然而，在众人所知的“海德修正案”(Hyde Amendment)中，国会规定，禁止为了堕胎而使用医疗补助(为穷人提供医疗保健)的联邦基金，除了保护妇女的生命之外。最高法院也认为拒绝为堕胎提供税收资金的法律具有合宪性。尽管妇女有堕胎的权利，但法院认为政府没有宪法上的义务来为堕胎买单[②]；因此，是否从税收收入中为堕胎支付费用，由国会
266 和各州来决定。

美国的堕胎现象　目前，美国每年约有 130 万人次的堕胎，约 25% 的孕妇选择了堕胎。堕胎率自 1990 年以来已经有所下降。大约 85% 的堕胎

① Roe v. Wade, 410 U. S. 113 (1973).

② Harris v. McRae, 448 U. S. 297 (1980).

是在堕胎诊所进行的；其他的是在医师的诊所或医院完成的，这些地方的堕胎费用要高很多。绝大多数堕胎发生在妊娠前三个月；大约10%是在三个月之后进行的。

为堕胎而进行的斗争 各州限制堕胎的早期努力遭到联邦最高法院的反对。法院认为，州政府无权干预孕妇终止妊娠的决定。但堕胎的反对者在"韦伯斯特诉生殖健康服务中心案"(Webster v. Reproductive Health Services, 1989年)中赢得了胜利，当时最高法院支持了限制堕胎的密苏里州法律。[①] 依据"罗诉韦德案"的判决，堕胎权利规定并没有被推翻，但法院判定，在没有危及妇女生命的情况下，密苏里州可以拒绝为堕胎提供公共资金、公共设施或者雇员的帮助。更为重要的是，法院支持在怀孕20周后进行婴儿"生存能力"的测试，禁止在这个时期对有生存能力的胎儿实施堕胎手术，除非为了挽救母亲的生命。法院承认了各州"在有生存可能的时候，保护人类生命的权利"。韦伯斯特案判决的影响是，几乎在每个州的议会里，重新掀起了关于堕胎的争论。有的州通过了关于堕胎的各种法律限制，包括：(1) 禁止对堕胎提供公共资助；(2) 必须进行婴儿生存能力测试，并禁止对有生存能力的胎儿实施堕胎手术；(3) 授予医生和医院拒绝实施堕胎手术的法律权利；(4) 要求人道、卫生地处理胎儿的遗体；(5) 要求医师告知病人胎儿发育情况和在妊娠期可以得到的帮助；(6) 必须告知打算堕胎的未成年人的父母；(7) 要求晚期堕胎必须在医院里进行；(8) 要求为堕胎诊所设定卫生和护理标准；(9) 禁止根据胎儿的性别进行堕胎；(10) 法律要求给孕妇一段考虑时间。

重申"罗诉韦德案" 堕胎已变成一个两极对立的问题，主张"选择优先"的人和坚持"生命优先"的人都不愿意妥协。然而，最高法院似乎选择了一种折中的政策，既肯定妇女有堕胎权，同时又支持对堕胎的适度限制。

宾夕法尼亚州制定了一系列限制堕胎的政策，包括：医师必须告知孕妇堕胎的风险和其他可替代方法；要求给孕妇24小时的考虑时间；未成年人堕胎必须得到父母或法官的同意；必须通知堕胎者的配偶。在"宾夕法尼亚州计划生育组织诉凯西案"(Planned Parenthood of Pennsylvania v. Casey, 1992年)中，这些限制性的规定提交到了最高法院。大法官桑德拉·戴·奥康纳带头在法院形成了一个温和而态度摇摆的审判集团，她的主要观点重申了堕胎的根本权利：

---

① Webster v. Reproductive Health Services, 492 U.S. 111(1989).

> 我们的法律为婚姻、生育、避孕、家庭关系、孩子的培养和教育……等私人决定提供宪法保护。这些问题,包括一个人作出的最具
> 267 隐私的选择,或许是一生中最具尊严和自主的选择,是受宪法第十四修正案保护的自由的核心……但是,妇女的自由也不是不受限制的,各州在妊娠开始的时候就表现出对未出生胎儿的关心,在胎儿发育后期,各州在维护生命的权利上有充足的力量来限制妇女终止妊娠的权利。我们的结论是,应该以婴儿的生存能力为界限,在没有生存能力之前,妇女有权选择终止妊娠。①

大法官奥康纳又建立了新的标准,对这些关于堕胎的限制进行宪法性的评价:这些限制不能对想要堕胎的妇女强加"过分的负担",或者在实行堕胎时设置"实质性的障碍"。宾夕法尼亚州制定的这些堕胎的限制,除了通知配偶这一项外,其他的都得到了最高法院的支持。

医疗补助制度和堕胎 主张"选择优先"者与"生命优先"者除了在法院展开斗争外,在国会中也展开了激烈的争论。支持堕胎的人通常试图废除海德修正案,因为它禁止各州使用联邦医疗补助基金支持堕胎。1993年,民主党控制的国会以一种限制性的方式作了回应,即只有因强奸和乱伦而致孕的堕胎有资格享受医疗补助金。

"部分生产堕胎"(Partial Birth Abortion) 经过长期和激烈的斗争,2003年国会宣布被称为"部分生产堕胎"的堕胎程序是不合法的。(1996年国会通过了这样一个禁令,但被克林顿总统否决了。)这种手术只有不到1%的孕妇使用,它把一个活的胎儿部分产出(脚先出来),然后吸出头部并压碎头骨以便容易地取出胎儿的尸体。2000年联邦最高法院宣布,内布拉斯加州禁止这种堕胎的法律,是对妇女堕胎权利的"过分的负担",因而是违宪的。法院认为,内布拉斯加州的法律没有做出保全母亲生命和健康的例外规定。尽管没有做出保护母亲健康的例外规定,但国会已尽力使其制定的法律满足联邦最高法院的目标。堕胎权利的支持者认为,禁止这种堕胎方法是宣布堕胎不合法的第一步。考虑到最高法院较早的裁决,就连一些此法令的支持者也承认最高法院将最终废除这个法令。

公共政策与残疾人

1990年美国残疾人法案是一项比较全面的法律,它禁止在私人雇佣、

① Planned Parenthood v. Casey, 112 S. Ct. 2791(1992).

政府项目、公共食宿和通信领域对残疾人的歧视。但是该法案的一些条款是含混其词的，要求为残疾人提供的“合理食宿”不能造成“不必要的困扰”。这就意味着残疾人并不能享受到与少数族裔或妇女完全一样的保护标准，因为无论多艰难或付出多大代价，政府都要保护妇女或少数族裔不受歧视（这也意味着通过解释这些条款，律师、顾问和官员还可以得到可观的收入）。美国残疾人法案明确包括以下保护条款： 268

> 雇佣：如果残疾人借助“适当的设施”能够完成工作任务，不得拒绝雇佣或阻碍他们得到晋升。如果这些设施的提供给雇主带来了“过分的困难”，则可以不提供。
>
> 政府项目：不得拒绝残疾人参与政府项目或得到福利。新公共汽车、出租车和火车必须能够让残疾人使用，包括坐轮椅的残疾人。
>
> 公共设施：残疾人必须享有“全面和平等的”享用旅馆、饭店、商店、学校、公园、博物馆、礼堂等公共设施的权利。为达到平等使用，现有公共设施的所有者必须改造这些设施，尽可能使残疾人也能“最大程度地”使用。新公共设施的建造者必须确保这些公共设施方便残疾人使用，除非建筑结构不可能实现。
>
> 通讯：联邦通信委员会负责制定相应的法规，确保那些有听力和语言障碍的人能“最大程度、以最有效率的方式”使用通信设施。

但是，正如平等就业机会委员会和联邦法院所作的解释，对美国残疾人法案已产生了相当大的争议。有“学习障碍”的人为了被录取或者为了在考试中获得更多的时间和帮助，可以成功地起诉学院和大学，甚至包括州的律师协会。那些声称有各种精神病的人，由于长期行动迟缓、不能集中精力工作、对上司不合作和带有敌意的态度等理由而被解雇，他们就在诉讼雇主时获得了成功。①

本章小结

我们尝试阐述一些命题，既与精英理论相一致，又能帮助描述公民权利政策的发展过程。

1. 在美国，精英和大众对少数族裔持有不同态度。公民权利立法的支

---

① *U.S. News and World Report*, February 9, 1998.

持者主要来自处于领导职位的、受过良好教育的、富裕白人。

2. 关于公民权利的大众舆论通常是追随公共政策而非引导公共政策。直到 1954 年，精英集团在“布朗诉托皮卡教育管理委员会案”中确定了有关的国家政策（反对学校实行种族隔离）后，大众舆论才开始反对按照法律实行种族隔离的学校。
3. 20 世纪，公民权利政策发展的最大推动力，是联邦最高法院对“布朗诉托皮卡教育管理委员会案”的判决。因此，正是这个非选举产生的、终身任职的最高法院，认同了在公民权利政策上的创制。直到十年之后，国会才开始采取具有重大意义的行动。
4. 1964 年《民权法》规定，消除法律上的歧视，并保证机会平等。实现这样的目标，主要是通过中产阶层的黑人领袖唤起白人精英的良
269 知。黑人领导人并不想推翻现存的统治秩序，只是想在现存体系内增加黑人获得成功的机会。
5. 精英集团支持机会平等，并没有满足黑人大众对结果平等的需求。黑人和白人在生存机会上的不平等，包括收入、教育、就业、医疗等方面的不平等将会继续存在。
6. 肯定性行动政策，是寻求降低社会不平等的联邦机构强加于政府、大学和私人雇主的项目。但白人群众一般都抵制优先权或配额制度。他们认为这使得处于工薪阶层和中产阶级的白人男性处于不利地位。
7. 当有证据证实目前或过去的确存在歧视行为，并且该肯定性行动被限定在补救过去的歧视所造成的影响时，最高法院就会支持这种含有种族配额的政策。法院还支持这样的观点，即政府实行的种族优先权违背了宪法第十四修正案的法律平等保护条款，因为在这种优先权的情况下，白人男性因种族原因被排除在外，政府根据种族对人们进行划分也不是“强制的”政府目标。
8. 拉美裔美国人现在是美国最大的少数族裔群体。多年来，精英们尤其是农业部门的精英，为得到廉价的劳动力，鼓励合法的和非法的墨西哥移民。移民改革只是取得了部分成功。
9. 尽管妇女占了人口的一半多，但妇女运动还是不得不依赖于少数族裔的斗争策略——示威、游行、公民不服从，以说服统治精英承认妇女的权利。直到 1920 年，妇女的投票权才得到宪法保护。平等权利的宪法修正案因为没有得到四分之三多数州的批准，妇女运动没

有成功通过该法案。妇女权利的保护主要依赖于1964年《民权法》和其后国会通过的禁止性别歧视的法律规定。

10. 1973年，在“罗诉韦德案”中，最高法院裁决妇女有终止妊娠的宪法权利，在此之前，堕胎是被大多数州所禁止的。这样，法院创建了“支持堕胎者”通过政治过程没有获得的权利，使之成为一项宪法权利。尽管在堕胎政策上存在激烈的争论，最高法院还是制定了一个比较温和的政策，既肯定妇女有堕胎的权利，又支持那些不能给妇女造成“过分负担”的堕胎限制。 270

第十二章

美国的联邦主义：制度安排及公共政策

美国的联邦主义制度

事实上，世界上所有国家都有一些地方政府单位——州、加盟共和国、省、地区、市、县和村。几乎所有的地方都要求在政策制定方面实行分权。除非中央政府及其地方政府都行使独立的自治权，都分别选举自己的官员，都向自己辖区内的公民征税以提供公共服务，否则，就不是真正意义上的联邦制国家。而且，联邦主义制度要求其中央和地方政府的权力都由宪法予以保证，如果没有得到双方人民的同意，其权力就不能改变。①

美国、加拿大、澳大利亚、印度、德国和瑞士都被认为是联邦制政体，而英国、法国、意大利和瑞典则不是联邦制国家。虽然后面这一组国家也有地方政府，但它们要依赖中央政府授权。他们被认为是**单一制**，而不是联

---

① 在美国政治学中，对"联邦制度"的其他定义还有："联邦制度是指具有一个中央政府和一些地方政府单位（地方、地区、省、州、市）的政治体系，而且，该政治体系能够至少在一些政府权力上作最终决定，并且这些权力还受到特别的保护。"参见 James Q. Wilson and John J. DiIulio, Jr., *American Government*, 7th ed. (Boston: Houghton Mifflin, 1998), p. 52. "联邦主义是一种政治架构的模型，它把较小的政治实体结合在一个高级的政治体系之下，并在总体系及其成员单位之间进行分权，这种方式是为了保护中央和地方政治体系的生存权与自治权，使之有能力分享整个政治系统的决策权和执行权。"参见 Daniel J. Elazar, *American Federalism: A View from the States* (New York: Thomas Y. Crowell, 1966), p. 2.

邦制，因为这些国家的地方政府可以被中央政府单方面变革或撤销。与此相对照，如果中央政府的权力依赖于或来源于地方政府，那么这种政体就被认为是**邦联制**。对于**联邦制、单一制、邦联制**这几个术语，虽然可以从理论上进行定义，但在现实的政策制定实践中，要真正区分哪些国家政府是联邦制，哪些政府不是联邦制，并不是很容易的事情。事实上，当今的美国 273 政府是否还保持着联邦主义的特性，已经不是很清楚了。

在美国，有 87 000 多个独立的政府，其中超过 60 000 个政府有自己独立的征税权。美国有州、县、市镇（市、自治的区、乡）、学区和特殊的行政区（见表 12-1）。然而，只有联邦政府和州政府是在宪法中得以确认的；所有的地方政府都是州政府的下级分支机构，州政府有权通过修改州的宪法和法律来设立、变更或撤销这些地方政府。

表 12-1　美国的政府（数量）

美国联邦政府	1
州政府	50
县	3 034
市（自治市）	19 429
镇（区）	16 504
学区	13 508
特区	35 052
总数	87 576

资料来源：*Statistical Abstract of the United States*, 2003, p. 276.

为什么选择联邦主义制度

为什么要设立州政府和地方政府？为什么不实行中央集权的政治体制，通过全国的选举使单一的政府对大多数人负责——使这一政府有能力在全国实行统一的政策？联邦主义制度有如下优越性：

反对专制与保护权利　国家的创始人懂得“共和政体的原则”本身——定期选举、代议制政府、政治平等，并不能够充分保护个人的自由权利。这些原则可能会使统治精英对大众关心的问题更有回应性，但是不能够保护少数人或个体，以及“弱势群体或易受伤害的个人”，使其自由和财产不受政府的剥夺。事实上，按照国家创始人的理解，宪法草案的“伟大目标”是在维持政府统治的同时，保护个人的权利不受“不公正的、有私利动机”的多数派的侵犯。“毫无疑问，依靠人民是控制政府的基本手段，但是经验告诉人们，还必须依靠辅助性的防范措施。”①

由国家创始人设计的最重要的防范性措施是联邦主义制度，它被视为对大政府进行约束的重要源泉。他们寻求建立一种政府体制，把“相互对立竞争的利益集团”结合在一起，通过政府之间以及政府官员之间的相互竞争来实现对政府和官员的制约。②

政策的多样性　当今，联邦主义继续允许存在政策的多样性。整个国家并不是由完全统一的政策所束缚，也不要求每个州和社区都必须遵从这
274 一政策。州政府和地方政府可能更胜任处理本州和地方的特定事务。华盛顿的官僚们并不是最清楚应该如何处理得克萨斯州的商业问题。

对冲突的处理　联邦主义制度有利于处理政策冲突。允许州政府和社区有权制定、执行自己的政策，可以减少由中央政府决定一切而给华盛顿带来的压力。联邦主义还允许公民在州和地方政府的层次上决定一些事情，从而可以避免在全国实行单一政策所引起的斗争。

分权　联邦主义主张分权。权力的广泛分散通常被认为是防止专制的保护手段。从多元主义在美国盛行的程度来看，州和地方政府是功不可没的，他们还为在全国大选中失败的反对党提供了生存的政治基础。

增加参与　联邦主义扩大了政治参与。它允许更多的人参与竞选并担任政治职位。大概有100万人分别担任着县、市、镇、学区和特殊行政区的政治职位。通常认为，这些地方领导者比华盛顿的官员与民众的关系更密切。民意测验表明，每个人都认为他们的地方政府比联邦政府更有管理能力和回应性。

提高效率　联邦主义有利于提高效率。我们可能会认为87 000个政府是一个低效率的系统，但如果让华盛顿治理整个国家，情况会更加糟糕。假设全国每一个地区的每一项政府活动全部都由华盛顿的中央政府来控制，如警察、学校、道路、消防、垃圾收集、污水处理、路灯照明等，那么官僚主义、官样文章、推延拖拉和混淆不清的状况就可想而知了。

确保政策的回应性　联邦主义鼓励政策的回应性。多元的、相互竞争的政府，与单一垄断的政府相比，对公民的态度更具敏感性。多元政府的

---

① James Madison, Alexander Hamilton, John Jay, *The Federalist*, Number 51 (New York: Modern Library, 1958).

② 参见：Thomas R. Dye, *American Federalism: Competition among Governments* (Lexington, MA: Lexington Books, 1990).

存在能够提供成本和收益不同的政策，使得公众的偏好与公共政策更好地结合起来。公民和企业可以用脚投票，重新选择最符合他们自己的政策偏好的州政府和社区。这种灵活性不仅利于公众的偏好与公共政策之间实现更好的结合，而且还鼓励了州和地方政府的竞争，用更低的成本提供更高质量的服务。

鼓励政策创新 联邦主义鼓励政策的试验与创新。联邦主义在今天也许被视为保守主义的思想，但它曾一度被认为是激进主义的工具。有一个十分有力的证据，罗斯福新政就是在激进主义时代，在州政策试验的基础上建立起来的。有许多联邦的政策项目，包括所得税、失业救济金、应对 275
经济周期的公共政策、社会保障、工资和工时的立法、银行存款保险和食品券等，都在州政府的层次上进行过试验。当前大部分自由主义政策的议程——健康保险、儿童保育工作、政府对产业研究和发展的支持等，已经由许多州开始实施了。实际上，“民主的实验室”这一引人注目的短语，通常被认为是伟大的进步主义法理学家、最高法院法官路易斯·D. 布兰德斯(Louis D. Brandeis)的功劳，他是为州政府用新办法解决经济和社会问题的试验进行辩护时提出这一说法的。

政治与制度性安排

在联邦主义问题上存在的政治冲突，即对联邦政府与州和地方政府之间的责任和财政分配存在的冲突，与传统的自由主义和保守主义之间的政治分歧是一致的。一般说来，自由主义者倾向于扩大联邦政府的权力。他们认为，联邦政府可以行使权力来结束歧视、消除贫困、减少贫民区、确保就业、提高被压迫者的地位、教育大众、治疗疾病等，从而改善人们的生活水平。在华盛顿的联邦政府比州和地方政府拥有更多的权力和资源，自由主义者已经求助于它解决了美国的一些社会问题。州和地方政府被认为是反应迟钝、臃肿、弱小而没有回应性的。当具有改革意识的公民必须与50个州政府以及87 000个地方政府打交道的时候，要想获得改变是相当困难的。而且，自由主义者还认为，州和地方政府在教育、福利、医疗和其他公共职能方面设定不同的服务标准，会导致社会中的不平等。一个强有力的联邦政府能够确保在全国范围内实行统一的标准，因此华盛顿的联邦政府被视为自由主义改革社会和经济的主要工具。

一般情况下，保守主义者则寻求把权力返还给州和地方政府。他们对联邦政府能够做善事表示怀疑,增加联邦政府的权力并不是有效解决社会问题的方式。相反,保守主义者认为“政府本身就是问题所在,而不是解决问题的方法。”过多的政府管制、沉重的税收负担以及通货膨胀式的政府支出,共同限制了个人自由、影响了工作和储蓄,破坏了经济增长的动力。因此政府应该是小规模的、可控制的,与人民保持密切联系的。

制度上的竞争与政策偏好 关于联邦主义的争论,很少是宪法上的争论,而是关于政策的争论。人们需要作出决定的是,哪个层次的政府——联邦政府、州和地方政府,最有可能制定符合他们偏好的政策,他们还认为这一层次的政府应该具有制定这些政策的职责。政治学家大卫·尼斯(David Nice)解释说:“政府间政治的艺术”可被认为是“试图减少、维持或扩大冲突的范围,以形成你所需要的政策抉择。”对联邦主义或其他制度安排的抽象争论,在没有任何政策涵义的情况下,并不能够引起大多数公民和政治家的兴趣。“大多数人对于抽象地争论哪一级政府应该对一项既定的任务负责任,并不是很感兴趣。人们关注的是,如何制定出他们所需要
276 的政策。”①

因此,实际情况几乎总是把政策的决策权集中于华盛顿,用联邦政府精英的政策偏好代替州和地方政府官员的偏好。这并不是在宪法层面上争论联邦政府的精英能否更好地反映人民大众的政策偏好。相反,联邦政府的干涉通常是在政策层面上考虑的——主张在联邦政府占主导地位的目标和优先考虑的事项也应该在全国实行。

把收益集中到有组织的利益集团 与87 000个州和地方政府相比,联邦政府更可能会反映国家最强大、最有组织的利益集团的政策偏好。首先是因为“寻租成本”——为了得到特殊的政策补贴、优惠和保护而游说政府的代价。就从国家立法机构中得到的利益而言,对华盛顿(联邦)政府的游说要比向87 000个州和地方政府游说的寻租成本要低。有组织的利益集团能够将他们的资源集中在华盛顿,来寻求他们集中的利益,并把成本分摊在社会其他成员身上。单个的州和地方政府难以吸引富有的、组织严密的利益集团游说。而要想影响50个独立的州政府,甚至是87 000个地方政府,更使人感到没有信心。对50个州议会、3 000个县法庭和上万个市政厅的寻租成本,就算不把这些数量进行叠加,也要比在单一的国家议会进行寻租的代价大得多。

---

① David C. Nice, *Federalism: The Politics of Intergovernmental Relations* (New York: St. Martin's Press, 1987), p. 24.

而且，国家立法涉及的利益是很广泛的。国会的一个单项立法、联邦的一项行政法规或者联邦上诉法院的裁决，都需要上百个（即使不是上千个）州和地方政府机构的联合与协调行动。这样，在华盛顿寻租得到的利益就远远超过了其成本。

把成本分摊给没有组织的纳税人　或许更为重要的是，全国选民的规模允许利益集团把获得集中的、特殊的利益而花费的成本分摊在广大选民身上。成本分摊对于利益集团的成功是非常关键的。成本在大范围内分摊，对于仅仅承担了一小部分成本的个人而言，如果花费时间、精力和金钱向法院控诉特殊的利益集团，将是不理性的选择。在全国范围内分摊这种成本，比起在州和地方较少的选民之间分摊成本，更加符合特殊利益集团的战略需要。

相反，州和地方政府缩小了承担这种成本的选民范围，从此增加了单个纳税人的负担，导致他们关注并进行反抗的可能性也会增大。经济学家兰德尔·G. 霍尔库姆（Randall G. Holcombe）对此的解释是："要抵制（利益集团的）这种影响的一个办法是，在最小规模的政府层次上提供公共产品和公共服务。这样可以把成本集中在最小规模的纳税人身上，从而使集中的分担成本与集中的利益相适应。"[①]他继续推断，如果北卡罗来纳州的居民需要自己承担所有成本的话，他们还会投票赞成华盛顿给予农场主的种植烟草的补贴吗？ 277

有组织的利益集团很清楚在华盛顿游说和寻租的效益。结果是，联邦政府的政策更有可能反映国家最强大的、组织最得力的利益集团的偏好。

美国的联邦制：主题的变革

自从1787年通过美国宪法以来，在二百多年的时间里，美国的联邦制经历了许许多多的变化。也就是说，联邦制的具体涵义和实践经历了许多次变革。

以州为中心的联邦制（1787—1865年）　从1787年宪法实施到内战结束这段时期，州是美国联邦系统中最重要的单位。人们指望通过州解决绝大部分的政策问题，并提供大部分的公共服务。甚至奴隶制的问题也由州政府来决定。联邦政府至高无上的地位经常受到置疑，首先是来自反联邦

① Randall G. Holcombe, *An Economic Analysis of Democracy* (Carbondale: Illinois University Press, 1986), p. 174.

主义者的质疑(包括托马斯·杰斐逊),后来是约翰·C. 卡尔霍恩(John C. Calhoun)和其他奴隶制与分离主义的拥护者。

双重性的联邦制(1865—1913 年) 联邦政府的最高地位是在内战的战场上确立起来的。但是,就在那次冲突之后的接近半个世纪里,联邦政府也只能是勉强地说明自己被授予的权力,而州政府则继续决定国内的大部分政策问题。因此,这种模式被称为双重性的联邦制,州和联邦政府分担大部分的政府职能。联邦政府将其精力集中于授予的权力上——国防、外交、关税、州际商业、货币、度量衡、邮政和邮路、批准新州加入等。州政府则决定国内的重要政策问题——教育、福利、医疗和刑事司法等。这种政策责任的分配曾经被比作是"分层蛋糕式"联邦制,其中,地方政府在底层,州政府居中层,联邦政府位于顶层。①

合作关系的联邦制(1913—1964 年) 在 20 世纪上半叶,联邦政府与州政府之间的责任划分逐渐模糊了。随着工业革命以及国民经济的发展,在 1913 年,联邦所得税将财政资源转移到了联邦政府,再加上两次世界大战以及经济大萧条带来的挑战,使美国联邦制发生了变革。为了应对 20 世纪 30 年代的经济大萧条,在富兰克林·D. 罗斯福总统实行新政的政策下,州政府的主要官员欣然接受了大量的联邦公共工程项目。并且,联邦政府还直接干预经济事务、劳资关系、商业事务和农业生产。联邦政府还通过发放援助资金,在公共救助、就业服务、儿童保健、公共住房、城市复
278 苏、高速公路建设以及职业教育等领域与州政府进行合作。

联邦政府与州政府之间的这种新型关系模式被称为合作式的联邦制。联邦政府与州政府都要履行福利、医疗、高速公路、教育和司法等领域的职责。这种政策责任的融合被比喻为"花纹蛋糕式的联邦制"——"正如各种颜色在一个花纹蛋糕中混合在一起那样,联邦政府与州政府的职能在美国联邦系统中也是缠绕在一起的。"②

然而,就在联邦政府与州政府分担责任的这一时期,联邦政府仍然强调与州政府进行合作,以实现联邦政府与州政府的共同目标。国会通常认为宪法没有直接授予它相应的权力来管理公共卫生、安全和社会福利。为了给州和地方政府提供财政资助以实现共同的目标,国会主要依赖其在税收和一般福利支出上的权力。国会不能对地方事务进行直接的立法。例如,国会不要求在公立的高中进行职业教育,因为公共教育在美国宪法中

① Morton Grodzins, *The American System* (Chicago: Rand McNally, 1966), pp. 8—9.
② 同上书,第 265 页。

不属于联邦政府的“列举权力”的范围。但是，国会可以向州和学区提供职业教育的资助，甚至可以利用达不到联邦标准的要求相威胁，撤回资助。通过这种方式，联邦政府就干预到了州政府的权力领域。

中央集权的联邦制（1964—1980年） 随着这些年的发展，要维持联邦政府仅仅是资助州政府来履行其在国内的职责这种关系模式，变得越来越困难了。到了林登·B.约翰逊总统在1964年提出“大社会”概念的时候，联邦政府就明确地提出了它的“全国性”的目标。实际上，美国社会面临的所有问题——从固体废弃物的处理、水和空气污染问题、到消费者保护、街头犯罪、学前教育，甚至是老鼠的控制，都被认为是联邦政府的问题。国会对其选择的任何事项进行直接立法，而不考虑其“列举权力”。最高法院不再在意州政府的“保留权力”，宪法第十修正案也失去了其意义。联邦政府与州政府的关系模式变成了中央集权式的了。还以蛋糕打比方，有评论家认为，“这种模式好像是倒置的凤梨水果蛋糕，糖霜已经到了顶端。”①

在中央集权式的联邦制度下，州政府的角色就是对联邦政府的政策给予回应并遵从联邦制定的规章，这些是得到联邦资金支持的条件。州政府的行政职责仍然很重要；有助于执行联邦政府在社会福利、医疗补助、环境保护、就业培训、公共住房等方面的政策。但是州政府的职责不是由它自身而是由联邦政府决定的。

联邦、州和地方政府的官僚制等级也变得更加明显了。在教育、公共援助、就业培训、康复、自然资源、农业生产等许多领域里，职业官僚结成的联盟通过协作实现共同的目标，而不管他们正式受雇于联邦政府、州政府还是地方政府。州和地方政府的官员们从联邦政府获得大部分的资助，表现出对本州的州长和立法机构的不忠诚。 279

新型联邦制（1980—1985年） 试图把权力归于联邦政府而把责任归还给州和地方政府的模式，被称为新型联邦制。这一说法是理查德·M.尼克松总统执政时提出的，他用来描述总税收的分担，也即，联邦与州和地方政府实行分税制，几乎没有什么附加条件。后来，“新型联邦制”的说法被罗纳德·里根总统用来描述一系列的政策建议，即减少联邦政府对国内事务的干预，鼓励州和市政府承担更多的政策责任。这些做法包括：把许多分类用途的财政补贴进行合并，以减少资金上的阻碍，结束在税收上的分担，减少州对联邦税收的依赖。

---

① Charles Press, *State and Community Governments in the Federal System* (New York: John Wiley, 1979), p.78.

强制型的联邦制(1985—?) 普遍认为,在1985年之前,国会不能以直接的立法来规定州和地方政府应该如何履行他们的传统职能。国会非常谨慎,不会向州政府直接下达命令,而是根据州和市政府是否遵守了联邦政府给予资助的附加“条件”,来决定把联邦政府的资助基金给予他们还是收回资助。至少从理论上说,州政府可以无视国会在联邦援助上设定的附加条件而放弃这笔资金。

然而,在1985年的加西亚(Garcia)决议中,美国最高法院取消了所有的障碍,使得国会可以对传统上属于州的“保留权力”范围的事务进行直接立法。① 这一决议的起因是,国会直接命令州和地方政府必须支付给他们的雇员最低工资。最高法院改变了以前国会不能对州和地方政府事务进行直接立法的规定,并且驳回了根据美国联邦制的性质以及宪法第十修正案中保留权力的条款,国会无权直接在州政府事务上进行立法的说法。它认为对州政府权力的唯一保障是,保留州政府在选举美国参议员、众议院议员和总统中的权力——这就是所谓的“代议制联邦制”。

代议制的联邦制 隐藏在“代议制联邦制”背后的理念是,联邦和州之间的权力没有宪法上的分界——联邦制是根据州政府选举众议院议员和总统的职责而被界定的。据说,美国保留着联邦体制,是因为联邦政府的官员是从下级政府选举出来的——总统选举是通过把选举团的投票在各州之间进行分配来实现的,国会成员的选举是根据各州的人口进行代表的分配,分给每州两个议席。无论对州的权力和独立性采取什么样的保护形式,只能存在于国家的政治过程中——体现在州和地区的投票人对选举参议员和众议院议员产生的影响。

最高法院在加西亚决议中戏剧性地签署同意了联邦体制,但是对于联邦政府和州政府应该行使什么样的权力却交给了国会来决定,而不是按照宪法或由法院决定。大法官刘易斯·鲍威尔(Lewis Powell)言辞激烈地反驳道,如果要维持美国的联邦制度,就必须按照宪法进行分权,而不是让国
280 会规定分权。“在联邦体制中,州的职责是宪法上的问题,而不属于立法的范围……(这个决定)如今把近二百年来对联邦制在宪法上的地位的理解给否决了。”

联邦的优先权 美国宪法的国家最高权力条款规定,联邦法律优于州的法律,并且允许国会通过联邦法律来决定,在特定的领域里州的法律是

---

① Garcia v. San Antonio Metropolitan Transit Authority, 469 U. S. 528 (1985).

否处于优先地位。从**整体优先权**来看，联邦政府拥有特定领域的所有管制权力，例如对版权、破产、铁路和航空的管制等。没有哪一个州的法律在某一领域完全处于优先地位。**部分优先权**规定，在同一领域里，州的法律只有在同一问题上不与联邦法律冲突的条件下，才是有效的。例如，1970年的《职业安全与卫生条例》，对州在职业安全与卫生方面的问题进行管制作了特殊的许可，但前提是，职业安全与卫生管理局还没有制定出这一方面的标准。一旦联邦的职业安全与卫生管理局通过了这些标准的立法，各州的标准就无效了。另一种形式的部分优先权，即**标准化的部分优先权**，允许州在联邦政府作出规定的领域进行管制，前提是州的管制标准至少要与联邦政府的规定达到同等的严厉程度。通常情况下，州必须把他们制定的规章提交给联邦政府的有关负责部门进行审批；如果州没有执行已经批准的标准，联邦有关机构可以取消州的管制权力。例如，联邦环境保护署允许州制定的环境规章达到或者超过环境保护署的标准。

联邦的委托授权(mandates)　联邦的委托授权是，联邦直接命令州和地方政府完成某项特定的任务或提供特定的服务，或者要求州和地方政府在履行职能时遵守联邦的法律。联邦的委托授权涉及的管理领域非常广泛，从公民权利到最低的工资标准，这些可以从联邦政府对州和地方政府委托授权的一些例子中反映出来：

> 1986年的年龄歧视法案，规定对公共雇员和私人雇员设置强制性的退休年龄是不合法的，包括警察、消防队员以及州的高校教职工。
>
> 1986年的石棉危险突发事件法案，命令学区对石棉的危险隐患进行检查，必要的时候应从学校的建筑物中撤掉石棉。
>
> 1986年的安全饮用水法案，设立城市供水的国家标准，管制城市的污水处理厂。
>
> 1990年的空气洁净法案，禁止城市的火葬，并要求在特定的市区检查汽车尾气的排放量。
>
> 1990年美国残疾人法案，要求所有的州和地方政府的建筑都增加残疾人通道。
>
> 1993年的全国选民登记法案，要求各州在驾驶执照、社会福利和失业救济的办理处对选民进行登记。
>
> 2001年的《不让一个孩子掉队法》，要求州及其学区对公立学校的学生进行测验。

281

州和地方政府经常抱怨遵从联邦的这类法令，会增加他们的成本和负担,而几乎得不到补偿。

"没有经费"的委托授权 联邦政府的委托通常给州和社区政府增加沉重的负担和成本。如果联邦没有提供资金来支付这些成本,这种委任管理就被称为"没有经费的委托授权"。州长、市长以及州和地方政府的其他官员经常敦促国会停止对州和社区实行没有资金的委托管理。私人行业也长期提出这种抱怨。规章和授权可以使国会在处理问题时把成本转移到别人身上。1995 年,国会终于对这些抱怨给予了回应,要求任何法案只要向州和地方政府委托费用在 5 000 万美元以上的没有经费的管理项目时,必须经过另外的程序性投票;只有大多数人投票放弃对无经费的委托管理的限制,该法案才能提交众议院或参议院。但是,这种微弱的限制一直不是十分有效。

金钱与权力流向华盛顿

金钱和权力总是并行存在的。当机构获得财政资源的时候,他们就会变得更加强大有力。权力在华盛顿的不断集中,在很大程度上也是联邦政府的财政资源不断增加的结果,即在税收、支出和贷款方面,联邦政府的能力不断增强的必然效果。

联邦援助基金 联邦的援助基金一直是联邦扩张权力的主要手段。到 1952 年,联邦向州和地方政府的转移支付已经达到了州和地方政府全部收入的 10% 左右。联邦的资金转移在接下来的几年内缓慢增长,到 1957 年之后,在国防(州际)高速公路和一系列后卫星时代的教育项目上,联邦资金支出显著增加;然后,在林登 · B. 约翰逊总统提出的"大社会"政策(1965—1968 年)之下,在福利、卫生、住房和社区发展等领域的联邦转移支付增长极其迅猛。尼克松总统不仅扩大了"大社会"项目中的转移支付,而且还实施了他自己提出的分担税收的计划。联邦政府的财政干预范围不断增大,尽管联邦政府也提出过州和地方政府的责任问题。到了 1980 年,州和地方政府全部财政收入的 25% 来自联邦政府。州和地方政府对联邦资助的依赖达到如此高的程度,以致很多人认为联邦政府持续资助的合理性在于,州和社区已经习惯了联邦政府的援助,否则就无法生存。

罗纳德 · 里根总统对国家向中央集权化方向发展的趋势提出了临时性的挑战。里根政府取消了一般的分税制,把许多分类用途的财政资金合并为更大规模的援助基金,允许地方对税收的分配有更大的控制权。大规模的援助用于对州或地方政府履行一般性职能的资助，像社区发展和教育。州和地方政府的官员可以运用这笔资金来实现本地区设定的目标，而无需获得联邦机构对这些特殊项目的批准。 282

但是，美国联邦体制下的中央集权的趋势不大可能得到永久性的控制或逆转。而且总统或众议院的议员也不大可能永远采取行动来限制联邦的权力。人们期望他们"做些事情!"包括在个人、家庭、社区、州和整个国家面临的每一个实际问题上都有所作为。如果政治家在作出回应的时候说到，那些特定的问题不是联邦政府所要考虑的事情，那么他们就会冒险被人们认为是"感觉迟钝的"。

联邦援助的目的 几乎在州和地方政府活动的每一个主要领域都会得到联邦的援助。正是因为援助的规模和种类如此众多，以致缺少关于它们的可获得性、目的性和要求的信息。事实上，为了保护历史性的建筑、发展属于少数族裔的事业、援助外国难民、废弃矿井的排水、控制暴乱，以及给学校供应牛奶等，都可以获得联邦的援助。然而，医疗卫生（包括对穷人的医疗补助）和福利（包括对家庭的现金补助和食品券）这两项的费用就构成了联邦援助基金的三分之二还要多（见图 12-1）。

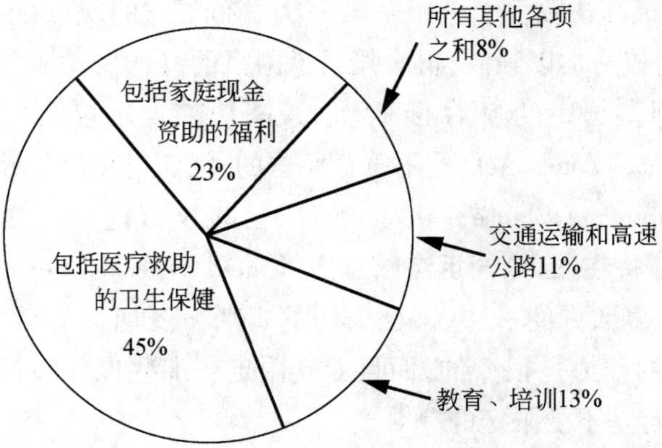

图 12-1　联邦援助基金的用途

资料来源：*Statistical Abstract of the United States*, 2002, p. 264.

联邦主义制度复兴了吗

对联邦主义的争论与美国本身的历史同样久远。而且随着时间的发展，权力逐渐地流向了华盛顿，国会和最高法院只是偶尔会重申联邦政府

283 和州政府在宪法权力上的划分。

福利改革和“权力下放” 1995年,共和党人重新成为国会两院的多数派,“权力下放”——联邦政府的职责下放给州政府,成为一个流行的词语,福利改革成为权力下放的关键。自从富兰克林·D.罗斯福总统实施的新政开始,联邦就用现金来保证实施“对有子女家庭补助计划”,低收入母亲和孩子能够享受到联邦给予的福利基金。但是在1996年,由国会通过并由克林顿总统签署(经过两次否决之后)的福利改革法案,把审核现金补助资格的职责转移给了州政府,从而结束了长达60年的联邦福利。在对贫困家庭的临时补助计划中,给予州政府一大笔资金,并授予他们广泛的职责,以确定谁有资格得到补助以及补助的标准和水平。但是国会也对这些资金设置了一些“限制”:州政府不能把自己的现金支出水平降低到1996年支出的75%以下;政府必须为持续的现金援助设立最长两年的期限和一生不超过五年的期限。这是联邦福利政策的一个主要变革(见第五章),而且会成为将来联邦项目向州下放和转移的一种模式。

最高法院中联邦主义的复兴 近来,美国最高法院的一些判决表明,起初在宪法上对联邦主义的设计有部分的复兴。

1995年,最高法院六十多年来第一次发布了它的观点,承认对国会在州际商业中的权力加以限制,再次强调了国家的缔造者关于联邦政府只享有在宪法中列举出来的权力的理念。最高法院发现校区枪支自由法案(Gun Free School Zones Act)是不符合宪法的,因为它超出了州际贸易条款(Interstate Commerce Clause)中规定的国会的权力范围。首席大法官威廉·H.伦奎斯特在“**合众国诉洛佩兹案**(United States v. Lopez)”的五比四的判决中站在多数派的一边,甚至引用詹姆斯·麦迪逊的名言加以论证:“由宪法授予的权力是很少的,而且受到限定。那些保留在州政府的权力是很多的,而且是不受限定的”。①

最高法院还裁定国会的一项普通法律即《布来迪手枪暴力防制法》(Brady Handgun Violence Protection Act)中的一项条款无效。最高法院在1997年的决议中认为,该法命令地方执行法律的官员对购买枪械的人进行背景检查,这违背了“州的独立主权的原则”。最高法院强调,联邦政府“既不能发布命令,要求州政府从事特定的事务,也不能命令州的官员或者他们的分支机构,来管理或执行联邦的管制计划项目”②。

---

① 引自:The Federalist, Number 45, in United States v. Lopez, 514 U.S. 549 (1995).
② Printz v. United States, 521 U.S. 890 (1997).

这些判决与最高法院在20世纪的主张是背道而驰的，当时主张在州际贸易条款的广义解释之下，授权联邦政府做它想做的任何事情。法院在这些判决中投票的接近(5:4)，表明联邦主义的复兴可能是短暂的。但令许多观察者惊奇的是，2000年最高法院认为，国会的对妇女暴力犯罪法案(Congress's Violence Against Women Act)是违宪的，因为联邦的权力侵犯了州政府所保留的警察的权力。最高法院还引用早期在“洛佩兹”案中的判决，认为在州际贸易条款的适用范围内，非经济的犯罪超过了联邦政府的权力范围。“由性动机引起的暴力犯罪，在任何意义上，都不是经济行 284
为。”最高法院驳回了国会的辩护，即全国性犯罪的聚积效应对州际商业和贸易能够产生实质性的影响。“宪法要求区分，什么是真正属于联邦的事务，什么是真正属于地方的事务；在警察权力中没有比镇压暴力犯罪和为受害者辩护更好的例子了，因而国家创始人不可否认地把这些权力留给了州政府，而拒绝联邦政府的介入。”①但是这个判决也是法官们五比四的投票结果，这表明如果更换一名法官，最高法院向联邦主义的发展趋势就可能会发生改变。

各州公共政策的比较

美国各州为公共政策的比较分析以及对公共政策中决定性因素的假设检验，提供了很好的背景。教育、福利、医疗卫生、运输、自然资源、公共安全和其他许多领域的公共政策，在不同的州之间区别很大。

州的同化 随着时间的发展，各州之间的经济差别逐渐缩小，这被称为各州的“同化”过程。随着工业、人力和资金从东北部和中西部地区向南部的转移，南部地区历史性的劣势逐渐消除了。随着人们在全国各地的流动，各个地区的文化和种族上的差别也在逐渐消失。甚至各地的口音也变得越来越少了。全国电视、电影和音像行业发展的影响也促进了各州和地区之间文化的“同化”。

各州政策持续存在的差异 然而，各州之间的政策差异并没有随着时间的发展而逐渐减少。还没有证据表明各州之间的政策偏好正在趋于一致，即便是联邦的干预也没有强制各州实行统一的政策。例如，表12-2表明各州之间在教育支出和税收负担上的差异还是很大的。有些州对公立

① United States v. Morrison, 529 U.S. 598 (2000).

学校每个学生的教育支出几乎是另一些州的三倍,有些州的人均税负是其他一些州人均税负的两倍还多。我们怎样解释各州之间的这些政策差异呢?

表 12-2 各州之间政策的差异 (美元)

排名	人均州和地方税的总和	排名	每个学生在初等和中等教育中的公共支出
1 康涅狄格州	4 203	1 新泽西州	9 963
2 纽约州	4 160	2 康涅狄格州	9 872
3 阿拉斯加州	3 961	3 纽约州	9 146
4 新泽西州	3 402	4 阿拉斯加州	8 717
5 明尼苏达州	3 356	5 罗得岛州	8 315
6 马萨诸塞州	3 290	6 马萨诸塞州	8 284
7 夏威夷州	3 236	7 西弗吉尼亚州	8 114
8 威斯康星州	3 005	8 宾夕法尼亚州	8 045
9 罗得岛州	2 954	9 威斯康星州	7 894
10 特拉华州	2 933	10 特拉华州	7 666
11 华盛顿州	2 921	11 明尼苏达州	7 585
12 马里兰州	2 913	12 怀俄明州	7 356
13 缅因州	2 855	13 佛蒙特州	7 309
14 伊利诺伊州	2 850	14 马里兰州	7 297
15 加利福尼亚州	2 810	15 密歇根州	7 269
16 佛蒙特州	2 748	16 俄勒冈州	7 069
17 内华达州	2 726	17 印第安那州	7 048
18 密歇根州	2 720	18 缅因州	6 937
19 内布拉斯加州	2 713	19 新罕布什尔州	6 932
20 宾夕法尼亚州	2 653	20 弗吉尼亚州	6 913
21 科罗拉多州	2 596	21 俄亥俄州	6 554
22 俄亥俄州	2 592	22 肯塔基州	6 539
23 堪萨斯州	2 585	23 华盛顿州	6 514
24 怀俄明州	2 584	24 爱荷华州	6 485
25 爱荷华州	2 521	25 蒙大拿州	6 209
26 印第安那州	2 507	26 夏威夷州	6 193
27 弗吉尼亚州	2 499	27 堪萨斯州	6 185
28 俄勒冈州	2 487	28 内布拉斯加州	6 156
29 新墨西哥州	2 464	29 南卡罗莱纳州	6 092
30 北达科他州	2 464	30 路易斯安那州	6 088

续表

排名	每人缴纳的州和地方税的总和	排名	每个学生在初等和中等教育中的公共支出
31 佛罗里达州	2 427	31 伊利诺伊州	6 075
32 佐治亚州	2 427	32 北达科他州	5 949
33 北卡罗来纳州	2 388	33 新墨西哥州	5 895
34 新罕布什尔州	2 345	34 得克萨斯州	5 870
35 密苏里州	2 329	35 佐治亚州	5 835
36 亚利桑那州	2 290	36 加利福尼亚州	5 832
37 肯塔基州	2 276	37 科罗拉多州	5 823
38 犹他州	2 265	38 佛罗里达州	5 737
39 得克萨斯州	2 251	39 密苏里州	5 655
40 爱达荷州	2 246	40 内华达州	5 597
41 路易斯安那州	2 213	41 俄克拉何马州	5 533
42 蒙大拿州	2 198	42 北卡罗来纳州	5 431
43 俄克拉何马州	2 150	43 南达科他州	5 417
44 西弗吉尼亚州	2 122	44 田纳西州	5 282
45 南卡罗莱纳州	2 059	45 阿拉巴马州	5 010
46 阿肯色州	2 029	46 爱达荷州	4 878
47 南达科他州	2 003	47 阿肯色州	4 864
48 田纳西州	1 976	48 密西西比州	4 827
49 密西西比州	1 963	49 亚利桑那州	4 754
50 阿拉巴马州	1 842	50 犹他州	3 991

资料来源：U. S. Bereau of the Census, *Compendium of Government Finances* (2000); U. S. Department of Education, *Public Elementary and Secondary Education Statistics* (2000).

经济实力与公共政策 经济学的研究很早就揭示了，公共政策与一个社会的经济实力密切相关。我们可以通过人均收入与公立学校中每个学生的教育支出的关系图，来描述经济水平与公共政策的关系，如图 12-2 所示。人均收入用横轴（或 X 轴）表示，每个学生的支出用纵轴（或 Y 轴）表示。每个州的情况在这个图中用这两个数值的计算结果表示。最终的图形（从左到右，各州的数值按从低到高排列）表明，收入的增长与教育支出的增加是密切相关的。这条斜线代表了收入决定教育支出的假设。从各州集中到这条线周围的密集程度来看，它们也符合这一假设。在这条线以上的各州，在教育上的支出要高于他们的收入水平；在这条线以下的各州，在教育支出上则比他们的收入水平要低。总体来看，各州倾向于集中在这 285

条线的周围,表明了对这一假设的支持。

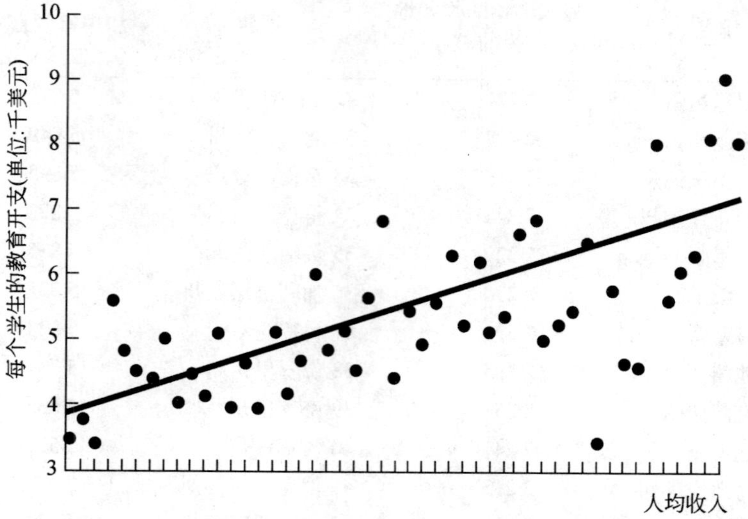

图 12-2 根据人均收入和每个学生的教育支出对 50 个州的排列

制度与公共政策

在政治上,符合宪法的决定与政策结果从来是不能分开的。人们都知道各种各样的制度安排会产生什么样的政策结果。公民和政治领导人一样,始终使宪法上的问题服从于当前的政策需要。历史上有太多这样的例子:同一个政治领导人在某一时期为了实现其当前的政策目标而坚持实行联邦制的主张;而后来又改变了观点,为了实现又一新的政策目标而支持另一个相反的主张。自托马斯·杰斐逊以后,美国还没有哪一个政治家始终强烈地支持联邦制的主张而拒绝在政策斗争中作出让步。

公众对制度和政策的看法 美国人一般更喜欢本地的政府。大多数全国民意测验显示,美国人对州和地方政府的信任度超过了对联邦政府的信任(见表 12-3)。这种态度表明了人们对分权制政府的普遍支持。但矛盾的是,美国人却希望联邦政府在许多**特定的**政策领域里拥有更多的权
287 力,包括传统上被认为是州和地方政府职责的领域。大多数人都支持联邦在这样几个领域的政策,包括投票规则、惩治杀人犯、制定安全标准和确定最低工资标准等领域的政策。

表 12-3 公共舆论与联邦主义制度 (%)

你对以下机构有多大程度的信任度?				
	极其信任	相当信任	比较信任	不太信任
宗教组织	32	24	27	14
军队	28	31	29	9
所在地方政府	11	20	46	21
所在州政府	6	17	53	23
全国新闻媒体	6	13	38	41
联邦政府	4	11	47	37

权力应该集中在哪一级政府?	
联邦政府	26
州政府	64

下列事务应该由哪一级政府来管理?			
	联邦政府	州政府	地方政府
福利	38	40	17
少数族裔的机会	35	30	28
空气与水的质量	35	40	22
公共教育	21	47	30
就业和工作培训	15	59	24
法律执行	15	36	45

你最赞同下面哪种观点?	
州政府比联邦政府更能了解自己的需要,因此州政府应该确立自己的标准,来决定如何分配这些援助基金。	55
联邦政府应该把运作这些项目的职责转移给州政府,但应当设定标准来确定如何分配这些援助基金。	30
联邦政府不应该把这些项目的职责转移给州政府,应继续由联邦政府来管理这些项目。	12
以上各项都不赞同或不确定	3

资料来源：Poll of 1 003 adult Americans by Hart and Teeter for the Council for Excellence in Government, in *State Legislatures*, July/August 1995.

政府间的竞争与公共政策 我们来考虑一下政府间的竞争对不同类型的政策产生的影响。政策按照其功能可以划分为分配型、发展型和再分 288
配型这样几种类型。① **分配型的政策**主要是指导生产和向消费者(纳税人)

① Theodore J. Lowi, "American Business, Public Policy and Political Theory," *World Politics* 16 (July 1964), pp. 677—715.

分配公共产品和提供公共服务。这类政策包含了州和地方政府公共服务的广泛供给，包括教育、卫生、福利、街道和公路、治安和消防、下水道、供水及水处理设备、垃圾处理、公园及娱乐设施等等。**发展型的政策**是指那些直接促进州和社区的经济福利的政策。这些政策直接指向经济增长，包括引进工业、建造交通设施、提供公共设施、更新城区、对劳动力进行培训等等。**再分配型的政策**是为了改变财富的流向，使社会中的特定群体受惠，以满足平等的要求而设计的政策。这些政策包括传统的福利服务、对穷人的医疗保健、失业救济、低收入者的住房以及累进税。需要注意的是，上述各种类型的政策之间的区分仅仅是理论上的区分，任何特定的政府活动都会有分配、发展和再分配的因素。

分配型的政策　联邦制直接强化了政府的分配职能。分权制使得政府能够提供满足各种需求的服务。通过多种政府提供不同种类、不同价格的公共服务，可以实现全体公民更高的满意度。竞争促使政府在分配活动中更有效率，以更低的成本提供更好的服务。与垄断的政府相比，竞争也使得政府对公民的要求更有回应性。有几位政治学家把竞争的概念融入联邦制的理论当中，其中一位就是保罗 · E. 彼得森(Paul E. Peterson)，他同意如下观点：

> 地方政府履行分配职能比联邦政府履行这种职能更加有效，因为分权会使公共服务的供给与变化的需求之间更好地匹配。公民会搬迁到那些能够更好地满足他们需求的社区。[①]

发展型的政策　联邦制和政府间的竞争促使州和地方政府去关注其税收和支出政策对经济增长的影响，并且直接参与发展经济的活动。州政府在经济发展中的角色，传统上集中于提供**物质基础设施**，特别是交通设施。的确，许多年来各州的经济增长与州在交通设施上的支出是密切相关的。[②] 但现在看来，各州未来的经济增长可能更多地依赖于州政府对**智力基础设施**的投资。经济增长无论在何时何地都是人类创造性的作用(function)。从实践的角度看，在各种层次上的教育投资——对小学和中学、商贸学校和职业学校、社区的学院或州立大学、研究机构和运动场的投资，可能会成为未来经济竞争优势的关键。对于美国人的未来幸运的是，教育很

① Paul E. Peterson, *City Limits* (Chicago: University of Chicago Press, 1981), p. 77.

② Thomas R. Dye, "Taxing, Spending, and Economic Growth in the American States," *Journal of Politics* 42 (November 1980), pp. 1085—1107.

大程度上是州和地方政府的竞争性职能，而不是专断和集权政府的职能。各州之间的经济竞争可以成为提高教育和研究水平的内在推动力。彼得 289 森很有说服力地证明了，联邦政府将经济发展的政策留给州和地方政府来负责，将是很明智的：

> 既然州和地方政府在追求发展目标上有能力，那么这一类型的大部分公共服务就应该留给他们去提供。把大部分发展项目的职责授予州和地方政府去履行，联邦政府就会坦白地承认，它在利用这些项目来满足大众的特殊需要时是无能为力的。①

再分配型的政策　政府间竞争的最严峻挑战来自再分配的政策。多元的、竞争性的政府在承担再分配政策的职责时，能够避免造成自己无法承受的搭便车的问题吗？由于担心穷人从福利较少的辖区迁移到福利较多的辖区的搭便车行为，州政府和社区在提供福利服务的时候会受到限制吗？每个州和社区是否会等待着其他的州和社区提供福利服务，并期望本辖区内的贫困人口迁移到更加富裕的管辖区呢？支持大量福利服务的税收负担，会不会促使那些并不贫困的人，包括家庭和企业，迁移到由于提供少量福利服务而税负较轻的辖区？

政府间的竞争是否会伤害贫困人口的争论停留在搭便车的问题上：相互竞争的州和地方政府会把福利水平设置的低于本地区公民的真实需要，他们担心如果福利较多，其他地区的贫困人口就会迁移到本辖区。结果是，政府限制了他们的福利供给，使之相当于或者低于邻近州的福利水平。各州之间的竞争导致福利水平降低的这种可能性，引起了一些政治学家反对 1996 年福利改革法案中提出的在福利政策上的“权力下放”。②

本章小结

美国的联邦制为公共政策提供了特有的机会，也产生了特定的问题。二百多年来，从亚历山大·汉密尔顿和托马斯·杰斐逊之间的经典的争论开始，美国人直到今天还一直在争论，集权制度和分权制度对公共政策的

---

① Paul E. Peterson, *When Federalism Works* (Washington, DC: Brookings Institution, 1986), p. 230.

② 参见：Peterson, *City Limits*; Paul E. Peterson and Mark Rom, "American Federalism, Welfare Policy and Residential Choices," *American Political Science Review* 83 (September 1989), pp. 711—728.

制定有哪些好处。

1. 美国有 87 000 个独立的政府(州、县、市、镇、自治市镇、乡、特别行政区、学区和官方机构)在制定公共政策。
2. 自从托马斯·杰斐逊以来,联邦主义的拥护者们认为,允许一个大国中政策的多样性,有助于减少冲突、分散权力、增加政治参与、鼓励政策创新,以及提高政府的效率。
3. 联邦主义的反对者则认为,联邦制允许特殊利益集团保护其特权地
290 位,挫败国家的政策,不均衡地分配政府的责任,损害较为贫困的州和社区,阻碍实现全国性目标的行动。
4. 两个多世纪以来,随着联邦政府权力的逐渐增长,美国联邦制的性质发生着迅速的变革。"强制性的联邦制"指的是在传统上本来保留给州政府的权力范围内,联邦政府却直接向州政府下达命令。"代议制的联邦制"认为,联邦和州政府之间的权力没有宪法上的划分,联邦制仅仅是通过州政府在选举总统和国会时的职责来界定的。
5. 随着时间的推移,权力逐渐从州流向华盛顿,这在很大程度上是由于联邦政府的财政实力不断增大,进而通过资金援助来参与州和地方政府事务的结果。这些政府被迫遵守联邦的规定,以此作为接受联邦援助的条件。而且,这些政府已经变得越来越依赖于联邦的援助。当今,联邦政府的援助大约占州和地方政府税收收入的四分之一。
6. 然而,联邦主义近些年来有一些适度的复兴。国会在 1996 年的福利改革法案中,结束了长达六十年的联邦现金资助的保障,而把现金福利援助的职责转移给州政府,从而加强了联邦制。然而,国会却在"贫困家庭的临时补助计划"中,对给予州的福利基金附加了一些"限制"性条件。
7. 联邦制度还由于最高法院的一系列(勉强的五比四)判决得到强化,因为在决定中按照贸易条款对联邦政府的权力作了限制,并再次重申各州保留并执行警察权力。
8. 在 50 个州之间还存在着相当大的政策差异。例如,有些州的税收负担竟然比其他州的两倍还要多;有些州对每个学生的教育支出差不多是其他一些州的三倍。在各州的税收、支出和服务水平上,经济实力是一个重要的决定性因素。

9. 在广义上，政策可以划分为分配型的政策（分配公共产品和服务）、发展型的政策（促进经济增长）和再分配型的政策（在不同群体之间转移财富和收入）。大多数政策分析家认为，州和地方政府在制定和执行分配型和发展型的政策上有更好的制度准备，联邦政府则在制度上更适合承担制定和执行再分配政策的职责。 291

第十三章

国防政策：严肃博弈的战略

国家安全是一场严肃的博弈

博弈论为思考和分析国防政策提供了一种有趣的方式。世界主要大国的国防政策是相互依赖的。每个国家调整其国防政策,不仅要反映本国的目标,而且还要反映对其他大国行动的预期。这种政策的结果依赖于世界各国所作决策的综合考虑。而且,我们完全有理由认为各个国家都在努力追求国防政策制定的合理化。各个国家在分析其所有对手可能实行的战略之后,会选择那些能够得到最有利回报的国防战略(政策)。因此,国防政策的制定符合博弈论的基本理论。然而,我们这里对博弈论的运用是有限的,只是为应对充满竞争和相互依存的世界中的政策制定提供一个词汇,提出一些有趣的问题,摆出两难困境。

制定国防政策的理性途径,首先要从认真评估本国以及国家利益面临的各种威胁开始。一旦明确了主要的威胁,下一步就是制定应对这些威胁并维护国家利益的战略。战略设计出来之后,就必须决定所需要的合适的武装力量(军队、人力、武器、训练、准备等)来执行国防政策。最后,必须制定相应的预算给予这些武装力量以财力支持。可见,按照博弈论模型来制定理性的国防政策和规划,要经历这样几个阶段:评估威胁、制定战略、准备武力、给出预算。

当然,制定国防政策过程中的每一步都可能出现一些分歧与不确定性因素,包括对国家所面临威胁的性质和重要程度的评估、应对这些威胁的正确战略、执行这些战略所必需的武力水平，以及提供给这些军事力量的资金等方面。

应对核威胁

自从1945年第二次世界大战结束后的四十多年里，美国和前苏联两个超级大国进行着对抗，其剧烈程度不亚于历史上任何一次战争。的确，核武器使得冷战比过去任何国家面对的战争更加危险。美国和前苏联的核武库威胁着全人类，会毁灭全人类。然而，核武器的这种杀伤力也使得两国的领导人在处理双方关系上保持着高度的警惕。在冷战期间，不同的国家发生了许多规模大小不一的战争，然而，美国和前苏联的军队却从来没有进行过直接的战斗。

威慑　美国主要是依靠威慑政策来维持核和平的。威慑是建立在这样一种思想基础上的：一个国家即使在遭受了敌国的成功突袭之后，它还能够维持打垮敌国的能力，以此来有效阻止一个**理性的**敌国不发起攻击。假设发生了最糟糕的情况——第一次突然袭击我方核武装力量。这就需要强调第二次打击的能力——一个国家的武装力量在遭遇第一次袭击之后，为了报复而对敌国进行令人难以接受的毁灭性打击的能力。威慑实际上是对抗袭击的一种心理防御；至今，还没有有效应对弹道导弹袭击的武力威慑。因此，威慑的战略是利用对报复的恐惧来维持和平的。

战略武器　为了实施威慑战略，美国利用了三合一（TRIAD）的武器系统，包括：陆基洲际弹道式导弹（ICBMs）、海基弹道导弹（SLBMs）以及战略轰炸机。“三合一”系统的每一条“腿”都被认为是独立的、有存活能力的、能进行第二次打击的力量。因此，当敌人设计摧毁美国的二次打击的威慑方案的时候，美国“三合一”系统的每一部分都能给敌人制造一些独立的、奇特的难题。

在20世纪60年代早期，美国就建立了民兵式洲际弹道导弹系统，其中大约有一半武器装备了多弹头分导重返大气层运载工具（MIRVs）；与导弹分离的核弹头能准确袭击独立的目标。1975年苏联研制了一种大型导弹，即SS-18，它能够携带10个具有很强杀伤力和准确度很高的多弹头分导重返大气层运载工具的弹头（约100万吨）。SS-18使苏联具有杀伤高强度目标的能力，能把民兵式导弹毁灭在发射井里。为了应对，美国研制了MX导弹，它比SS-18要小，但也能够装载10个高精度的多弹头分导重返大气层运载工具的弹头。MX 一定程度上解决了由 SS-18 导致的战略失衡。不过，随着冷战的结束，以及与苏联签订的军备控制条约，结束了洲际弹道式
295 导弹系统的新的发展。

"三合一"武器系统的第二部分是洲际轰炸机。多年来，美国的洲际战略轰炸机主要是由老旧的、速度慢的、庞大的 B-52 组成。现在，还有不到 60 架 B-52 能正常使用；它们已经不在核战争中发挥作用，仅仅是为常规任务做准备。一种更为先进的战略轰炸机 B-1，是在 20 世纪 70 年代中期研制并测试成功的，它取代了老化的 B-52。B-1 是一种小型的洲际超音速轰炸机，这种设计是为了使其能够低空突破现代对空防御体系。20 世纪 80 年代，美国制造了 100 架这样的飞机。然而，现在要成功突破敌人的对空防御体系，就需要高度复杂精密的飞机，并运用最先进的"隐形"（避开雷达）技术。隐形技术是指，飞机结构的设计和建造材料使飞机在雷达屏幕上的反射达到最小程度。尽管没有飞机能够完全隐形，但是一个非常小的雷达"信号"或"显示的点"（blip，雷达上显示的点，表示飞机、潜水艇或其他目标的位置，译者注），在杂乱的背景下是不容易被发觉的，或者会使敌人的地对空导弹很难准确地跟踪和瞄准。从 20 世纪 70 年代后期开始，美国在秘密（隐形）技术的研究上取得了跨越式的发展。1989 年，空军推出了第一架隐形轰炸机，即 B-2，带有革命性创新的飞翼。随着冷战的结束，B-2 在核战争中的作用也结束了。今天，它只是与常规武器一起用于攻击防御性目标。

"三合一"武器系统的第三部分是以潜艇发射的弹道导弹系统，它是最具有"生命力"的武力，因此也是"三合一"系统中最好的二次打击的力量。大多数防御分析者认为，各国现在没有对抗潜艇战争的能力，在可预见的将来，也不可能有在第一次突袭中摧毁 SLBM 系统关键部分的能力。1960 年，第一艘装备海基弹道导弹的潜艇（即弹道导弹战略核潜艇）潜入海中。当前正以三叉戟式潜艇取代早期的弹道导弹战略核潜艇（SSBN），它更先进，噪音也更低，每艘潜艇配有 24 个发射管道。18 艘三叉戟式潜艇，一共装备了 432 个海基弹道导弹，作为美国首要的核威慑力量。

军备控制

美国和前苏联在战略武器问题上已经进行了多年的谈判。这一谈判开始于 1970 年，美方由理查德 · 尼克松总统和他的国家安全顾问亨利 · 基

辛格(Henry Kissinger)领导，最初被称作是限制战略武器会谈(Strategic Arms Limitation Talks，SALT)。

限制战略武器会谈的第一阶段(SALT I)　在1972年启动的限制战略武器会谈第一阶段是一个里程碑，因为它标志着超级大国首次做出了限制战略核武器的努力。它包括一个停止反弹道导弹系统(ABMs)进一步发展的正式条约，以及一个对进攻性导弹进行数量限制的执行协议。反弹道导弹的条约反映了这一理论，即每个国家的人民在弹道导弹袭击时都处于无防备的状态，以便把他们作为人质来应对另一个国家的第一次袭击。这种确定性相互摧毁(mutual assured destruction)的理论是建立在这样一种思想基础之上的：如果知道本国人民将会在报复性的袭击中被消灭，一个具备理性的政府决不会下令进攻另一个核大国。 296

限制战略武器会谈的第二阶段(SALT II)　经过七年多的艰难谈判，美国和前苏联在1979年签署了冗长而复杂的限制战略武器会谈第二阶段的条约。其中规定了对“战略核发射工具”——洲际弹道导弹、潜射弹道导弹和装备巡航导弹的轰炸机进行全面的限制，双方各自只能保留2 250枚。还限制了能够装备多弹头的导弹(MIRVs)数量。当苏联入侵阿富汗时，卡特总统不顾参议院的考虑，撤销了限制战略武器会谈第二阶段的条约。然而，卡特以及下一任总统里根都声称，美国将会遵守还未正式生效的限制战略武器会谈第二阶段的条约，前提条件是苏联也要这样做。

削减战略武器会谈(START)　在与苏联的谈判中，里根政府制定了三条军备控制的核心原则——削减、平等与核查。新的会谈目标是削减导弹和核弹头数量，而不像以前限制战略武器会谈那样，仅仅是对未来武器的类型和数量加以限制。为了表明这个新的方向，里根总统重新命名了谈判的名称，即削减战略武器会谈(Strategic Arms Reductions Talks，START)。

削减战略武器会谈的第一阶段(START I)　1991年，乔治·布什总统和戈尔巴乔夫终于在莫斯科签署了让人们期待已久的关于远程战略核武器的协议。这一条约把已配置的战略核发射系统(洲际弹道导弹、潜射弹道导弹和战略轰炸机)削减到只有1 600枚，在限制战略武器会谈第二阶段协议的基础上又削减了30%。战略核弹头的总数量也减到只有6 000枚，减少了将近50%。核查包括现场视察和突击检查，以及“国家技术手段”(卫星监视)。

削减战略武器会谈的第二阶段(START II)　乔治·布什总统和俄罗斯总统叶利钦签署了意义深远的削减战略武器会谈第二阶段的协议，确认了冷战的结束。该协议承诺消除任何一方进行第一次核袭击的威胁，其最重要的条款是要求消除所有多弹头的陆基导弹。协议还要求把所有的战略核弹头削减到 3 500 枚，大幅度削减两国的核武器库，从冷战时期的水平减少三分之二以上（见图 13-1）。美国保证向俄罗斯提供财政资助，协助它执行该条约。

莫斯科条约　使核武器的削减达到顶点的，是由俄罗斯总统普京（Vladimir Putin）和美国总统乔治・布什在 2002 年签署的《莫斯科条约》。这个新条约要求对核弹头进行总体限制，到 2012 年限制在 1 700—2 200 枚。在这个框架下，双方可以自行决定本国战略军事力量的构成与结构。削减战略武器会谈条约的条款仍然保持不变。莫斯科条约的影响，以及早期按照削减战略武器会谈条约进行的核武器削减，将会使敌对双方的核武器库，从冷战时期的水平减少 80% 以上（见图 13-1）。

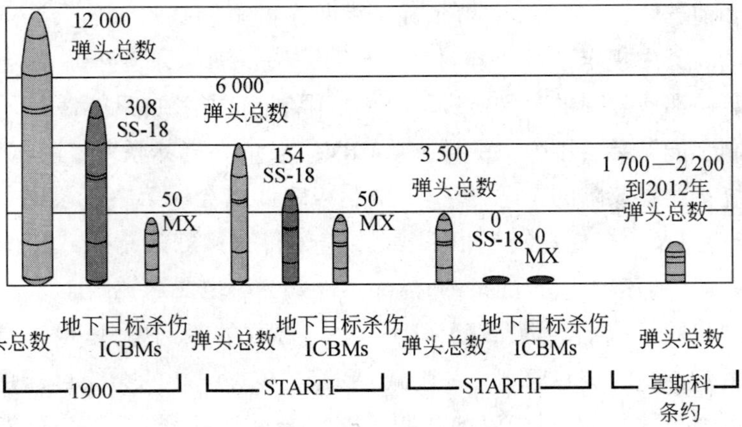

图 13-1　战略核武器的削减

禁止核试验与防止核扩散　美国与前苏联在 1963 年达成了一项协
297 议——《有限核禁试条约》（Limited Test Ban Treaty），即禁止在空中、水下和太空进行核试验，只允许进行地下的试验，认为这样可以减少大气中的放射性。1974 年又签署了最低极限的核试验条约，禁止爆炸能量超过 150 千吨（相当于 150 000 吨的传统爆炸能量）的核武器试验。

1992 年，叶利钦总统领导下的俄罗斯政府宣布，放弃所有核试验，前提条件是美国也这样做。乔治・H. W. 布什总统拒绝作出这种保证，不过，后来比尔・克林顿非正式地暂停了美国的核试验。1996 年克林顿总统签署了一项全面禁止核试验条约，这是一项禁止所有核试验的多边协议，许多没有核武器装备的国家签署了这个协议。但在 1999 年，美国的参议院却投票反对给予批准。这一条约的反对者认为，核试验可以验证核武器的安全与可靠性，而且几个具有潜在核威胁的国家拒绝签署这项条约，如朝鲜、伊朗、伊拉克、印度和巴基斯坦。俄罗斯声称，它要等到美国批准后才签署该条约，而且中国也在继续进行核武器的试验。

然而，另一个多边条约——《防止核扩散条约》，在1968年，由美国和前苏联签署。该条约禁止拥有核武器的国家把核武器和核技术传播到没有核武器的国家。没有核武器的国家承诺，“不接受、不制造、不谋求核武器。”但是，核不扩散条约在很大程度上被许多国家忽视了，不仅包括继续谋求核武器的国家，还包括向无核国家传播核技术的国家。 298

导弹防御：威慑的局限

自从1945年在日本广岛和长崎发生了可怕的原子弹爆炸后，半个世纪以来，全世界都在避免核战争。和平通过威慑得以维持——它是以发动毁灭性的核攻击为威胁，报复敌国的第一次袭击。维持核和平需要依赖具有理性的领导人，他不会使本国人民处于危险境地。

不可制止的威胁　虽然大规模核攻击的威胁在减少，但是来自“无法制止”的威胁力量正在增加。据估计，目前无法制止的核威胁主要有：(1)恐怖主义国家可能发射导弹，或者“无赖”国家的领导人准备牺牲本国人民来进行报复性的袭击；(2) 获得核武器以及发射核武器技术的恐怖分子集团发射的导弹；(3) 意外的导弹发射。随着时间的推进，全球核与弹道导弹扩散的增加，也逐渐增加了此类威胁的可能性。由“无赖”国家、恐怖主义分子以及意外发射的导弹，被认为是“无法制止的”，因为核报复性的威胁在很大程度上是毫无意义的。

“星球大战”　1993年，罗纳德·里根总统要求，美国不能惧怕报复就进行威慑战争，而应该寻求应对核导弹的防御技术。

> 我们的核报复武力已经有四十年阻止了战争。然而，事实却是我们没有对弹道导弹袭击进行防御……当威慑失败的时候，总统的唯一选择是投降还是报复。核报复袭击，不论规模大小，结果都会导致数百万的生命丧失……
>
> 如果我们把强大的科学与工程技术运用到解决对弹道导弹的防御问题，那么一个现实的可能性就是，未来的总统将能够通过智力手段阻止战争，而不是威胁对侵犯者实施毁灭性打击，这是一种不威胁

任何国家的手段。①

里根的战略防御计划(Strategic Defense Initiative,SDI)是一个研究性的项目,目的是探索在敌人的核导弹到达目标之前就将其在空中摧毁的手段。1983年3月,里根总统刚刚宣布战略防御计划不久,媒体很快就把这种做法称为"星球大战"。从理论上说,弹道导弹防御(BMD)系统可以在太空建立基地,围绕着敌人的导弹发射地点而运行。如果敌人的导弹能够穿过以太空为基础的防御,当它们再次进入大气层并接近目标的时候,以地面为基础的弹道导弹防御系统就会设法截击其弹头。战略防御计划包括对激光束、卫星监控、计算机控制的战争管理系统以及"灵敏"而"超群"的武器系统等方面的研究。里根提出的战略防御计划是一个非常有雄心的计划,其目标是创造出一个"无法刺穿的盾",不仅以此保护美国人民,而且还保护同盟国人民的利益。

抵御核恐怖主义 冷战结束后,导弹防御的研究从防御大规模的苏联
299 导弹袭击转向非常有限但更加可能的威胁。今天,首要的核威胁来自于由恐怖主义集团或"无赖国家"发射的导弹。

乔治·W.布什总统2002年向俄罗斯通报,美国撤销1972年限制战略武器会谈第一阶段条约中关于限制新的弹道导弹防御系统的研发、试验和运用的条款。先进的试验既有成功也有失败。中途截击飞来的导弹就好像"用一颗子弹撞击另一颗子弹"。甚至有时候,还会由于敌人可能通过假象来掩饰真正的核弹头,而使情况变得更加复杂;因此,一个可靠的弹道导弹防御系统必须能够区分虚假的和真正的弹头。布什总统还宣布美国将在2004—2005年对数量有限的地基和海基导弹拦截进行实际的部署。起初,导弹防御能力是为了应对"我们的国土、我们的武装力量,以及我们的朋友和盟国所面临的近期威胁"②。

北大西洋公约组织与欧洲的安全

在20世纪的大部分时间里,美国外交和军事政策的核心就是维持西欧的民主。美国在两次世界大战中的参战就是为了维护欧洲的民主。

---

① President Ronald Reagan, *The President's Strategic Defense Initiative*, The White House, January 3, 1985.

② Office of the President, *National Security Strategy of the United States*, 2002 (Washington, DC: U.S. Government Printing Office, 2002).

北约(North Atlantic Treaty Organization,NATO)的起源　在第二次世界大战后,为了抵御苏联侵入欧洲,美国、加拿大、比利时、英国、丹麦、法国、冰岛、意大利、卢森堡、荷兰、挪威和葡萄牙加入了北大西洋公约组织。其中,每个国家都要保证“对其中一个国家的武力进攻……将被认为是对所有国家的进攻”。希腊和土耳其1952年加入北约,联邦德国1955年加入。为了使这些承诺具有可信度,成立了北约联合的军事司令部,任命了一位美国的指挥官员(第一任指挥是美国陆军上将德怀特·D. 艾森豪威尔)。北约成立之后,苏联没有在西欧进一步扩张。为了应对北约,苏联与东欧的卫星国制订了类似的条约——《华沙条约》,该组织的成员国包括波兰、匈牙利、捷克斯洛伐克、罗马尼亚、保加利亚和德意志民主共和国。

东欧的解体　1989年,东欧社会主义国家波兰、匈牙利、罗马尼亚、保加利亚和民主德国的解体,极大地降低了对西欧军事进攻的威胁。戈尔巴乔夫决定放弃使用苏联军事力量以维持它们的权力,是导致社会主义政权解体的直接原因。四十多年来,东欧的社会主义政权一直得到苏联军事力量的支持。1956年,苏联通过军事行动镇压了匈牙利的平民暴动,1968年又镇压了捷克斯洛伐克的平民暴动,1981年苏联利用军事干预瓦解了波兰的团结运动(Solidarity Movement)。如今,俄罗斯的领导人试图重新控制东欧国家的任何努力,都将可能导致大范围的伤亡。 300

德国统一　1989年柏林墙的倒塌和1990年德国的统一,重新安排了中部欧洲军事力量的平衡。今天的德国是欧洲最强大的军事国家,它也是北约的一个成员国。

《华沙条约》与苏联的解体　随着东欧国家社会主义政权被剥夺,《华沙条约》就瓦解了,并于1991年正式解散。该组织以前的成员国要求俄罗斯从他们的领土撤军;俄罗斯政府同意撤军,但由于本国经济状况的影响,撤军的速度是缓慢的。

与此同时,苏联各共和国内部也出现了强大的独立运动。立陶宛、爱沙尼亚和拉脱维亚这些在1939年被迫加入苏联的波罗的海国家,于1991年率先独立。很快,15个共和国都宣布独立。1991年12月31日之后,苏维埃社会主义共和国联盟就正式不复存在了。俄罗斯总统叶利钦接替了前苏联主席戈尔巴乔夫的职务。克里姆林宫上带有镰刀的红色国旗换成了俄罗斯共和国的国旗。

俄罗斯和东欧的稳定　如果俄罗斯、乌克兰和前苏联的其他一些新共和国完全转变为民主政体和资本主义制度,那么21世纪可能会比20世纪带给全世界人民更多的和平与繁荣。可是一旦转型失败了,美国和其他西欧国家将会面临严重危险。例如,民主运动的解体可能会导致一个极权主义、民族主义、军国主义的俄罗斯政体。这样的政体可能会寻求重新对新独立共和国的控制,甚至再次实现对波兰和其他东欧国家的统治。

俄罗斯的军事力量对西欧的其余威胁,即使是在敌对的政体之下,也是非常微弱的。俄罗斯的军队在 1990 年底曾经超过 400 万,特别强大,现在已减少到不足 200 万,这比欧洲北约国家(美国除外)的军事力量还要小。即使在莫斯科建立起对抗西方的政体,俄罗斯要重建能够威胁西欧的军事力量也需要相当长的时间。

然而,美国军事力量从西欧的全部撤退,可能意味着北约联盟的结束。美国已经把它在欧洲"早期存在"的军事力量减少了一半多。支持美国继续驻军欧洲的人认为,它能够在东欧出现民主政体的时候确保稳定可靠;他们注意到,不论欧洲的一些旧联盟还是一些新朋友都要求美国继续干预欧洲的安全。反对者却认为,西欧国家现在有能力承担维护本国安全的任务。

北约的扩张 尽管有俄罗斯的反对,北约还是向东部扩张了其成员
301 国,在 1997 年允许波兰、匈牙利和捷克共和国加入。北约扩张的支持者认为,允许这些国家加入北约,可以为成功地巩固东欧国家的自由和民主提供一个历史性的机会。这还使俄罗斯确信,在北约的政策上俄罗斯可以担任顾问角色但不会给予俄罗斯对这些政策的否决权,同时也不给予俄罗斯权力保证将来其他的东欧国家也能够加入北约。事实上,2003 年北约又允许东欧的七个以前属于社会主义的国家加入——爱沙尼亚、拉脱维亚、立陶宛、保加利亚、罗马尼亚、斯洛伐克及斯洛文尼亚。北约现在共有 26 个国家。

北约与巴尔干半岛的种族冲突 传统上,北约的军事力量从来没有部署到西欧以外的地区。但是,前南斯拉夫爆发的种族战争,以及媒体对当地人民在战争中所受苦难的报道,引起了北约的干涉,并于 1995 年在波斯尼亚派驻部队,以阻止种族冲突在塞尔维亚、克罗地亚和穆斯林民族蔓延。
302 美国派出了大约三分之一的地面部队进驻波斯尼亚作为"维和部队"。但也有人认为,美国的国家安全利益在东南部欧洲的种族冲突中并没有处于危险境地,因此美国的军队不应该遭受这种军事干涉带来的危险。

1999 年北约又以军事行动阻止了科索沃地区的种族冲突。北约的目的是迫使塞尔维亚军队从穆斯林占多数的地区撤退。北约完全依靠空中

轰炸迫使塞尔维亚撤军。尽管存在一些争论，甚至北约的成员国之间也存在争议，此外还有来自俄罗斯和中国的谴责，北约的飞机和导弹还是在科索沃和塞尔维亚进行了袭击（甚至中国驻南斯拉夫首都贝尔格莱德的大使馆也遭到轰炸，却被认为是误炸）。最终，塞尔维亚部队从科索沃撤军，取而代之的是北约军队（还有一个俄罗斯部队的小分队）的驻扎。

什么时候动用军事力量

所有现代国家的总统都承认，他们所做出的最痛苦的决定就是派遣美国军事力量参与战争。这些决定是以牺牲生命为代价的。美国人民愿意把自己的儿女送到危险的战争中，甚至看到有些人受伤或死亡，只是因为美国总统使人民相信其结果是"值得为之牺牲的"。总统必须能够解释为什么这些人会失去生命，以及这种牺牲是有价值的。

保护至关重要的利益　美国军队在长期、流血的越南战争中吸取了惨痛的教训。美国国务卿科林·鲍威尔（Colin Powell）当时是越南战争中年轻的军官。后来鲍威尔将军成为罗纳德·里根总统的国家安全顾问，在乔治·H. W·布什总统执政时成为海湾战争中的参谋长。越南战争中的教训被总结为"鲍威尔信条"：①

- 只有在保护重大的国家利益时，美国才应该动用其军事力量。
- 如果采取了军事行动，必须明确军事目标——消灭敌人军队，或占领敌人控制的领土。
- 任何军事行动中，美国军队都要有足够的实力，以确保用尽可能少的伤亡来换取压倒性或决定性的胜利。
- 在采取军事行动之前，必须确保有合理的理由，保证这种行动会得到美国人民以及他们在国会中的代表的支持。
- 动用军事力量应该是在政治、经济、外交等努力都被证明无效之后才采取的最后一种手段。

如何动用军事力量的这些指导方针得到了美国军队的广泛支持。与好莱坞电影塑造的典型刻板形象相反，军队的领导者是极不情愿参战的，除非美国的重大利益处于危险境地，有明确的军事目标，能得到国会和美

① General Colin Powell, testimony before the Budget Committee of the U. S. Senate, February 1992.

303 国人民的支持，有足够的力量以最小的伤亡取得迅速和决定性的胜利。他们非常警觉，不愿仅仅为了实现外交目的、参与“维护和平”、“稳定政权”或“展示国旗”等目的而让军队处于危险境地。他们很不情愿当自己成为瞄准和攻击的目标时，还要承担所谓的人道主义使命。他们也不想仅凭“军人的天职”，就让他们的士兵去冒生命危险。

支持重要的政治目标 与军事领导者形成对照的是，政治领导人和外交家经常坚持这样一种观点——“战争是政治以其他手段的继续”。这一观点是由19世纪德国的战争理论家卡尔·冯·克劳塞维茨(Karl von Clausewitz)提出的。军事力量可以被用来保护重要的但不一定是重大的利益。否则，美国将会在很大程度上被认为是对世界事务软弱无力的。一个外交家要取得令人满意的结果，通常依赖于其军事力量的或明或暗的威胁。著名的国际政治理论家汉斯·摩根索(Hans Morganthau)曾经写到：“既然军事力量是衡量一个国家实力的明显标准，那么展示这种军事力量就可以让其他国家对这一国家的实力有深刻的了解。”①

现在，美国军队除了进行常规战争之外，还要准备执行其他各种任务：

- 表示美国处理危机局势的能力
- 证明美国对民主政府的支持
- 保护生活在国外的美国公民
- 攻击恐怖主义的目标以进行威慑或报复
- 在处于战争中的国家或集团中维护和平
- 当敌对的集团或国家接受和平协议之后，维持和平
- 在具有战争危险的情形下，提供人道主义援助
- 协助国际力量来制止毒品交易活动

为了实现上述目标，近年来美国总统经常向其他国家派军。1982年向黎巴嫩派驻军队，以稳定其政权(里根)；1983年向格林纳达派军，以救援美国学习医学的学生并恢复民主政权(里根)；1989年向巴拿马派军将曼纽尔·安东尼奥·诺列加将军赶下台，从而保护美国公民(布什)；1992—1993年向索马里派军，以提供人道主义紧急援助(布什和克林顿)；1994年向海地驻军，以恢复宪政权(克林顿)；1995年向波黑派军，在种族冲突中维持和平，并在1999年迫使塞尔维亚从科索沃撤军(克林顿)(见表13-1)。

---

① Han Morganthau, *Politics among Nations* (New York: Knopf, 1973), p.27.

表 13-1　二战以来美国军事力量的主要行动

年份	国家（地区）	总统
1950—1953	朝鲜	杜鲁门
1958	黎巴嫩	艾森豪威尔
1961—1964	越南	肯尼迪
1962	古巴海域	肯尼迪
1965—1973	越南	约翰逊、尼克松
1965	多米尼加共和国	约翰逊
1970	老挝	尼克松
1970	柬埔寨	尼克松
1975	柬埔寨	福特
1980	伊朗	卡特
1982—1983	黎巴嫩	里根
1983	格林纳达	里根
1989	巴拿马	布什
1990—1991	波斯湾	布什
1992—1993	索马里	布什、克林顿
1994—1995	海地	克林顿
1995—1996	波斯尼亚	克林顿
1999	科索沃	克林顿
2002	阿富汗	布什
2003	伊拉克	布什

那些支持美国灵活动用军事力量的人，否认美国有成为“世界警察”的任何企图。相反，他们认为要根据每种情况的价值作出独立的判断——权衡美国目标的重要性以及需要付出的代价。任何军事行动都是有风险的，但为了促进重要的政治利益有些风险是值得去承担的，即使这些利益对于美国来说并不是“至关重要的”。新闻媒体，尤其是电视媒体，在迫使总统采取军事行动上起着重要的影响作用。来自世界各地的画面，包括拷打与杀戮、饥饿与死亡、毁灭与破坏等，为美国实施军事干涉提供了强有力的情 304
感刺激。尽管公众很缺乏有关国际政治的常识，但总统通常会依靠最初的“集合在国旗周围”（rally around the flag）的策略促使人民大众对军事行动

的支持。但如果在军事行动中伤亡人数增多,或者看不到战争的胜利或结束,那么媒体的全面报道,包括把尸体运回国、军事葬礼以及丧失亲人的家庭等,都会给总统施加压力以结束美国的军事干涉。除非美国的军队能够以很少的伤亡取得迅速而具有决定性的胜利,否则,公众对军事干涉的支持就会动摇,国会中就会出现批评的声音。

支持反对恐怖主义的战争 反对恐怖主义的战争为使用军事力量创造了新的条件。[①] 当前,美国的军队为执行下列任务做准备:

- 直接袭击恐怖主义势力,抓获或杀掉他们。这些任务通常是由经过高级培训的特种军事部队来执行的。
- 对那些窝藏恐怖分子、允许恐怖分子保留基地并为恐怖组织提供装备的国家进行袭击。1986 年,美国在一次有限空袭中攻击利比亚。1993 年,美国攻击驻在巴格达的伊拉克情报中心,以回应被挫败的暗杀前总统乔治·H. W. 布什的阴谋。2001 年,美国主要依靠其特种部队与阿富汗的部族武装进行合作,攻击基地组织(Al Qaede)恐怖分子,推翻了窝藏和支持基地组
305 织的塔利班政府。
- 对那些使用大规模杀伤性武器(化学武器、生物武器或核武器)对美国及其盟国进行威胁,或者向恐怖组织提供这些武器的政权,给以先发制人的袭击。这种先发制人的军事行动代表了美国传统政策的转向。历史上,美国采取军事行动只是回击对其本国或盟国军事力量的直接袭击。但有人认为,“9·11”的恐怖袭击导致了现代反恐战争的开始,美国在中东的军事行动,包括在阿富汗和伊拉克的军事行动,都与“9·11”对美国的袭击有关。主张先发制人的军事行动的观点被布什总统的国家安全顾问康多莉扎·赖斯(Condoleezza Rice)总结为:“我们不能等到冒烟的枪炮变成蘑菇云。”

---

① Office of the President, *National Security Strategy Combatting Terrorism, 2003* (Washington, DC: U.S. Government Printging Office, 2003).

使用军事力量

美国在1991年的海湾战争、2002年的阿富汗战争和2003年的伊拉克战争中，都派遣了战斗力量和采取了军事行动。

采取“沙漠风暴”的行动 1990年8月，萨达姆·侯赛因入侵科威特。很明显，这是在与伊朗进行了长期未决的战争之后，为了恢复其军事威望，保证获得额外的石油收入来资助其继续加强伊拉克的军事力量，也为了威胁（或入侵）沙特阿拉伯和海湾国家，从而得到世界大部分石油储量的控制权。在危机的早期，乔治·H.W.布什总统命令美国军队进驻海湾地区，对沙特阿拉伯进行军事防卫。布什总统把早期的军事部署称作是“防御性的”。但他很快就确信，无论是外交途径、联合国决议，还是经济封锁，都不能把萨达姆驱逐出科威特。因此，他命令其军事指挥官准备一个“进攻性”的计划，迫使伊拉克的军事力量从科威特撤退。

没有美国人民的全力支持，美国高级军事指挥官，包括参谋长联席会议主席科林·鲍威尔将军和战场指挥官诺曼·施瓦茨科普夫（Norman Schwarzkopf）将军，是很不情愿参与战斗的。如果接到命令去作战，他们期望使用不可抵挡的和具有决定性的军事力量；他们还想避免战争的逐步升级、长期的冲突、战争目标的限制以及战争中的政治干预。因此，他们向总统递交了一份计划，要求大规模的军事集结。结果，超过50万人的军队被派往了海湾地区。

1990年11月，国务卿詹姆士·贝克（James Baker）赢得了联合国安全理事会的支持，决议授权“运用所有必要的手段”攻击伊拉克，以迫使它从科威特撤军。经过国会长期的争论，1991年1月，布什总统使众议院（250对183）和参议院（52对47）通过了一项类似的决议。布什总统成功地联合了许多国家来支持其军事行动。英国和法国派出了重要的地面战斗部队，来自海湾地区阿拉伯国家的小型部队也参与了军事行动。 306

1991年1月16日晚，“沙漠风暴”行动开始对巴格达的重要基地进行空袭，美国有线新闻网络（CNN）驻当地记者感到非常吃惊。空袭进行五个星期之后，情报人员估计，接近一半的伊拉克坦克和枪炮被摧毁，士气受挫的士兵隐藏在深处庇护，战场被隔离，准备开始地面行动。在2月24日晚上，地面袭击开始了。海军陆战队突破了壕沟和雷区，直接冲向科威特机场。陆军直升机的打击可直达伊拉克纵深；大批装甲纵队向北穿过沙漠，从侧翼包围伊拉克军队，并从西部对他们发动进攻；密集的空中火力使得伊拉克军队被迫在碉堡中躲避。伊拉克部队陆续投降，从科威特出来的交通要道变成了一个大规模的伊拉克运载工具的废弃场，试图继续战斗的伊拉克军队很快就被打垮了。经过 100 个小时的地面战争后，布什总统命令停火。

美国以极少的伤亡，迅速取得了决定性的军事胜利。布什总统没有同意扩大战争的原初目标，继续夺取巴格达或除掉萨达姆的请求，即使他的战败也会导致他被驱逐。布什总统宣布了战争的胜利并庆祝美国部队的凯旋。但战争的结果是很复杂的。回顾一下，总统在 100 个小时的地面战争后就宣布结束战争，显得有些不太成熟。

维持自由的行动　反恐战争的军事进攻阶段开始于 2001 年 10 月 7 日，就在“9 · 11”之后不到一个月的时间里。美国的空军和海军开始袭击阿富汗的基地组织，美国的特种部队组织并率领反对塔利班的战士，包括自称为“北部联盟”的部族武装，进行了反对塔利班政权的战斗。多个国家参与了这一维持自由的行动；一些国家，包括英国和加拿大派遣了部队；另有一些国家，包括巴基斯坦、沙特阿拉伯、乌兹别克斯坦，默许美国在他们的领土上建立现代军事基地。阿富汗首都喀布尔在 2001 年 11 月 13 日被反抗塔利班的军事力量攻占。

布什总统清楚地对外表明，美国准备对那些窝藏恐怖分子或为恐怖分子提供避难所的国家进行军事攻击。塔利班政权被驱逐下台。到 2002 年 4 月，也就是维持自由的军事行动进行了六个月后，基地组织和塔利班的武装力量被驱散成小股力量，躲进阿富汗和邻国巴基斯坦的一些山区。乌萨马 · 本 · 拉登本人却脱过了抓捕。

阿富汗的政治和军事力量在德国的波恩举行会议，形成了共同的协议，同意由哈米德 · 卡尔扎伊为首的新政府在喀布尔就职。卡尔扎伊政府并没有完全控制阿富汗；各部族的军事首领，或称“军阀”，在全国行使着独
307 立的权力。

维持伊拉克自由的军事行动　在 1991 年海湾战争结束的时候，萨达姆 · 侯赛因的伊拉克政权，同意销毁所有的化学和生物武器，并终止谋求核武器的行为。联合国核查人员将确认伊拉克遵守这些条件。但是萨达姆政权拒绝合作，1998 年他命令这些检查员撤出伊拉克。在 12 年的时间里，伊拉克至少违犯了联合国的 12 个决议。2002 年底，随着美国军队在这个地区的集结，萨达姆允许联合国核查人员回到伊拉克，但是仍然阻挠他

们的正常工作。2003 年 3 月 19 日，给萨达姆发出 48 小时离开伊拉克的警告后，美国和英国发动了旨在消灭萨达姆和他的最高指挥权的空袭。

在不同场合，乔治·W. 布什把维持伊拉克自由的军事行动的目的分别确定为：(1) 消除伊拉克的大规模杀伤性武器；(2) 让伊拉克“改变政权”，结束萨达姆对邻国的威胁，并把伊拉克人民从他的压迫统治下解放出来；(3) 确保萨达姆不再窝藏或协助恐怖组织。但是布什总统和国务卿科林·鲍威尔并没有成功获得联合国安理会对其军事行动的批准。在安理会的常任理事国中，只有英国及其首相托尼·布莱尔给美国以强大的支持，并准备为反对萨达姆的战争提供重要军事力量。美国的公众舆论是支持这种军事行动的，但是欧洲的公众舆论却极力反对。法国和德国表示外交上的反对；土耳其拒绝美国军队利用其领土对伊拉克发动袭击；美国被迫依靠科威特、卡塔尔以及其他一些较小的海湾国家，来获得地区的支持。

美国军队试图以成功的海湾战争的模式发动战争——通过一段时间的狂暴的空中轰炸来“准备战场”，然后利用无法抵抗的军事力量进行大规模的地面袭击。但是国防部长唐纳德·拉姆斯菲尔德却要求在伊拉克使用“较小规模”的战斗力量。他只部署了不到海湾战争一半的空军、陆军和海军力量，并同时发动了空中和地面的袭击。

美国和英国的士兵与舰队只花了 21 天的时间就迅速席卷了 350 英里，从科威特边境进军到了巴格达。英国的第三装甲师（部队），在澳大利亚的支持下占领了港口城市巴士拉；美国的第三步兵团沿幼发拉底河西岸推进；美国第一海军舰队沿东岸进攻。特种行动部队以及第 101 空降师，与库尔德武装力量在伊拉克北部联合。特种行动部队还快速占领了伊拉克的油田并防止被破坏。起初，战争的进展受到了阻碍，因为要求战士穿着厚重的化学防护服并带着排除污染的设备。但是，伊拉克并没有使用化学武器和生物武器，来对抗美国军事力量。向巴格达的进军加速，并且以极少的伤亡就占领了这座城市。

布什总统在 2003 年 5 月 1 日宣布“结束主要战斗”，但是在伊拉克的战争却刚刚开始。美国军队的领导没有预料到与伊拉克起义军进行持久的游击战——很快就导致了美国军队比在占领巴格达的战斗中更多的伤亡。国防部长唐纳德·拉姆斯菲尔德的“小规模”的军事战略未能部署足够的地面部队以应对这种叛乱状态。也没有发现大规模的杀伤性武器。萨达姆·侯赛因被抓获，但是针对美国部队的袭击却更加

308 激烈了。

布什总统曾经蔑视“建设国家”的概念，正确地评价说，如果能尽全力去做，就决不动用武力去完成。但是，不久总统就宣布了重建伊拉克并在这个国家建立民主政权的目标。然而，在占领巴格达的一年之后，伊拉克仍然处于混乱之中，美国军队的伤亡每天都在增加，但何时撤军仍遥遥无期。起义军甚至攻击那些帮助他们重建自己国家的伊拉克人。伊拉克囚犯被美国士兵污辱和虐待的照片被曝光，激起了人们的愤怒。在 2004 年 6 月 30 日，美国正式把主权归还给伊拉克的治理委员会。但是，美国的军队仍然驻守在伊拉克，针对美军的袭击也一直没有减退。

决定军事力量的水平

美国整个军事力量的水平都是由威胁促成的，也即，是由可以觉察到的对国家安全的威胁大小与性质决定的。事实上，某一武器系统或基地的开放与关闭，都是由政治力量来驱动的，像国会中的国防承包商的力量，或者是来自受国防支出重大影响的某地区的国会议员的权力。并不是白宫与国会，甚至国防部中的每一个人，都能在美国现在和将来所面临威胁的本质上达成一致意见。不过，制定国防政策规划以及确定美国军事力量的“规模”，都应该首先对国家面临的威胁进行评估。

地区性的威胁

中东　中东长期以来是世界上最不稳定的地区之一。在过去的半个世纪里，以色列向阿拉伯国家发动了四次主要的战争，并采取了许多小规模的军事行动。1991 年，美国发动了对伊拉克的海湾战争；2001 年又在阿富汗进行了推翻塔利班政权的战争；2003 年摧毁了伊拉克的萨达姆·侯赛因政权。因此，国防计划必须继续考虑在中东地区发生主要的地区性冲突的可能性。

伊朗　伊朗拥有一支一百万人的军队，并在全球军火市场上购买常规性武器与核原料。前苏联等国家向它提供了地对地的导弹。伊朗还拥有在波斯湾作战的潜艇部队以及相当规模的空军力量。以色列认为伊朗是对这个地区和平与稳定的主要威胁。

叙利亚　虽然叙利亚已经不再有已经解体的苏联的支持，但其军事力量仍然强大。叙利亚仍然处于与以色列的正式交战状态，而且其军队占领了黎巴嫩的大部分地区。

亚洲 美国在亚洲进行过两场损失极为惨重的战争，第一次是在朝鲜（1950—1953 年，有 34 000 人阵亡），第二次是在越南（1961—1973 年，有 47 000人阵亡）。自从 1972 年理查德·尼克松总统到中国的“破冰之旅”以 309
来，美国一直努力改善与世界上最大的国家及其社会主义政权之间的关系。但是，中美之间在维持安全事务上的全面伙伴关系仍然存在一些障碍。

朝鲜 朝鲜把国家的经济和人力的大部分投入到军事当中。它的“伟大领袖”金日成，从来没有放弃通过武力重新统一朝鲜的目的。他的儿子，“亲爱的领袖”金正日接替了其职位。平壤仍然保留着一支一百万人的军队。更为重要的是，朝鲜还拥有核武器以及中程弹道导弹，能够打击韩国和日本的所有目标。美国试图谋求中国、俄罗斯以及韩国和日本的支持，通过外交努力来阻止朝鲜核武器的计划。

当前军事力量的水平 冷战的结束，证明在 20 世纪 90 年代大力削减军事力量和国防预算的做法是具有合理性的。陆军减少到了 10 个现役师，空军减少到了 12 个战斗部队（每个美国陆军师包括 15 000 到18 000人；每个空军战斗部队包括大约 72 架战斗机）。海军现在部署了 12 个航空母舰战斗群（一个航母战斗群主要包括一艘装备 75 架到 85 架飞机的航空母舰，还有防卫巡洋舰、驱逐舰、护卫舰、攻击潜艇和援助舰）。海军陆战队保留着全部三支海军远征部队（每支海军远征部队包括海军部分队、海军航空部队以及援助服务队）（见表 13-2）。国家警卫队和预备役部队一直承担着更大、更重要的角色。海、陆、空军和海军预备役部队，一共大约有 120 万人。美国在伊拉克和阿富汗的军事部署，要求这些军事力量的三分之一去执行现役任务。

同时面临着两个地区的威胁 自从 1991 年海湾战争，美国的军事计划预见到了两种地区威胁在同时进攻的可能性。如果美国军队大量介入类似海湾战争的地区冲突中，国防战略家担心另一个挑衅者会利用美国军队投入的优势，在其他地方向美国或其联盟和利益发起军事行动。最常见的同时存在两种军事威胁的例子是，美国把大量的军队 310
派驻中东地区，而亚洲地区的某种力量可能会利用这个机会，发动他们的挑衅攻势。美国因此不得不在世界的不同地区面临两个主要的军事挑衅者。

表 13-2　美国军事力量的水平　（单位：百万）

	1990 年冷战结束	2004 年
现役军人	2.1	1.4
陆军部队	18	10
海军航母战斗群	15	12
海军远征部队	3	3
空军战斗联队	24	12

资料来源：Office of the Secretary of Defense.

虽然正式承认了"两个主要威胁者的战争"带来的威胁①，国防部当前却没有军事力量在中东和亚洲两个主要的地区冲突中同时占优势。自从1990年常规的陆军部队和空军部队减编后，美国只能在"控制"一个地区冲突的同时，在另一个地区冲突中争取胜利，然后再把军事力量转向那个地区冲突。美国最缺乏空军和海军力量——货船、供给、武器以及能够在全世界运送战斗力量的部队。

与恐怖主义作斗争　反对恐怖主义的战争对于非常规武力和策略的国防政策提出了新的重点。美国的特种部队在把塔利班政权驱逐出阿富汗的过程中起到了关键作用。特种部队在地面的行动，加上空中的有人操纵和无人操纵的飞机的监视，为停留在阿拉伯海的航空母舰、在中东地区空军基地的战斗机以及在美国本土的远程轰炸机提供目标情报。就在发起维持自由的军事行动的两个月之后，这些袭击使反抗塔利班政权的阿富汗武装力量占领了阿富汗的首都喀布尔。

目前，陆军、海军、空军的特种行动部队正在得到扩张与强化。他们接受训练，以快速适应变化的环境，为常规武力传递情报，并参与到公开或秘密的军事行动当中。

维护和平　当前，美国的军事力量驻扎在全世界120多个国家。其中，在伊拉克、韩国、阿富汗等国派驻军事力量的规模最大，但是在下列这些国家部署军队的数量最多，包括卡塔尔、巴林、沙特阿拉伯、科威特、波斯尼亚、科索沃、菲律宾、日本、古巴（关塔那）、哥伦比亚、洪都拉斯，还有北约组
311 织的成员国，包括英国、德国、意大利、爱尔兰和土耳其。起初，布什政府表示出了对建设国家的蔑视态度，但很快他就意识到美国的军事力量应该保

① U.S. Department of Defense, *2002 Annual Defense Report* (Washington, DC: Department of Defense, 2002).

护并推进美国在全世界的利益。

传统上，美国军事力量的训练是为了战斗，而不是“维护和平”。然而现在，美国军队使其更多的训练、教导和武器装备去适应维护和平的使命。这就意味着需要增加军事警察、民政事务单位、地方武装的训练者以及人道主义救济物资供应等的数量。

使军事力量紧缩的更加瘦小　在过去的十年里，美国军队进行战争和维护和平的使命，数量又增加了。但是，军事力量的水平仍然是最小限度的。美国国防部长唐纳德·拉姆斯菲尔德仍然是要求更加“精干”的军队。

历史的经验告诉美国军队，只有迅速而又坚决地使用了不可抵抗的军事力量，才能把伤亡控制在最低限度。但最小规模的军力投入战斗，没有足够的空军力量的支持，或者当战线扩张太长的时候，都会损失生命。当前，陆军和空军战斗部队的数量以及能够得到的有限的交通和支持力量，对于应对两个主要的地区冲突是不足够的。潜在的反对者，例如伊朗和朝鲜，部署了现代的装甲兵和炮兵部队。美国军队维护和平的任务和人道主义的使命，使得资源、训练和士气偏离了战争。美国的军事力量长期派驻海外，他们的士气也会受到影响；这对于国家警卫和预备部队来说尤其明显。

国防开支　在长期的冷战时期，美国在国防领域的巨大投资在实现其最重要的目标上取得了成功——阻止了核战争。它也维持了西欧的和平与安全，西欧曾经在20世纪上半叶经历了两次世界大战。美国的国防政策在实现了这些目标的同时也导致了一个既受欢迎又相互矛盾的结果——减少了对国家安全的威胁，而同时也减少了对国防的需求（见图13-2）。

越南战争导致了国防支出的暂时增长。（美国的地面战斗部队在1965—1973年被调用到越南。）但是，越南战争结束后，国防支出显著下降了，美国的军事变成了许多人所说的“空心的军事力量”（hollow force）。在吉米·卡特执政的最后一年（1980年），他命令增加国防开支，这是越南战争之后第一次增加国防支出。然而，是罗纳德·里根总统承担起了全面重建美国常规军事力量的任务。苏联阵营的解体（1989年柏林墙的倒塌），证明了美国大规模裁减军事力量和削减国防开支的合理性。这些削减发生在共和党人乔治·H. W. 布什和民主党人比尔·克林顿执政期间。当前反对恐怖主义的战争又使得美国的国防开支有了一定

312 程度的增加。

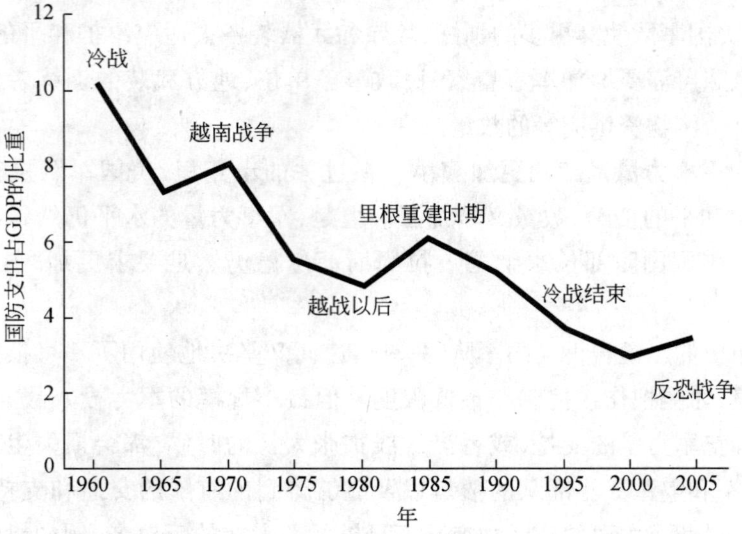

图 13-2 国防开支的发展趋势

本章小结

华盛顿(美国)的国防政策与其他资本主义国家的国防政策是相互依赖的——包括战略、军事水平和国防支出的决策都是由其他大国施加的可觉察到的威胁来决定的。博弈论为竞争性的、相互依赖情形下的政策制定提供了一种理性的思维方式。

1. 在长期的冷战过程中,威慑战略是通过制造理性的敌国无法接受的核打击后果来阻止核战争的。威慑主要强调反击的能力,即一个国家的军队在遭受第一次袭击之后,通过报复性的回击给敌国造成无法接受的毁灭。
2. 为了实施威慑战略,美国拥有"三合一"的战略力量——以地面为基础的导弹、潜射导弹和战略轰炸机。以潜水艇为基础的导弹是核威慑力量中最具生命力的部分。
3. 冷战的结束使得整个战略核力量削减了 2/3。削减战略武器条约规定,大幅度削减双方的核弹头,并要求销毁所有的陆基 MIRV 导
313 弹。双方军事力量的削减使得发动第一次袭击的可能性大大减

小了。

4. 当前的战略争论主要集中在无法制止的威胁上——恐怖主义国家可能发射导弹、恐怖主义组织可能发射导弹以及意外的导弹发射。全球的核扩散增加了这些威胁的可能性。罗纳德·里根总统开始了一项大规模的研究计划，即战略防御计划，或者称作“星球大战”，以增强截击和摧毁来袭弹道导弹的能力。虽然导弹防御计划的组织已经解散了，但仍在继续研究陆基弹道导弹的防御。乔治·W. 布什总统使得导弹防御的发展方向转向了恐怖主义国家。他从禁止部署导弹防御系统的限制战略武器会谈第一阶段的条约中退出。
5. 在整个 20 世纪里，美国政策的核心目标是保持西欧的民主制度。在北约组织联盟中，美国和西欧国家都承诺，对其中一个国家的武装袭击就被认为是对所有国家的武装袭击，并且指派北约联合军事司令部来保证这个承诺的实现。
6. 东欧社会主义国家的失利、德国的统一和苏联的解体都极大地消除了对欧洲安全的威胁。很显然，现在北约面临的重要问题是，在西欧之外的国家驻扎军队执行任务是否明智，尤其是镇压东南部欧洲的种族暴力运动是否明智。
7. 冷战的结束，证明大规模削减陆军和空军部队是具有合理性的。传统上是为了参加地区性战争的海军和舰队，削减得不多。冷战的结束也使得国防支出有了显著的减少。
8. 当今，美国的国防政策主要是由潜在的地区挑衅者、恐怖主义政权和恐怖主义组织制造的威胁决定的。国防战略也要求美国军事力量的水平能够应对两个几乎同时存在的、主要的地区冲突。
9. 对于什么时候动用军事力量，美国从来没有明确的政策指导。大多数的军事领导者认为，只有在保护国家的重大利益，有明确的军事目标，并且有国会和人民的支持的情况下，才能使用军事力量。而且军事力量的使用，应该是以足够的兵力和最小的伤亡来换取迅速而具有决定性的胜利。再者，使用军事力量，还是除了经济、政治和外交手段之外的最后一种策略手段。
10. 与此形成鲜明对照的是，许多政治家和外交家认为，军队应该用来支持实现重要的政治目标和人道主义目标。其中包括显示美国在

危机局势中的决心,支持民主政府,在处于战争状态的派别或国家中创造和平,在同意和解的敌对党派中维护和平,还提供人道主义
314 的援助。

第十四章

国家安全：恐怖主义和无法阻止的威胁

恐怖主义的性质

通过威慑维持和平与安全的战略假定敌人是**理性**的——理性的敌人不愿意因自身的侵略行为，而给自己、给人民、给国家带来死亡和毁灭。半个世纪以来，在2001年9月11日恐怖主义袭击美国之前，美国的国家安全防御战略主要依赖于威慑——使潜在的敌国确信，任何对美国的攻击都会给敌国本身及其人民造成毁灭性的损失。但是"9·11"唤起了美国对恐怖主义威胁的意识——恐怖主义就是由敌人精心谋划的对民间目标的攻击，他们为了所谓的事业而愿意牺牲自己及其人民。

"9·11"恐怖袭击造成纽约和华盛顿3 000多平民死亡。平民乘坐的商业航班被劫持，并以高速直接飞往美国经济和军事力量的标志性建筑——纽约世界贸易中心和华盛顿的五角大楼。纽约市最大建筑物倒塌的电视画面对美国人民造成了长期的影响。美国发现自己处于一场新型战争中——反对恐怖主义的战争，隐秘的敌人处心积虑地杀死尽可能多的无辜平民。

恐怖主义的目标　恐怖主义是直接针对无辜平民的政治暴力。① 对

① 美国联邦法规第22章第2656节(d)规定："恐怖主义意味着，次级国家集团或秘密代理人进行的有预谋的、存有政治动机的针对非战斗目标的暴力侵犯，其目的通常是为了引起公众的注意。"

文明世界的人民来说,恐怖主义是野蛮的,是没有理性可言的。恐怖主义分子并不是“疯子”。他们的首要目标是以最夸张的方式来宣布他们的苦难、他们对暴力的责任以及对人类生命(包括他们自己的生命)的漠视。起
316 初阶段,恐怖主义行动的成功,与它受到的公众的关注是直接相联系的。恐怖主义集团欢呼地声称他们对自己的行动负责。事件越恐怖,媒体的报道越多,损失越大,死亡人数越多——就越有利于恐怖分子在吸引公众注意力方面得逞。

恐怖主义的长期行动,目的是引起人们普遍的恐慌,并使人们相信政府不能保护他们,从而逐渐销蚀掉人们对国家领导人的信心。(恐怖主义这个词的拉丁词根意为“恐吓”。)恐怖主义行动的恐怖性及其不可预测性都增加了公众的恐慌——人们既不能够预料也不能预防恐怖分子导致的悲剧。恐怖主义分子希望人们最终认为,屈服于恐怖分子的要求要比持续生活在焦虑和不确定性的环境中更好。

民主党派的领导人尤其容易受到恐怖主义的攻击。他们不得不迅速而有效地作出反应,来保持人们对政府的信心。但是在这样做的同时,他们几乎被迫丧失了致力于保护的那些公民自由——利用照相机、窃听器和其他侦探设备来强化监管;无理由的阻止和搜寻公民;在飞机场、火车站和公共集聚场合进行搜寻;对人们进行长时间的侦探而不审判;镇压移民和采取其他限制性的措施。

全球的恐怖主义 全球性的恐怖主义经过这些年的发展,已经形成在许多国家运作的高度复杂化的网络。最有影响的恐怖主义袭击可以追溯到30多年以前,但是由恐怖主义分子导致的死亡和破坏已经极大地增加了(见表14-1)。在2001年9月11日袭击纽约世贸中心和五角大楼以前,大多数美国人认为恐怖主义是发生在国外的。恐怖主义分子袭击美国还是极少见的,最具破坏性的袭击——1995年对俄克拉何马市联邦建筑的轰炸,是由国内的一名恐怖主义分子实施的。但是“9·11”的袭击达到了一种前所未有的规模,它揭示了反对美国的一个复杂化的全球性的密谋。

一个由富有的沙特阿拉伯人乌萨马·本·拉登组织起来的恐怖主义分子的自由组织网络(基地组织),致力于搞全球性的恐怖主义活动。他们在政治上遭遇的压迫(不公平),包括美国在中东冲突中对以色列的支持,以及美国在伊斯兰教的圣地——著名的沙特阿拉伯的存在。有好几个国家都受到这种政治的压迫,他们为类似基地组织这样的恐怖主义组织提供支持与避难所。美国国务院把这些国家列入支持恐怖主义的名单:叙利

亚、伊朗、伊拉克、苏丹、古巴和朝鲜。非正式地列入美国国务院观察名单的国家有：阿富汗、巴基斯坦、黎巴嫩和也门。但是为基地组织提供支持和避难所的主要是统治阿富汗的专制暴力组织塔利班。

表 14-1　全球性的恐怖活动(部分)

日期	死亡人数	过程记述	主要嫌疑犯
1972 年 9 月 5 日	17	在德国慕尼黑的奥运会上,以色列运动员被杀害	布莱克·塞普特姆伯,巴勒斯坦游击队组织
1983 年 4 月 18 日	63	美国驻黎巴嫩首都贝鲁特的大使馆被炸	(黎巴嫩)真主党
1983 年 9 月 23 日	112	在阿拉伯联合酋长国,一架飞机在行李仓发生炸弹爆炸后坠毁	未知
1983 年 10 月 23 日	299	在黎巴嫩首都贝鲁特,两辆卡车爆炸,杀死美国水兵和法国的伞兵	美国谴责与伊朗和叙利亚结盟的集团组织
1985 年 6 月 23 日	329	刚刚离开爱尔兰海岸线,在大西洋上空印度航空公司的一架喷气式客机爆炸	加拿大皇室骑警在 2000 年指控,阿贾卜·辛格·鲍格里和瑞普达曼两名印度锡克教徒,是持不同政见者
1987 年 11 月 9 日	115	在缅甸海岸线,一架韩国航空公司客机爆炸	韩国怀疑朝鲜与此事有关
1988 年 12 月 21 日	270	美国泛美航空 103 号航班在苏格兰洛克比发生爆炸	2001 年,一名利比亚情报员在海牙法院被判刑,另一个被宣判无罪
1989 年 9 月 19 日	171	一架法国联合航空运输公司的飞机在尼日尔爆炸	黎巴嫩伊斯兰圣战组织宣称对此事负责,法国让利比亚负责
1990 年 10 月 2 日	128	中国厦门航空公司的一架飞机被劫持坠毁,撞上在机场停靠的其他飞机	未知
1992 年 3 月 17 日	29	一炸弹炸毁了以色列驻阿根廷首都布宜诺斯艾利斯的大使馆	未知
1993 年 2 月 26 日	6	一辆装满炸药的货车在世界贸易中心的车库爆炸,使 1 000 多人受伤	在 1998 年判拉姆齐·尤素福无期徒刑加 240 年监禁;美国联邦调查局怀疑乌萨马·本·拉登是幕后指使

续表

日期	死亡人数	过程记述	主要嫌疑犯
1995年4月19日	168	俄克拉何马市卡车爆炸,毁坏了阿尔佛雷德·P.默拉的联邦建筑	2001年6月11日,蒂莫西·麦克维被执行死刑
1998年8月7日	224	汽车爆炸,毁坏了美国驻肯尼亚首都内洛比和坦桑尼亚首都达累斯萨拉姆的大使馆	基地组织(乌萨马·本·拉登)
2000年10月12日	17	一艘装满爆炸物的橡皮艇引爆了在也门的美国舰队	基地组织(乌萨马·本·拉登)
2001年9月11日	3 000多	四架美国商用飞机被劫持,两架撞毁了世界贸易中心,一架撞上了五角大楼,一架在宾夕法尼亚州坠毁	基地组织(乌萨马·本·拉登)
2004年3月11日	191	一列火车在西班牙首都马德里爆炸	基地组织

资料来源：U. S. Department of State, Office of Counterterrorism, May 2004.

反对恐怖主义的战争

9月11日晚上,乔治·W.布什总统在椭圆形办公室(总统办公室,译
317 者注)向美国人民发表全国电视演说:

> 那些飞机撞向建筑物、发生大火和巨大建筑物轰然倒塌的画面,使我们内心充满了怀疑、可怕的悲哀以及从容的不能屈服的愤怒的感情。这些大规模的屠杀企图恐吓我们的国家陷入混乱和倒退状态。但是他们失败了,我们的国家依然非常强大……这些处心积虑、致命的攻击已经超越了恐怖主义行动的范畴。它们是战争行为。

总统概括了一个广义的"对恐怖主义的回应",包括通过外交、军事、财政、调查、国家安全、人道主义等手段在国内外展开对恐怖主义的打击。他提出警告说,这场反对恐怖主义的新的战争将需要长期持续的努力。①

政治支持 美国人对2001年9月11日的恐怖主义袭击的最初反应,正好与恐怖分子的意图相反。美国人对民族的骄傲、对国家领导人的信

① President George W. Bush, Remark to the Nation, September 11, 2001. *www. whitehouse. gov.*

心、对人性的信仰在这场袭击之后都特别高涨。美国的国旗到处飘扬。这场袭击好像以近年来所未有的方式把美国人凝聚在一起。愤怒是最深刻的反应。对政府的信任达到了20世纪60年代以来从未有过的程度。总统提议在国会的通过率也达到了空前的高度。对军事行动的支持是压倒一切的(如表14-2所示)。

表14-2　对反对恐怖主义战争的支持　(%)

你相信华盛顿的政府在多少时间里能够做正确的事情？是一直都在做，大部分时间做，还是有些时候做那些正确的事情？

	一直在做	大部分时间	有些时候
2000年4月	4	25	64
2001年9月	13	51	35
2002年9月	8	38	52
2003年10月	4	33	58

你同意还是不同意乔治·布什处理总统工作的方式？

	同意	不同意
2001年5月	55	40
2001年9月	89	9
2003年1月	59	38
2004年4月	53	44
2004年5月	46	48

你同意还是不同意乔治·布什进行反对恐怖主义的运动？

	同意	不同意
2001年12月	90	6
2002年4月	80	17
2003年1月	66	31
2004年4月	52	45
2004年5月	41	58

你认为对伊拉克的战争是否有价值？

	有价值	没有价值
2003年4月	76	19
2003年11月	56	44
2004年1月	56	44
2004年4月	52	46
2004年5月	44	54

你同意还是不同意总统处理伊拉克局势的方式？

	同意	不同意
2003年4月	76	19
2003年6月	63	34
2004年1月	46	53
2004年5月	42	55

资料来源：Various polls reported by Gallup at *www. Gallup. com.*

但是随着时间的推移，对政府的信任和对总统的支持又回到了“9·11”之前的水平。那种“围绕着国旗战斗”的影响也消失了。在对伊拉克战争的初始阶段，公众对军事行动的支持度是很高的。这种支持力度一直持续到2003年5月1日，当时总统宣布“结束主要的战斗”。然而，当公
319 众明白美国对伊拉克的军事占领遭到长期而激烈的游击队的反击，美国的人员伤亡超过了对巴格达占领起初时的伤亡时，公众对总统“处理伊拉克局势”的这种方式的支持率直线下降。随着虐待伊拉克囚犯的报道，大多
320 数美国人不再相信“对伊拉克的战争是有价值的。”

航空安全 “9·11”恐怖袭击吓坏了许多乘坐飞机的旅游者，导致了定期航线和航空工业的严重停业（失业）。国会的第一反应是通过2001年的航空和交通安全法案。经过党派之间对联邦雇员和私人承包者的机场安全的争论，国会和总统最后达成妥协，在交通部成立一个新的机构即交通安全局，其他措施还包括：此局将使所有机场行李和乘客摄像工作联邦化，要求对所有检查过的行李进行摄像，授权联邦整顿国际国内航线，并且加强全国的机场安全工作。国会还颁布了一个几十亿美元的对航空工业的紧急援助。

《爱国者法案》 一个范围更加广泛的法案也出现了：2001年的《爱国者法案》，其正式名称是《团结与增强美国的法案》（Uniting and Strengthening America Act），通过提供合适的手段来截获与阻止恐怖主义。布什总统和司法部长约翰·阿什克罗夫特成功地游说了国会，扩大联邦政府对犯罪嫌疑分子搜查、逮捕、监视和拘留的权力。行动自由论者的问题被放到了一边。美国公众一般都支持对他们自由的新的限制（见表14-2）。这部法律最近在美国参议院一致通过（98比1），在众议院以压倒多数通过（337比66），获得了共和党人与民主党人的支持。

爱国者法案的一些主要条款如下：

- 自由窃听。允许对犯罪嫌疑人可能使用的任何电话进行窃听，而不需要对每个线路的单独批准。
- 互联网跟踪。允许法律执行部门跟踪网络通信，即不需要委任状而跟踪“网上冲浪”。
- 交易记录。允许调查人员从信用卡、银行记录、消费行为、图书馆、学校和大学等获得信息。
- 外国的情报监视法院。特殊的国外情报监视法院可以发布对调查者声明的承认，即所获得的信息与对恐怖分子的调查是相关的。并

不要求表明“可能的原因”。为了避免信息的泄露，这种承认是不公开的。

- 查封和扣押财产。对嫌疑恐怖分子的财产进行查封或扣押。谁的财产被没收了，谁就承担举证的责任，证明这些财产没有用于恐怖主义活动，从而可以挽回他们的财产。
- 拘留。在没有司法命令的前提下，能够拘留嫌疑恐怖分子很长一段时间。
- 侨民的报告和拘留。授权移民局对个别国家的侨民要求提供报告，并对那些怀疑与恐怖分子有关系的非法侨民进行不定期的拘留。
- 禁止恐怖分子偷渡海港。提出了一种新的联邦犯罪：明显的已经偷渡或图谋偷渡的人，被认为是恐怖主义行动。 321

《敌人的战士》 美国的军队在国外和古巴的关塔那摩湾关押着上百的“敌人的战士”。这些人包括在对阿富汗和伊拉克的战争中被捕获的人，还有一些在其他国家抓获的恐怖分子。惯例上，按照美国宪法，战犯不会被给予任何权利。但是，按照国际的日内瓦协定，他们应当受到人道主义待遇。他们可以在战争持续期间被拘留。这种“敌人的战士”与战犯相类似。然而，对恐怖主义的战争好像没有具体的期限。

但是，2004 年美国最高法院认为，在反对恐怖主义战争中被拘留的人，甚至在国外的战场上被抓获并被关押在美国之外的人，在宪法规定的对人身保护权利的正式保障之下，都有权利请律师或要求司法听证。

国土安全部

总统经常设置新的官僚机构，以表明他们对坚持某一政策方向的承诺和保证。2001 年 10 月 8 日，“9 · 11”恐怖袭击之后还不到一个月的时间里，布什总统签署了行政命令，设立国土安全办公室，并任命宾夕法尼亚州有声望的州长汤姆 · 里奇(Tom Ridge)，作为办公室的主任，这是内阁层次的职位。但是汤姆 · 里奇几乎没有被授予直接的保护国家反对恐怖主义的权力，而是被要求能够协调四十多个独立行政部门的反恐行动。在 2002 年底，为了回应人们不断增加的批评，因为政府在确保美国公众相信政府保护他们不受恐怖袭击的承诺方面做得不够，布什总统建议成立一个新的国地安全部。

使命和组织 这个新部门的任务是制止美国内部的恐怖袭击，减少美国人对恐怖主义的担心,如果确实发生了恐怖袭击,应该把损失降到最低限度并尽量恢复到袭击前的状态。这个部门还有下列职责:负责国境和交通安全,紧急状态的预警,对化学的、生物的、放射性的、原子能的灾难进行回应和处置,以及保护基础设施的安全。

设立国土安全部这样一个新的部门,引起联邦行政机构的重大重组。这个新部门现在包括美国海关总署(以前是财政部的机构)、移民和归化局以及边境巡逻机构(以前是司法部的机构)、运输安全局(以前是运输部的机构)、美国海岸警卫队(原先是财政部的机构)、美国特工处(以前是财政部的机构),以及联邦应急管理局(以前是一个独立的机构)。

安全顾问系统 或许国土安全部最公开的行动就是它的"安全顾问系统",用五个等级的标准表明恐怖袭击的不断增加的危险。这种颜色划分的等级对一般公众几乎没有什么影响。然而,"高级的"、"高度的"、"严重
322 的"危险状态要求联邦、州和地方政府的法律执行机构以及军事力量,依次采取更具限制性的措施(例如,限制公众进入某个场所或者完全关闭)。

有效性 单靠部门和机构重组还不能够解决政策问题。许多局划归国土安全部后,基本保持完整,每个局仍然存在自己的问题。总共看来,有22个局近20万工作人员转到了新的部门。这是半个多世纪以来联邦机构最大规模的一次重组。实际上,由于机构重组产生的行政问题有可能掩盖这个部门的任务和使命——反对恐怖主义。

或许这个部门有效性的最大障碍是,联邦机构对国家安全的过度干预——联邦调查局、中央情报局、国防部的情报和反恐部门等都不在国土安全部的管辖范围。而且,这个新部门还负责与这些机构进行"协调"。这就要求对从国外和国内收集到的威胁信息进行综合分析——一项令人生畏和头疼的任务。实际上,联邦情报部门之间信息沟通的行政障碍,也许仍然归咎于"9·11"的灾难。[1] 因此,很难肯定这个新的安全部能获得所有与袭击美国的恐怖威胁相关的信息。

运用情报与恐怖主义作斗争

反恐斗争的胜利要求能够在恐怖袭击发生之前就采取行动制止它们。

---

① Senate Select Committee on Intelligence and House Permanent Select Committee on Intellegence Joint Inquiry into the Terrorist Attacks of September 11, 2001, *Final Report* (Washington, DC: U.S. Government Printing Office, 2003).

一场反恐的预备战争要求收集、分析国内外的相关信息并传播给联邦、州、地方政府机构和美国人民。这是美国情报部门的职责。 323

情报部门 情报部门是指美国政府内部收集、分析并向情报"需求者"——总统和华盛顿其他高级政策制定者以及战场的指挥员，提供信息的一系列组织。情报部门的基本组成部分如下：

独立的部门：

中央情报局，向总统、国家安全委员会和华盛顿其他高层政策制定者提供情报。中央情报局的职责是：(1) 从所有的情报部门收集、分析并传播信息；(2) 从国外收集情报；(3) 以特殊的"总统发现"的借口进行秘密行动，包括特殊的军事行动。

国防部内设机构：

国防情报局(Defense Intelligence Agency，DIA)，向战争人员、政策制定者和军事力量的规划者提供及时、客观的军事情报。

国家安全局(National Security Agency，NSA)，为国家领导人和战斗人员提供并处理国外的重要情报信息，保护美国关键信息系统的安全。

国家勘测局(National Reconnaissance Office，NRO)，利用飞机和卫星探测器收集信息。

国家图像与测绘局(National Imagery and Mapping Agency，NIMA)，为支持国家安全，提供及时、相关、准确的地理情报。

陆海空军和海军陆战队的情报局，负责收集和处理与特定使命和任务相关的情报信息。

其他部门的内设机构：

国务院，收集和分析影响美国外交政策的信息。

能源部，负责分析外国的核武器、核不扩散问题以及与能源安全相关的情报，以实现维护国家安全政策、项目的目的。

财政部，收集和处理影响美国财政和货币政策的信息。

联邦调查局，处理反间谍问题、国内外的恐怖组织，以及国际刑事犯罪。

国土安全部，收集并协调与国内安全相关的信息，包括基础设施的保护、互联网通讯的保护、技术安全以及生物和化学的防御。它还负责汇集来自美国特工处、美国海岸警卫队、运输安全局、国家生物武器分析防御中心以及国境巡逻站的情报。 324

中央情报局局长 所有情报活动的最终责任都要依赖于美国总统。

总统从建国开始就担任着情报活动。在革命战争期间,乔治·华盛顿将军就供养了一小队爱国者队伍,他们活动在英国防线背后,向华盛顿提供英国军队活动的情报信息。今天,总统主要依赖中央情报局局长来协调情报部门的活动。中央情报局局长直接向总统汇报,是总统的核心内阁——国家安全委员会的成员之一。中央情报局局长办公室设在中央情报局内部,负责为总统准备每天的情报信息简报(就是所说的“总统每日简报”,PDB),以及为国家安全委员会提供更为详细的国家情报预测。

不过,中央情报局局长也监管着中央情报局的活动,包括收集人类情报——由中央情报局在全世界的工作人员获得的来自国外的报告。中央情报局局长的职责包括监控所有的秘密行动——维护国家利益的活动,如果美国的赞助被公开的话,这些活动将会是无效的或者不能达到预期目标。大多数秘密行动涉及向亲美势力提供例行的经济援助、军事训练和武器装备,美国一般不愿意公开承认这样的援助(例如,美国进行的最大的秘密行动,是从 1978 年到 1988 年向阿富汗的反叛者提供了几乎十年的援助,支持他们开展反对苏联占领的斗争。这些反叛者不愿意承认这样的援助,为了避免被贴上美国“傀儡”的标签)。

然而,中央情报局局长并没有对情报组织的其他机构进行监管和预算的权力。国防情报局、国家安全局、国家勘测局和国家图像与测绘局以及陆海空军和海军陆战队的情报局,都设在国防部内部并向国防部长汇报。联邦调查局是司法部的一个组成机构,要向司法部长汇报工作。其他安全局设在新成立的国土安全部,包括美国特工处和美国海岸警卫队。

整合国内外的情报 与全球性的恐怖主义作斗争,要求密切监视国内外的所有恐怖组织及其每一个人。但是在 1947 年《国家安全法》设立中央情报局之初,中央情报局被禁止从事任何针对美国国境内部的个人和组织进行监视的活动。这种禁止性规定意味着中央情报局必须把他们通过国外的情报活动得来的与国家安全相关的信息转给联邦调查局。只有联邦调查局才有权力采取行动打击美国境内的恐怖分子。中央情报局和联邦调查局都有反恐的分支机构。爱国者法案现在允许两家机构对国内外与恐怖主义相关的行为进行监视。虽然在“9·11”恐怖袭击之后,两者的这
325 些分支机构都得到了加强,但是每个机构仍然分别行动。

国会对“9·11”惨剧的联合调查提到:

> ……在9月11日之前,情报组织既没有很好地组织起来也没有进行装备,不能够充分适应和应对全球恐怖分子对美国国内安全施加的

> 挑战……在情报部门内部，各个部门不能够共享反恐的信息……不仅不同的情报局之间，而且在单个的情报局内部都不能共享信息，在情报部门和执法机构之间也不能信息共享。信息共享中的严重问题还存在于情报部门和其他联邦机构以及州和地方政府机构之间。①

联邦调查局的反恐活动　与国内恐怖主义作斗争的责任落在了联邦调查局的身上。实际上，联邦调查局把反对恐怖主义作为它的首要任务。(以前，它的首要任务是联邦犯罪、禁毒、公共职务腐败、公民权利保护、支持州和地方法律的执行。)联邦调查局的局长罗伯特·S.米勒证明到："简单地说，我们的重点是预防。这一简单的概念反映了它的优先选择，不同资源的配备、不同的架构、不同的雇佣和培训，以及不同的信息体系。"联邦调查局已经在其所有的地区机构中设立了联合反恐任务的组织；这些组织包括移民和归化局，海关总署，酒、烟和火器局等其他部门的成员，以及州和地方的一些执法机构。联邦调查局还资助一个全国联合反恐的军事组织，并承诺整合与中央情报局和新的国土安全部的情报活动。

然而，联邦调查局的传统使命和方法也许不能更好地适应反对恐怖主义的斗争。普遍认为，反恐必须是预防性的。仅在恐怖袭击**之后**对恐怖分子的调查和抓获是不够的，而是应先发制人。这种抢先性通常要求，确认和监视嫌疑恐怖分子，揭露可疑的恐怖组织的密谋，"监视"那些与恐怖组织有关系的人，提前破坏恐怖组织的计划。这类活动也引出了个人自由与隐私的问题。

联邦调查局是在国会的约束下按照它自己的方法行动的。20 世纪 70 年代，国会对于联邦调查局开展的针对反对越南战争人士以及民权组织的监视进行了调查，实施了一系列限制联邦调查局对个人和组织进行监视的法律。1978 年的国外情报监视法案要求，联邦调查局只有从国外情报监视法庭获得委任状，才能监视和窃听生活在美国的外国人。监视美国公民必须得到联邦法院的授权；寻求此种授权的执法部门必须提供"可能的原因"，以使法院相信犯罪已经发生了。《爱国者法案》放松了这些方面的限制，但是联邦调查局仍然面临着来自公民权利组织的批评，因为联邦调查局对没有犯罪的个人和团体实施了监视。 326

① Senate Select Committee on Intelligence and House Permanent Select Committee on Intellegence Joint Inquiry into the Terrorist Attacks of September 11, 2001, *Final Report* (Washington, DC: U.S. Government Printing Office, 2003).

安全与自由的对立

反对恐怖主义的战争注定是一场持久战。美国人必须逐渐适应对他们实行的更多限制,对他们行动的更多监视和对他们个人隐私的不断侵犯。9·11灾难在他们脑海中的鲜明印象,使得大多数美国人赞成增加限制措施(见表14-3)。但是,随着时间的流逝,美国人民可能会不断关注由反恐战争而引起的个人自由权利的丧失。

表14-3　公众对安全措施的支持 (%)

美国政府在对"9·11"袭击的调查中拘留了大约600人,大多数人是因为延期居留,还有的是因为触犯了移民法律。你认为美国拘留这些人是正当的还是不正当的?	
是	**不是**
86	12
你认为联邦政府监听被抓获的恐怖主义嫌疑人与其律师之间的谈话,是否合法?	
合法	**不合法**
73	24
你认为被指控为恐怖主义嫌疑分子的非美国公民,应该由普通的刑事法庭审判,还是由军事法庭审判?	
军事法庭	**普通法院**
59	38
为了制止这个国家的恐怖主义,你认为让每个公民放弃一些权利是否必要?	
必要的	**不必要的**
55	35

下面列出一些可能采取的提高美国安全并反对恐怖主义的措施。对于每项措施,请你回答是强烈支持,如果必要可以接受,还是认为太离谱,或者不知道。

对航空旅游给予更多的限制,包括门口登记,飞机起飞两个或几个小时之前到达机场,不许携带刀具、剪刀和其他锋利的用具。			
强烈支持	**接受**	**太离谱**	**不知道**
72	22	5	1
为了防止出乱子,给每个公民和合法移民发放身份证。			
51	29	18	2
在所有工作地点和公共建筑物内检查身份证。			
50	35	14	1
在大街上和高速公路上随机检查身份证。			
26	33	40	1

资料来源：Washington Post ABC News Polls as reported in *The Polling Report*, November 28, 2001, and October 8, 2001.

历史性的妥协 从历史上看，对国家安全的威胁曾经导致对个人自由的挑战。亚伯拉罕·林肯在内战期间一度将人身保护权法令（要求当局把被告带到法官面前并陈述拘留他们的理由）束之高阁。只是到了战争结束后，美国最高法院才宣布林肯没有权力搁置这一法令。[1] 在第一次世界大战打响后，国会通过了侦探（间谍）法，该法案把“背叛、亵渎、粗鄙恶劣的言行，或者谩骂蔑视法庭、轻蔑、污辱、破坏名声”等行为宣布为不合法。社会党总统候选人尤金·V. 德布斯（Eugene V. Debs），由于出语反对战争和法律草案而被囚禁：对他的定罪得到了美国最高法院的支持，就像在那个时代对其他反战人士的定罪一样。[2] 1942 年 2 月，在日本袭击珍珠港后不久， 327
总统富兰克林·D. 罗斯福下令转移并扣留生活在西海岸的日籍美国人。
美国最高法院支持国会的这种公然的侵犯。[3] 直到 1988 年，美国国会才通 328
过投票向幸存的受害人进行赔偿并公开道歉。在冷战期间，美国政府控诉共产党的高层领导侵犯了《史密斯法案》（Smith Act），该法案规定，“蓄意的鼓吹，教唆，建议，对利用武力和暴力颠覆美国政府的义务、必要性、适当性的教导”都为非法。美国最高法院再次支持了对这种罪行的宣判。[4] 一直到 20 世纪 60 年代，最高法院才重申公民有表达自由的权利，包括对革命的倡导。只有当感知到的危机消退了，美国精英才会再次重申他们保护基本自由的义务。

自由的代价 反对恐怖主义的战争引起了一种新的反恐武器军械库的发展——法律、行政命令、军事行动，其中许多手段都引发了关于个人自由的严重问题。爱国者法案扩大了联邦执法机构监视公民的权力，包括跟踪他们的通信、信用卡以及互联网络的使用。还授权他们没收恐怖活动嫌疑人的财产；这种对财产的没收可以发生在对他们犯罪行为宣判之前或者没有犯罪的情况下。（同一类型的没收财产的条款可以在 RICO 法案中看到，该法是为反对毒品的战争制定的，见第四章。）取得搜寻或抓获与恐怖组织有关的嫌疑人的委任状的标准，从“可能的原因”降低到仅仅是与恐怖活动有关系的嫌疑。最后，该法允许对可疑的恐怖分子进行长时间的扣留。

移民和归化局开始扣留大量移民，尤其是来自中东国家的延期居留或

---

① *Ex Parte Milligan* (1866).

② Debs v. United States, 249 U. S. 211 (1919); Schenk v. United States, 249 U. S. 47(1919).

③ Korematsu v. United States, 323 U. S. 214 (1944).

④ Dennis v. United States, 341 U. S. 494 (1951).

违反移民法的移民。这种对法律的侵犯在过去是被忽视的。

美国军队在国外关押着几百名“敌人的战士”和古巴关塔那摩湾基地。根据美国宪法,战犯从来没有被给予权利,虽然按照国际的日内瓦公约,他们应该受到人道主义的待遇。但是对“敌人的战士”的划定与“战争囚犯”并不是完全一致的;“敌人的战士”可能包括被怀疑有恐怖行为而在国外被抓获的公民和非公民。较低层次的联邦法院认为,在美国被扣的美国公民,被指控为“敌人的战士”的,应该享有宪法规定的权利。

美国总统通过行政命令,授予军事法庭有权决定遭到恐怖主义指控的那些非公民身份的人的命运。

美国国防部当前正在资助国防先进研究计划局(Defense Advanced Research Projects Agency,DARPA),可能最后产生出一个通用的数据库,与下述记录有关系:信用卡公司、健康保险公司、摩托车公司、银行以及其他个人的电子交易等方面的记录。如果这项工程完成了,这种“数据宝库”将会
329 使政府较为轻易地获得每个美国公民留下的每一条电子信息。

本章小结

1. 美国传统上依赖威慑来保卫自己的国家,包括保卫美国国土免遭直接进攻。然而,2001 年9 月11 日对美国的袭击,表明恐怖主义是一种不可制止的威胁。恐怖分子蓄意攻击民间的目标,甚至为了所谓的事业,牺牲他们自己和他们的人民。
2. 恐怖主义是一种政治性的暴力,目标指向无辜的公民。它的目的是引起人们的恐慌,并腐蚀人们对本国政府保护他们能力的信心。全球性的恐怖主义经过这些年的发展已经成为在许多国家运作的高度复杂化的网络。
3. 美国人民对“9·11”恐怖袭击的反应,强烈地支持了美国的领导人以及为减少恐怖主义威胁而采取的安全措施。
4. 爱国者法案得到了国会绝大多数的支持。它赋予了联邦执法机构广泛的新权力,即在反恐斗争中进行搜查、抓获、监视和拘留嫌疑人的权力。
5. 设立了新的国土安全部,重组了联邦的行政机构。这一新的部门包括美国海关总署、移民和归化局、边境巡逻队、海岸警卫队、联邦应急管理局、美国特工处和运输安全局。

6. 反恐斗争的胜利很大程度上依赖于情报，使得政府当局能够在恐怖袭击发生之前采取行动制止它们。美国的情报部门是指广义的一系列联邦政府的组织，在过去，并不是所有的情报组织都能够有效地相互沟通。
7. 反对恐怖主义的斗争给美国人的自由施加了极大的限制。就像过去一样，当面临可觉察到的威胁时，美国人要容忍对他们自由的一些限制。 330

第十五章

政策评估：寻求政策实施后的结果

美国人经常想当然地认为，一旦政策付诸实施，创建了官僚机构，并且消耗了资金，那么上述系列行为的目的将会达到。我们假定，如果国会采纳了政策并为之拨款，如果行政机关设计了方案，雇佣了人员，花费了金钱，并且采取了为执行该政策而设定的行动，那么整个社会就可以体会到政策的效果，而且这些效果也是所预期的。不幸的是，这些假设并不总是成立的。国家许多政府规划实施的经验表明，需要对公共政策的实际效果进行仔细的评估。

政府真的了解它在干什么吗？通常来说，答案是否定的。政府通常了解他们消耗了多少资金；为多少人（“顾客”）提供了各式各样的服务；这些服务的成本是多少；他们的项目是如何组织、管理和运作的；也大概知道有影响力的利益集团是如何看待他们的项目和服务的。但是即使这些规划和政策得到了良好的组织，高效的运作，广泛的应用，充足的资金支持，并且得到了主要利益集团的普遍支持，我们仍然要问：那又怎么样呢？它们起作用了吗？这些项目对社会产生有利影响了吗？这些影响是立即产生的，还是经过一段时间才能显现出来的？是正面的还是负面的影响？项目的成本和社会收益之间的关系是怎样的？我们可否利用花费在这些项目上的资金和劳动力去做其他对社会更有益的事情？然而不幸的是，政府几乎很少回答这些更具根本性的问题。

政策评估：评价公共政策的影响

政策评估就是要了解公共政策的结果。有人提出了更复杂的定义："政策评估就是评价一项国家政策在实现其目标方面的整体效果，或者是评价两个或更多个方案在实现共同目标方面的相对效果。"[1]"政策评估研究就是根据正在执行的政策和公共计划所要达到的预期目标，而进行的客观、系统、实证性地检验其作用于目标的影响和效果。"[2] 332

有些定义将政策评估与政策或方案所设定的"目标"联系起来。但是，我们并不总是能够知道这些"目标"到底是什么，而且有些方案或政策追求的是相互冲突的"目标"，那么我们就不能将政策评估的定义局限于政策对其目标的实现方面。相反，我们应该关注公共政策的所有后果，或者说"政策的影响"。

政策的影响是它对现实世界产生的所有效果，包括如下：

1. 对目标情形或群体产生的影响
2. 对控制目标之外的情形或群体产生的影响（溢出效应）
3. 对近期以及未来的状况产生的影响
4. 直接成本，就是直接消耗于方案实施的资源
5. 间接成本，包括做其他事情的机会的损失，也叫机会成本

所有的收益和成本，不管属于即期的还是将来的，都必须从象征性的影响与实质性的影响进行评估与权衡。

需要评估的是影响而不是输出　"政策影响"与"政策输出"不同。在评价政策影响时，我们不能仅仅满足于衡量政府的行为。举例来说，目标群体的人均支出美金数额（每个小学生的教育支出、人均福利支出或人均医疗支出），并不能对一项政策在目标群体上产生的影响作出真正的评估。它仅仅是对政府活动的一种测算，也就是说，是一种对政策输出的衡量。遗憾的是，许多政府机构做了大量统计工作来衡量产出，比如已支付的福利补助、逮捕的罪犯和起诉数量、医保支出和学校招生人数等。但是这种"数豆子"的方法几乎不能说明关于贫穷、犯罪、健康或教育的状况。我们

---

① Joseph S. Wholey et al., *Federal Evaluation Policy* (Washington, DC: Urban Institute, 1970), p. 25.

② David Nachmias, *Public Policy Evaluation* (New York: St. Martin's Press, 1979), p. 4.

不能只满足于计算出一只鸟扇动了多少次翅膀，而必须知道这只鸟已经飞行了多远。在描述公共政策，甚至在解释其决定性因素方面，衡量政策输出是很重要的。但是在评价政策影响方面，我们必须甄别出与政府行为测量相关的社会变化情况。

目标群体　目标群体是指政策方案试图影响的那部分人群，比如穷人、病人以及居住条件恶劣者。首先要确定目标群体，然后决定政策方案对这一群体的成员所要产生的预期影响。是否要改善他们的身体或经济状况，比如，改变专业性或管理性工作中少数族裔和妇女的比例，提高穷人的收入，降低婴儿的死亡率等？或者，是否要改变他们的知识、态度、意识、兴趣和行为？如果预计产生多重效果，那么在这些不同的影响之中，哪些又是优先的？不希望对目标群体产生的可能性结果（负面影响）又是什么？

非目标群体　所有的政策和方案对不同的人群都会产生不同的影响。
333 要确认一项政策的重要的非目标群体是一个困难的过程。例如，社会福利改革对穷人之外的群体——政府官员、社会工作者、地方政治人士、没有享受社会福利的工人家庭、纳税人以及其他人群等，产生了什么影响？非目标性效果可以表现为成本，也可以表现为收益，比如公共住宅项目对建筑工业来说就是一种收益。

短期和长期影响　什么时候能看出一项政策的收益或成本？方案的设计是为了应对短期的紧急事件，还是为了长期发展的努力？如果说是短期的，那么在这个暂时性的目标实现之后，又是什么因素阻止了政策的渐进主义和官僚化的过程，而没有使之演变成为长期性的规划？许多政策效果的研究表明，一些新的或创新性的政策方案通常会产生短期的正面效果，例如，启蒙教育项目（Operation Head Start）和其他的教育方案。然而，当新方案的新颖性和人们对它的热情衰退以后，正面影响经常也就消失了。而有些方案起初遇到了困难，就像社会保障和医疗保险制度开始实施的时候那样，但接下来又产生了意想不到的效果，社会保障政策今天已得到广泛认可。并非所有的政策方案都能产生同等程度的长期或短暂的变化。

间接的象征性的成本或收益　很多计划经常基于它们的直接成本来衡量。政府机构采用了很多成本—收益的分析方法来确定政策方案的直接成本（通常是用美元来计算的）。但是要确定间接的、象征性的成本或收益则是非常困难的。在正式的决策模型中，很少能将所有这些因素考虑在内。商业中发展起来的成本核算技术是以汽车、飞机、钢铁的产量为计量单位而设计的。但是我们怎样来确定和衡量社会福利的计量单位呢？通常，政治直觉就成为政策制定者面对这些问题时可以获得的最好的指导方针。

计算净收益和净成本 计算公共政策"净效果"的任务真正是令人棘手的。它相当于用所有的短期和长期的象征性和实质性的收益，减去所有的短期和长期的象征性和实质性的成本（见表15-1）。即使所有的成本和收益都是已知的（每个人都能在什么是收益和什么是成本的问题上达成一致意见），要达到净平衡的结果也是非常困难的。这两方面的许多项目是无法比较的，例如，你怎样从个人或团体的幸福感的角度，把实质性的以美元计算的成本从象征性的奖励中减出去？

表15-1 评价政策效果

	收益		成本	
	目前	将来	目前	将来
目标群体	象征性的	象征性的	象征性的	象征性的
和境况	实际的	实际的	实际的	实际的
非目标群体和境况（溢出效应）	象征性的	象征性的	象征性的	象征性的
	实际的	实际的	实际的	实际的
	小计	小计	小计	小计
	目前收益	将来收益	目前成本	将来成本
	所有收益之和		减去 所有成本之和	
		政策的净效果		

政策的象征性效果

政策的效果包括象征性的效果和实际可测的效果。其象征性效果与个体对政府行为的认知和态度有关。即使政府的政策没有成功地消除贫困、遏制犯罪等，政府**试图**处理这些事情而失败也使情况变得更恶劣。个人、团体以及整个社会常常根据公共政策的善良意图而不是它的实现程度 334
来对其加以判断。有时广受大众欢迎的政策方案却很少有正面的实际效果。

我们从政府政策中可以更多地领悟到社会愿景和政府的领导，而不是社会的实际状况。政策的作用不仅仅是影响社会状况的变化，而且有助于促进人们的团结和维持有序的社会状态。例如，不论1968年《民权法》中公平提供住房的条款是否能够实现，禁止在销售和出租住房过程中存在歧视的国家政策，确实使不同种族的人们都相信政府是不会宽恕歧视行为的。还有许多其他的事例可以说明，公共政策是社会所追求的目标的象征。

过去，政治被界定为"谁在何时以什么手段得到了什么。"而现在，政治似乎集中关注于"谁在何时以怎样的方式感知到了什么"。进行权力和金钱(patronage and pork)分配的乌烟瘴气的会议室已经被充斥着花言巧语和公众人物的演讲厅所代替。政府所说的和它所做的同样重要。电视已经使公共政策的形象与其自身同等重要。然而，系统的政策分析集中于政府做什么，为什么做，以及产生了什么重要的影响和结果，而很少注意政府说了什么。也许这是政策分析的一个薄弱之处。我们的侧重点主要是政府的行为而不是政府的言辞。

方案评估：政府通常做什么

大多数政府机构会做出一些努力去考察他们政策方案的有效性。这
335 些考察通常会采用以下方式：

听证会与报告会 考察政策方案最常用的方式包括听证会与报告会。行政长官或立法者会要求政府行政人员对计划的完成情况作出陈述(正式的或非正式的)。通常，计划的负责人要提交书面的年度报告。但是行政人员提供的陈述和报告并不是政策评估的非常客观的途径。他们常常会夸大计划的收益而使计划的成本最小化。

现场考察 偶尔，由政府高级官员、专家咨询人员、立法机构或者他们共同组成团队，决定参观行政机构或进行现场视察。这些团队可以获取关于方案怎样运作，是否遵循特定的指导方针，是否拥有能胜任工作的人员，有时也会涉及顾客(目标群体)对服务是否满意等方面的令人印象深刻的资料。

方案评估 由政府机关自己归纳的数据一般会包括政策输出的衡量：各种社会福利项目的受益人数、劳动力培训计划的人数、公共医院可提供的床位数量、收集的垃圾吨数，或者入学的学生人数。但是这些衡量方法几乎不能揭示这些数字对社会产生了什么效果：穷人的生活境况，受培训劳动力在找到和保持技术工作岗位的成功情况，全国穷人的健康状况，城

市的清洁状况，毕业生读写和在社会上发挥作用的能力状况等。

与专业标准的比较　在政府活动的某些领域，专业协会已经制定了非常完美的标准。这些标准通常表现为预期的输出水平。例如，每个教师所教的学生数量，每一千人配备的病床数量，每个享受福利的工人看病的次数。政府实际的产出可以与理想的产出进行比较。尽管这种比较是有益的，但它仍然关注政府的产出，而不是政府活动对目标与非目标群体产生的效果。而且，这些标准本身通常是由专业人员设计出来的，这些专业人员实际上只是在推测理想的收益和服务应该是什么水平。几乎没有过硬的证据表明，政府产出的理想水平对社会有任何实质的影响。

对公民抱怨的评估　另一种常用的评估方案的途径是对公民抱怨的分析。但并不是所有的公民都会自愿提出对政府的抱怨与评论。对政府政策方案的批评家都是政府自己挑选的，他们几乎不能代表普通大众，甚至是政府项目所对应的目标群体。无法判断少数人的抱怨是否能被没有发表意见的大多数人所认同。偶尔，行政人员也会针对政府项目的参与者设计调查问卷，以获知他们可能会抱怨什么以及他们是否满意。但是这些调查问卷检验的是对政策方案的舆论观点，而不是对参与者生活的实际影响。 336

方案评估：政府能够做什么

上面提到的常用评估方法没有一种试图真正权衡**成本与收益**。事实上，行政人员很少计算服务的成本——培训一名工人、提供一张病床、收集和处理一吨垃圾等所需要的费用。更加困难的是计算使社会发生特定变革所需要的支出——将学生的阅读水平提高一级、把婴儿死亡率降低一个百分点、把犯罪率降低1%等所需要的支出。要得知政府政策对社会产生的实际效果，就需要更加复杂而且成本更高的方案评估方法。

系统的方案评估需要进行比较，比较的目的是估计该方案带来了什么样的社会变化，而不是非方案的影响因素。实际上，这种比较意味着，把“实际上发生了什么”与“如果没有实行该方案会发生什么”进行比较。要衡量已经发生的事情并不困难，不幸的就是许多评估就到此止步了。真正的难题在于，要评估如果没有实施方案会发生什么情况，以及将这两种情况进行比较。这两者之间的差别一定要归因于政策方案本身，而不是社会同期内发生的其他变化所导致的结果。

政策方案实施前后的比较　在方案评估中有几种常见的方法。最普遍的是方案实施前后研究的方法,即比较两个时间点上同一情况的不同结果:一种结果是实施方案前的,一种是实施方案后的。通常只是针对目标群体进行检验。这种前后比较是为了证明方案的影响和效果,然而,很难得知可观察到的社会变化。如果有,也很难判断是实施该方案带来的结果,还是在同一时间内社会上发生的其他变化所导致的(见图 15-1,设计 1)。

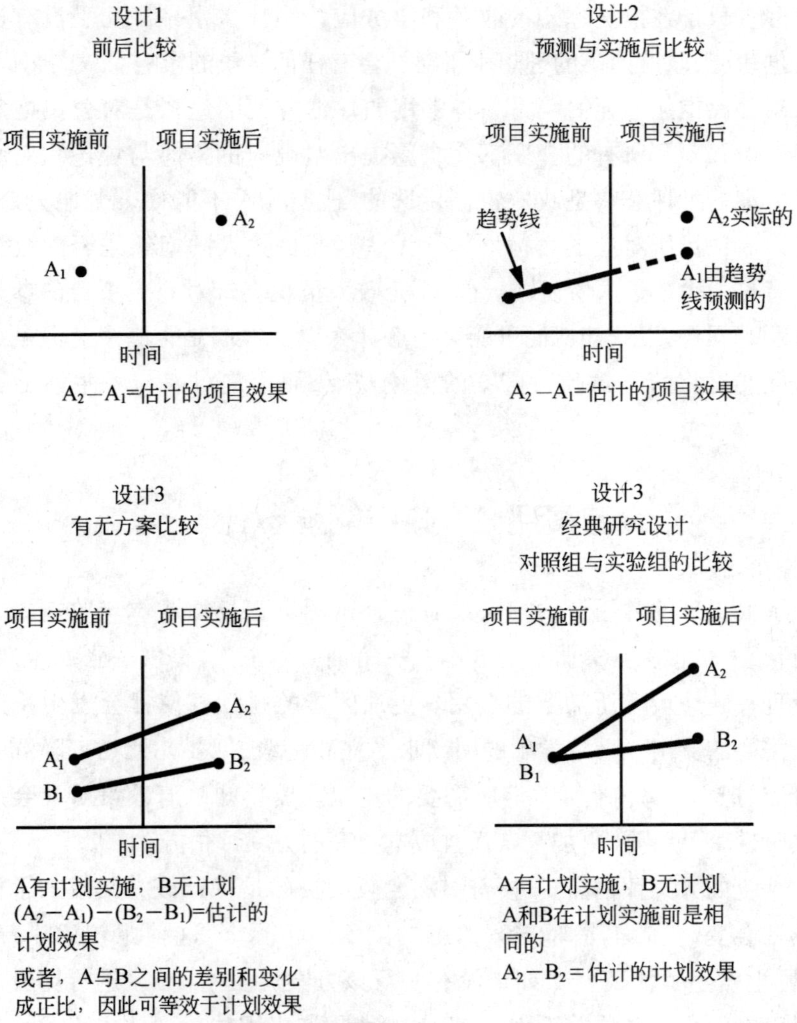

图 15-1　政策评估研究的设计

预测发展趋势与方案实际结果比较　要评估如果不实行该方案将会发生什么情况,其中一个比较好的方法是,将方案实施前的趋势影射到实施后的时间段里。这些影射的情况就可以与方案实施后社会上发生的实际情况进行比较。

方案实施前预测的趋势与实施后的实际数据之间的差异，就可以视为方案本身作用的结果。应当注意，必须在方案启动前的几个时间段里，多次搜集关于目标群体或社会状况的数据资料，以便绘制出一条趋势发展线（见图15-1，设计2）。这种方法优于前后比较的方法，但它需要评估人员付出更大的努力。

举个例子，让我们来评估福利改革方案所付出的努力（参考第五章“评估：社会福利改革的运作奏效吗”这一部分）。到目前为止，绝大多数的福利改革评估是遵循趋势线研究方法进行的。如果改革的目标是减少福利受益人数，那么有充足的证据表明福利改革方案对目标的实现作出了贡献（见第五章的图5-6）。自从联邦现金补助计划（对有子女家庭补助计划）终止，代之以1996年出台的联邦援助计划（对困难家庭临时补助计划），“目 337
标群体”（接受现金福利补助的人）已经减少了一半以上。但是由于在改革政策实施后的那些年里，经济运行态势良好，无法确切判断享受福利的人口减少，在多大比例上是由于福利改革政策本身，而又有多大比例是由于良好的经济发展状况的结果。我们确切知道的就是享受福利待遇的人口数量在下降。

有些下降可以归因于新工作培训以及预期的福利登记筛选条件的阻碍作用。我们无法确切知道有多少人由于两年的时间限制，或者工作或培训的条件要求而被迫从社会福利名单中去除。我们不知道从福利名单中被去除的人们是否真正找到了能帮他们摆脱贫困的工作。我们也不知道那些被迫从福利名单上去掉的人们是否还在经受着痛苦。而且，我们也无 338
法知道享受福利的人数是否在继续下降，那些享受福利的特定人群，由于身体、心理、情感的问题而阻碍了他们找到或保持自己的工作，是否从此就一直享受福利呢？

有实施方案与没有实施方案的客体比较　另一种常用的评估方法是参与方案的个体与没有参与方案的个体进行比较，将实施方案的城市或州与没有实施方案的城市或州进行比较。有时候只是在实施方案之后的时间里进行比较，例如，将那些参加劳动力培训计划的人与没有参加劳动力培训计划的人的工作记录进行比较，将实行死刑的州与没有实行死刑的州的谋杀犯罪率进行比较。但是由于个体或考察客体之间存在着如此多的差异，以至于很难将这些差别归因于政府方案之间的差别造成的。例如，与那些非自愿参加劳动力培训的人相比，那些自愿参加劳动力培训项目的人，可能更有动力找到一份工作，也有可能具有不同的个性。那些实行死刑的州大多可能是乡村化的州，其杀人率比城市化的州要低，而不论这些城市化的州是否实行死刑。

在比较有无方案影响的客体的过程中遇到的一些问题，如果我们观察每一类客体在方案实施前后的情况，就可能得到解决。这使得我们在考察方案的成效前就可以估计客体之间的差异。在方案启动后，我们可以考察不同客体之间的差异是扩大了还是缩小了（见图 15-1，设计 3）。如果实施方案的客体之间存在的社会经济差别是导致结果不同的真正原因，这种比较的设计方法可以在某种程度上避免将客体之间的差异归因于这一特定方案。

方案实施前后对照组与实验组的比较　经典的研究设计需要仔细选择在每一方面都具有相同特性的实验组与对照组，然后只在实验组实施某项政策，并在政策实施后将实验组与对照组的变化进行比较。起初，实验组与对照组必须完全相同，政策实施前每个组的表现一定要经过测评并确定他们是同等的。政策方案一定要只在实验组实施，在政策实施后，一定要仔细测评实验组与对照组的差别（见图 15-1，设计 4）。这种经典研究的设计受到科学家的欣赏，因为它也提供了估测由社会其他因素影响而产生变化的最好机会。

联邦评估：总审计局

总审计局是国会的一个下属机构。它拥有广泛的权力，可审计联邦机
339 构的运作和财务状况，评估它们的各种计划方案，并且把审计结果报告给国会。在总审计局发展的大多数历史阶段，它将自己的工作限制在财务审计、管理和行政研究方面。然而，近些年来，它越来越多地承担起了对政府政策方案的评估研究。

总审计局是由国会于 1921 年创立的一个独立机构，按照《预算与会计法案》还通过了第一个行政预算。根据 1974 年《国会预算和扣留控制法案》，总审计局进行政策评估研究的权力扩大了，该法案同时设立了众议院和参议院预算委员会和国会预算办公室（见第七章）。总审计局由联邦总审计长领导。大部分审计报告是按国会的要求而提交，但是总审计局也可以自己做主进行各种研究调查。

按照总审计局的观点，“政策方案评估——如果简便易行并质量高——能够提供充分合理的信息，使我们得知各种政策到底做了什么，它们是怎样管理的，以及在多大程度上是具有成本效益的。”①总审计局认为，各联邦机构的评估活动都不能够满足理性决策的要求。它曾特别对国防部表示不满，因为后者没有充分测试武器系统，没有监督好国防合同及其交易，没有对未来计划进行调整以达到削减国防支出的预期目的（见第十三章）。总审计局曾批评了环境保护总署，因为后者只根据投入的量——检查的次数和采取的强制性措施，来评价自己的工作成绩，而不是根据环境状况的实际改善来衡量，比如水质与空气质量（见第十章）。总审计局还报告了社会保障信托基金使用的情况以及将信托基金用于政府当前运作的各种危险（见第五章）。总审计局报告了美国医疗保健支出的快速增长，尤其是医疗补助制度和医疗保险制度，并且指出了医疗支出与国民健康状况的测量指标之间缺乏相关性（见第五章）。总审计局还对毒品控制政策的总体效果进行了评估（见第四章），它还对学生贷款的拖欠率进行了研究，建议通过限制税收返还以收取过期的贷款（见第六章）。总之，总审计局已经事实上介入了国家面临的每一个重要的政策问题。②

实证性政策研究

许多政策分析家认为，政策实验提供了一个确定公共政策效果的最好机会。这个机会依赖于实证研究的主要特性：系统选择实验组与对照组，进行研究的政策只实施于实验组，并且在政策实施后仔细比较实验组与对照组之间的差异。但是政府主持的实证政策研究也凸现了一系列的重要问题。

偏向正面结果　首先，政府主持的研究课题会倾向于产生支持受大众欢迎的改革建议的结果吗？那些通常具有自由主义和改良主义政治价值 340
观的社会科学家们，会倾向于得出支持自由改革措施的结论吗？而且，与不成功的实验（政策证明是无效的）相比，成功的实验（提出的政策达到了正面的效果）会受到更多的赞扬，并且为社会科学家和行政人员创造更多更好的提升机会。定位于自由主义改革的社会科学家期望自由主义的改革会产生正面结果。如果改革实验按照上述方式进行，那么研究结果会立

① *Federal Evaluation Issues* (Washington, DC: General Accounting Office, 1989).

② *Annual Index of Report Issued* (Washington, DC: General Accounting Office, annually).

即被采纳和公布;但若结果是对政策的否定或说明政策有负面效应的话,社会科学家可能倾向于退回到实验的起点并且将他们的数据重新编码,重新进行研究设计,或者重新评估实验结果,因为他们相信一定出现了什么"失误"。"捏造数据"、"重新解释"结果、指导参与者的言行等都是非常重要的。在物理学和生物学中,研究中"造假"的企图被大大减少了,因为研究事实是可以重复的,并且造假被抓和遭到羞辱的风险也是巨大的。但是社会科学实验几乎不能够完美地重复,对于一个社会科学家来说,重复实验也很少产生和原创实验同样的特征。

"霍桑效应" 当人们知道自己处于被观察状态时,他们会表现出不同的行为。举例来说,当在常规的教学活动中引入新的不同的事物时,通常学生们的表现会更好。这种"霍桑效应"看起来会使新计划或改革比旧的显得更加成功,但正是其中的新意本身产生了促进作用。这个术语取自1927年芝加哥西部电气公司的霍桑工厂进行的早期实验。实验发现,日常工作中的任何变化,都会提高工人的生产率,甚至减少工厂的照明也是如此。[①]

向全国推广实验结果 政策研究中的另一个问题是,小范围实验获得的结果,与在全国大范围内实施该政策产生的结果有相当大的差异。例如,几年前,对一小部分家庭进行了简单的实验。据说,结果表明,一笔政府给予的保障收入并没有改变受益者的工作行为;他们仍旧与他们的邻居一样行为,包括寻找工作,并且只要有机会就接受雇用。[②] 后来,对政府的保障性收入的效果进行研究,不仅对实验组的这个结果提出了挑战,而且还预言,在全国范围内实施这样的政策,会引起工作行为产生更加显著的变化。如果全国的每个人都能得到一笔最低年收入的保障,全国的文化水准可能就会发生变化;结果对工作激励产生的负面效果可能会"严重低估经济政策的预期成本"。[③]

道德与法律问题 研究政策效果的实验策略也引起了其他的问题。

---

① 参见:David L. Sills, ed., *International Encyclopedia of the Social Sciences*, vol. 7 (New York: Free Press, 1968), p. 241.

② David Kershaw and Jerelyn Fair, eds., *Final Report of the New Jersey Graduated Work Incentive Experiment* (Madison: University of Wisconsin, Institute for Research on Poverty, 1974).

③ John F. Cogan, *Negative Income Taxation and Labor Supply: New Evidence from the New Jersey-Pennsylvania Experiment* (Santa Monica, CA: Rand Corporation, 1978). 或者参见:SRI International, *Final Report of the Seattle-Denver Income Maintenance Experiment* (Washington, DC: U. S. Government Printing Office, 1983),其中实验结果表明,政府的工作培训计划对于个人的收入和就业没有什么影响,而政府提供的保障收入明显地降低了工人的工作时间和收入,还导致了家庭的离异。

政府研究人员为了实验目的，是否有权力把应该提供给全国每个人的公共服务仅仅提供给实验组的个体？在医疗领域，一旦提供或撤销治疗可能导致死亡或伤害，问题是显而易见的，有人试图努力制定一套伦理道德准则。但在社会实验领域，被选出来的对照组与实验组是相同的，仅为了当作比较的对象而无法享受自己应得的利益，我们要对他们说些什么呢？即使抛开法律和道德的问题不谈，政府为一些人提供服务，而不给另一些人提供，这在政治上也是极为困难的。 341

对结果的政治阐释 最后，我们必须承认，政治环境影响着政策研究。政治能够决定什么样的政策或者替代性的政策需要优先研究。这也影响着研究结果本身，而且，对政策研究的解释与应用都是由政治决定的。

尽管存在以上这些问题，政策实验仍然具有很大优势。如果不对教育、社会福利、住房、医疗卫生等的政策进行实验，不能切实了解这些方案产生的结果，那么在全国大范围推行这些领域的政策，所付出的代价是极其高昂的。

方案评估：为什么经常失败

有时政府机关尝试自己进行政策评估。政府的分析人员和行政人员会对目标群体在一个新方案实施前后的状况提出报告，并且会努力将一些观察到的变化归功于新方案本身。政策实验不是经常进行的，政府几乎没有系统地选择实验组与对照组，仅仅对实验组实施新方案，然后仔细比较实验组和没有从方案中受益的对照组的状况和变化。让我们先讨论一下政策评估中面临的一些问题。

1. 任何一个要评估公共政策的人所面临的首要问题是，确定政策方案的目标是什么？目标群体和预期效果分别是什么？但政府经常寻求一些互不相容的目标以满足非常多样的利益群体。全面的政策规划和评估或许会揭示公共政策的许多不一致的地方，并迫使政府重新考虑最基本的社会目标。如果对公共政策的目标缺乏共识，评估研究就会造成大量的政治冲突。政府机关通常倾向于避免政治冲突，所以也倾向于避免可能产生此类问题的研究。
2. 许多计划和政策具有重要的象征意义。它们事实上不会改变目标群体的状况，而仅仅使这些群体感受到政府在“关怀”他们。政府机关一般不欢迎解释其政策毫无实际效果的研究，因为这种揭示本身可能会向目标群体传达政策方案无效的信息，从而降低政策的象征性价值。

3. 政府机关有强烈的既定利益，要“证明”他们的政策方案是有正面和积极效果的。行政人员常常将评估他们政策效果的努力看成是342限制或破坏其方案的努力，甚至是对行政人员的能力提出质疑。
4. 政府机关通常对当前的政策和方案有巨大的投入——组织上、财政上、物质上和精神上的投入。因此，他们事先就倾向于反对证明这些政策无效的研究结果。
5. 政府机构承担的任何一项重要的政策效果研究，都将对正在实施的计划活动造成干扰。完成日常事务通常会优先于政策研究和评估。更重要的是，进行实验可能不得不剥夺一些个体或群体（对照组）按照法律应该享受的服务，这种实验即使不是不可能的，也是很困难的。
6. 政策评估需要资金、设备、时间和人力，这些都是政府机关不希望在实施政策时付出的成本。和其他任何研究类似，政策效果研究也是需要消耗资金的。如果当成业余或兼职的工作，就不可能把政策效果研究做好。将资源用于政策研究，意味着要牺牲执行政策所需的资源，而这是行政管理人员不愿意干的。

官僚如何解释负面的研究结果

政府官员和政策方案的支持者善于设计出各种理由，来解释为什么要否定关于政策负面效果的研究结论。即使面对明显的证据，表明他们的政策方案是毫无效果的，他们仍然会辩解：

1. 方案的效果经历一段时间才能表现出来，因此不能在当前作出评估。
2. 方案的效果在本质上是发散的和多元化的；没有单一的标准或指标能够充分测评方案的实现程度。
3. 方案的效果是微妙的，不能用粗糙的评估手段或统计来判断。
4. 实验研究不能有效地进行，因为不给特定的群体提供服务以观察这样做的效果，对这些人来说是不公平的。
5. 如果在接受服务与没有接受服务的人之间没有发现差别，这意味着政策实施的强度还不够，需要在方案的实施上投入更多的资源。

6. 不能确定政策的正面和积极的效果,要归因于政策研究本身的不充分或者存在偏见,而不在于政策本身的失误。

哈佛大学教授詹姆斯·Q. 威尔逊总结了两条适用于对政策效果各种情况进行社会科学研究的通用定律:

威尔逊第一定律: 如果政策研究是由执行政策的人或他们的朋友所实施,所有干预社会问题的政策都产生预期的效果。 343

威尔逊第二定律: 如果政策研究是由独立的第三方,特别是那些对政策持怀疑态度的人所实施,没有一项干预社会问题的政策会产生预期效果。

威尔逊否认他的定律是愤世嫉俗的。相反,他做了如下推论:

符合第一定律的研究,将采用政府机关自己提供的关于政府在干什么以及产生什么效果的数据;给予一段时间(或长或短)以最大可能地观察到预期的效果;并且尽可能不寻求可以解释观察结果的其他变量。符合第二定律的政策研究,将收集一些独立于政府机关的数据,在一个短时间段,使预期的结果出现的可能性最小;如果没有出现预期的效果,就会有人争辩说,这种结果是"暂时"的,还可能归因于"霍桑效应"(这种反应是他们作为实验一部分的这一事实的反映);并且最大可能地寻求能够解释所观察结果的其他变量。①

为什么政府的政策很少被终止

政府的政策方案很少会被终止。甚至当政策评估研究认为其产生了负面的结果,或者政策制定者自己完全意识到政策的欺骗性、浪费和无效率,或者报告已经表明了收益与成本之比是负值,政府的政策仍然会想方设法地继续存在下去。一旦政府将一项政策制度化了,要终止该政策就相当困难。

为什么政府结束已证明失败的政策和方案会这么困难?这个问题的答案会随政策方案的不同而有所变化,但是有以下几点共同的原因。

收益集中,成本分散 无效的政府方案和政策能够延续下去的最常见的原因可能是,政策方案的有限收益集中于一群规模很小但组织良好的

---

① James Q. Wilson, "On Pettigrew and Armor," *The Public Interest* 31 (Spring 1973), 132—134.

"选民"手中,而这些政策方案的巨大成本却由规模庞大、毫无组织而又不太知情的大众来分担。尽管人数不多,政策的收益人却都强烈地支持该政策;他们关心该政策,见多识广,并积极主动地支持该政策。由于方案的成本被广泛分散于所有纳税人身上,因此,没有人有强烈的动机去搞清事实,组织起来,并积极地去反对该方案。尽管一项失败的方案,其成本是非常巨大的,如果这些成本非常分散,也就是说,不会由个人或某一群体来单独承担如此巨大的支出,他们就没有足够的动力组织起来反对这一方案。(以政府对花生种植者的补贴方案为例,如果每年将 2.5 亿美元分配给 5 000名种植者,那么每个种植者平均会获得 5 万美元的补贴。如果每个种植者将 10% 的补贴捐助给政治基金以回报友好的议员,那么此基金就可将 2 500万美元流入竞选资助当中。如果这一补贴计划的成本分摊到 2.5 亿美国人身上,每个人仅仅支付 1 美元,那就没有人会愿意搞清事实、组织起来积极反对这个补助方案。结果就是,该方案能够延续下去,而不管它的
344 有限收益和对社会造成的巨大成本。)如果政策方案的成本分散在很广的范围内,那么对个人而言,仅仅因为承担了极小的一点成本而花费时间、精力和金钱去反对受益者对该项方案的支持,这种做法是很不明智的。

立法机关与官僚机构的利益 任何政府政策的受益者当中都包括执行和监督政策实施的人。官僚机构的工作依赖于政策的延续性,否则,政府的位置及其相关的所有收益、薪金、业绩积累和威望,都面临着丧失的风险。因此,政府官僚们有很强的动机,去阻止或破坏对其政策的负面评估,并通过政策带来的一些边缘性的变化来回应公众的批评,甚至声称没有足够的投入才导致政策失败的。

立法系统,包括国会和州议会的组织结构方式,使得最能直接控制政府政策的议员通常对政策的态度也最为友好。委员会的制度及其权力的分散化和互投赞成票("你支持我们委员会的报告,我们就支持你们的"),也造成了现行政策和方案的延续。对政策有管辖权的委员会的议员,通常是有组织的政策受益人提供竞选资助的最大接受者。这些议员可以利用其委员会的职权来保护失败的政策,最大限度地减少改革,并且阻挠终止政策。即使没有官员职位和立法权力的动机在起作用,也没有政府官员愿意公开承认政策的失败。

渐进主义的实践 政府很少在某一既定年份从整体上考察一项政策方案。对政策方案的积极考虑几乎都是边缘化的,也就是说,只关注现行政策中的一些建议性的调整,而不是集中于从整体上对政策的价值进行评

判。这种情况通常出现在预算过程中（见第七章），在行政和立法机构中讨论增加或削减资金的问题。负面的评估研究可在预算制定过程中发挥一定作用——限制对失败的政策增加投入，或者确定削减预算的时机已成熟的政策方案。但是，关注的焦点总是政策的调整或改革，资金的增加或削减，而不是全面终止方案。即使在许多州实行“日落”立法（要求立法机构定期检查并重新审核整个方案），也很少会导致政策方案的终止。

失败的方案也可能被“重新包装”——赋予新的名称和主管机构头衔，但是本质上仍然保持同样的目标、同样的官僚体系和同样的政策内容。20世纪60年代，林登·约翰逊发起的“与贫困作斗争”的许多方案，就在美国经济机会办公室（Office of Economic Opportunity）宣布撤销之后，被重新包装并安排到不同的联邦部门。在经历多次负面的宣传报道以后，失败的全面就业与培训法案（Comprehensive Employment and Training Act，CETA）的工作方案，被参议员爱德华·肯尼迪和丹·奎尔稍作改进而重新包装为工作培训与安置服务计划（Job Training and Placement Service，JTPS）。

对华盛顿当局来说，全面终止政策方案是极为少见的。在终止的为数不多的重大政策中，主要有：1978年终止了对州际航空路线和费用以及民用航空方面的管制；1986年终止了分税制（联邦与州和地方政府之间共享 345
税收收入）；1980年终止了对石油价格的控制。上述每项政策方案的终结都是与特定的条件相联系的，并且引发了大量的争论。与政策终结相比，对政策进行边缘化的微小调整，实现起来显得非常容易。

政治替代了政策分析

政策分析，包括系统的政策评估在内，是一个理性的过程。它需要在如下问题上达成一定程度的共识：政府应该着力解决什么问题；对政策的社会收益与成本本质的理解及权衡；研究设计的规范化：收益和成本的衡量以及对政策结果的解释等。几乎在政策评估过程的每一个节点上都不可避免地包含着价值理念的冲突，但是政策分析却解决不了价值冲突的问题。

从某种意义上讲，政治就是对冲突的管理。社会面临的主要问题是什么，如果政府要解决这些问题应该做些什么，人们对这些问题存在不同的观点和看法。价值冲突的问题解释了，为什么政策制定者在政策的规划、选择和评估问题上，几乎不依赖系统的政策分析，而是一定要依赖政治过程。

政策分析的政治途径强调了如下内容：

- 寻求公众共同关注的问题，这可能构成确认社会问题的根据；
- 在政策制定过程的每一个阶段，对互相冲突的价值进行合理的折中；
- 对各种利益群体，寻求互利的结果，努力满足不同利益群体的要求；
- 宁愿进行妥协、调解、接受少量的净收益（可能稍胜于无），也不为更全面合理的建议遭受损失；
- 为赢得联盟的支持（“如果你支持我们的建议，我们就支持你们的”），在政策参与者中甚至是在不同的政策领域之间，进行谈判和讨价还价。

在政策制定过程中，政策分析最多只能扮演一个次要的角色。但是它仍然起着相当重要的作用。政治学家查尔斯·E. 林德布洛姆将“民主的智慧”阐释如下：

> 政治参与各方之间的策略分析与相互调整，是民主体制达到采取明智行动水平的必经之路……
>
> 从来就没有这种可能，即思想、研究和行为是“客观的”或者“没有偏见的”。相反，就像所有的人类活动一样，它是彻头彻尾的具有派性特征的。这主要是从两种意义上来说的，一是由参与政策分析各方的期望及其优先顺序决定的，二是那些使用信息的人决定了对其解释与应用。
>
> 信息的搜集与整理不可避免地与政治交互作用，政治判断、政治行动纠缠在一起。由于时间、精力和智力都是有限的，策略分析必须集中关注问题的某些方面，即所有参与派别认为对于相互说服对方来说最重要的那些方面。但是，要想实现对上述问题的关注，没有一种纯粹的分析途径，而是需要政治判断力：什么是关键的未知因素，什么样的证据会对将成为盟友的那部分人具有说服力，什么样的替代方案可能在政治上是具有可行性的。①

① Charles E. Lindblom and Edward J. Woodhouse, *The Policy-Making Process*, 3rd ed. (Englewood Cliffs, NJ: Prentice Hall, 1993), pp. 31—32.

公共政策分析的局限

美国人民从来没有对政府寄予如此多的期望。我们对政府能做什么的信心似乎是无限大的。我们逐渐认为，只要政府采取了正确的政策，它就可以消除贫穷、结束种族主义、确保和平、防止犯罪、重建城市以及清洁空气和水源等。

也许我们对公共政策潜在效力的信心是值得的，尤其是当它能够激励我们不断寻求解决社会问题的途径的时候。但是任何对公共政策的认真研究，也必须认识到政策在影响以下这些社会状况方面的局限性。

1. 一些社会问题无法得到解决，是由于界定社会问题的方式而导致的。如果用**相对**的而不是**绝对**的词汇来界定问题，它们或许永不可能通过公共政策得到解决。例如，如果把贫困线界定为全国人口的五分之一置于其下的线，那么贫穷会一直伴随着我们，而不管这些所谓的"穷人"变得多么富裕。社会的相对不平等将永远也不可能消除。即使社会各阶层之间的收入差别是极其微小的，但这些微小的差别或许会变得具有重大象征意义，那么不平等的问题就仍然存在。
2. 对政府的期望可能总会超越政府的能力。任何政策领域的进展都可能导致人们对政策应该完成的任务提出更高的要求。直到20世纪60年代，公共教育才面临辍学（退学）的问题，当时正是第一次遇到大多数男孩子和女孩子从高中毕业。在世纪之交，高中毕业生少了，也就不存在辍学的问题了。
3. 解决某一社会群体的政策可能会给其他社会群体带来一些问题。在一个多元化的社会里，一个人的解决办法可能就是其他人的问题。例如，解决社会不平等的问题可能意味着税收与支出的再分配政策，也就是把来自平均水平以上的人的财富，给予平均水平以下的人。后者可能认为这是一个解决问题的办法，但是前者可能认为这产生了严重的问题。没有一项政策能够同时使互相对立的两方满意。
4. 很可能，政府无法驾驭某些社会力量，即使是值得去做的。事实证明，即使政府尽力去做，也不能够消除城市白人与黑人的居住模式。白人与黑人仍然会分开居住，而不管政府的政策怎样支持民族融合。不管政府做了什么,一些学生仍不能在公共学校里学到很多东西。换句话说,政府或许没有能力实现社会某些方面的变革。

5. 人们经常以使政策失灵的方式适应公共政策。例如,我们可通过政府保障较高年收入的方式来解决贫困问题,但是这样做会使人们降低工作的动力,从而使困难家庭的数目膨胀以致超出政府提供保障的财政能力。人们调适自己行为造成政策无效的可能性总是存在的。
6. 社会问题可能有多重原因,并且一项具体的政策并不能根除此问题。例如,有些人的就业能力受慢性疾病的影响,因此就业培训也不可能解决这些人的失业问题。
7. 一些社会问题的解决可能需要比问题本身成本更大的政策。例如,事实证明,对于一定程度的社会无序状态(包括暴乱、国民骚动和偶发暴力事件),如果不采用强制和高压政策——强行解散革命政党,限制公众活动,取消煽动性政治家的登台亮相,压制仇恨文学,增强保卫安全的力量,这些社会混乱可能无法彻底根除。但是这些强制性的高压政策,从实现民主价值的角度来看是代价高昂的,包括言论和出版自由、集会的权利、组织反对党的自由等。因此,一定程度的社会混乱可能是我们为民主付出的代价。无疑仍然有许多其他社会问题的例子,由于代价太大而没有得到解决。
8. 政治体系的建构可能并不完全适合理性的政策制定。社会问题的解决通常意味着需要建立一个理性模型,但是政府不能以理性的方式制定政策。相反,政治体系不能代表理性主义力量,只能代表利益集团的利益、政治精英的偏好、制度的力量或者是渐进主义的变革。由此推断,民主体系也许是为反映大众的利益而建构的,不管这些利益是理性的还是非理性的。民选官员要对选民的要求做出回应,而这可能会对以完全理性的方式制定公共政策造成一定的障碍。

348

索　引

（此处页码为原书页码，即本书边码）

B

C

D

E

F

G

H

I

J

K

L

M

N

O

P

Q

R

S

T

U

V

W

Z

T

U

V

W

Z